EUL VERLAG

Augenblick

Ein effizientes Framework für Echtzeit Ray Tracing

UNIVERSITÄT KOBLENZ · LANDAU

Vom Promotionsausschuss des Fachbereichs 4: Informatik
der Universität Koblenz-Landau
zur Verleihung des akademischen Grades
Doktor der Naturwissenschaften (Dr. rer. nat.)
genehmigte

DISSERTATION

von

Dipl.-Inform. Oliver Abert

aus Koblenz

Datum der Einreichung:	12. November 2008
Datum der wissenschaftlichen Aussprache:	26. Juni 2009
Vorsitzender des Promotionsausschusses:	Prof. Dr. Bernhard Beckert
1. Referent:	Prof. Dr. Stefan Müller
2. Referent:	Prof. Dr. Philipp Slusallek

Dr. Oliver Abert

AUGENBLICK

Ein effizientes Framework für Echtzeit Ray Tracing

Mit einem Geleitwort von Prof. Dr. Stefan Müller,
Universität Koblenz-Landau

EUL VERLAG

Bibliografische Information der Deutschen Nationalbibliothek

Die Deutsche Nationalbibliothek verzeichnet diese Publikation in der Deutschen Nationalbibliografie; detaillierte bibliografische Daten sind im Internet über <http://dnb.d-nb.de> abrufbar.

Dissertation, Universität Koblenz-Landau, 2008

ISBN 978-3-89936-847-5
1. Auflage Oktober 2009

JOSEF EUL VERLAG GmbH
Brandsberg 6
53797 Lohmar
Tel.: 0 22 05 / 90 10 6-6
Fax: 0 22 05 / 90 10 6-88
E-Mail: info@eul-verlag.de
http://www.eul-verlag.de

Bei der Herstellung unserer Bücher möchten wir die Umwelt schonen. Dieses Buch ist daher auf säurefreiem, 100% chlorfrei gebleichtem, alterungsbeständigem Papier nach DIN 6738 gedruckt.

- For Nara, my love -

- Für Maik, meinen Freund -

Geleitwort

Rasterisierung oder Ray-Tracing? Aus heutiger Sicht ist schwer zu sagen, welche dieser beiden Methoden in naher Zukunft die Führungsrolle als Renderingstrategie in Echtzeitanwendungen übernehmen wird. Bis heute hat sich die Rasterisierung — trotz ihrer Nachteile in den Bereichen der Schattenberechnung, der Spiegelungen, oder der globalen Beleuchtung — als wichtigste Methode etabliert, zumal spezielle Hardwareentwicklungen in den letzten 10 Jahren die Qualität und Performanz der Bilder bei steigender Komplexität der Szenen enorm voranbrachten. Auf der anderen Seite schreiten die CPU-Entwicklungen im Sinne von Multikern- oder Multiprozessorarchitekturen stark voran und ermöglichen seit kurzem auch die Entwicklung von Echtzeit-Ray-Tracing Strategien. Wie sich die Zukunft in diesem Bereich etablieren wird, ist ungewiss. Sicher ist jedoch, dass die vorliegende Arbeit eine wichtige Rolle in diesem Zusammenhang spielen wird, da sie sehr detailliert aufzeigt, wie man bereits ohne spezielle Hardware und auf derzeit breit verfügbaren CPUs Ray-Tracing echtzeitfähig umsetzen kann. Und dabei hebt sie nicht nur das etablierte Rendering-Paradigma auf; sie erweitert auch die bestehenden Restriktionen von polygonalen Datenstrukturen auf Freiformflächen und zeigt, wie man mit einem solchen Ansatz erste Schritte in Richtung einer globalen Beleuchtung realisieren kann.

Koblenz im September 2009,

Prof. Dr. Stefan Müller

Vorwort

Diese Arbeit wurde an der Universität Koblenz-Landau erstellt und im Sommersemester 2009 eingereicht und von dieser als Dissertation angenommen.

Eine Doktorarbeit wird zwar von nur einer Person verfasst, doch an deren Entstehungsgeschichte sind weit mehr beteiligt — entweder direkt durch ihre Mitarbeit oder indirekt durch ihre Unterstützung und Hilfe.

An erster Stelle möchte ich meinem Doktorvater und Mentor Prof. Dr.-Ing. Stefan Müller danken, dem ich es zu einem sehr großen Teil zu verdanken habe, dass ich bereits während meines Studiums die Faszination der Computergrafik erkennen konnte. Darüber hinaus waren und sind seine Unterstützung und sein Rat stets von unbezahlbarem Wert. Stefan, danke für alles!

Prof. Dr.-Ing. Philipp Slusallek möchte ich dafür danken, dass er es auf sich genommen hat, dieses umfangreiche Werk zu begutachten, trotz eines überfüllten Terminkalenders und sicherlich einiger vorhandener Redundanzen zu den zahlreichen anderen von ihm begutachteten Arbeiten.

Meinen Kollegen möchte ich danken, die mich über die Jahre begleitet haben. Ich verdanke euch ein so angenehmes Arbeitsklima, wie man es sich nur wünschen kann. Danke, Thorsten Grosch, Angelika Bäunig-Colan, Rodja Trappe, Matthias Raspe, Brigitte Luzius, Jakob Bärz, Niklas Henrich, Ullrich Wechselsberger und Stefan Rillig. Auch wenn wir uns als Kollegen knapp verpasst haben, so sei hier Markus Geimer gedankt. Dir habe ich es zu großen Teilen zu verdanken, die Faszination für das Ray Tracing entdeckt zu haben.

Weiterhin gilt mein Dank meinen HiWis. Für euren Einsatz und eure Hilfe danke ich euch, Rodja Trappe, Rafael Spring und Markus Bröcker. Rodja gehört an dieser Stelle als Namensgeber von AUGENBLICK noch einmal besonders hervorgehoben! Dir allein gebührt der Dank, dass dieses Ray Tracing System nicht doch noch *crianusurt* oder schlimmer heißt.

Nicht vergessen werden dürfen einige besondere Studenten, die durch ihre hervorragenden Leistungen einen wertvollen Beitrag, auch für meine eigenen Arbeiten, leisten konnten. Meinen unvergesslichen Dank und Wertschätzung für euren Einsatz, Maik Stange, Jakob Bärz und Hanno Rabe!

Viele Studenten haben an der Entwicklung von AUGENBLICK direkt oder auch indirekt teilgehabt. Ich danke den Teilnehmer zweier Praktika, die mir sehr viel Spaß gemacht haben. Zum einen war dies CinRay: Mathieu Borchardt, Kai Brüggemann, Pascal Dietz, Stefan Doetsch, Michael Heinrich, Andreas Herschbach, Gergana Itsova, Tobias Klee, Christine Kühner, Paul Lemke, Wolfram Meffert, Stefan Müller, Björn Oska, Thomas Pilz, Oliver Schmitz, Martin Schumann, Polina Smagina, Steffi Wald, Martin Szidzek, Jonas Veltens, Dennis Wadkien, Claus Weymann und Jan Wischniowski. Zum anderen war dies EBER: Günter Bang, Manuel Becker, Pasqual Boehmsdorff, Daniel Brehme, Markus Bröcker, Viktor Ditler, Katrin Elles, Martin Fuchs, Andreas Gutsche, Frederick Jochum, Nicole Keller, Erik Knauer, Guido Lorenz, Jan Lycko, Hauke Rehfeld und Markus Schulte. Weiterhin möchte ich besonders Mathieu Borchardt, Sören Kevenig, Fabian Scheer, Jonas Veltens, Rouven Asmus, Björn Oska, Tobias Klee, Dennis Wadkien, Hanno Rabe und Kai Brüggemann für ihre Studien- und/oder Diplomarbeiten danken.

Natürlich gilt mein Dank ebenso meinen Korrekturlesern. Wohlwissend, dass ihr nicht wusstet, was euch erwartet, danke ich (und jeder Leser dieser Arbeit) euch: Niklas Henrich, Matthias Dennhardt, Angelika und Wolfgang Abert, Carsten Prasse, Matthias Raspe, Dr. Klaus Oldenhage, Dr. Markus Geimer, Stefanie Wald, Annabell Pfullmann, Jakob Bärz, Stefan Rilling und Maik Stange.

Ohne gute Freunde macht nur Weniges Spaß — und die Zeit zwischen der Code-Entwicklung, dem Debuggen, dem Optimieren, dem Paper schreiben, Konferenzbesuchen etc. wäre ohne euch nur wenig Wert gewesen. Danke, dass es euch gibt: Maik Stange, Carsten Prasse, Matthias Dennhardt, Patrick Doberenz, Theresa Duck, Matthias Raspe, Steffi Wald, Susann Demel und Eva Schmidt.

Martina Schmidt danke ich dafür, dass sie mir gezeigt hat, dass man auch als Doktorand noch lange nicht ausgelernt hat.

Homer Simpson und seiner Familie möchte ich für 30 Minuten Entspannung zwischen Büro und abendlicher Heimarbeit danken!

Klaus und Kerstin Oldenhage danke ich für zahlreiche kulinarische Verwöhnungen an diversen Sonntagen. Danke für die Rettung, wenn jedes Mal überraschend alle Supermärkte geschlossen hatten.

Annabell Pfullmann möchte ich für zwei schöne Jahre danken.

Meinem Großvater Leo Abert und meinen Eltern Angelika und Wolfgang Abert möchte ich für die finanzielle Unterstützung des Drucks der Dissertation bzw. der geplanten Feier nach der Verteidigung danken.

Zum Abschluss möchte ich Nara Lee danken — dafür, dass es dich auf dieser Welt gibt. Auch wenn Du mit der Arbeit mit am wenigsten zu schaffen hattest, so hast Du doch auf bemerkenswerte Weise eine Klammer gebildet, den Anfang und das Ende.

Oliver Abert | Koblenz, im Juni 2009

Kurzfassung

Das Ray Tracing-Bildsynthese-Verfahren ist bekannt sowohl für einen hohen Grad des Realismus der generierten Bilder, als auch für gleichermaßen hohe Laufzeiten. In den letzten Jahren wurde durch zahlreiche Forschungen die Geschwindigkeit des Verfahrens grundlegend verbessert, so dass heute bereits schon Szenen mittlerer Komplexität in Echtzeit auf einem einzelnen Rechner synthetisiert werden.

Diese Arbeit trägt dazu bei das Ray Tracing-Verfahren im Kontext der Echtzeit-Visualisierung weiter zu entwickeln. Es wird gezeigt, dass sich entgegen der verbreiteten Meinung Effizienz, Flexibilität und Benutzbarkeit nicht zwangsläufig gegenseitig ausschließen. Insbesondere für eine umfangreiche Software ist eine sorgfältig realisierte Architektur von grundlegender Bedeutung; eine Tatsache die im Bereich der Echtzeit-Anwendungen häufig vernachlässigt wird. Durch Messergebnisse wird belegt, dass mit einer solchen Architektur eine hohe Leistungsfähigkeit erreicht wird, trotz des softwaretechnischen Überbaus. Weiterhin wird gezeigt, dass durch die Verwendung von SIMD-Klassen die Lesbarkeit und damit die Benutzbarkeit deutlich gefördert werden, dabei aber die Laufzeit nachweisbar nicht negativ beeinflusst wird.

Aufbauend auf diesen Ergebnissen wird anschließend gezeigt, dass die direkte Verwendung von NURBS-Flächen im Kontext des Ray Tracing auch ohne eine sonst übliche Tessellierung möglich ist. Dies bietet eine Reihe von Vorteilen, wie beispielsweise eine optimal korrekte Berechnung von Reflexionen, bedingt durch die C_2 Stetigkeit der Flächen. Dabei unterliegt die Leistungsfähigkeit der auf NURBS basierenden Szenen zwar dem herkömmlichen Ray Tracing von Dreiecken, der Unterschied ist allerdings nur noch geringfügig. So sind auf Dreiecken basierende Szenen in einer hohen Qualität oft nicht schneller als Faktor zwei, bei allen damit verbundenen Nachteilen der Dreiecks-Repräsentation.

Abschließend werden Verfahren entwickelt, um die globale Beleuchtung in einer möglichst effizienten Art und Weise zu simulieren. Es werden für statische Szenen das Photon Mapping-Verfahren sowie, insbesondere für NURBS-Szenen gut geeignet, *Photon Textures* verwendet bzw. entwickelt. Es zeigt sich, dass die *Photon Textures* durch eine progressive Bildsynthese eine interaktive Bildwiederholrate auf einem einzelnen Rechner auch für NURBS-Szenen ermöglichen. Weiterhin werden dynamische Szenen untersucht. Unter Verwendung von Halton-Sequenzen, ist es möglich, einzelne ungültig gewordene Teile der Beleuchtungssimulation neu zu berechnen. Dadurch, dass bei jedweder Dynamik in der Szene eine vollständige Neuberechnung vermieden wird, ist es möglich auch für nicht triviale Szenen eine interaktive Bildwiederholrate bei dynamischen Szenen beizubehalten.

Mit den im Rahmen dieser Arbeit behandelten Themen wird das Echtzeit Ray Tracing um eine Reihe neuer Aspekte erweitert, die eine hohe Relevanz vorwiegend, aber nicht nur, für die Bildsynthese haben.

Abstract

The ray tracing algorithm is well known for high degree of realism of the images generated as well as for high runtimes. During the last years researchers have sped up the technique considerably. Today, it is possible to synthesize images of scenes with mediocre complexity in realtime on a single PC.

This thesis is a contribution to the ongoing research in the area of the realtime ray tracing. It is shown that, contrarily to the common opinion, efficiency, flexibility, and ease-of-use do not exclude themselves necessarily. Especially for large software projects a carefully designed architecture is essential. This fact is often ignored in the context of realtime applications. It is proofed by test readings, that such an architecture can yield a high performance despite of the overhead imposed. Furthermore it is shown, that the usage of SIMD-Classes improves readability and usability clearly and also does not have a negative impact on performance.

Build upon these results it is shown, that the direct usage of NURBS surfaces in the context of real time ray tracing is possible without the commonly necessary tessellation. This offers several advantages. Especially for the simulation of C_2 perfect reflections and refractions the direct employment proofs to be valuable. The performance achieved is lower compared to triangle based ray tracing, but the difference is not so huge anymore. Compared to high quality triangle scenes the difference is not more that a factor of two in most cases, with all the common disadvantages of triangles.

Finally, approaches are developed to compute the simulation of the global illumination in a most efficient manner. For static scenes *photon textures* are developed which are in particular useful for NURBS scenes. Additionally, the classic photon mapping approach is also developed and integrated in this context. It is shown that with progressive approaches in conjunction with *photon textures*, it is possible to achieve interactive frame rates on a single PC even for NURBS scenes. Furthermore dynamic scenes are also investigated. By using Halton sequences it is possible to update only small parts of the global illumination solution which have become invalid to to changes in the scene. Since the complete re-computation can be avoided, it is possible to have non trivial dynamic scenes also simulated at interactive frame rates.

The ray tracing algorithm is extended by several new aspects through by topics examined throughout this thesis. These extensions have a high relevance for but not limited to the image synthesis process.

Inhaltsverzeichnis

1 Einleitung 1
- 1.1 AUGENBLICK 4
- 1.2 Aufbau der Arbeit 4
- 1.3 Grundsätzliches 5

2 Grundlagen 7
- 2.1 Licht 7
  - 2.1.1 Geometrisches Modell 9
  - 2.1.2 Wellenmodell 9
  - 2.1.3 Quantenmechanisches Modell 10
  - 2.1.4 Bewertung 10
- 2.2 Mathematische und physikalische Grundlagen 12
  - 2.2.1 Raumwinkel 12
  - 2.2.2 Radiometrie und Photometrie 12
  - 2.2.3 Bidirektionale Reflexions-Verteilungs-Funktion 16
- 2.3 Grundlagen der Bildsynthese 17
  - 2.3.1 Problemstellung 18
  - 2.3.2 Lichtpfadnotation 19
  - 2.3.3 Der Ray Tracing-Algorithmus 19
  - 2.3.4 Rastergrafik 23
- 2.4 AUGENBLICK 24

I *Coruscant*: Eine moderne Ray Tracing-Architektur 31

3 Echtzeit Ray Tracing - Stand der Technik 33
- 3.1 Hardwareklassen 34
  - 3.1.1 Standard Prozessoren (CPU) 34
  - 3.1.2 Graphische Prozessoren (GPU) 35
  - 3.1.3 Alternative Prozessoren (Cell/Larrabee) 37
  - 3.1.4 Spezialisierte Prozessoren (RPU) 38
  - 3.1.5 Zusammenfassung 39
- 3.2 Ray Tracing-Architekturen 40
  - 3.2.1 Offline-Architekturen 40

3.2.2 Echtzeit-Architekturen . . . 42
3.2.3 Verwandte Architekturen . . . 44
3.2.4 Zusammenfassung . . . 47
3.3 Beschleunigungsdatenstrukturen . . . 50
3.3.1 Grids . . . 50
3.3.2 kd-trees . . . 52
3.3.3 Bounding Volume Hierarchien . . . 54
3.3.4 Bounding Interval Hierarchien . . . 57

4 Die *Coruscant* Ray Tracing-Architektur **59**
4.1 Layer-Modell . . . 60
4.1.1 Layer 0 - *Coruscant* . . . 60
4.1.2 Layer 1 - AUGENBLICK . . . 64
4.1.3 Layer 2 - Plugins . . . 66
4.2 Richtlinien für hochperformanten und effizienten Code . . . 66
4.2.1 Kohärenz . . . 67
4.2.2 Virtuelle Funktionsaufrufe . . . 67
4.2.3 Allgemeine Grundregeln . . . 69
4.3 SIMD-Unterstützung . . . 72
4.3.1 Verwendung im Ray Tracing-Kontext . . . 72
4.3.2 Entwicklung der SIMD-Einheiten . . . 74
4.3.3 Unterschiede zwischen *AltiVec* und *SSE* . . . 75
4.3.4 SIMD-Intrinsics . . . 77
4.3.5 SIMD-Klassen . . . 77
4.3.6 Vergleich: Intrinsics mit Klassen . . . 78
4.3.7 Alternativen zu SIMD-Klassen und -Intrinsics . . . 83
4.3.8 Speicheralignment . . . 85
4.3.9 Bewertung . . . 88
4.4 Werkzeuge . . . 89
4.4.1 PacketIterator . . . 89
4.4.2 ParamSet . . . 92
4.5 Anwendungsbeispiele . . . 93
4.5.1 Vollständige Ray Tracing-Applikation . . . 94
4.5.2 Melmac . . . 95
4.5.3 Nahtlose OpenGL-Integration . . . 96
4.5.4 Integration des Multi Level Ray Tracing-Algorithmus . . . 97
4.5.5 Ergänzung um vollständiges GPU-Ray Tracing . . . 99
4.6 Aufwandsbetrachtung . . . 103
4.7 Ergebnisse . . . 105
4.7.1 Allgemeine Leistung unter verschiedenen Plattformen . . . 106
4.7.2 Skalierung über mehrere Prozessoren . . . 108
4.7.3 SIMD-Effizienz . . . 109

4.7.4 Konstruktion der Hierarchie . . . 111
4.7.5 Vergleich mit kommerziellen Systemen . . . 114
4.8 Zusammenfassung und Ausblick . . . 116

II Ray Tracing von Freiform-Flächen 119

5 Raytracing von NURBS 121
5.1 Einleitung . . . 123
5.1.1 Analytische Verfahren . . . 123
5.1.2 Unterteilende Verfahren . . . 124
5.1.3 Iterative Verfahren . . . 125
5.1.4 Hybride Verfahren . . . 125
5.2 Bisherige Arbeiten . . . 126
5.3 Grundlagen . . . 129
5.3.1 Freiform-Kurven . . . 129
5.3.2 Freiform-Flächen . . . 135
5.3.3 Trimming von Flächen . . . 138
5.4 Strahl-NURBS Schnitttest . . . 140
5.4.1 Multidimensionales Newton-Verfahren . . . 140
5.4.2 Startwertbestimmungsverfahren . . . 142
5.4.3 Trimming . . . 149
5.4.4 Zusammenfassung . . . 150
5.5 Strahl-NURBS Schnitttest auf den Cell BE Prozessor . . . 151
5.6 Ergebnisse . . . 153
5.6.1 Performanz . . . 153
5.6.2 Präzision und C_2-Stetigkeit . . . 157
5.6.3 Trimming . . . 160
5.6.4 Rationale Flächen . . . 161
5.6.5 Beschränkungen . . . 162
5.7 Zusammenfassung und Ausblick . . . 164

6 Effiziente Evaluation von NURBS-Flächen 167
6.1 *Power Basis* Repräsentation . . . 168
6.2 Basis Funktionen *look up table* . . . 170
6.3 Vorberechnung von Elementen der Cox/de Boor-Rekursion . . . 171
6.3.1 *CDBItems* . . . 173
6.3.2 Bestimmung des Wertes einer Basisfunktion . . . 174
6.3.3 Auswertung aller relevanten Basisfunktionen . . . 176
6.3.4 Zusammenfassung . . . 177
6.3.5 Transfer auf NURBS-Flächen . . . 179
6.3.6 Bestimmung der Ableitungen . . . 179

6.4 Ergebnisse 180
6.5 Zusammenfassung und Ausblick 181

7 Effiziente Evaluation von Bézier-Flächen **183**
7.1 Bisherige Arbeiten 184
7.2 Ansatz 185
7.2.1 Vorverarbeitung 185
7.2.2 Evaluationen auf Bézier-Flächen 186
7.3 Ergebnisse 188
7.4 Zusammenfassung und Ausblick 189

8 Hybrides Ray Tracing **191**
8.1 Bisherige Arbeiten 192
8.2 Ansatz 193
8.3 Vorverarbeitung 196
8.4 Laufzeit-Komponenten 196
8.4.1 Rasterisierung und Rücktransfer 197
8.4.2 Strahl-Fläche Schnittpunktberechnung 197
8.4.3 Fehlerbehandlung 199
8.5 Ergebnisse 201
8.6 Zusammenfassung und Ausblick 204

III Globale Beleuchtung **205**

9 Grundlagen der globalen Beleuchtung **207**
9.1 Motivation 208
9.2 Algorithmen der globalen Beleuchtung 209
9.2.1 Monte Carlo Ray Tracing 209
9.2.2 Path Tracing 212
9.2.3 Photon Mapping 213
9.2.4 Radiosity 218
9.3 Halton-Sequenzen 219
9.4 Zusammenfassung 222

10 Interaktive globale Beleuchtung in statischen Szenen **225**
10.1 Bisherige Arbeiten 226
10.2 Photon Mapping in AUGENBLICK 228
10.2.1 Integration in AUGENBLICK v4 228
10.2.2 Integration in AUGENBLICK v5 230
10.2.3 Photon Mapping mit Hilfe von SIMD 231
10.3 Photon Textures 233
10.3.1 Ansatz 233

10.3.2 Offene Probleme 238
10.3.3 Ergebnisse 239
10.4 Zusammenfassung und Ausblick 242

11 Interaktive Globale Beleuchtung in dynamischen Szenen **245**
11.1 Bisherige Arbeiten 246
11.1.1 Auf Radiosity basierende Lösungen 247
11.1.2 Auf Photon Mapping basierende Verfahren 248
11.1.3 Zusammenfassung und Bewertung 250
11.2 Ansatz 251
11.3 Photonen-Pool 252
11.3.1 Struktur des Photonen-Pools 252
11.3.2 Struktur der Photonenpakete 253
11.3.3 Generierung der Photonen 256
11.3.4 Beispiel 256
11.4 Photonen-Speicherung 257
11.5 Selektive Aktualisierung der globalen Beleuchtung 258
11.5.1 Pilotphotonen 259
11.5.2 Photonenpfade 259
11.5.3 Bestimmung von invalidierten Gruppen durch Pilotphotonen . . 260
11.5.4 Bestimmung von invalidierten Gruppen durch Trefferlisten . . . 260
11.6 Ergebnisse 262
11.6.1 Präzision 262
11.6.2 Änderungen der Geometrie 263
11.6.3 Änderungen der Lichtquellen 267
11.7 Zusammenfassung und Ausblick 269

12 Zusammenfassung und Ausblick **273**
12.1 Zusammenfassung 273
12.2 Ausblick 274

A Glossar **277**

B Standardtestszenen **281**

C Testsysteme **287**

Literaturverzeichnis **289**

1 Einleitung

If your system were that good, the Americans would have invented it first!

(Managing director of Renault to Bézier)

Abbildung 1.1: *Dieses Bild wurde mit dem Ray Tracing-Verfahren berechnet. Berücksichtigt wurde die Simulation von Reflexionen und Refraktionen sowie die bildbasierende Beleuchtung.*

Die Computergrafik ist seit geraumer Zeit ein integraler Bestandteil der Informatik, wie auch des alltäglichen Lebens. Wissenschaftliche Visualisierungen, industrielle Applikationen, beeindruckende Effekte in Filmen und überwältigende Computerspielegrafik profitieren allesamt von den rasanten Entwicklungen der vergangenen zwei Dekaden auf diesem Gebiet. Durch immer schnellere Hardware und bessere Algorithmen hat die Bildqualität ebenso wie die Geschwindigkeit der Bilderzeugung drastisch zugenommen. Dennoch muss auch heute noch häufig ein Kompromiss zwischen *Realismus* und *Berechnungsdauer*[1] der Simulation geschlossen werden. Im Wesentlichen existieren drei Dimensionen, in denen sich die Computergrafik weiterentwickelt. Diese häufig diametral zueinander stehenden Achsen sind: die *Qualität*[2] der generierten Bilder, die *Geschwindigkeit* des Synthese-Prozesses sowie die *einfache Benutzbarkeit* der Algorithmen bzw. Applikationen.

[1] Mit Bezug auf die Dauer der Berechnung des Bildes bis zur Anzeige.

[2] Je nach Anwendungszweck misst sich die Qualität am erreichten Realitätsgrad oder auch an dem erzielten ästhetischen Eindruck beim Betrachter

Die Positionierung der beiden dominanten Bildsyntheseverfahren, hardwaregestütze *Rasterisierungsverfahren* [CATMULL 1974, BOUKNIGHT 1970] und *Ray Tracing* [APPEL 1968, WHITTED 1980], ist in diesem System nicht klar abzugrenzen. Mit einiger Gewissheit kann jedoch festgestellt werden, dass die Rasterisierung eine geringere Qualität bei höherer Geschwindigkeit bietet als Ray Tracing-Ansätze. Auf Grund dieser Charakteristika werden Computerspiele und viele weitere Echtzeitanwendungen üblicherweise mittels Rasterisierung berechnet, während hochqualitative Visualisierungen für Film oder Werbung durch Ray Tracing erzeugt werden. Dies liegt zu einem großen Teil darin begründet, dass physikalisch plausible oder korrekte Simulationen von Schatten, Brechungen und ähnlichen Lichteffekten nur durch auf Ray Tracing basierende Methoden [JENSEN 1996, KAJIYA 1986] korrekt simulierbar sind. Ein weiteres Alleinstellungsmerkmal ist die Möglichkeit, beliebig repräsentierte Geometrien verwenden zu können, sofern sich ein Schnittpunkt mit einem Strahl berechnen lässt. Im Gegensatz dazu können Rasterisierungsverfahren ausschließlich Dreiecke als geometrische Primitive verwenden.

Aus diesen nur angerissenen Eigenschaften ergibt sich eine interessante Vermutung. *Falls* das Ray Tracing-Verfahren, unter Einsatz vergleichbar teurer Hardware, eine konkurrenzfähige Geschwindigkeit in der Bildsynthese erreichen könnte wie die Rasterisierung, stünde der Computergrafik eventuell eine bedeutende Wende bevor. Diese könnte Ray Tracing-Ansätze als Mittel der Wahl für viele Visualisierungsaufgaben hervorgehen lassen, welche zuvor durch Rasterisierungsverfahren abgedeckt wurden. Derzeit sind die Geschwindigkeitsunterschiede allerdings noch so gravierend, sodass viele Experten eine solche Entwicklung für wenig wahrscheinlich halten.

Dennoch hat das Interesse der Forscher, später auch der Industrie, seit der Jahrtausendwende stetig zugenommen, als es durch leistungsfähigere Prozessoren erstmals möglich wurde, einfache Szenen mittels Ray Tracing in interaktiven Bildwiederholraten zu visualisieren [WALD et al. 2002a, GEIMER 2005]. Zum heutigen Zeitpunkt sind für mehr als nur triviale Szenen bereits Echtzeitdarstellungen auf einem einzelnen Rechner realistisch geworden [BIKKER 2007]. Deswegen beginnt sogar das prinzipiell anspruchsvollste Anwendungsfeld, die Computerspiele-Industrie [FRIEDRICH et al. 2006], sich allmählich für das Verfahren zu interessieren. Dies ist insofern bemerkenswert, als dies vor wenigen Jahren noch nicht vorstellbar gewesen war. Wohin der Weg zukünftig führt, ist an dieser Stelle natürlich nicht mit Sicherheit zu sagen. Auf mittelfristige Sicht scheinen hybride Ansätze, wie die intelligente gemeinsame Verwendung von Rasterisierung- und Ray Tracing-Ansätzen, nicht unwahrscheinlich [JOHN CARMACK 2008] zu sein. Ob sich am Ende das Ray Tracing alleine als Technologie zur allgemeinen Bildsynthese durchsetzen wird, ist fraglich, aber nicht unmöglich.

Das Ziel dieser Arbeit ist es, einen Beitrag auf dem Weg zu einer solchen möglichen Zukunft zu leisten. Dabei wird nicht nur das Ziel verfolgt die Berechnungsgeschwindigkeit zu optimieren, sondern darüber hinaus bisherige Beschränkungen zu reduzieren oder aufzuheben und eine einfache Benutzung der erzielten Lösungen zu gewährleisten.

Viele bisherige Errungenschaften sind so genannte Insellösungen, die ausschließlich in klar definierten Rahmenbedingungen gut funktionieren. Die Ziele dieser Arbeit stehen dem entgegen: Die Lösungen sollen ein hohes Maß an Flexibilität und Erweiterbarkeit besitzen und so die Möglichkeit erhalten, tatsächlich in der Industrie eingesetzt zu werden. Die Beiträge dieser Arbeit lassen sich in drei Gebieten zusammenfassen:

Architektur

Viele ältere aber auch einige aktuelle Ray Tracing-Systeme verfügen nicht über eine explizite Architektur. Dies macht es schwierig größere, umfassendere Systeme zu warten oder zu erweitern. In dieser Arbeit wird eine moderne, plattformübergreifende und flexible Ray Tracing-Architektur vorgestellt, welche die Basis des gesamten Ray Tracing-Systems darstellt. Ein deutlicher Schwerpunkt liegt dabei auf dem Entwurf und der Realisierung einer Plattform, die leicht zu benutzen und dennoch mächtig sowie flexibel ist und nicht zuletzt ein höchstmögliches Maß an Leistung bietet.

Geometrie

Obwohl das Ray Tracing Verfahren beliebige geometrische Primitive verwenden kann, unterstützen die meisten Algorithmen oder auch vollständige Systeme lediglich Dreiecke und verspielen damit einen bedeutenden Vorteil gegenüber den Rasterisierungsverfahren. In dieser Arbeit wird gezeigt, dass sich NURBS-Flächen, welche sich eine breite Verwendung in der Industrie finden, effizient mit dem Ray Tracing-Verfahren visualisieren lassen. Zwar sind die Berechnungskosten im Vergleich zu Dreiecken deutlich höher, doch kann dieser Nachteil durch eine Reihe von wichtigen Vorteilen amortisiert werden, wie beispielsweise die Simulation von Reflexionen mit einer Stetigkeit von C_2 sowie perfekten Silhouetten.

Qualität

Für eine konkurrenzfähige, hohe Qualität eines synthetischen Bildes ist die globale Beleuchtung, d.h. die Simulation von indirektem Licht, mittlerweile obligatorisch. Allerdings sind solche Lösungen deutlich rechenaufwändiger als übliche Beleuchtungstechniken. Von daher können bisher beliebig komplexe Szenen in hoher Qualität in Echtzeit nicht simuliert werden. Im Rahmen dieser Arbeit werden Möglichkeiten aufgezeigt, die in vielleicht nicht allzu ferner Zukunft genau dies realisieren könnten. Ergebnisse im Rahmen dieser Arbeit zeigen heute schon sogar für dynamische Szenen interaktive Bildwiederholraten unter Verwendung eines einzelnen Rechners, die vor kurzem nur unter einem massivem Aufwand von kostspieliger Hardware erreicht werden konnten.

1.1 Augenblick

Im Rahmen dieser Arbeit wurde die AUGENBLICK Ray Tracing Engine entwickelt. AUGENBLICK ist eine plattformunabhängige Bibliothek, welche über eine benutzerfreundliche Programmierschnittstelle (API - Application Programming Interface) verfügt. Es wird das Ray Tracing sowohl von Dreiecken wie auch von NURBS-Flächen unterstützt. Ein alternativer Bildsynthesepfad bietet darüber hinaus eine Visualisierung mittels OpenGL.

AUGENBLICK zeichnet sich durch eine einfache Benutzbarkeit und hohe Flexibilität aus. Die einzelnen Leistungs- und Alleinstellungsmerkmale sind Thema an verschiedenen Stellen in dieser Arbeit und werden dort detailliert behandelt. Dank der genannten Eigenschaften ist AUGENBLICK auch die Basis von vielen Studien- und Diplomarbeiten sowie von zwei weiteren Dissertationen.

1.2 Aufbau der Arbeit

Diese Arbeit ist in drei Teilbereiche gegliedert, welche von einem Abschnitt über wichtige Grundlagen (Kapitel 2) eingeleitet werden. Diese betreffen dabei überwiegend alle Teile der Dissertation, während spezifische Grundlagen, welche sich nur auf einen der drei Teile beziehen in dem jeweiligen Abschnitt notiert sind.

Im ersten Teil wird die Architektur *Coruscant* des Ray Tracing Systems AUGENBLICK detailliert beschrieben. Nach einer Zusammenfassung des Stands der Technik (Kapitel 3) wird die Architektur ausführlich beschrieben (Kapitel 4). Ein Fokus liegt dabei auf einer effizienten hardwarenahen Umsetzung, insbesondere unter der Verwendung von SIMD[3]-Einheiten moderner Prozessoren. Gleichzeitig wird der Einsatz der häufig als umständlich empfundenen SIMD-Intrinsics vermieden.

Der zweite Teil präsentiert die Ergebnisse, welche im Zusammenhang mit dem Ray Tracing von NURBS (Kapitel 5) erzielt werden. In diesem Teil werden verschiedene Ansätze untersucht, die für das direkte Ray Tracing von NURBS-Flächen verwendet werden können. Der gewählte Lösungsansatz wird detailliert beschrieben und die Leistungsfähigkeit demonstriert. Ein besonderer Schwerpunkt bildet die zentrale Operation des Schnitttestes, die Evaluation der NURBS-Flächen (Kapitel 6) sowie der einfacheren Bézier-Flächen (Kapitel 7). Darüber hinaus werden einige verwandte Anwendungsmöglichkeiten wie hybrides Ray Tracing (Kapitel 8) unter zusätzlicher Verwendung der Grafikhardware vorgestellt.

Letztlich werden im dritten Teil die Ergebnisse zum Thema der globalen Beleuchtung auf Basis der ersten beiden zuvor genannten Themenkomplexe präsentiert. Nach den

[3]SIMD - Abkürzung für *Single Instruction Multiple Data*. Mehr Details in Abschnitt 4.3

Grundlagen (Kapitel 9) werden basierend auf der vorgestellten Architektur sowie in der Verbindung mit NURBS-Flächen neue Verfahren und Lösungsansätze präsentiert. Dabei werden zunächst statische (Kapitel 10) Szenen berücksichtigt, für welche die *Photon Textures* eingeführt werden um die globale Beleuchtung effizient und progressiv berechnen zu können. Anschließend werden die entwickelten Ansätze mit Hinblick auf dynamische Szenen (Kapitel 11) untersucht.

Abschließend werden eine Zusammenfassung sowie ein Ausblick in Kapitel 12 gegeben. Der folgende Abschnitt 1.3 enthält einige wichtige Grundsatzanmerkungen, welche für die gesamte Arbeit Gültigkeit besitzen.

1.3 Grundsätzliches

In diesem Abschnitt sind einige wichtige grundsätzliche Annahmen, Feststellungen und Definitionen aufgelistet, die Gültigkeit für die gesamte Arbeit besitzen, solange an der entsprechende Stelle nichts anderes vermerkt ist. Dies dient dazu, häufige Wiederholungen desselben Sachverhaltes zu vermeiden und dennoch ein größtmögliches Maß an Genauigkeit der Aussagen zu gewährleisten. Die Reihenfolge ist alphabetisch.

Anglizismen Anglizismen sind besonders in der Informatik weit verbreitet. Auf eine Verwendung englischsprachiger Begriffe wird weitestgehend verzichtet, falls es eine adäquate deutsche Entsprechung gibt. Elementare Standard-Begriffe aus der Informatik, wie CPU, Caching oder auch Ray Tracing und ähnliche, werden allerdings in ihrer englischen Form beibehalten.

Bildauflösung Bilder werden stets in einer Auflösung von 512×512 Pixeln synthetisiert. Abweichende Auflösungen sind an den entsprechenden Stellen vermerkt.

Glossar Einige Begriffe werden bei ihrer ersten Benutzung mit einem $\triangle$ markiert. Dies bedeutet, dass der Begriff im Glossar (Anhang A) erläutert ist.

Primärstrahlen Mit Primärstrahlen werden die Strahlen bezeichnet, die ihren Ursprung in der Kamera haben und einen Pixel der Bildebene schneiden.

Ray Tracing Im deutschen Sprachraum findet sich zumeist die Bezeichnung *Raytracing*. Aufgrund des offensichtlich englischen Ursprungs des Wortes wird die korrekte Schreibweise *Ray Tracing* verwendet.

Sekundärstrahlen Dieser Typ bezeichnet alle Strahlen, die nicht Primärstrahlen sind.

SIMD-Breite SIMD-Einheiten haben im Rahmen dieser Arbeit stets eine Breite von 128 Bit, so genanntes *4-wide*-SIMD. Dies hängt damit zusammen, dass zu Beginn der Arbeit keine anderen Breiten zur Verfügung standen. Erst gegen Abschluss der Arbeit wurde bekannt, dass Intel breitere SIMD-Einheiten entwickelt und etwa gegen 2010 ausliefern wird.

SSE Wird von einer SSE[4] Einheit gesprochen, ist damit stets die *SSE2*-Einheit gemeint, da dies die Mindestvoraussetzung von AUGENBLICK für SSE-Befehle ist. Falls ein moderneres Instruktionsset gemeint sein sollte, wird dies an der entsprechenden Stelle vermerkt.

Szenen An zahlreichen Stellen in dieser Arbeit werden Szenen erwähnt, wie beispielsweise die Bunny- oder Teapot-Szene. Alle Szenen befinden sich mit grundlegenden Daten und einer Abbildung im Anhang B und werden an den entsprechenden Stellen, der Lesbarkeit halber, nicht noch einmal referenziert.

Szenenkomplexität Als triviale oder Szenen mit niedriger Komplexität werden solche bezeichnet, welche durch 100 000 oder weniger Dreiecke repräsentiert und nur über einfache Beleuchtungsmodelle, wie Phong, simuliert werden. Komplexe Szenen verfügen über mehr als eine Million Dreiecke und sind nicht selten mit zahlreichen komplexeren Materialien, wie Glas und Metall, versehen. Dementsprechend bilden Szenen mittlerer Komplexität einen Kompromiss aus den beiden Extremen.

Testsysteme An vielen Stellen werden Testsysteme referenziert auf denen Ergebnisse erzielt wurden. Die verwendeten Abkürzungsschlüssel lauten PMD, PMQ, MP1, MP2, MBA und PC. Eine Übersicht der Systeme ist im Anhang C zu finden.

x86 und PowerPC Prozessoren Mit dem Kürzel x86 werden die Prozessoren üblicher Bauart mit 32- oder auch 64-Bit bezeichnet. Dies umfasst die Prozessoren der Hersteller Intel, exklusive des Intel Itanium-Prozessors, und AMD. Die meisten Aussagen über diese Typen von Prozessoren treffen auch auf x86 kompatible anderer Hersteller zu. Diese werden aber nicht explizit berücksichtigt. Mit PowerPC-Prozessoren werden die G4 und G5 Linien an Desktop- und Notebook-Prozessoren bezeichnet. Andere PowerPC-Prozessoren, wie der POWER4 und POWER5, unterschieden sich teilweise stark und sind nicht unter diesem Begriff zusammengefasst.

Zahlendarstellung In der Informatik werden Parameterlisten stets durch Kommata getrennt. Um eine Mehrdeutigkeit zu vermeiden, wird im Rahmen dieser Arbeit das Dezimaltrennzeichen . anstelle des im Deutschen üblichen , verwendet.

[4]SSE - Abkürzung für Streaming SIMD Extensions, die SIMD Implementierung der Intel Prozessoren

2 Grundlagen

> Programming graphics in X is like finding the square root of π using Roman numerals.
>
> *(Henry Spencer)*

Abbildung 2.1: *Ein digitales Modell des Kölner Doms. ©Matthias Wolff*

Zunächst werden die Grundlagen des Lichts (2.1) gelegt, das eine wesentliche Rolle in der Bildsynthese spielt. Anschließend werden in Abschnitt 2.2 die mathematischen und physikalischen Grundlagen erläutert. Weitergeführt wird dieses Kapitel mit den wichtigsten Fundamenten der Bildsynthese in Abschnitt 2.3. Abschließend wird ein grober Überblick über das Ray Tracing System AUGENBLICK und seine Entwicklungsgeschichte gegeben (Abschnitt 2.4).

2.1 Licht

Die wirklichkeitsgetreue Bildsynthese ist im Kern die Simulation von Licht, daher wird im Folgenden näher auf dieses alltägliche Phänomen eingegangen. Allgemein wird im Sprachgebrauch der Physik unter dem Begriff „Licht" oftmals das gesamte elektromagnetische Wellenspektrum verstanden. Elektromagnetische Strahlung bezeichnet dabei eine Welle aus gekoppelten elektrischen und magnetischen Feldern, d.h. es treten Wechselwirkungen zwischen diesen beiden Feldern auf. Eine

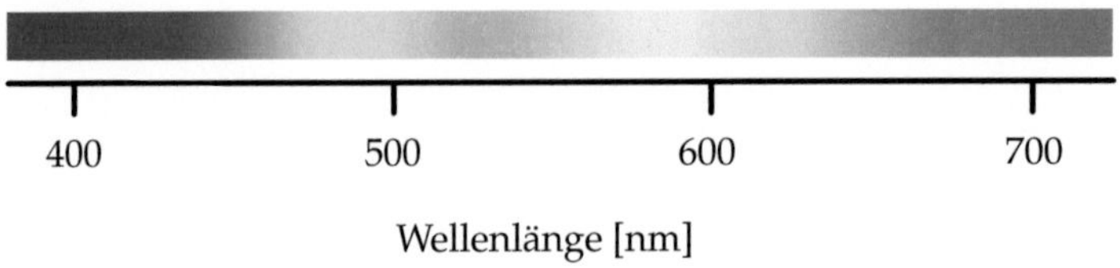

Abbildung 2.2: *Der Bereich des elektromagnetischen Spektrums, der für Menschen sichtbar ist.*

formale Beschreibung elektromagnetischer Wellen liefern die *Maxwellschen Gleichungen* [MAXWELL 1865, MAXWELL 1873], die in den Jahren 1861 bis 1864 von James Clerk Maxwell entwickelt wurden. Eine eingehende Diskussion elektromagnetischer Strahlung ist an dieser Stelle allerdings nicht möglich und für das Verständnis der Arbeit auch nicht nötig. Im Folgenden seien daher nur die wichtigsten Merkmale aufgegriffen, die für das Verständnis der Dissertation hilfreich sind. Weitere Informationen lassen sich in zahlreichen Büchern der Fachliteratur nachschlagen, z.B. [MESCHEDE 2004, TIPLER und MOSCA 2004].

Elektromagnetische Wellen unterscheiden sich durch nur ein Merkmal, die Wellenlänge λ[1]. Das elektromagnetische Spektrum umfasst den gesamten Bereich der Wellenlängen von etwa $10^{-15}m$ bis $10^{7}m$. Nur ein sehr kleiner Teil davon ist für den Menschen sichtbar. Das tatsächliche Intervall schwankt zwischen den Individuen ebenso wie die Angaben in der Literatur. Übliche Werte sind $360nm$ bis $400nm$ als untere Grenze und $760nm$ bis $830nm$ als obere Grenze. Im Folgenden wird im Kontext dieser Arbeit und in Abgrenzung zum Sprachgebrauch in der Physik, der Begriff Licht wie folgt definiert:

> *Licht bezeichnet den für den Menschen sichtbaren Teil des elektromagnetischen Spektrums zwischen* $380nm$ *und* $780nm$ *(im Vakuum).*

Abbildung 2.2 zeigt den für den Menschen sichtbaren Bereich. Dabei gilt es zu berücksichtigen, dass die Grafik lediglich einen ungefähren Eindruck vermitteln kann, da wie bereits erläutert der individuelle Eindruck zwischen verschiedenen Betrachtern nicht identisch ist. Zusätzlich verfälscht der Druck oder die Darstellung auf einem Monitor die Farben.

In Abhängigkeit der gewünschten Genauigkeit einer Simulation gibt es verschiedene adäquate Modelle, welche die Verhaltensweise des Lichts beschreiben. Im Folgenden werden drei Modelle kurz vorgestellt. Wie zumeist üblich, verhalten sich die Qualität der Vorhersage und die Komplexität des Modells proportional zueinander.

[1] Bzw. durch die Frequenz f, die sich für ein gegebenes Medium einfach berechnen lässt: $f = \frac{c}{\lambda}$. Dabei entspricht c der Lichtgeschwindigkeit in dem derzeitigen Medium

2.1.1 Geometrisches Modell

Das älteste Modell des Lichts ist auch zugleich das Simpelste. Die grundlegenden Annahmen sind eine temporale sowie räumliche Invarianz des Lichts. Darüber hinaus werden ausschließlich Objekte ab makroskopischen Größenordnungen angenommen. Ersteres bedeutet, dass Licht sich stets sofort bis zur Konvergenz ausbreitet, also die Lichtgeschwindigkeit c_0[2] zur Unendlichkeit idealisiert wird. Weiterhin bedeutet räumliche Invarianz, dass keine Abschwächung des Lichts über eine räumliche Distanz berücksichtigt wird. Licht wird somit durch unendlich lange, unendlich schnelle Strahlen repräsentiert. Solange die Objekte mit denen das Licht interagiert wesentlich größer sind als die Wellenlänge des Lichts, liefert dieses Modell durchaus gute Vorhersagen.

Trotz der genannten Einschränkungen reicht das geometrische Modell für viele Anwendungen aus. Letztlich werden in den meisten Simulationen lediglich Objekte vorkommen, welche die Voraussetzung von mindestens makroskopischer Größe erfüllen, da selbst extrem kleine Objekte von wenigen Millimetern immer noch *deutlich* größer sind als die Wellenlänge des sichtbaren Lichts. Auch die Annahme, die Lichtgeschwindigkeit betrage unendlich, abweichend von den tatsächlichen annähernd $300\,000\frac{km}{s}$, wird sich auf die allermeisten Fälle nicht messbar auswirken. Allerdings lassen sich Beugungs- oder Interferenzeffekte mit Hilfe dieses Modells nicht erklären.

2.1.2 Wellenmodell

Im 17. Jahrhundert wurde erkannt, dass sich die zuvor genannten Effekte der Beugung und Interferenz, nicht oder nur unzureichend mit dem klassischen geometrischen Modell beschreiben ließen. Um 1650 formulierte Christiaan Huygens das Huygenssche Prinzip und begründete damit die Wellentheorie des Lichts. Demnach ist Licht eine elektromagnetische Transversalwelle, d.h. die Welle schwingt senkrecht zur Ausbreitungsrichtung. Aufgrund der weit verbreiteten Akzeptanz von Isaac Newtons Korpuskeltheorie [NEWTON 1672], welche Licht als Teilchen auffasste, konnte sich die Wellentheorie über lange Zeit nicht richtig durchsetzen. Erst das Doppelspalt-Experiment von Thomas Young im Jahre 1802 bestätigte die Wellentheorie, da es ihm gelang Licht zur Interferenz zu bringen, was sich nur mit Hilfe eines Wellencharakters erklären lässt. Augustin Jean Fresnel (1788-1827) ist in diesem Zusammenhang gleichfalls zu nennen, da er ebenfalls maßgeblich zur Bestätigung des Wellencharakters beitrug.

Mit Hilfe der Wellentheorie ist es möglich, das Verhalten von Licht exakt zu beschreiben, solange die Interaktionsobjekte von ihrer Ausdehnung her mindestens in etwa noch der Wellenlänge des Lichts entsprechen. Interferenz- und Beugungseffekte konnten mit dieser Theorie erstmalig korrekt bestimmt werden.

[2] c_0 (c von lat. *celeritas*:„Schnelligkeit") bezeichnet die konstante Lichtgeschwindigkeit im Vakuum, welche $299\,792\,458\frac{m}{s}$ beträgt. In anderen Medien ist die tatsächliche Lichtgeschwindigkeit c geringer.

2.1.3 Quantenmechanisches Modell

Die Wellentheorie allein ist allerdings ebenfalls nicht in der Lage, *alle* bekannten Effekte, welche in der Natur auftreten, ausreichend genau zu erklären. Max Planck beobachtete 1900, dass elektromagnetische Energie in Quanten abgegeben wird, also gemessene Energiewerte stets das Vielfache eines bestimmten Betrages entsprechen. Die Energie eines solchen einzelnen Elementarteilchens beträgt nach Plancks Untersuchungen $E = h \cdot f$, wobei h das Plancksche Wirkungsquantum, eine Naturkonstante mit $h \approx 6.6260688 \cdot 10^{-34} Js$, ist und $f = \frac{c_0}{\lambda}$ die Frequenz des Quantums beschreibt.

Albert Einstein griff 1905 die Ideen von Planck auf und begründete mit seiner Arbeit den so genannten Welle-Teilchen-Dualismus, in dem er versucht, den *Photoeffekt* zu erklären, d.h. die Übertragung von der Energie eines solchen Lichtquants auf ein Elektron. Für diese Veröffentlichung [EINSTEIN 1905] erhielt Einstein 1921 den Nobelpreis. In seiner Publikation spricht Einstein selbst von *Lichtquanten*; erst 1926 wurde der heute gängige Begriff *Photon* von Gilbert Lewis eingeführt:

> *Ich nehme mir die Freiheit, für dieses neue Atom, das kein Licht ist, aber eine wesentliche Rolle bei jedem Strahlungsprozess spielt, den Namen* Photon *vorzuschlagen* [LEWIS 1923] (S. 874).

Der Welle-Teilchen-Dualismus, also die Auffassung, dass sich Licht in bestimmten Fällen wie eine Welle verhält, unter anderen Umständen aber wie ein Teilchenstrom, wurde später mit Hilfe der Quantenmechanik gelöst. Die Quantenmechanik beschreibt ein Teilchen stets mit einer Wellenfunktion, welche komplexwertig ist. Es lässt sich dadurch der Aufenthaltsort eines einzelnen Teilchens nur mit einer gewissen Wahrscheinlichkeit bestimmen [HEISENBERG 1927]. Dennoch ist es durch die Quantenmechanik möglich, alle bekannten Lichteffekte zu beschreiben, insbesondere für Objekte, deren Größe der Wellenlänge des Lichts entspricht oder sogar geringer ist. Die Quantenmechanik und insbesondere die Quantenelektrodynamik, sind sehr komplexe und große Teilbereiche der Elementarteilchen-Physik deren Behandlung an dieser Stelle unangemessen wäre. Der interessierte Leser sei an weiterführende Fachliteratur [FEYNMAN 1985, FEYNMAN 1999] zu dem Thema verwiesen.

2.1.4 Bewertung

Da in der Computergrafik üblicherweise Bilder synthetisiert werden, deren abgebildeten Objekte eine räumliche Ausdehnung von zumeist mindestens mehreren Millimetern haben, und zusätzlich die Beachtung der genauen Lichtgeschwindigkeit keine Rolle spielt, genügt für nahezu alle Fälle das einfache geometrische Modell. Komplexere Modelle werden nur benötigt, falls mikroskopisch kleine Objekte realitätsnah simuliert werden sollen. Auch Szenen, die relativistische Geschwindigkeiten berücksichtigen, kommen mit dem geometrischen Modell nicht mehr aus. Dergleichen gilt für Szenen

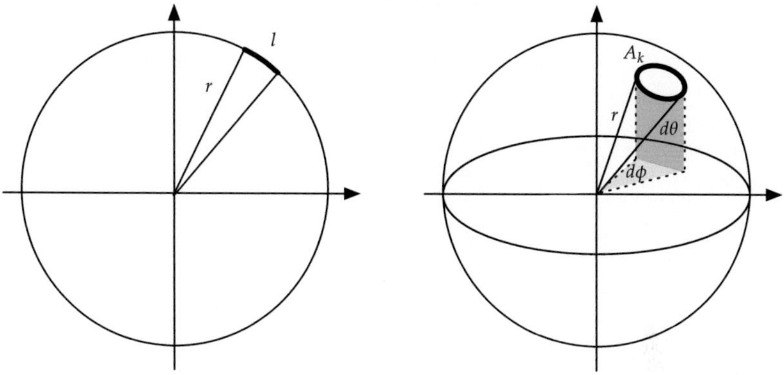

Abbildung 2.3: *Links: Ein einfacher Winkel im zweidimensionalen Raum. Rechts: Der entsprechende Raumwinkel ergibt sich durch die auf eine Kugel projizierte Fläche im Verhältnis zum Quadrat des Abstandes zum Mittelpunkt.*

mit extremer Gravitation, die das Raum-Zeit-Kontinuum gravierend beeinflussen[3]. Interessante und durchaus unterhaltsame Arbeiten und Vorträge zu dem Thema finden sich beispielsweise in [MENZEL 2005, RUDER 2004]. Weiterhin grenzt sich AUGENBLICK von seltenen physikalischen Effekten, wie Dispersion und Interferenzen des Lichts ab, welche im Rahmen dieser Arbeit nicht simuliert werden sollen. Der dafür teilweise enorme Rechenaufwand kann von einem realistischen Standpunkt aus betrachtet heute noch nicht in Echtzeit-Anwendungen zur Verfügung gestellt werden. Auch *participating Media*, wie Rauch, Wolken und ähnliche gasförmige Volumina werden im Rahmen dieser Arbeit nicht behandelt. Zwar gibt es eine Reihe von interessanten Arbeiten, sowohl im Bereich des Ray Tracing [WYMAN und RAMSEY 2008] wie auch auf der Grafikhardware basierend [ENGEL et al. 2006, KRUGER und WESTERMANN 2003, BIRI et al. 2006, MECH 2001], doch würde eine explizite Berücksichtigung dieser Phänomene den Rahmen dieser Arbeit sprengen.

Alle bildgebenden Verfahren der Computergrafik legen üblicherweise das geometrische Modell zu Grunde. Das Ray Tracing-Verfahren ist prinzipiell auch in der Lage, komplexere Modelle als Grundlage[4] zu verwenden. Dies ist wie zuvor dargelegt, unter Berücksichtigung der selbst gewählten Abgrenzungen, nicht nötig.

[3] Zu diesen Klassen von Szenen würden beispielsweise der Flug mit einem Raumschiff mit einer Geschwindigkeit von $v > 0.6 \cdot c$ gehören oder auch die Simulation eines schwarzen Lochs.

[4] In [ASMUS 2008] wird beispielsweise die Quantenelektrodynamik bei der Bildgebung berücksichtigt.

2.2 Mathematische und physikalische Grundlagen

Im Kontext dieser Arbeit wird der Umgang mit linearer Algebra auf einem höheren Niveau vorausgesetzt und an dieser Stelle nicht näher behandelt. In der allgemeinen Mathematik selten verwendete Rechenmodelle werden in diesem Abschnitt kurz vorgestellt, falls dies für das Verständnis der Arbeit hilfreich ist. Für eine detaillierte Abhandlung wird empfohlen, die entsprechende Fachliteratur, beispielsweise [ANTON 1995, STRANG 2003], zu Rate zu ziehen. Selbiges gilt für das Themengebiet der Physik. Einige Grundlagen der Photometrie werden auf Grund ihrer Bedeutung für diese Arbeit besprochen, angrenzende Gebiete können hier aus Platzgründen allerdings nicht berücksichtigt werden.

2.2.1 Raumwinkel

Ein gewöhnlicher Winkel im zweidimensionalen Raum ergibt sich aus dem Quotienten der Bogenlänge einer Strecke auf einem Kreis und dem Radius, d.h. $\alpha = \frac{l}{r}$ (vgl. Abbildung 2.3 links). Der Raumwinkel ist die konsequente Erweiterung des einfachen Winkels in den dreidimensionalen Raum. Der üblicherweise mit ω (oder Ω) angegebene Raumwinkel ist dabei durch Gleichung 2.1 definiert als ein bestimmter Teil der Kugeloberfläche, geteilt durch das Quadrat des Radius (Abbildung 2.3 rechts).

$$\omega = \frac{A_k}{r^2} = \int_\phi \int_\theta sin\theta d\theta d\phi \tag{2.1}$$

Für kleine Flächen A_k und genügend große Abstände r kann die Annäherung $d\omega = sin\theta d\theta d\phi$ mit nur einem geringen Fehler verwendet werden.

Interessanterweise tragen sowohl Zähler als auch Nenner die Einheit m^2, womit der Raumwinkel demnach dimensionslos wäre. Dem Raumwinkel wurde allerdings per Definition die Einheit *Steradiant (sr)* zugeordnet.

2.2.2 Radiometrie und Photometrie

Die Radiometrie beschäftigt sich mit der Erfassung und Messung von elektromagnetischer Energie und ist somit eng mit der Photometrie verwandt. Der wesentliche Unterschied zwischen den beiden Wissenschaften besteht darin, dass die Photometrie sich auf den Eindruck bezieht der bei einem menschlichen Betrachter entsteht und somit eher subjektiven Elementen unterliegt. Die Radiometrie hingegen ist wellenlängenabhängig und beruht auf objektiven Messungen mit Hilfe eines Spektrometers. Weiterhin bezieht sich die Radiometrie auf das gesamte elektromagnetische Spektrum, während

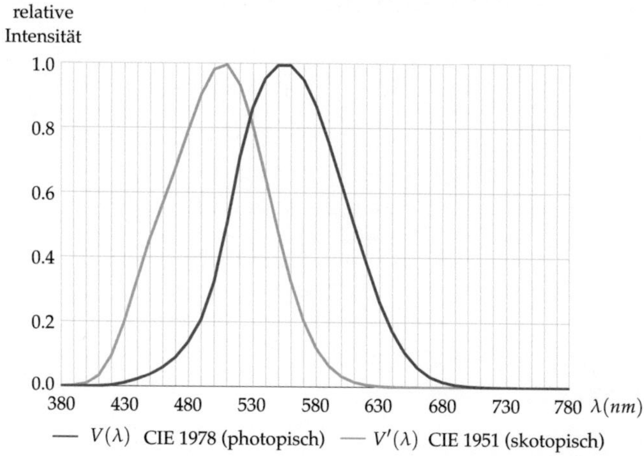

Abbildung 2.4: *Spektrale Empfindlichkeiten für Tages- und Nachtsehen.*

sich die Photometrie auf das für den Menschen sichtbare Spektrum (siehe Abschnitt 2.1) begrenzt.

Die Radiometrie rechnet mit den Einheiten Joule und Watt. Durch die von der CIE genormte Hellempfindlichkeitskurve, der so genannten $V(\lambda)$-Kurve, können die Größen der Radiometrie in die der Photometrie überführt werden. Die $V(\lambda)$-Kurve wurde 1924 empirisch anhand einer Vielzahl von Testpersonen ermittelt. 1982 wurde diese Kurve von der CIPM[5] überarbeitet, während sie in Deutschland unter der DIN 5031 normiert wurde. Neben der $V(\lambda)$-Kurve für das Tagessehen (photopischer Bereich) wurden zwei weitere Kurven bestimmt, $V'(\lambda)$ für das Nachtsehen (skotopischer Bereich) sowie $V_{eq}(\lambda)$ für das Dämmerungssehen (mesopischer Bereich). Abbildung 2.4 verdeutlicht die relativen spektralen Empfindlichkeiten für das Tages- und Nachtsehen nach den CIE Normen.

Für eine gegebene radiometrische Größe $X(\lambda)$ kann die photometrische Entsprechung X durch eine Integration über das Spektrum des sichtbaren Lichts und Gewichtung mit der $V(\lambda)$ Kurve berechnet werden.

$$X = K_m \int_{380nm}^{780nm} X(\lambda) \cdot V(\lambda) d\lambda \tag{2.2}$$

[5] Abkürzung für franz. *Comité international des poids et mesures*

Dabei ist K_m eine Konstante (*photometrisches Strahlungsequivalent*). Mit Hilfe dieser Konstante können die radiometrischen Größen in das Einheitensystem der Photometrie überführt werden. K_m bezeichnet, wie viel Lumen in dem jeweiligen Leuchtdichtebereich genau einem Watt entsprechen. Da, wie in Abbildung 2.4 zu erkennen ist, die wahrnehmbaren Wellenlängen für das Tages- und Nachtsehen unterschiedlich sind, gilt dies ebenfalls für das photometrische Strahlungsequivalent: Für Tagessehen ist $K_m = 683\frac{lm}{W}$, dagegen für das Nachtsehen gilt $K'_m = 1725\frac{lm}{W}$.

Im Folgenden werden die fünf Größen der Radiometrie und ihre photometrischen Gegenstücke erläutert, da sie zum Verständnis der vorliegenden Arbeit wichtig sind. Die Überschriften geben die Namen des radiometrischen und des photometrischen Begriffes an. Die Formeln hingegen verzichten auf eine Unterscheidung, da $X(\lambda)$ und X identisch ist.

Strahlungsenergie $Q(\lambda)$/ Lichtmenge Q

Die Lichtmenge Q (nach Gleichung 2.3 unter Berücksichtigung von Gleichung 2.2), mit der Einheit Lumen · Sekunde, bezeichnet die Strahlungsenergie $Q(\lambda)$ in Joule, gewichtet mit der $V(\lambda)$-Kurve. Die Strahlungsenergie beschreibt den gesamten Energieverlust, den eine Quelle durch Strahlung erleidet, d.h. die gesamte Anzahl an Photonen, die von der Quelle abgestrahlt werden.

$$Q = K_m \int_{380nm}^{780nm} Q(\lambda) \cdot V(\lambda) d\lambda \tag{2.3}$$

Strahlungsfluss $\Phi(\lambda)$/ Lichtstrom Φ

Der Strahlungsfluss $\Phi(\lambda)$ beschreibt die Menge an Strahlungsenergie, die pro Zeiteinheit transportiert bzw. wie viele Photonen pro Zeiteinheit abgestrahlt werden. Damit ist sie ein Maß für die Leistung einer Strahlungsquelle.

$$\Phi = \frac{dQ}{dt} \tag{2.4}$$

Die Einheiten sind W (Watt) für den Strahlungsfluss und lm (Lumen) für den Lichtstrom.

Strahlstärke $I(\lambda)$/ Lichtstärke I

Die Lichtstärke I bezeichnet den Strahlungsfluss, der von einem Punktstrahler ausgehend durch einen bestimmten Raumwinkel ω abgegeben wird. Somit ergibt sich I aus dem Quotienten von Lichtstrom und durchstrahltem Raumwinkel, also

$$I = \frac{d^2Q}{d\omega dt} = \frac{d\Phi}{d\omega}. \quad (2.5)$$

Beschrieben wird damit die Anzahl der Photonen Q, die eine bestimmte Quelle in einen Raumwinkel ω in einer bestimmten Zeitspanne dt abstrahlt.

Die Einheiten sind $\frac{W}{sr}$ für die Strahlstärke und *cd* (Candela) für die Lichtstärke. I kann auch nach Formel 2.6 angegeben werden, woraus die Winkelabängigkeit deutlich wird. Mit zunehmendem Winkel θ nimmt die Strahl- bzw. Lichtstärke ab.

$$dI = L \cdot \cos\theta \cdot dA \quad (2.6)$$

Im Allgemeinen variiert die Lichtstärke eines Strahlers in Abhängigkeit der Betrachtungsposition. Hersteller von Leuchtmitteln beschreiben das Abstrahlverhalten ihrer Produkte mit Lichtstärke-Verteilungskurven (LVK). Üblicherweise sind LVKs in tabellarischer Form angeben, wobei in einem bestimmten Neigungswinkel-Abstand θ, beispielsweise in 5°-Schritten, die Lichtstärke gemessen wird. Es werden *isotrope*, also rotationssymmetrische, und *anisotrope* Strahler unterschieden. Letztere werden über einen zweiten Winkel ϕ vermessen, was zu entsprechend größeren Datensätzen führt. In Kontinentaleuropa hat sich das EULUMDAT Format als de facto Standard zur Beschreibung von Lichtquellen durchgesetzt, während in den Vereinigten Staaten das IESNA LM-63 Format die weiteste Verbreitung erfährt.

Bestrahlungsstärke $E(\lambda)$/ Beleuchtungsstärke E

Die Beleuchtungsstärke E ist definiert durch den Strahlungsfluss pro Fläche, also

$$E = \frac{d\Phi}{dA} \quad (2.7)$$

und entspricht damit der Menge an Photonen, die in einer bestimmten Zeitspanne dt auf der Fläche dA eintreffen.

Die Beleuchtungsstärke kann auch über die Integration der Leuchtdichten (nächster Abschnitt) des gesamten vorderen Halbraums bezüglich der Normalen der Empfängerfläche berechnet werden.

$$E = \int_{\Omega} L_{\omega} \cdot cos\theta \cdot d\omega \quad (2.8)$$

Die Einheiten sind $\frac{W}{m^2}$ für die Bestrahlungsstärke und lx (Lux) für die Beleuchtungsstärke.

Strahldichte $L(\lambda)$/ Leuchtdichte L

Zusätzlich zur Lichtstärke I wird bei der Leuchtdichte L die sichtbare Fläche eines Strahlers berücksichtigt. So enthält Formel 2.9 zusätzlich die Projektion der relevanten Fläche ($dA \cdot cos\theta$) der Strahlungsquelle.

$$L = \frac{d^2\Phi}{dA \cdot cos\theta \cdot d\omega} = \frac{dI}{dA \cdot cos\theta} \tag{2.9}$$

Dabei bezeichnet A die Fläche der Strahlungsquelle und θ den Winkel, unter dem diese sichtbar ist. Dies entspricht der Anzahl der Photonen, die in einem Zeitintervall dt von einer Fläche dA unter einem bestimmten Winkel $cos\theta$ und einem Raumwinkel $d\omega$ abgestrahlt werden.

Die Einheiten sind $\frac{W}{m^2 sr}$ für die Strahldichte und $\frac{cd}{m^2}$ für die Leuchtdichte.

2.2.3 Bidirektionale Reflexions-Verteilungs-Funktion

Bei der Simulation des Lichtweges von einer Lichtquelle zu einem Betrachter muss für zahlreiche infinitesimal kleine Flächenelemente dA_e berechnet werden, wie viel von dem Licht das diese Fläche erreicht, wieder in den Raum abgestrahlt wird. Eine Funktion f_r welche über die Position im Raum sowie einen einfallenden und einen ausfallenden Raumwinkel parametrisiert ist, wird dazu verwendet, um dieses Verhältnis zu beschreiben:

$$f_r(dA_e, d\vec{\omega}_i, d\vec{\omega}_o) = f_r(x, y, \theta_i, \phi_i, \theta_o, \phi_o) \tag{2.10}$$

Die sogenannte BRDF f_r (Abkürzung des englischen Begriffs ***B**idirectional **R**eflecion **D**istribution **F**unction*) beschreibt dieses Verhältnis der reflektierten Leuchtdichte in Richtung $d\vec{\omega}_o$ zur eingestrahlten Beleuchtungsstärke aus Richtung $d\vec{\omega}_i$; folglich gilt:

$$f_r(dA_e, d\vec{\omega}_i, d\vec{\omega}_o) = \frac{dL_o(dA_e, d\vec{\omega}_o)}{dE_i(dA_e, d\vec{\omega}_i)} = \frac{dL_o(dA_e, d\vec{\omega}_o)}{dL_i(dA_e, d\vec{\omega}_i) cos\theta_i d\vec{\omega}_i}. \tag{2.11}$$

Während synthetische Beleuchtungsmodelle durch teilweise recht starke Vereinfachungen die BRDF mit nur einigen wenigen Parametern anzunähern versuchen, müssen für die Simulation realer Materialien diese aufwändig vermessen werden. Annäherungen, wie das Phong-Beleuchtungsmodell[6] [PHONG 1973, PHONG 1975] oder Schlicks Modell [SCHLICK 1993], können nur sehr bedingt realistische Materialien simulieren, sind dafür aber in ihrer Verwendung viel effizienter. Die Akquisition von realen BRDFs ist dabei

[6] Der Autor Bui Tuong Phong war gebürtiger Vietnamese. Nach vietnamesischer Konvention wird stets zuerst der Nachname gefolgt von den Vornamen genannt. Daher werden seine Publikationen öfters auch unter Bui geführt. Sein Vorname Phong hat sich allerdings für das Beleuchtungsmodell eingebürgert.

durchaus nicht trivial: Für einen maximalen Realismus müsste für jeden Einfallswinkel die reflektierte Leuchtdichte bei entsprechend allen Ausfallswinkeln der gesamten Hemisphäre[7] gemessen werden. Zusätzlich müsste diese Vermessung für jeden Punkt auf der Oberfläche und für jede Wellenlänge durchgeführt werden. Offensichtlich ist ein solches Datenvolumen, das selbst bei einer moderaten Abtastung der einzelnen Parameter[8] deutlich im Petabyte Bereich liegt, jetzt und auch in der nahen Zukunft nicht tragbar.

Eine übliche Vereinfachung ist die Annahme von isotropen Materialien, welche rotationssymmetrisch um die Flächennormale sind. Weiterhin wird das Material photometrisch betrachtet und nur für einen einzelnen Ort gemessen. Durch diese Annahmen reduziert sich der benötigte Speicher auf einige Gigabyte, je nach Abtastdichte des Halbraums. Da der Aufwand jedoch immens bleibt, spielen BRDFs keine Rolle im Rahmen von AUGENBLICK.

Eine viel versprechende Approximation wurde allerdings durch die so genannte BTF (*Bidirectional Texture Function*) [DANA et al. 1999, MÜLLER et al. 2004] erreicht. Dabei werden BRDFs durch 6D-Texturen dargestellt, die gewöhnliche 2D-Texturen um eine Abhängigkeit vom ein- und ausgehenden Richtungsvektor erweitern. Diese Texturen sind zunächst auch in der Größenordnung von mehreren Gigabyte anzusiedeln, allerdings können diese hervorragend komprimiert werden und erreichen damit Größen von nur einigen wenigen hundert Megabyte unter annähernder Beibehaltung der Qualität einer originalen BRDF. Diese eignen sich somit prinzipiell auch für den Einsatz in Echtzeit-Umgebungen [MESETH 2006]. Damit wären BTFs ebenfalls eine interessante Erweiterung für AUGENBLICK, welche allerdings im Rahmen dieser Arbeit nicht umgesetzt wurde, da aus zeitlichen Gründen kein Fokus auf die Behandlung von besonders komplexen Materialeigenschaften gesetzt werden konnte. Die spätere Integration durch weiterführende Arbeiten ist aber durchaus sehr wahrscheinlich.

2.3 Grundlagen der Bildsynthese

In der Computergrafik existieren grundsätzlich drei verschiedene Klassen von Verfahren zur Bildsynthese, d.h. der Generierung von synthetischen Bildern aus virtuellen, dreidimensionalen Szenen am Computer. Das für diese Arbeit zentrale Verfahren ist der Ray Tracing-Algorithmus, welcher in Abschnitt 2.3.3 genauer beschrieben wird. Der Vollständigkeit halber wird die Rastergrafik in Abschnitt 2.3.4 ebenfalls erläutert, da ein Verständnis des konkurrierenden Verfahrens hilfreich sein kann. Im Rahmen des dritten Teils dieser Arbeit werden auch das Radiosity-Verfahren und dessen Verwendung im Zusammenhang mit der globalen Beleuchtung erklärt (Abschnitt 9.2.4). Für

[7] Für transmittierende Materialen müsste sogar über den gesamten Raum gemessen werden.
[8] Beispielsweise von 5°- (Halbraum), 0.5cm- (Oberfläche) sowie 5nm-Schritten (Wellenlänge)

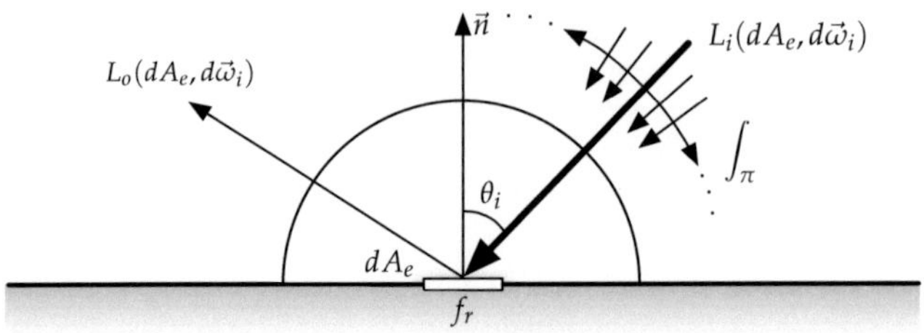

Abbildung 2.5: *Die* Rendering Equation, *veranschaulicht im zweidimensionalen Raum. Das einfallende Licht über den Halbraum integriert, gewichtet mit der BRDF f_r.*

eine ausführliche Behandlung mag sich der interessierte Leser an die einschlägige Literatur wenden [PHARR und HUMPHREYS 2004, AKENINE-MÖLLER und HAINES 2001, GLASSNER 1995].

2.3.1 Problemstellung

Kai Kayjia hat 1986 die so genannte *Rendering Equation* [KAJIYA 1986] formuliert und damit die „Weltformel" der Computergrafik definiert. Eine exakte Lösung folgender Gleichung 2.12 für alle Punkte in einem virtuellen Raum würde einer perfekten photorealistischen Simulation entsprechen.

$$L_o(dA_e, d\vec{\omega}_o) = L_e(dA_e, d\vec{\omega}_o) + \int_{2\pi} f_r(dA_e, d\vec{\omega}_i, d\vec{\omega}_o) L_i(dA_e, d\vec{\omega}_i) cos\theta_i d\vec{\omega}_i \qquad (2.12)$$

Abbildung 2.5 veranschaulicht die *Rendering Equation*. In Worten formuliert bedeutet dies Folgendes: Das Licht an einer infinitesimal kleinen Fläche dA_e strahlt in die Richtung $d\vec{\omega}_o$ eine Menge Licht L_o (ausgehende Leuchtdichte) ab, die sich ergibt aus der Eigenemission L_e an dieser Stelle dA_e in die Richtung $d\vec{\omega}_o$, zuzüglich der gesamten Beleuchtungsstärke durch den vorderen Halbraum. Diese wiederum ergibt sich aus dem Integral von 2π über die Beleuchtungsstärke aus der Richtung $\vec{\omega}_i$: $L_i(dA_e, d\vec{\omega}_i)cos\theta_i d\vec{\omega}_i$. Die Beleuchtungsstärke wird dabei stets gewichtet mit der jeweiligen Oberflächenreflexionseigenschaft $f_r(dA_e, d\vec{\omega}_i, d\vec{\omega}_o)$ (BRDF, siehe Abschnitt 2.2.3) an der Stelle dA_e, um die reflektierte Leuchtdichte zu erhalten.

Da es sich bei dem Integral um eine doppelte Integration über die Kugelkoordinaten θ und ϕ handelt und die Funktion f_r mindestens sechsdimensional ist, gestaltet sich eine analytische Lösung im allgemeinen Fall als nicht realisierbar. Von daher existieren zahlreiche unterschiedliche Ansätze, die *Rendering Equation* entweder zu vereinfachen oder stochastisch zu lösen. Die Abschnitte 2.3.3 und 2.3.4 gehen näher auf die beiden dominanten vereinfachenden Lösungsansätze, klassisches Ray Tracing und Rastergrafik, ein.

An dieser Stelle sei vorab gesagt, dass es ein wichtiger Schwerpunkt dieser Arbeit ist, die *Rendering Equation* möglichst akkurat und gleichzeitig möglichst schnell lösen beziehungsweise annähern zu können. Die Herausforderung dabei ist, dass die beiden Ziele, Genauigkeit und Geschwindigkeit, diametral zueinander stehen - Verbesserungen mit Hinblick auf das eine Ziel führen oftmals zwangsläufig zu Verschlechterungen des anderen.

2.3.2 Lichtpfadnotation

Für das bessere Verständnis der Fähigkeiten von verschiedenen Bildsynthese-Algorithmen soll hier die Lichtpfadnotation [HECKBERT 1990] von Paul Heckbert eingeführt werden. Durch die einheitliche Notation lassen sich simulierbare Lichtwege sehr leicht klassifizieren.

Die Lichtpfadnotation basiert auf regulären Ausdrücken [FRIEDL 2007] unter Verwendung von zusätzlichen Symbolen mit folgender Bedeutung:

L Lichtquelle
D Diffuse Reflexion
S Spekulare Reflexion
E Auge (engl.: Eye)

Dabei schließt eine spekulare Reflexion sowohl spiegelnde, wie auch brechende Reflexionen ein. Ein Lichtpfad $LD^?S^*E$ würde beispielsweise den Weg eines Photons beschreiben, das von der Lichtquelle eventuell eine diffuse Oberfläche trifft, anschließend beliebig oft spekular reflektiert wird, um dann letztlich auf das Auge zu treffen.

2.3.3 Der Ray Tracing-Algorithmus

Der Ray Tracing Algorithmus ist ein Bildsynthese-Verfahren, welches aus einer virtuellen dreidimensionalen Szene eine zweidimensionale Projektion berechnet. Im Gegensatz zu Rasterisierungsansätzen (siehe 2.3.4) ist es mittels Ray Tracing möglich, äußerst komplexe physikalische Effekte korrekt zu simulieren. Da dieser Algorithmus das Fundament der vorliegenden Arbeit darstellt, wird im weiteren Verlauf dieses Abschnittes detailliert auf den klassischen Ansatz eingegangen. Dem interessierten Leser

Abbildung 2.6: *Rekursives Ray Tracing ermöglichte erstmals die Berücksichtigung von gespiegelten und gebrochenen Sehstrahlen. Entnommen aus [WHITTED 1980].*

sei geeignete einführende Literatur [GLASSNER 1989, SHIRLEY 2000] zu dem Thema empfohlen, um ein umfassenderes Verständnis zu erlangen als es im Rahmen dieser Arbeit ermöglicht werden kann.

Ausgehend von einer virtuellen Kamera, geometrischen Objekten und Lichtquellen einer Szene kann mit dem Ray Tracing-Verfahren ein Bild berechnet werden. Dies geschieht indem Strahlen von der Kamera durch eine virtuelle Bildebene in die Szene versendet und die Schnitte mit den geometrischen Objekten berechnet werden. An solchen Schnittpunkten wird in Abhängigkeit der Lichtquellen die Farbe berechnet, welche die Kamera an dem durchstoßenen Punkt der virtuellen Bildebene registriert. Dieses in der vorgestellten Variante recht simple Verfahren wurde bereits 1968 von Appel [APPEL 1968] veröffentlicht. Dabei handelt es sich genau genommen lediglich um ein „ray casting" Verfahren, d.h. Strahlen terminieren bereits nach dem ersten Schnittpunkt mit der Szene. Um jedoch Effekte wie eine Reflexion zu simulieren ist dies nicht ausreichend.

Turner Whitted hat 1980 das *recursive backwards ray tracing* [WHITTED 1980] vorgestellt (siehe Beispielbild in Abbildung 2.6). Die Strahlverfolgung wurde von ihm ebenfalls rückwärts durchgeführt, so dass die Kamera Strahlen in die Szene aussendet[9], im Folgenden *Primärstrahlen* genannt. Genau genommen müsste die Menge des einfallenden Lichts L_i, welches durch jedes Bildelement (d.h. Pixel) der virtuellen Bildebene kommt, berechnet werden. In der Annahme, dass ein solches Pixel recht klein ist, wird zur Vereinfachung der Berechnungen aber tatsächlich ein Strahl anstelle eines Pyramiden-

[9] So genanntes *forward* Ray Tracing versendet Strahlen ausgehend von den Lichtquellen. In der Literatur werden die Begriffe *forward* und *backward* leider nicht ganz konsistent verwendet.

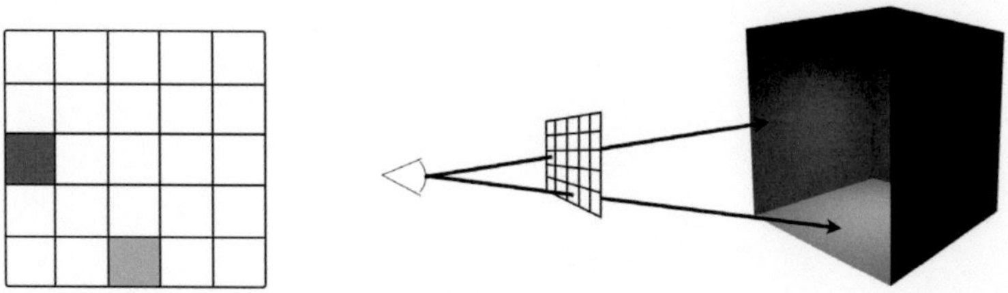

Abbildung 2.7: *Einfaches Ray Tracing: Strahlen, welche die Szene treffen, können je nach Materialbeschaffenheit gebrochen oder reflektiert werden - ohne Berücksichtigung solcher Interaktionen wird oft von* Ray Casting *gesprochen. Die Bildebene auf der linken Seite entspricht dabei der in der Mitte dargestellten Kamera-Bildebene. In diesem Beispiel wurden exemplarisch nur zwei Sehstrahlen verfolgt - für ein vollständiges Bild müssten in diesem Fall alle 25 Strahlen verfolgt werden.*

stumpfes verwendet. Im Unterschied zu dem Ansatz von Appel wird das Material einer getroffenen Oberfläche berücksichtigt, was gegebenenfalls zur Generierung weiterer Strahlen für reflektierte oder gebrochene Lichtwege (*Sekundärstrahlen*) führt. Durch Berücksichtigung der Ergebnisse der rekursiv versendeten Sekundärstrahlen wird die Farbe des Pixels bestimmt. Abbildung 2.7 zeigt das Verfahren anhand eines Beispiels.

Wenn von (klassischem) Ray Tracing gesprochen wird, ist im üblichen Sprachgebrauch üblicherweise *backwards ray tracing* nach Turner Whitted gemeint. Oftmals ist auch die Bezeichnung „Whitted-style Ray Tracing“ zu finden. Mit Hilfe dieses Ansatzes lassen sich ausschließlich die Lichtpfade $LD^? S^* E$ berechnen.

In den folgenden Jahren konzentrierten sich die Forschungsarbeiten im Bereich des Ray Tracing vornehmlich auf die Verbesserung der Bildqualität und die Erschließung neuer Effekte. Zum heutigen Zeitpunkt lassen sich mittlerweile Bilder von einer solch hohen Qualität generieren, dass nicht nur Laien, sondern auch fachkundige Personen erhebliche Schwierigkeiten haben, diese von realen Fotos zu unterscheiden. Abbildung 2.8 zeigt exemplarisch ein solches computergeneriertes Bild. Die Forschung in den letzen Jahren konzentrierte sich dagegen zum einen eher auf die Reduzierung der teilweise enormen Berechnungsdauer, die Berücksichtigung von animierten Szenen sowie der Gewinnung und Verwendung realer Daten für Lichtquellen und Materialen (exemplarisch seien hier genannt: [GOSH et al. 2007, WALD et al. 2007, MÜLLER et al. 2004]). Gerade im direkten Vergleich zur Rastergrafik stand Ray Tracing schon immer in dem Ruf, sehr langsam zu sein. Die Forschung im Bereich des Echtzeit Ray Tracing bemüht sich darum, diesen Nachteil zumindest zu relativieren. Aufgrund der Natur der beiden Algorithmen gibt es allerdings Szenen, die sich schneller mit Ray Tracing als mit der Rastergrafik berechnen lassen - dies ist bisher bei sehr komplexen Szenen mit einer sehr

Abbildung 2.8: *Ein computergeneriertes Bild, das durch den Maxwell Renderer [NEXT LIMIT TECHNOLOGIES] berechnet wurde.*

hohen Anzahl an geometrischen Primitiven [DIETRICH et al. 2007] der Fall. Mit dem Voranschreiten der Echtzeit Ray Tracing-Technologie wird versucht, diese Grenze hin zu weniger komplexen Szenen zu verschieben.

Zusammenfassend wird festgehalten, dass Ray Tracing nahezu beliebig realistische Bilder bei zeitgleich, in der Regel, vergleichsweise langen Berechnungszeiten liefert. Um jedoch wirklich realistische Bilder berechnen zu können, müssen darüber hinaus mehrere diffuse Interreflexionen, die so genannte globale Beleuchtung, berücksichtigt werden. Dieses Thema ist Gegenstand des dritten Teils der Dissertation. Ray Tracing ist prinzipiell äußerst CPU-intensiv, während die Grafikhardware historisch gesehen dabei nicht verwendet wird. Durch die zunehmende Flexibilität der Grafikhardware existieren allerdings seit kurzem auch einige GPU-basierende Ray Tracing Ansätze (vgl. Abschnitte 3.1.2 und 8.1). Aufgrund der Unabhängigkeit eines Strahls zu jedem anderen, eignet sich Ray Tracing hervorragend für eine Parallelisierung über mehrere Threads. Dies kommt modernen Prozessorarchitekturen, wie auch Grafikprozessoren zugute, welche zunehmend mehr Rechenkerne zur Verfügung stellen.

2.3.4 Rastergrafik

Die Rastergrafik ist heute insbesondere durch die Computerspiele-Industrie bekannt, welche seit Jahren als Technologietreiber fungiert. Mit Beginn der 80er Jahre stellte die Firma SGI (damals Silicon Graphics Incorporated) Grafikterminals her, welche darauf spezialisiert waren in hoher Geschwindigkeit Bilder zu synthetisieren. Workstations von SGI waren über viele Jahre hinweg das Werkzeug der Wahl für die Bildsynthese. Mitte der 90er Jahre hielten die ersten 3D-Beschleuniger-Karten Einzug in handelsübliche Computer. SGI hingegen hat die Entwicklung der Consumer-PCs unterschätzt und ihre besondere Position im Computergrafikmarkt daraufhin sukzessive verloren. Die Voodoo-Karte der Firma 3dfx war beispielsweise die erste Erweiterungskarte, welche explizit darauf ausgelegt war dreidimensionale Szenen zu rasterisieren, d.h. Bilder möglichst schnell und effizient zu synthetisieren. Anfangs wurden diese Hardware noch als Zusatzkarte zu einfachen 2D-Grafikkarten verbaut, welche zu der Zeit nicht viel mehr als ein einfacher Bildspeicher waren. Diese Lösung wurde rasch durch neue Generationen von Karten ersetzt, welche beide Funktionen übernahmen. Heutige Grafikkarten warten mit einer Vielzahl von spezialisierten Rechenkernen auf, welche eine vergleichsweise sehr hohe Rechenleistung[10] liefern.

Das Prinzip der Rasterisierung unterscheidet sich maßgeblich von dem des Ray Tracing-Verfahrens. Eine Verarbeitungs-Pipeline führt eine Reihe von Transformationen und ggf. komplexe, so genannte „Shading"-Operationen auf einem Strom von Eingangsdaten durch. Die Ergebnisse werden üblicherweise in einen Bildpuffer geschrieben, der bei Bedarf auf dem Monitor angezeigt werden kann. Durch programmierbare *Shader* kann dieses starre Konzept mittlerweile stark aufgeweicht werden. Beispielsweise können Ergebnisse in einen Puffer geschrieben werden, der zwar nicht zur Anzeige gebracht wird, dafür aber erneut als Eingangsdatum verwendet werden kann. Durch das Pipeline-Prinzip, einer so genannte *Streaming*-Architektur, verfügen Rasterisierungsverfahren nicht über ein globales Wissen, d.h. zu einem bestimmten Zeitpunkt ist nur das Primitiv mit den aktuellen Einstellungen (z.B. Farbe) bekannt. Daher ist es architekturbedingt nicht direkt möglich, komplexere Effekte wie Lichtbrechungen physikalisch korrekt bzw. plausibel zu berechnen, da dies prinzipiell Informationen über die gesamte Szene erfordert. Heutzutage wird ein solches Wissen über die Szene zumeist über Texturen emuliert, die entgegen ihrer eigentlichen Bestimmung, beispielsweise Daten über die Geometrie enthalten. So lassen sich zwar eine Reihe von Einschränkungen umgehen, doch ist eine solche Entwicklungsumgebung offensichtlich nicht sehr anwenderfreundlich. So verwenden aktuelle Computerspiele heutzutage nicht selten mehr als hundert Bildgenerierungsvorgänge, die zusammen ein einzelnes Bild ergeben. Der maßgebliche Vorteil der Rasterisierungs-Technik ist somit durch eine extrem hohe Verarbeitungsgeschwindigkeit gegeben.

[10] Die theoretische Rechenleistung handelsüblicher Grafikkarten beträgt 2008 etwa das Zehnfache von modernen CPUs.

Mit Blick auf aktuelle Computerspiele ist es möglich, äußerst ansprechende Szenen zu berechnen, welche auch oftmals durchaus sehr realistisch *wirken*. Dies wiederum ist dem Aufwand des Entwicklers zuzuschreiben, welcher mit komplexen Kunstgriffen solche Effekte erarbeiten muss, dabei zumeist mit hohen zeitlichen Entwicklungskosten. Abbildung 2.9 zeigt eine Szene aus einem aktuellen Computerspiel mit modernster Grafik.

Abbildung 2.9: *Szene aus Crysis [CRYTEK GMBH 2008]. Eine Echtzeit-Darstellung ist mit moderner, handelsüblicher Grafikhardware möglich.*

2.4 Augenblick

Nahezu alle Ergebnisse dieser Arbeit wurden mit dem Echtzeit Ray Tracing-System AUGENBLICK erzielt. Die Software hat ihren eigentlichen Ursprung im Jahre 2001, als Markus Geimer die Entwicklung seines interaktiven, dreiecksbasierten Ray Tracing-Systems *dream* begann. Aufbauend auf seinem System wurde über die Zeit dieser Arbeit hinweg AUGENBLICK geschaffen, welches bis zur Version 4 noch starke Gemeinsamkeiten mit den früheren Versionen hat. Die aktuelle Version 5 ist hingegen eine vollständige Neuentwicklung, die daher nur noch wenig mit dem ursprünglichen System gemeinsam hat. In diesem Abschnitt wird kurz der historische Werdegang von AUGENBLICK

Abbildung 2.10: *Eine Szene aus 7381 reflektierenden Kugeln und drei Lichtquellen. Die benötigte Rechenzeit lag bei 63 Sekunden auf einem Pentium II mit 450 MHz. Entnommen aus [GEIMER 2000].*

dargestellt. Auch wenn AUGENBLICK v5 keinen Code der früheren Iterationen enthält, so sind doch viele Erkenntnisse und Erfahrungswerte in die Entwicklung eingeflossen.

dream v1

Der Ursprung einer durchaus längeren Entwicklungsgeschichte liegt im Jahre 1999. Im Rahmen seiner Diplomarbeit hat Markus Geimer *dream v1*[GEIMER 2000] entwickelt. Daraus ist ein umfangreiches Ray Tracing-System entstanden, welches in der Lage war, auf einer Vielzahl von verschiedenen Architekturen und Betriebssystemen sowie in heterogenen Netzwerken Bilder zu generieren. Unterstützt wurden neben Dreiecken auch andere geometrische Primitive wie Kugeln, Kegel, etc. Als eines der ersten Ray Tracing Systeme setzte *dream v1* SIMD-Befehle ein, auch wenn durch die verwendete Instruktionsparallelität nur ein Geschwindigkeitszuwachs von ca. 20% bis 30% erzielt werden konnte (mehr zu Daten- und Instruktionsparallelität sowie SIMD in Abschnitt 4.3). Das System wurde vollständig in Objective-C geschrieben, wodurch die Ausführungsgeschwindigkeit beschränkt wurde. Objective-C bindet beispielsweise Funktionsaufrufe erst zur Laufzeit und nicht schon zur Compilezeit, wie sonst üblich. Zwar ist die Laufzeitbindung flexibler, aber auch deutlich langsamer. Allerdings war *dream v1* ohnehin nicht als Echtzeit-System gedacht, da dies damals nicht realisierbar

Abbildung 2.11: *Zwei von* dream v2 *durch Ray Tracing erzeugte Bilder. Die Daten befinden sich in Tabelle 2.1. Entnommen aus [*GEIMER *2005].*

galt, den massiven Einsatz von Hardware ausgeschlossen (Supercomputer oder Cluster von mehr als etwa 50 Rechnern). Daher lag die Dauer für den Prozess der Bildgenerierung im Bereich von mehreren Minuten pro Bild auf einem einzelnen Rechner (vgl. Abbildung 2.10).

dream v2

Bei Version 2 von *dream* handelt es sich um die Endfassung der Dissertation [GEIMER 2005] von Markus Geimer aus dem Jahr 2005. In dieser Version war das Ray Tracing-System in der Lage, nicht triviale Dreiecksszenen mit einigen hunderttausend Dreiecken in interaktiver Geschwindigkeit darzustellen. Zum Einsatz kamen dabei die schnellsten damals im normalen Handel verfügbaren Rechner, wie z.B. ein Power Mac G5 mit zwei 2.0 GHz Prozessoren oder Linux basierende Intel Xeon Maschinen mit zwei 3.0 GHz Prozessoren. Abbildung 2.11 zeigt zwei synthetisierte Bilder mit den jeweils erreichten Bildwiederholraten auf oben genanntem Power Mac G5. Neben den grundlegenden Funktionen eines Ray Tracing-Systems, wie die Simulation von Schatten, Reflexionen und Brechungen, beherrschte *dream* auch erste Ansätze von globaler Beleuchtung mittels Photon Mapping (eine Beschreibung des Photon Mapping Verfahrens findet sich in 9.2.3).

Weiterhin wurde bereits in *dream* v2 die erste Unterstützung von Freiform-Flächen integriert, welche auch im Rahmen dieser Arbeit fortgeführt und weiterentwickelt wurde.

Damals war es bereits schon möglich geworden, nicht-triviale Szenen aus mehreren tausend getrimmten bikubischen Bézier-Flächen in interaktiver Geschwindigkeit darzustellen. Im Gegensatz zu dem in dieser Arbeit verfolgten Ansatz, war die damalige Umsetzung allerdings exklusiv, das heißt die Unterstützung von Dreiecken wurde leistungsbedingt aus der Bézier-Variante von *dream* v2 entfernt.

Die zugrundeliegende *dream*-Architektur (vgl. Abschnitt 3.2.3) erlaubte es, den Ray Tracing-Prozess über beliebig viele Threads zu parallelisieren, obwohl damals dies mit nicht mehr als zwei Threads getestet werden konnte, da die entsprechende Hardware nicht verfügbar war.

dream v2 führte die so genannte *libSIMD* ein, welche es erlaubt, SIMD-Instruktionen (siehe Abschnitt 4.3) plattformübergreifend zu verwenden. Durch eine übersichtliche Funktionssammlung wurden die *SSE*- und *AltiVec*-Befehlssätze (vgl. Abschnitt 4.3) sowie eine Emulation über die FPU einheitlich zusammengefasst.

Tabelle 2.1 gibt einen kleinen Überblick der Leistung von *dream v2* für die in Abbildung 2.11 gezeigten Bilder. In beiden Fällen wurde eine Bildauflösung von 512 × 512 gewählt, mit drei (Polo) und zwei (Teapot) Punktlichtquellen, sowie Schatten mit jeweils einem Schattenfühler pro Lichtquelle. Für die Darstellung des Polo Modells werden zusätzlich noch Transparenzen und Reflexionen simuliert. Die Ergebnisse wurden auf dem System PMQ[11] mit vier, auf System PMD mit zwei und auf MP2 mit acht Threads erzielt. Die suboptimale Skalierung der Leistung erklärt sich durch einen Flaschenhals bei dem Transfer der Daten auf die Grafikkarte für die Anzeige des Bildes.

Szene	Auflösung	Dreiecke	Bounding Boxen	Bilder/Sek.		
				PMD	PMQ	MP2
Polo	512 × 512	326 159	160 537	0.76	2.15	2.57
Teapot	512 × 512	41 050	19 660	2.06	7.95	9.09
						Version: 2.0

Tabelle 2.1: *Leistungswerte von* dream v2.

crianusurt v3

Im Zeitraum von etwa Mitte 2005 bis Ende 2006 wurde *crianusurt v3* entwickelt. Die fortlaufende Nummerierung rührt daher, dass *crianusurt* eine direkte Weiterentwicklung von *dream v2* ist[12]. Basierend auf derselben Architektur wurde der NURBS-Strahl Schnitttest implementiert, wobei wie in der Vorgängerversion die Unterstützung für

[11] Die Systeme hinter den Abkürzungen sind in Anhang C angegeben.

[12] Tatsächlich überlappen sich die Zeiträume geringfügig, da Markus Geimer 2005 seine Dissertation in Koblenz zu Ende brachte, während die Entwicklung von v3 in Singapur begann.

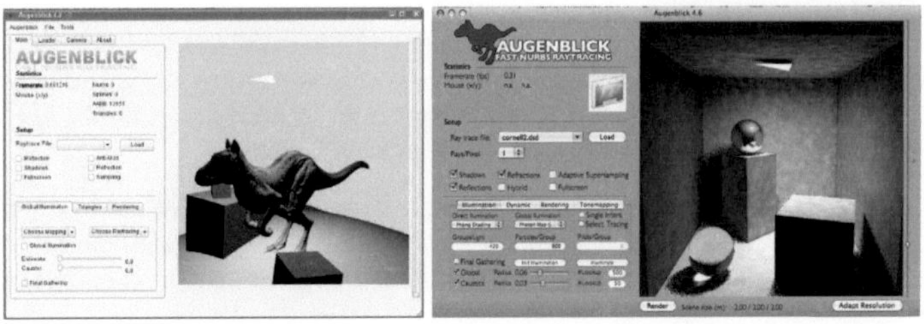

Abbildung 2.12: *Die Benutzungsoberflächen für Linux mit QT (links) und OS X mit Cocoa (rechts).*

Dreiecke in diesem Zuge zugunsten der NURBS aufgegeben wurde. Im Rahmen dieser Softwareumgebung wurden verschiedene Möglichkeiten zur Lösung des NURBS-Strahl Schnitttestes getestet. Dies ermöglichte es im Folgenden die besten Erkenntnisse und Ergebnisse in die weitere Entwicklung einfließen zu lassen. In Kapitel 5 wird ausführlich auf den NURBS-Schnitttest eingegangen.

Im Wesentlichen wurden die Charakteristika von *dream v2* beibehalten und somit gelten die meisten Aussagen für beide Systeme gleichermaßen. Zusammenfassend ist *crianusurt* als eine prototypische Entwicklung zu sehen, die den Folgeversionen von AUGENBLICK den Weg bereitet hat.

Augenblick v4

Da die weiteren Entwicklungsmöglichkeiten auf Grund der starren Architektur von *crianusurt* eher eingeschränkt waren, wurde recht früh klar, dass auf längere Sicht größere Veränderungen stattfinden müssen. Auch zeigte sich im alltäglichen Gebrauch, dass für zahlreiche Tests eine graphische Benutzeroberfläche durchaus vorteilhaft wäre. So wurden im Zeitraum von Anfang bis Ende 2007 wesentliche Veränderungen am Gesamtsystem durchgeführt, die einen neuen Namen rechtfertigten: AUGENBLICK v4. Zwar basierte diese Version noch immer auf derselben Codebasis wie ehemals *dream* v2 und *crianusurt* v3, doch wurden große Teile umgeschrieben und ergänzt. So wurde beispielsweise die *dream*-Architektur gegen die *Coruscant 1.0*-Architektur (siehe Abschnitt 3.2.3) ausgetauscht. Mit der wesentlich flexibleren Architektur war es nun möglich, eine Reihe von neuen Funktionen effizient zu integrieren. In diesem Rahmen wurde beispielsweise eine globale Beleuchtungssimulation via Photon Mapping (Kapitel 10) und *Photon Textures* (Abschnitt 10.3), sowie unter der Berücksichtigung von dynamischen Szenen (Kapitel 11) hinzugefügt. Darüber hinaus wurde ein hybrides

Bildsynthese-System (Kapitel 8), sowie adaptives Anti-Alias mit Poisson-Disk Sampling [COOK 1986, VELTENS 2007] und ein realistisches Kameramodell [BORCHARDT 2007] neben vielen weiteren Funktionen implementiert. Mitunter wurde auch das Ray Tracing von Dreiecken teilweise wieder eingeführt. Für bestimmte Aufgaben, wie die Schnittpunktberechnung während einer Bewegung der Kamera, konnte auf den schnelleren Dreiecks-Schnitttest zurückgegriffen werden, anstelle die NURBS-Modelle direkt zu verwenden.

AUGENBLICK v4 ist wie seine Vorgänger eine *cross-platform* Anwendung, welche unter Linux und Mac OS X läuft. Jedoch wurden plattformspezifische graphische Benutzeroberflächen entwickelt. Abbildung 2.12 zeigt diese für beide Systeme. Durch die nicht einheitliche Codebasis für beide Oberflächen verfügen diese allerdings nicht über denselben Funktionsumfang. Viele der Funktionen des eigentlichen Systems wurden unter der Linux-Oberfläche nicht angebunden. Die graphische Oberfläche wurde unter Mac OS mit Cocoa [APPLE INC. 2008a] in Objective-C entwickelt und unter Linux mit QT [TROLLTECH ASA 2008]. Eine lauffähige Version von AUGENBLICK v4 für Windows war zu keinem Zeitpunkt verfügbar.

Es zeigte sich leider zunehmend, dass die Codebasis über die Jahre hinweg an Qualität deutlich verloren hatte. Eine Konsistenz war streckenweise nicht mehr zu erkennen, und neue Funktionen haben zuweilen die Benutzbarkeit anderer verringert oder gar verhindert. Durch die bis dahin eher evolutionäre Entwicklung wurde der Aufwand für die weitere Entwicklung und Verbesserung von AUGENBLICK teilweise enorm. Zusätzlich stieg die benötigte Zeit für einen Kompilier-Vorgang durch sehr viele Template-Klassen sowie Inline-Methoden stark an, was den Entwicklungsaufwand weiter steigerte. Aus diesen Gründen wurde die Entscheidung getroffen, dass es weniger Aufwand bedeuten würde, eine neue Entwicklung zu beginnen, in der alle bis dato erzielten Erkenntnisse und Erfahrungen einfließen, als die vorhandene Version weiter zu entwickeln. Diese Neuentwicklung erhielt den Namen AUGENBLICK v5 und ist im nächsten Abschnitt kurz umrissen.

Augenblick v5

Die zur Veröffentlichung dieser Arbeit aktuelle Version von AUGENBLICK ist 5.1.0811. Wie bereits erwähnt wurde, handelt es sich bei der 5. Version um eine vollständige Neuentwicklung, bei der kein Code aus Vorgängerversionen übernommen wurde. Im Vergleich zu den älteren Systemen zeichnet sich v5 durch eine höhere Performanz, insbesondere aber durch eine sehr viel größere Flexibilität und einfachere Benutzbarkeit aus. Die wichtigsten Merkmale von v5 sind die neue Coruscant 2.0-Architektur (Abschnitt 4), die leistungsfähige und benutzerfreundliche SIMD-Klassenbibliothek (Abschnitt 4.3) sowie eine native Unterstützung von Dreiecken, Bézier und NURBS Geometrien (Kapitel 5). Auf weitere Details wird an dieser Stelle nicht eingegangen, da AUGENBLICK v5 Gegenstand der Diskussion an vielen anderen Stellen dieser Arbeit ist.

Teil I

Coruscant: Eine moderne Ray Tracing-Architektur

3 Echtzeit Ray Tracing - Stand der Technik

Insanly great!

(Steve Jobs - His desciption for the Macintosh computer)

Abbildung 3.1: *Das Modell eines Porsches, berechnet mit 6 Bildern pro Sekunde in voller HDTV-Auflösung (die Abbildung zeigt nur einen Ausschnitt) auf einem handelsüblichen Rechner.*

In diesem Kapitel werden einige wichtige Grundlagen und bisherige Arbeiten im Bereich des Echtzeit Ray Tracing erläutert. Beginnend in Abschnitt 3.1 werden, getrennt nach unterschiedlichen Hardwareklassen, verwandte Arbeiten vorgestellt. Anschließend werden in Abschnitt 3.2 verschiedene Ray Tracing-Architekturen sowohl aus dem Offline- als auch dem Online-Bereich präsentiert. Zuletzt werden in Abschnitt 3.3 die wichtigsten Grundlagen und neuesten Entwicklungen der Beschleunigungsdatenstrukturen behandelt.

3.1 Hardwareklassen

Das Ray Tracing-Verfahren wurde auf einer großen Anzahl verschiedenster Architekturen implementiert. Es lässt sich eine relativ grobe Kategorisierung in folgende Prozessorklassen feststellen:

- Standard Prozessoren (CPU)
- Graphische Prozessoren (GPU)
- Alternative Prozessoren (CELL/Larrabee)
- Spezialisierte Prozessoren (RPU)

Die bisherigen Entwicklungen im Rahmen dieser Klassen werden im Folgenden zusammengefasst. Aufgrund der Anzahl der Arbeiten in diesem weiten Feld kann die Zusammenfassung keinen Anspruch auf Vollständigkeit erheben.

3.1.1 Standard Prozessoren (CPU)

Diese Klasse umfasst alle Entwicklungen auf der Basis von üblichen Prozessoren. Dies berücksichtigt ebenso *Multi-Core*-Prozessoren, Supercomputer sowie auch Cluster von Computern. Eine Reihe von weiteren spezialisierten Arbeiten in diesem Kontext sind themenbezogen bei den jeweiligen Kapiteln und Abschnitten zu finden und sollen hier nicht bereits vorweg genommen werden.

Die Pionierarbeit im Bereich des Echtzeit Ray Tracing stammt von Muuss und Lorenzo aus dem Jahre 1995 [MUUSS und LORENZO 1995, MUUSS 1995]. Zwar war es erstmals möglich geworden, Bilder in einer interaktiven Geschwindigkeit mittels Ray Tracing zu berechnen, jedoch unterlag der Ansatz vielfachen Einschränkungen und benötigte einen Multi-Millionen Dollar teuren Cluster aus acht SGI Maschinen mit jeweils 12 Prozessoren mit einer maximalen theoretischen Leistung von 28 GFLOPS[1]△.

Wenige Jahre später haben Parker et al. ein umfangreiches Ray Tracing-System [PARKER et al. 1999] vorgestellt, das nicht nur ein sehr großen Funktionsumfang bereitstellte, sondern auch interaktive Bildwiederholraten für einfache Szenen liefern konnte. Das System profitiert dabei unter anderem von den Ideen von Reinhard et al. [REINHARD et al. 1998, REINHARD und JANSEN 1997]. Allerdings wurde damals für diese vergleichsweise hohe Leistungsfähigkeit ein sehr teurer Supercomputer mit 60 Prozessoren benötigt. Derartige Leistungen mit handelsüblichen PCs zu erreichen, war damals noch nicht vorstellbar.

Von Wald et al. stammen zahlreiche Arbeiten [WALD 2005b, WALD et al. 2002a, WALD et al. 2003b, WALD et al. 2001, SCHMITTLER et al. 2002, WALD et al. 2003a,

[1] Zum Zeitpunkt der Veröffentlichung dieser Arbeit Ende 2008 erreichen handelsübliche High-End Rechner von ca. 2500 € bereits knapp mehr als 100 GFLOPS.

WALD et al. 2006] im Kontext des Echtzeit Ray Tracing. Erstmals wurde 2002 ein Ray Tracing-System vorgestellt, das auf einem vergleichsweise günstigen Cluster von PCs in der Lage war, nicht triviale Szenen mit bis zu ca. 15 Bildern pro Sekunde zu berechnen. Dies wurde erstmals dadurch ermöglicht, dass neben einem effizienten Netzwerktransfer zwischen den Rechnern des Clusters ein besonderes Augenmerk auf Cache-Kohärenz gelegt wurde. Darüber hinaus wurde das System sorgfältig für die verwendeten Prozessoren optimiert. Im Vergleich zu damals verfügbaren Ray Tracing-Systemen wurde eine Beschleunigung um mehrere Faktoren erreicht.

3.1.2 Graphische Prozessoren (GPU)

Neben den Entwicklungen auf üblichen CPUs wurden auch Forschungen im Kontext alternativer Hardware für das Ray Tracing durchgeführt. So wurden mit der zunehmenden Flexibilität der graphischen Prozessoren viele Versuche unternommen, die enorme Rechenleistung moderner GPUs gewinnbringend zu verwenden.

Die Pionierarbeiten [PURCELL et al. 2002, PURCELL 2004] in diesem Bereich sind von Purcell. Zu einer Zeit, als die Grafikhardware noch lange nicht so flexibel war wie heute, gelang es ihm, ein vollständiges Ray Tracing-System, das gänzlich auf der Grafikhardware ausgeführt wurde, zu realisieren. Dabei verwendete er mehrere *Kernels*[2], welche die einzelnen Funktionen des Ray Tracing implementierten, wie beispielsweise die Strahl-Generierung, die Verfolgung durch die Beschleunigungsdatenstruktur oder der eigentliche Schnitttest. Durch hardwareseitige Beschränkungen mussten die Shaderprogramme stets auf das gesamte Bild angewendet werden, was zu suboptimalen Ausführungsgeschwindigkeiten führte. Weiterhin konnten moderne Beschleunigungsdatenstrukturen noch nicht verwendet werden, da dies die Möglichkeiten der Shaderprogramme weit überstieg. Dennoch konnte Purcell zeigen, dass eine Umsetzung prinzipiell möglich ist.

Während Purcell gezwungen war, ein *Uniform Grid* (vgl. Abschnitt 3.3.1) als Beschleunigungsdatenstruktur zu verwenden, konnten Foley und Sugerman nur zwei Jahre später einen *kd-tree* auf der GPU implementieren [FOLEY und SUGERMAN 2005]. Die Möglichkeit dazu wurde erst durch eine neue Generation der Grafikhardware gegeben, welche sich abermals durch eine flexiblere Programmierung auszeichnete. Mit der verwendeten ATI X800 konnten bereits Szenen mit mehreren tausend Dreiecken, mit etwa einem Bild pro Sekunde berechnet werden. Dies stellte eine deutliche Steigerung zu den vorherigen Ansätzen dar. Dennoch erforderte die Umsetzung eines *kd-tree* auf der Grafikhardware immer noch viele Tricks und Umwege. Ein *stack* war nicht verfügbar und somit auch keine Rekursion. Aus diesen Gründen wurde, soweit dies möglich war *backtracking* verwendet, um die Notwendigkeit eines *stacks* zu umgehen. Wo dies nicht mehr möglich war, wurde die Traversierung von neuem gestartet(sog. *kd-tree restart*).

[2] *Kernel* ist eine Bezeichnung für Shaderprogramme, welche auf der GPU ausgeführt werden.

Diese Beschränkungen konnten später von Horn et al. weitestgehend aufgehoben werden [HORN et al. 2007]. Durch die Weiterentwicklung der Hardware und der Einführung abermals flexiblerer GPUs wie der X1900 XTX von ATI konnte nun eine eingeschränkte *kd-tree* Traversierung mit einem so genannten *short-stack* durchgeführt werden. Dadurch konnte ein Teil des vorherigen Mehraufwandes vermieden werden. Ein solcher *short-stack* verfügt über eine zuvor definierte Größe und ist, wie der Name nahelegt, eher kurz, das heißt, dass dieser eventuell nicht ausreicht um den Anforderungen der Szene zu genügen. In diesem Fall wird auf die bekannte stacklose Lösung ausgewichen. Durch diesen Ansatz konnten wesentlich bessere Ergebnisse erzielt werden (ca. 5 bis 15 Bildern pro Sekunde bei nicht trivialen Szenen). Zum Teil aber ist diese vergleichsweise hohe Leistung auch einem hybriden Ansatz zu verdanken, bei dem Primärstrahlen sowie direkte Schatten durch die Rasterisierungsfähigkeiten der Grafikhardware abgedeckt werden.

Im selben Jahr wurde von Popov et al. eine *kd-tree* Traversierung ohne einen Stack vorgestellt [POPOV et al. 2007]. Die erzielten Ergebnisse bewegen sich allerdings im Rahmen von [HORN et al. 2007] und sind der eigenen Implementierung (Abschnitt 4.5.5) auf der gleichen NVidia 8800 GTX Hardware teilweise deutlich unterlegen.

Zur selben Zeit haben sich darüber hinaus einige Arbeiten um die Verwendung von Bounding Volume Hierarchien im Zusammenhang mit dem GPU-Ray Tracing beschäftigt. Zwar gelten die Bounding Volume Hierarchien im Allgemeinen als eher langsamer in Bezug auf die Traversierungsgeschwindigkeit als *kd-tree*, doch kommen diese gut ohne einen Stack aus. Es konnte gezeigt werden [THRANE und SIMONSEN 2005], dass die Umsetzung einer solchen Struktur auf der Grafikhardware einige Vorteile bietet und daher sogar deutlich schneller sein kann.

Eine weitere interessante Arbeit [CARR et al. 2006] verwendet Ray Tracing auf der GPU in Zusammenhang mit so genannten *Geometry Images* als Datenstruktur. Dabei werden die Vorteile der GPU betont, indem die BVH-Beschleunigungsdatenstruktur in einer MIP-Map Textur [WILLIAMS 1983] abgelegt wird und somit auf die Verwendung eines Stacks verzichten kann. Die verschiedenen Verkleinerungsstufen der MIP-Map repräsentieren die einzelnen Ebenen der Bounding Volume Hierarchie. Die Ausführungspfade für die Fälle des Treffens bzw. Verfehlens einer Bounding Box werden vorberechnet und sind somit vorteilhaft für die *Streaming* Architektur der Grafikhardware. Alle Operationen, inklusive dem Hierarchieaufbau werden auf der GPU ausgeführt. Dank der hardwarenahen und GPU-freundlichen Umsetzung können auch dynamische Szenen Verwendung finden, was bisher auf der Grafikhardware im interaktiven Kontext ausgeschlossen war. Die erreichte Leistung ist dabei vergleichbar mit anderen GPU-gestützten Ray Tracern dieser Zeit. Problematisch allerdings erscheint die Erstellung der eigentlichen *Geometry Images*, da es schwierig scheint diese im allgemeinen Fall automatisch in guter Qualität erzeugen zu lassen. Der Grund dafür ist, dass die Parametrisierung zur Erzeugung der Textur separat für jedes Objekt der Szene bestimmt werden muss.

In den folgenden Jahren stieg die Programmierbarkeit und Flexibilität mit jeder Generation neuer Hardware weiter an. Somit wurde auch die Umsetzung des Ray Tracing-Verfahrens nicht nur einfacher, sondern auch effizienter. Seit der 8000er Serie der Chipsätze des Herstellers NVidia wurden diese mittels der Hochsprache CUDA [NICKOLLS et al. 2008, NVIDIA CORP. 2007] programmierbar und sind damit vergleichsweise relativ nah an die Fähigkeiten eines allgemeinen Prozessors angelehnt. Es ist anzunehmen, dass diese Entwicklung weiter voranschreiten und somit der explizite Rasterisierungsbezug abnehmen sowie gleichzeitig die allgemeinen Rechenfähigkeit weiter zunehmen wird. Da die Leistungsfähigkeit solcher graphischen Prozessoren in den letzen Jahren sehr viel schneller gewachsen ist, als die der Standard-Prozessoren, bieten diese zunehmend eine Alternative oder zumindest eine Ergänzung im Kontext des Ray Tracing. Jedoch bleibt dabei zu berücksichtigen, dass die Hardware für das Ray Tracing-Problem nicht optimal ausgelegt ist und so sehr viel mehr Rechenleistung benötigt wird, als dies bei einer CPU-Umsetzung der Fall ist.

Im Rahmen dieser Arbeit wurde auch ein eigener GPU-basierter Ray Tracing-Ansatz entwickelt, welcher als Plugin innerhalb von AUGENBLICK eingesetzt werden kann, wobei eine entsprechende CUDA-fähige Hardware vorausgesetzt wird. Diese Komponente wird in Abschnitt 4.5.5 vorgestellt.

3.1.3 Alternative Prozessoren (Cell/Larrabee)

Neben den weithin bekannten Prozessoren wie CPUs und GPUs existieren darüber hinaus auch weniger verbreitete Prozessoren, die sich potentiell gut eignen könnten, um hohe Leistungen bei dem Ray Tracing-Verfahren zu erzielen.

Der Cell Prozessor [PHAM et al. 2005], offiziell auch als *Cell Broadband Engine* bezeichnet, ist in erster Linie durch die Playstation 3 von Sony bekannt. Der Prozessor wurde gemeinsam von IBM, Sony und Toshiba entwickelt und zielt darauf ab, eine hohe Verarbeitungsgeschwindigkeit durch besonders hohe Parallelität zu erreichen. Im Gegensatz zu GPUs, die prinzipiell dasselbe Ziel verfolgen, sind die einzelnen Recheneinheiten dabei wesentlich flexibler und können eher mit normalen CPUs verglichen werden. Ein Cell Prozessor verfügt dabei in der Regel über acht *Synergistic Processing Units* (SPE) und stets über ein *PowerPC Processing Element* (PPE). Letzteres entspricht dabei einem üblichen 64-Bit PowerPC. Eine einzelne SPE stellt einen vereinfachten CPU-Kern dar. Das heißt, komplexere Einheiten wie *out of order execution, branch prediction*$^{\triangle}$ und *Caches* werden nicht unterstützt. Im Gegenzug haben diese dafür einen relativ hohen Takt (derzeit zwischen 2.8 bis 3.2 GHz). Jede SPE verfügt über eine Vierfach-SIMD-Einheit und besitzt 128 Register mit einer Breite von 128-Bit. Die einzelnen Rechenkerne sind über einen leistungsstarken Bus miteinander verbunden. Somit eignet sich die *Cell Broadband Engine* gut für Aufgaben, die einer Pipeline bedürfen, und ebenso für Aufgaben, welche hochgradig parallel verarbeitet werden können. Im Kontext des Ray Tracing-Verfahrens bietet es sich daher an, die einzelnen SPEs in einer parallelen Weise zu verwenden. In Abschnitt 5.5 werden einige vorläufige Ergebnisse präsentiert, die mit dem Cell-Prozessor für das Ray Tracing von NURBS-Flächen erreicht wurden. Im Kontext des allgemeinen Ray Tracing wurde bereits gezeigt, dass der Cell seine Leistung sehr gut umsetzen kann [MINOR et al. 2006, BENTHIN et al. 2006a, FOLEY et al. 2006].

Ein weiterer neuer Prozessortyp, der kürzlich von Intel vorgestellt wurde, wird *Larrabee* bezeichnet [SEILER et al. 2008]. Da *Larrabee*-Prozessoren zum gegenwärtigen Zeitpunkt noch nicht kommerziell verfügbar sind, kann derzeit noch keine Aussage über die tatsächliche Leistungsfähigkeit getroffen werden. Dennoch lassen die bisher bekannten Eckdaten und grundlegende Designentscheidungen auf ein hohes Potential in Verbindung mit dem Ray Tracing hoffen. Auch Intel geht bei *Larrabee* den Weg eines hochgradig parallelen Prozessors. Ein tatsächliches Produkt, basierend auf der *Larrabee*-Architektur wird über eine größere Anzahl an Prozessorkernen verfügen[3]. Jeder dieser Kerne entspricht dabei im Wesentlichen dem bekannten Pentium-Prozessor (P5 Architektur). Aufgrund des heutigen Stands der Technik sind diese Prozessoren natürlich viel schneller im Vergleich zum Original. Zu den wichtigsten Änderungen gehört die Erweiterung um den 64-Bit Befehlssatz sowie die Ergänzung einer SIMD-Einheit mit einer Breite von 512-Bit. Insbesondere ist hier anzumerken, dass die Kerne *in-order* Einheiten wie beim Cell sind. Dies spart erheblich an Chipfläche und senkt den Stromverbrauch stark. Die zu erwartende Rechenleistung dürfte damit im TFLOP Bereich liegen und ist somit in etwa vergleichbar mit derzeitig verfügbarer Grafikhardware. Um die Kerne optimal auslasten zu können und den negativen Effekten der *in-order* Kerne entgegenzuwirken, können vier Threads pro Kern ausgeführt werden. Weiterhin verfügt jeder Kern über 256 KB L2 *Cache*. Von besonderem Gewicht ist die Tatsache, dass jeder Kern somit ein vollwertiger x86-Prozessor ist und demnach auch üblicher Quelltext kompiliert und ausgeführt werden kann. Die Entwicklung von Software für die *Larrabee*-Architektur sollte demnach sehr viel einfacher sein als für andere spezialisierte Hardwareplattformen, wie GPUs oder dem Cell.

3.1.4 Spezialisierte Prozessoren (RPU)

Woop et al. haben einen programmierbaren Ray Tracing Chip (RPU, in Anlehnung an GPU) [WOOP et al. 2005] vorgestellt, der bereits bei sehr geringen Taktfrequenzen von 66 MHz auf einem FPGA[4] Chip Leistungswerte gezeigt hat, die mit einem damals aktuellen Desktop-Prozessor konkurrieren konnten. Die RPU basiert dabei auf dem schnelleren Vorgänger SaarCOR [SCHMITTLER et al. 2004a], der allerdings im Gegensatz zur RPU nicht programmierbar war. Wünschenswert wäre hier eine Umsetzung

[3] Für den von Intel intendierten Ersatz der Grafikkarte durch *Larrabee* wird eine Anzahl von 32, wahrscheinlich eher 64 Kernen angenommen. Genauere Informationen zu möglichen Produkten gibt es bisher leider noch nicht.

[4] FPGA ist die Abkürzung für *field-programmable gate array* und bezeichnet einen programmierbaren integrierten Schaltkreis.

des Chipdesigns mit denselben Eckdaten, über die die gegenwärtigen Grafikkarten verfügen. Leider konnte sich diese Idee bisher nicht durchsetzten. Es ist anzunehmen, dass es dazu in dieser Form auch nicht mehr kommen wird. Die Hardware ist zu speziell ausgerichtet und unterliegt damit dem klassischen *Henne und Ei Problem*: Für einen Chiphersteller wäre eine Herstellung nur dann lukrativ, wenn es genügend Käufer gibt. Diese potentiellen Käufer wiederum kaufen den Chip nur, wenn es eine ausreichende Anzahl an Applikationen dafür gibt. Das Problem liegt nun darin, dass nur eine ausreichend große Anzahl an Applikationen entstehen würde, wenn der Chip überhaupt verfügbar wäre, so dass darauf und dafür entwickelt werden kann. Andere spezialisierte Hardware, wie z.B. der Physikbeschleuniger, ist an ähnlichen Problemen gescheitert.

3.1.5 Zusammenfassung

Die Möglichkeit zur Realisierung des Ray Tracing-Verfahrens auf jeder der vier vorgestellten Hardwareklassen wurde bereits mehrfach demonstriert. Im Rahmen dieser Arbeit können allerdings nicht alle Umsetzungen im gleichen Umfang und mit der gleichen Gewichtung realisiert werden. Zunächst wurde eine möglichst effiziente Realisierung für Standard-CPUs verfolgt. Zu Beginn dieser Arbeit[5] war diese Wahl naheliegend, da GPUs teilweise noch weit entfernt von ihrer heutigen Flexibilität und Leistungsfähigkeit waren. Weiterhin war die Cell-Architektur noch nicht kommerziell verfügbar, während die Entwicklung von *Larrabee* noch nicht begonnen hatte. Der RPU-Chip war und ist ebenfalls nicht kommerziell verfügbar. Im Verlaufe dieser Arbeit wurden zwei der alternativen Hardwareklassen allerdings zunehmend interessanter, weswegen eine GPU-Variante (siehe Abschnitt 4.5.5) von AUGENBLICK sowie eine Cell-Portierung (siehe Abschnitt 5.5) einiger Teile von AUGENBLICK entwickelt wurden.

Es hat sich als erwartungskonform gezeigt, dass sich eine CPU-Variante für die Entwicklung am besten eignet, da hierbei die wenigsten Probleme auftreten und zeitgleich die ausgereiftesten und vielseitigsten Werkzeuge zur Verfügung stehen. Beispielsweise ist das *Debugging* auf der Grafikkarte auch heute noch eines der größten Probleme. Auch die Entwicklung für den Cell erfordert mehr Aufwand, da durch zahlreiche Besonderheiten eine Reihe von zeitraubenden Hürden aufgebaut werden. In Anbetracht dieser Randbedingungen bietet *Larrabee* eine sehr interessante Möglichkeit zur Lösung dieses Spagates zwischen Leistung und Programmierbarkeit. Einerseits kann *Larrabee* wie gewöhnliche CPUs programmiert werden, soll aber andererseits mit der Leistung von Grafikkarten zumindest annähernd vergleichbar sein. Die Architektur von AUGENBLICK in Verbindung mit der sehr portablen Codebasis sollte eine zukünftige Realisierung auf einem *Larrabee*-Prozessor sehr leicht ermöglichen[6].

[5] Der Beginn der Dissertation ist für Ende 2005 anzusetzen.

[6] Wird anstatt der 16-fachen Breite der SIMD Einheiten nur die bisherige 4-fache Breite verwendet,

3.2 Ray Tracing-Architekturen

Über die letzten beiden Dekaden hinweg wurden eine große Anzahl an Ray Tracing-Architekturen mit zum Teil sehr unterschiedlichen Zielsetzungen entwickelt. Im Folgenden werden die wichtigsten Architekturen kurz vorgestellt. Dabei wird zunächst unterschieden, ob diese darauf abzielen, den Bildgenerierungsprozess in Echtzeit, bzw. zumindest in interaktiver Geschwindigkeit (*Echtzeit-Architekturen*) zu berechnen oder nicht (*Offline-Architekturen*). Diese Unterscheidung ist von enormer Bedeutung, da dies einen starken Einfluss auf zahlreiche Designentscheidungen hat.

3.2.1 Offline-Architekturen

Die erste Ray Tracing-Architektur, der *Ray Tracing-Kernel* [KIRK und ARVO 1988] stammt von Kirk und Arvo aus dem Jahr 1988. Durch die Nutzung des damals noch recht neuen Konzeptes der objektorientierten Programmierung konnte ein System geschaffen werden, das prinzipiell nur die Schnittstellen definierte. Spezifische Objekt-Implementierungen konnten verschiedene Geometrietypen oder Hierarchie-Traverser und ähnliches realisieren, ohne dass Änderungen am eigentlichen Ray Tracing-Kern nötig waren. Die objektorientierte Programmierung ist heute insbesondere für größere Softwareprojekte zum de facto Standard geworden. Dies gilt ebenso für den Ray Tracing-Kernel - jede moderne Ray Tracing-Architektur profitiert von den Ideen von Kirk und Arvo. Abweichungen entstehen zumeist lediglich durch Echtzeitansprüche. Diese spielten damals keine Rolle, da die Rechenleistung für solche Ziele bei weitem nicht ausreichend war.

An der Cornell Universität wird seit vielen Jahren ein System entwickelt, das als *Cornell Testbed* [TRUMBORE et al. 1993] bekannt ist. Die Testumgebung besteht aus einer sehr großen Anzahl von kleineren Bibliotheken, wobei jede einzelne prinzipiell nur für eine bestimmte Aufgabe zuständig ist. Auch hier wurden Echtzeitbedingungen noch nicht berücksichtigt. Das Designziel lag dabei auf einer möglichst flexiblen Umgebung, so dass mit nur sehr wenig Aufwand verschiedene Algorithmen miteinander kombiniert werden konnten. Dies sollte es ermöglichen, schnell und effizient neue Ansätze zu erstellen und zu testen.

Slusallek hat mit *Vision* [SLUSALLEK 1995, SLUSALLEK und SEIDEL 1995] ein System vorgestellt, welches sowohl auf *Monte-Carlo* basierendes Ray Tracing, als auch Radiosity Simulationen unterstützt. Der Designfokus lag dabei sehr deutlich auf der physikalisch korrekten Simulation der globalen Beleuchtung. So wurden eine Vielzahl von Algorithmen der globalen Beleuchtung implementiert, wie *Path Tracing*, *irradiance Caching*, hierarchisches Radiosity, wavelet Radiosity und wavelet Radiance. Die *Vision*-Architektur

müsste nicht einmal ein erneutes Kompilieren nötig sein, um die Leistungsfähigkeit gut ausnutzen zu können.

war flexibler als die meisten anderen ihrer Zeit. AUGENBLICK folgt dem Beispiel von *Vision* indem eine Reihe von Basisklassen als abstrakte Klassen implementiert werden. Dennoch schließt die starke Ausrichtung auf die physikalische Exaktheit eine mögliche Verwendung in einem Echtzeit-Kontext aus. Wie das *Cornell Testbed* und der *Ray Tracing Kernel* war *Vision* auf Grund des Jahres der Entwicklung nicht auf eine Anwendung in Echtzeit ausgelegt. Interessanterweise, wurde bereits im Rahmen von *Vision* ein wichtiger Grundsatz definiert, der auch für AUGENBLICK eine zentrale Bedeutung hat:

> *Finally, perhaps the most important requirement is practicability, both for the implementor of the rendering system, as well as for a user of an application built upon this architecture. It is certainly not useful to design a system that is of theoretical importance, but is either hard to implement or hard to use, or both.* [SLUSALLEK und SEIDEL 1995] (Seite 3)

Eine Reihe von weiteren Ray Tracing-Architekturen finden sich in kommerziellen Produkten, insbesondere in 3D-Modellierungspaketen. So wird in [SUNG et al. 1998] der Renderer von Maya beschrieben, während die internen Details des Mental Ray Renderers teilweise in [DRIEMEYER und HERKEN 2002] skizziert sind. Oftmals handelt es sich bei solchen kommerziellen Architekturen um Hybriden, die also sowohl Ray Tracing als auch Rastergrafik einsetzen. Gemeinsam ist diesen Systemen, dass sie nicht für Echtzeit-Anforderungen konzipiert sind. Diese Renderer sollen in erster Linie Bilder liefern, die ansprechend aussehen.

Das PBRT-System[7] [PHARR und HUMPHREYS 2004] ist besonders flexibel und dient in vielen Publikationen als Referenz für physikalisch korrekte Lösungen. Das Kernsystem ist sehr kompakt gehalten; nahezu alle Funktionen werden in Form von Bibliotheken zur Laufzeit nachgeladen. Da der Fokus bei diesem System auf physikalischer Korrektheit, Flexibilität und auch leichter Verständlichkeit lag, sind die Bildwiederholraten sehr weit von einer interaktiven Geschwindigkeit entfernt.

Ein seit vielen Jahren weit verbreitetes Open Source Ray Tracing-System ist POV-Ray [PERSISTENCE OF VISION PTY. LTD. 2004]. Dieser Ray Tracer ist nicht auf eine polygonale Beschreibung beschränkt, sondern repräsentiert jegliche Geometrie durch mathematische Ausdrücke. So können auch Fraktale und andere komplexe Körper generiert und verwendet werden. Die Qualität der erzeugten Bilder ist prinzipiell sehr hoch allerdings nicht vergleichbar mit professionellen Werkzeugen wie dem zuvor erwähnten *Mental Ray*. Die Geschwindigkeit ist vergleichsweise akzeptabel, erreicht aber keine interaktiven Bildwiederholraten, da POV-Ray für einen solchen Zweck nie konzipiert wurde.

In diesem Kontext ist weiterhin die REYES-Architektur [COOK et al. 1987] zu erwähnen, obwohl das Ray Tracing dort nur eine untergeordnete Rolle spielt. Die bekannteste Implementierung der REYES-Architektur ist Pixars RenderMan, mit dem alle Filme

[7] PBRT bezeichnet das physikalisch basierende Ray Tracing-System, das von Pharr und Humphreys entwickelt wurde und einen hohen Bekanntheitsgrad erreicht hat.

der Pixar Film Studios erzeugt wurden. Im Allgemeinen wird lediglich ein Rasterisierungsansatz verwendet, um lange Berechnungszeiten zu vermeiden. Um dennoch ein photorealistische Qualität zu erreichen, werden so genannte *micropolygons* verwendet. Diese Polygone mit Subpixel-Größe werden automatisch (und temporär) während der Bildgenerierung erzeugt, um so eine hohe Qualität zu erreichen und Facettierungs-Artefakte zu vermeiden. Die REYES-Architektur sieht einen starren Algorithmus vor, der auf die Filmindustrie zugeschnitten ist. Somit können Änderungen am System nur sehr schwer oder gar nicht umgesetzt werden. Auch wenn die REYES-Architektur generell als *schnell* gilt, so bezieht sich dies auf den Bildgenerierungsprozess für Filme und ist somit dennoch weit von interaktiven Bildwiederholraten entfernt:

> *Each frame represents 1/24 of a second of screen time and takes about six hours to render, though some frames have taken as many as ninety hours.* [PIXAR ANIMATION STUDIOS 2004]

3.2.2 Echtzeit-Architekturen

Im Kontext des Echtzeit Ray Tracing existieren nicht viele Architekturen im eigentlichen Sinne. Der Mehraufwand einer ordentlichen Architektur steht oftmals den Bemühungen einer Realisierung des Echtzeit Ray Tracing entgegen. Somit sind einige der folgenden Beispiele mehr als ein System denn eine Architektur zu sehen.

An der Universität von Utah wird seit geraumer Zeit das Ray Tracing-System *Manta* [BIGLER et al. 2006] entwickelt. *Manta* zeichnet sich durch eine gut portierbare Codebasis in Verbindung mit einem recht hohen Grad an Flexibilität aus. Durch Klassen mit virtuellen Schnittstellen (vgl. Abschnitt 4.2.2 zu virtuellen Methoden) können Teile der Pipeline und des *Render-Stacks* modifiziert werden. Der Flexibilität sind allerdings besonders durch diese beiden Elemente Grenzen gesetzt. Die Pipeline kann nicht über ihre vorgesehene Funktionalität hinaus erweitert werden, ohne tiefe Eingriffe in der Architektur vornehmen zu müssen. Da *Manta* ein vollständiges Softwarepaket ist, lässt es sich dadurch nur schwer in andere Projekte integrieren. Manta erzielt eine mäßige Geschwindigkeit in der Bildsynthese auf einzelnen Rechnern. Es skaliert dagegen sehr gut auf Supercomputern mit vielen Prozessoren.

Die OpenRT API [DIETRICH et al. 2003] hat einen hohen Bekanntheitsgrad erreicht, da es zu einem gewissen Teil OpenRT zu verdanken ist, dass das Interesse am Echtzeit Ray Tracing bei vielen Forschern erweckt wurde. Im Rahmen dieser API wurden erstmals SIMD-Instruktionen für die Beschleunigung des Ray Tracing verwendet. Da die Entwicklung von OpenRT zu einer Zeit begann, als die meisten Desktop-Rechner noch über nur einen einzelnen Hauptprozessor verfügten, basierte der grundlegende Ansatz auf einer Cluster-Lösung. Von daher verfügt OpenRT über ein fortschrittliches Netzwerkinterface, das es erlaubt, viele handelsübliche Rechner gemeinsam zu nutzen. So wurde bei Volkswagen ein Cluster mit 24 Dual-Core Opterons eingesetzt, um *Design-Review*

Entscheidungen zu unterstützen bzw. an digitalen Prototypen zu ermöglichen. Verglichen mit anderen modernen Ray Tracing-Systemen liegt die Leistung von OpenRT, besonders bei Einzelplatzrechnern, deutlich zurück. Die evolutionär gewachsene Codebasis erschwert es die API um neue Befehle und Algorithmen zu ergänzen. Basierend auf OpenRT wurden verschiedene Applikationen realisiert - hier sind exemplarisch die Spiele Oasen und Quake 3 Raytraced [SCHMITTLER et al. 2004b] zu erwähnen.

Markus Geimer hat im Rahmen seiner Dissertation das Echtzeit Ray Tracing-System *dream* v2 [GEIMER 2005] entwickelt. Aufgrund der Bedeutung für die Entstehungsgeschichte von AUGENBLICK wurden die Eigenschaften von *dream* bereits ausführlicher in Abschnitt 2.4 und behandelt und werden daher hier nicht wiederholt. Die Architektur von *dream* wird ausführlicher in Abschnitt 3.2.3 präsentiert.

Seit recht kurzer Zeit wird lebhaft darüber diskutiert, ob Ray Tracing eine signifikante Rolle in der Computerspiele-Industrie ausfüllen wird. Das von Jakko Bikker entwickelte Arauna [BIKKER 2007] ist ein Ray Tracing-System, das speziell auf eine Verwendung im Zusammenhang mit Spielen ausgelegt ist. Zum jetzigen Zeitpunkt gibt es bereits erste Spiele, die von Studenten an der NHTV University of Applied Sciences (Breda, Niederlande) programmiert wurden. Arauna liefert eine vergleichsweise extrem hohe Bildwiederholrate[8]. Bei einer recht geringen Auflösung von 512×384 Bildpunkten können Szenen mit moderater Komplexität von etwa einhunderttausend Dreiecken mit etwa 15 Bildern pro Sekunde bereits auf einem derzeit üblichen Dual-Core System dargestellt werden. Aufgrund der dedizierten Ausrichtung auf Spiele ist das System allerdings sehr starr und deutlich inflexibler als andere.

Eine vor kurzem vorgestellte Arbeit [GEORGIEV und SLUSALLEK 2008] versucht, größtmögliche Flexibilität zu gewährleisten, ohne dabei die Leistungsfähigkeit des Systems zu beschneiden. Zur Erreichung dieses auch von AUGENBLICK verfolgten Ziels wird der Ansatz der generischen Programmierung verwendet. *RTfact* besteht dabei aus einer Sammlung von Template-Klassen, um die Performanz von händisch optimierten Lösungen weitestgehend auch für generische Datentypen verfügbar zu machen. Die erreichte Flexibilität ist als sehr hoch einzustufen wie auch die erzielten Bildwiederholraten, die in etwa mit Arauna vergleichbar sind. Allerdings benötigen die Bürden der generischen Programmierung während der Entwicklung einen gewissen Mehraufwand. So sind bspw. Sonderfall-Optimierungen erforderlich. Weiterhin ist Template-Code dafür bekannt, sehr schwer verständliche Fehlermeldungen hervorzurufen. Auf Grund des Ziels von AUGENBLICK einfach benutzbar zu sein, wird bewusst auf die massive Anwendung von Templates verzichtet.

[8] Nach der Kenntnis des Autors scheint Arauna zum Zeitpunkt der Veröffentlichung dieser Arbeit das schnellste Ray Tracing-System zu sein. Vergleiche dieser Art sind allerdings stets schwierig, da zwei Systeme niemals denselben Funktionsumfang sowie dieselben Limitierungen haben.

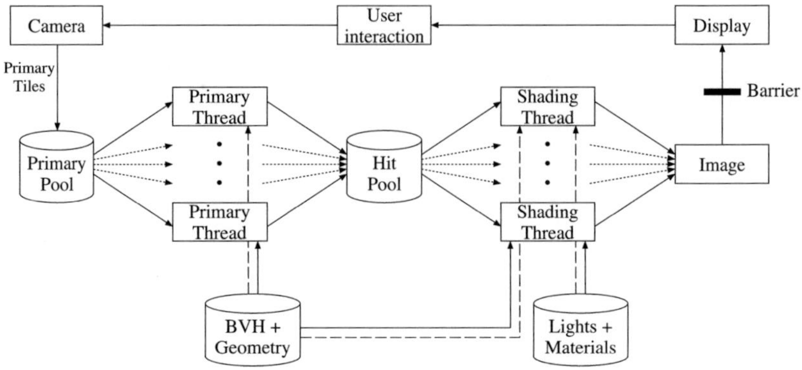

Abbildung 3.2: *Die Architektur von* dream v2. *Entnommen aus [GEIMER 2005].*

3.2.3 Verwandte Architekturen

Dieser Abschnitt gibt einen kurzen Überblick über die verschiedenen Architekturen, die im Laufe der Entwicklung als Basis für AUGENBLICK und deren Vorgänger dienten. An dieser Stelle sei nur ein grober Überblick gegeben und an die entsprechenden Stellen verwiesen, an denen mehr Informationen zu finden sind.

dream-Architektur

Die *dream* Architektur entstammt, wie der Name vermuten lässt, der ursprünglichen Software Version *dream v2*(siehe 2.4). Eine schematische Darstellung ist in Abbildung 3.2 zu finden.

Viele grundlegende Entscheidungen wurden bereits in dieser Architektur im Hinblick auf eine möglichst hohe Performanz getroffen. Während in einem einfachen Ray Tracing-System oft ein Strahl nach dem anderen von seiner Generierung über das Tracing und Shading bis zum Eintragen der Farbe in den Farbpuffer, berechnet wird wurde in der *dream* Architektur bereits darauf geachtet, die Rechenvorgänge effizienter zu gestalten. Wie später in 4.2.3 detaillierter erörtert wird, ist die *Cache*-Kohärenz ein sehr wichtiger Punkt zum Erreichen maximaler Auslastung moderner Prozessoren. So hat Geimer das zu rendernde Bild in 8 * 8 Pixel große Kacheln (so genannte *Tiles*) unterteilt. Nacheinander wurde jedem *Tile* ein Thread zugewiesen, der dann ein und dieselbe Operation (beispielsweise Shading) für das gesamte *Tile* berechnet hat. So werden zunächst alle Strahlen für das gesamte Bild berechnet, anschließend alle Strahlen verfolgt und letztlich für alle das Shading ausgeführt. Ein einzelner Thread bearbeitet dabei immer nur exklusiv eine einzelne Kachel.

Neben den selbsterklärenden Komponenten der Architektur aus Abbildung 3.2 gibt es noch einige, die weiterer Erklärung bedürfen.

- **PrimaryPool**: Diese Datenstruktur speichert alle Primärstrahlen für das aktuell zu berechnende Bild ab. Darüber hinaus organisiert sie das Bild in die erwähnten *Tiles*. Die Threads können den Pool nach neuen Kacheln anfragen und diese exklusiv bearbeiten.
- **HitPool**: Dieser Pool speichert die aktuellsten Zwischenergebnisse ab, die während der Primär-Strahlverfolgung ermittelt wurden. Die Daten werden anschließend von den Shading Threads gelesen und für die Shading-Berechnungen verwendet, inkl. der Generierung eventueller Sekundärstrahlen.
- **PrimaryThread**: Die Primary Threads beziehen einzelne *Tiles* aus dem *PrimaryPool* und führen die Strahlverfolgung für die dort gespeicherten Strahlen aus. Ergebnisse über die gefundenen Schnittpunkte werden im *HitPool* abgespeichert.
- **ShadingThread**: Die Shading Threads beziehen für einzelne *Tiles* die Schnittpunkt-Informationen aus dem *HitPool*. Für gefundene Schnittpunkte wird eine Beleuchtung nach dem Phong-Modell berechnet. Für reflektierende oder refraktierende Oberflächen werden an dieser Stelle sekundäre Strahlen verschossen und entsprechend verrechnet. Dies kann auch rekursiv geschehen.
- **Barrier**: Die *Barrier* ist eine Synchronisationsschranke, an der alle aktiven Threads synchronisiert werden. Erst wenn alle Shading Threads dort eingetroffen sind (und somit das Bild fertig berechnet ist) wird die Schranke aufgehoben und der *MainThread* zeigt das Bild auf dem Bildschirm an.

Idealerweise werden für n verfügbare Rechenkerne n *PrimaryThreads* und n *ShadingThreads* gestartet. Zusätzlich existiert der *MainThread*, in dem die Hauptapplikation läuft. Dieser ist für die Benutzerinteraktion, das Anzeigen des Bildes und ähnliches zuständig.

Stärken Die *dream* Architektur ist sehr übersichtlich. Obwohl ein besonderes Augenmerk auf hohe Performanz gelegt wurde, ist die Codebasis dennoch sauber geschrieben und somit leicht verständlich. Durch die klare Trennung von Primary- und Shading Threads, zusammen mit leicht zu benutzenden Semaphoren ist das Threading Konzept einfach gehalten. Die üblichen Probleme der parallelen Programmierung können erfolgreich vermieden werden.

Schwächen Der Aufbau der Architektur ist recht starr. So ist es nicht ohne weiteres möglich, neue Shader oder neue Geometrietypen hinzuzufügen, ohne tiefer greifende

Änderungen im Gesamtsystem vornehmen zu müssen. Es existieren keine Schnittstellen nach außen, so dass *dream* beispielsweise weder ohne weiteres als Bibliothek verwendet werden kann, noch von extern um neue Funktionalität erweiterbar ist. Zusätzlich sorgt eine Synchronisierung vor der Anzeige des Bildes für ein Performanz-Problem bei mehreren Threads.

Bewertung Das mit der *dream* Architektur gewonnene Wissen erwies sich als sehr wertvoll. Die Architektur ist dank der klaren Struktur und Übersichtlichkeit nach wie vor gut geeignet für streng definierte Systeme, die nicht erweiterbar sein sollen. In jedem Fall muss für moderne Rechner mit mehr als zwei Rechenkernen eine geeignete Lösung für das Synchronisationsproblem gefunden werden, wie im nächsten Abschnitt erläutert. Für eine Ray Tracing-Bibliothek, die auch von Dritten erweiterbar sein soll, ist diese Architektur auf Grund ihrer starren Implementierung weniger gut geeignet.

Coruscant 1.0

Zu Beginn der Entwicklung von AUGENBLICK v4 wurde die *dream*-Architektur zunächst modifiziert, um in erster Linie die bekannt gewordenen Schwächen zu entfernen. Dabei wurde zunächst ein zusätzlicher Thread eingeführt, der die Bilddaten auf die Grafikkarte transferiert, so dass alle anderen Threads bereits damit beginnen können, das nächste Bild zu berechnen. Auf diese Art und Weise war es möglich, die Synchronisationsbarriere vor dem Bildtransfer zu entfernen, die maßgeblich dafür verantwortlich war, die Bildwiederholrate auf modernen Mehrkernsystemen zu verlangsamen.

Allerdings zeigte sich über die Zeit, dass durch die evolutionäre Entwicklung der *dream*-Architektur einige neue Anforderungen nur schwer oder nur unzureichend umgesetzt werden konnten. Beispielsweise ließen sich neue Geometrie-Typen oder andere Beschleunigungsdatenstrukturen nur mit entsprechend aufwändigen Modifikationen der Architektur realisieren. Änderungen dieser Art kosteten entsprechend viel Zeit und gingen in den meisten Fällen ebenfalls zu Lasten der Codequalität.

Aus diesen Gründen wurde noch für AUGENBLICK v4 eine völlig neue Architektur entwickelt. Die mit *Coruscant* bezeichnete Architektur sollte in der Lage sein, den Ray Tracing-Prozess möglichst flexibel zu gestalten, während die Ausführungsgeschwindigkeit darunter möglichst wenig beeinträchtigt werden sollte. Zum Einsatz kam im Kern daher ein *Command Pattern* [FREEMAN et al. 2004]. Die eigentliche Berechnung eines Bildes wurde in drei grundlegende Schritte eingeteilt. Für jedes Bild wird zunächst ein *Preprocessing* und abschließend ein *Postprocessing* Schritt durchgeführt. Beide Aktivitäten werden genau einmal pro Bild mit einem einzigen Thread ausgeführt. Dazwischen werden die eigentlichen Ray Tracing-Kern-Operationen ausgeführt. Diese Berechnungen erfolgen pro Kachel, während mehrere Threads parallel verschiedene Kacheln bearbeiten. Dieser mittlere Teil ist sehr flexibel, da verschiedene so genannte

Execution States (siehe Abschnitt 4.1.1) in einer beliebigen Reihenfolge nacheinander für jede Kachel ausgeführt werden. Eine solche Verarbeitungskette besteht im üblichen Fall aus

- Strahlgenerierung
- Strahlverfolgung
- Shading

Dadurch wurde es möglich, einzelne Bausteine beliebig auszutauschen oder auch zu wiederholen. Anti-Aliasing mit mehreren Strahlen pro Pixel lässt sich beispielsweise umsetzen, indem die drei oben genannten Schritte einige Mal hintereinander ausgeführt werden. Zusätzlich wird die Strahlgenerierung durch eine Variante ersetzt, bei der die Strahlen durch eine zufällige Position des Pixels versendet werden *(jittered ray generation)*. Schließlich werden die Farbwerte vor dem Transfer zur Anzeige mit der Anzahl der Strahlen gemittelt.

Es zeigte sich doch recht bald, dass der Preprocessing-Tile-Postprocessing-Ansatz ebenfalls für mache Anwendungsfälle zu inflexibel ist. Daher wurde die Architektur weiter verallgemeinert, was zu der bis dato finalen *Corsuscant 2.0*-Architektur führte. Diese Version der Architektur ist der Kern von AUGENBLICK v5 und wird in Kapitel 4 auf Grund ihrer Bedeutung im Detail behandelt.

3.2.4 Zusammenfassung

Während prinzipiell alle *offline*-Systeme einen enormen Funktionsumfang bieten, wird dennoch stets ersichtlich, dass eine Optimierung allein nicht möglich ist, um diese Systeme derart zu beschleunigen, dass sie für die Echtzeit-Bildsynthese eingesetzt werden können. Als Lehre kann daraus gezogen werden, dass ein Echtzeit-System von Beginn an als ein solches konzipiert werden muss. Jede Designentscheidung der Architektur muss der Frage standhalten, ob die Echtzeit-Fähigkeit durch eine Entscheidung nicht nachhaltig beeinträchtigt wird. Die bestehenden Echtzeit-Systeme sind allerdings häufig in ihrem Einsatzfeld stark limitiert und können nur einem bestimmten vordefinierten Zweck effizient dienen. So ist Arauna zum Beispiel in der Lage, eine besonders hohe Geschwindigkeit zu liefern, allerdings im Vergleich zu anderen Systemen in der Anzahl der darstellbaren Effekte begrenzt. Für die Vielzahl der existierenden Echtzeit-Systeme gilt weiterhin, dass sie nur bedingt erweiterbar sind. Durch die Echtzeit-Erfordernisse werden oft einfache Konzepte zu komplexen hochoptimierten Algorithmen ausgebaut, so dass gravierende Fehler schneller unterlaufen können. OpenRT beispielsweise hat einen derart hohen Komplexitätsgrad erreicht, dass beispielsweise das Hinzufügen eines neuen Geometrietyps einen enormen Entwicklungsaufwand erfordert.

Wünschenswert wäre aus den oben genannten Gründen ein System, das die Qualität und Flexibilität eines *offline-* mit der Leistung eines Echtzeit-Bildsynthese-Systems verbindet. Offensichtlich sind dafür weder die Hardware, noch die Algorithmen weit genug fortgeschritten. Folglich müssen Kompromisse eingegangen werden. Von großem Vorteil wäre es, wenn ein solcher Qualitäts-Leistungs-Kompromiss zumindest in Bezug auf die Architektur variabel wäre, das heißt, nicht allein durch die Architektur ein bestimmter Kompromiss vorgegeben wird. Dadurch wird es möglich, auf die Wünsche eines Entwickler-Anwenders schnell zu reagieren. Insbesondere kann schneller eine Anpassung an zukünftige Fortschritte bei der Hardware oder den Algorithmen vollzogen werden.

Aus diesen Wünschen geht unmittelbar das essentielle Problem hervor, das zu lösen ist: *Es gilt, ein hohes Maß an **Flexibilität** zu erreichen, die **Leistungsfähigkeit** so maximal wie möglich zu halten, während gleichzeitig die **Benutzbarkeit** (ease-of-use) größtmöglich bleiben soll.*

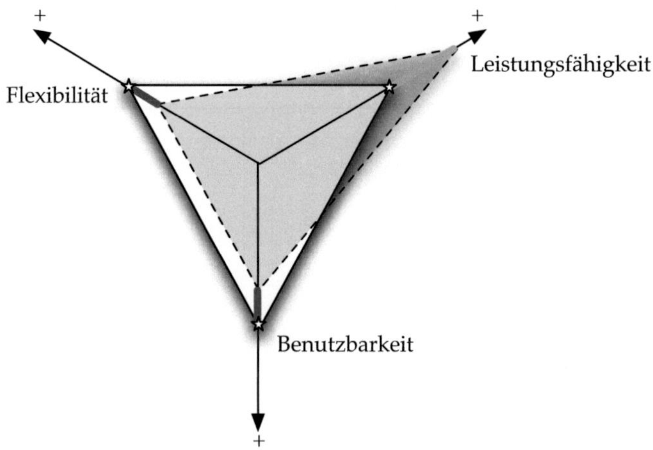

Abbildung 3.3: *Das Ray Tracing-Teufelsdreieck: Eine Verbesserung an einem Attribut führt im Allgemeinen zu Einbußen bei den anderen beiden. Das halb-transparente rote Dreieck veranschaulicht die Zunahme der Leistungsfähigkeit bei gleichzeitiger Abnahme der Flexibilität und Benutzbarkeit gegenüber einem ausgewogenen Originalzustand.*

Unglücklicherweise steht jede der Anforderungen oftmals diametral zu den anderen beiden. In Anlehnung an Sneeds Teufelsquadrat [SNEED 1987] ergibt sich daraus ein Teufelsdreieck wie in Abbildung 3.3 dargestellt.

Ziel der Architektur von AUGENBLICK ist es demnach ein Maximum der drei Anforderungen zu realisieren und zumindest einen Kompromiss zwischen Flexibilität und

Leistungsfähigkeit anzubieten. Einen weiteren Kompromiss in Bezug auf die Benutzbarkeit einzugehen, steht dabei außer Frage. AUGENBLICK soll dafür konzipiert sein, auch tatsächlich von Dritten benutzt und weiterentwickelt zu werden. Ein System, das flexibel und schnell ist, wird trotzdem nicht oder nur wenig verwendet, falls die Benutzbarkeit schlecht ist.

Die Pareto-Verteilung [BLÜMLE 1979], besser bekannt als 80/20 Regel, lässt sich in vielen Fällen auch auf die Softwareentwicklung anwenden. Nach dieser Regel werden 80% der Wirkungen von 20% der Ursachen hervorgerufen (Beispielsweise setzt sich 80% der Bevölkerung eines Landes aus den 20% der größten Städte zusammen). Angewandt auf das Feld des Echtzeit Ray Tracing kann festgestellt werden, dass in etwa 80% der Leistung eines Systems bereits mit nur 20% des Aufwands erreicht werden. Viel wichtiger aber ist der Kehrschluss, dass die letzten 20% der erreichbaren Leistung 80% des gesamten Aufwandes erfordern. Somit gleichermaßen auch einen Großteil der erforderlichen Optimierung, welche ggf. besonders stark zu Lasten der Flexibilität und der Benutzbarkeit (d.h. Lesbarkeit des Codes) gehen.

Aufgrund dieser Überlegung wird die Grundsatzentscheidung getroffen, dass Optimierungen nur bis zu einem bestimmten sinnvollen Grad durchgeführt werden. Letztlich ist ein Unterschied von ca. 20% durchaus auch für ein Echtzeit Ray Tracing-System vertretbar. Schafft ein hochoptimiertes System eine Bildwiederholrate für eine gegebene Szene von 25 Bildern pro Sekunde, so würde nach dieser Regel AUGENBLICK nur etwa 20 Bilder pro Sekunde erreichen. Diese Differenz kann auch unter Anbetracht der schnellen Entwicklung der Hardware vernachlässigt werden. Tatsächlich besteht der Unterschied lediglich in etwa einem oder zwei Prozessor-Steppings[9], da die Zunahme der Leistung bei gleichbleibendem Preis sich in etwa in diesem Rahmen bewegt (Zum Beispiel entspricht die Erhöhung des Taktes eines Core 2 Prozessors von 1.8 auf 2.16 GHz genau 20%). Für die meisten Endanwender aus dem akademischen, industriellen oder sogar privaten Bereich, sind diese geringen Unterschiede nicht so gravierend, falls dadurch die Benutzbarkeit in einem erheblichem Maße besser ist. Aus Sicht eines Entwicklers gilt dies um so mehr, wenn dadurch die Flexibilität und damit die Erweiterbarkeit auf einem hohen Niveau bleibt.

Demnach stellt sich die primäre Zielsetzung der AUGENBLICK-Architektur wie folgt dar:

- 80% der Performanz einer maximal optimierten Ray Tracing-Lösung.
- 80% der Flexibilität eines offline-Systems (wie z.B. PBRT).
- Maximale Benutzbarkeit unter Berücksichtigung der beiden ersten Randbedingungen[10].

[9] Ein Stepping bezeichnet die kleinen Änderungsschritte bei den Prozessoren, etwa die Erhöhung des Taktes. Nicht gemeint ist hier eine Prozessorgeneration, also beispielsweise der Wechsel von Pentium II auf III.

[10] Es ist äußerst schwierig zu beurteilen, welches der existierenden Systeme am leichtesten und besten

3.3 Beschleunigungsdatenstrukturen

Wie erwähnt ist es notwendig, für jeden Strahl den vordersten Schnittpunkt zu ermitteln. Je nach Szene und gewünschter Simulation von Reflexionen, Schatten und anderen Effekten wird die Verfolgung von weit mehr Strahlen erforderlich. Ein naiver Ansatz wäre nun, jedes Primitiv der Szene nacheinander gegen jeden einzelnen Strahl zu testen. In der Annahme einer recht simplen Szene, wie z.B. dem Bunny, bei einer geringen Bildauflösung von 512×512 Pixeln, würde sich daraus bereits eine Anzahl von $512 \cdot 512 \cdot 69\,451(\mathit{Dreiecke}) \approx 18,2$ Milliarden Schnitttests ergeben, was selbst für moderne Rechner sehr viel Rechenarbeit bedeutet. Dass ein solcher naiver Ansatz keine Lösung darstellen kann, macht Tabelle 4.9 auf eindrucksvolle Weise deutlich.

Aus diesem Grund wurden bereits sehr früh Beschleunigungsdatenstrukturen eingeführt, um die Anzahl der benötigten Schnitttests reduzieren zu können. Es existieren zwei grundsätzlich unterschiedliche Typen von Datenstrukturen für das Ray Tracing, raumunterteilende (*space partitioning*) sowie objektunterteilende (*object partitioning*). Im Folgenden wird für einige Beispiele dieser Datenstrukturen ein kurzer Überblick gegeben. Mit Ausnahme des *Grids* wurden diese Beschleunigungsdatenstrukturen in AUGENBLICK implementiert.

3.3.1 Grids

Die simpelste Form einer Ray Tracing Hierarchie ist das *Uniform Grid*, das 1988 von Fujimoto et al. vorgestellt wurde [FUJIMOTO et al. 1988]. Dabei wird zunächst eine *Axis Aligned Bounding Box*$^{\triangle}$ der Szene berechnet, und dann in regulären Abständen in den drei Hauptachsen unterteilt. Die so entstehenden Voxel sind somit nicht zwangsläufig würfelförmig, haben aber zumindest alle das gleiche Volumen. Für jedes dieser Voxel wird eine so genannte Item Liste erstellt, die Referenzen zu den Primitiven hält, die dieses Voxel schneiden. Geometrie, die über Voxelgrenzen hinweg liegt wird somit mehrfach referenziert.

Ein Strahl wird vom Ursprung ausgehend nacheinander gegen die Voxel getestet, die geschnitten werden. Dabei ist es offensichtlich, dass eine sehr viel geringere Anzahl an Voxel geschnitten wird, als wenn jegliche Geometrie einer Szene getestet werden würde. Für jedes geschnittene Voxel wird stattdessen nur der jeweilige Inhalt der Item Liste gegen den Strahl geprüft. Wurde dabei ein Schnittpunkt gefunden, kann die Traversierung des Strahls (für normale Primärstrahlen, die opake Geometrie treffen) beendet werden, nachdem die derzeitige Liste komplett getestet wurde. Alle weiteren Voxel können nur noch die Geometrie enthalten, die sich hinter dem bereits gefundenen Schnittpunkt befindet. Abbildung 3.4 verdeutlicht das Verfahren.

zu benutzen ist. Vermutlich divergieren die Meinungen darüber stark.

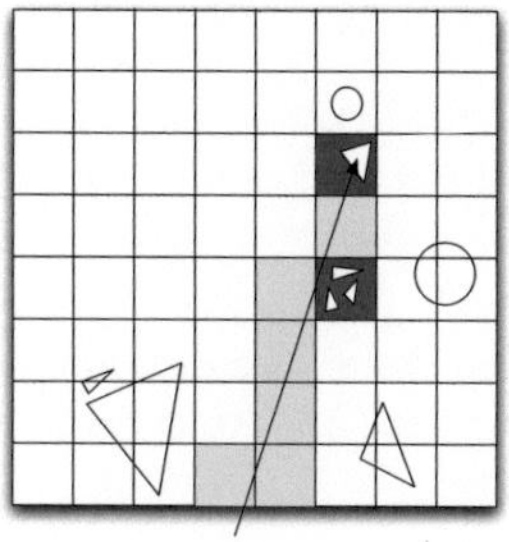

Abbildung 3.4: *2D-Beispiel des* Uniform Grid. *Die hellblauen und dunkelroten Voxel müssen traversiert werden. Bei letzteren müssen Schnitttests mit der enthaltenen Geometrie berechnet werden. Insgesamt werden so acht Voxel traversiert und vier Geometrien geschnitten.*

Vorteilhaft bei dieser Beschleunigungsdatenstruktur ist der sehr schnelle und einfache Aufbau der Struktur. Dieser kann auch problemlos über mehrere Threads parallelisiert werden. Als Nachteil zu sehen ist allerdings die mehrfache Referenzierung von Primitiven, d.h. dass prinzipiell ein und dasselbe Primitiv, welches die Grenzen des eigenen Voxels überschreitet, mehrfach gegen denselben Strahl getestet werden könnte. Diese zusätzliche Arbeit ist natürlich nicht erwünscht; daher wurde von Amanatides und Woo das Mailboxing-Verfahren [AMANATIDES und WOO 1987] eingeführt. Für jedes Primitiv wird eine eindeutige ID des Strahls abgespeichert, gegen das es zuletzt getestet wurde. Soll nun ein Schnitttest ausgeführt werden, wird dieser nur berechnet, wenn es sich dabei um unterschiedliche IDs, also nicht identische Strahlen, handelt. Ein größeres Problem stellt allerdings die gleichmäßige Raumunterteilung dar. Reale Szenen verteilen sich oftmals hochgradig ungleichmäßig im Raum, so dass viele Voxel entweder leer oder sehr voll sind. Ein solches Szenario wird in der Computergrafik *Teapot in a Stadium*-Szenario genannt. Szenen dieser Art sind für viele Hierarchien und Beschleunigungstechniken ein Problem.

Eine dem *Grid* ähnliche Struktur, der *Octree* [GLASSNER 1988], wirkt diesem Problem etwas besser entgegen, indem ausgehend von dem Szenenvolumen eine adaptive Unterteilung in Untervoxel stattfindet. Wenn ein bestimmtes Kriterium erfüllt ist, zum Beispiel die Anzahl der Geometrieelemente in dem aktuellen Voxel zu hoch, oder die Länge der kürzesten Kante zu lang ist, dann wird das Voxel in acht Untervoxel unterteilt, so dass die Summe dieser acht Teile wieder das Ganze ergibt. Die Unterteilung kann entweder uniform sein, also in der Mitte des Volumens, oder aber auch adaptiv. Für den letzten Fall ergeben sich zahlreiche Möglichkeiten wie der exakte Ort der Unterteilung gewählt werden kann. Beispielsweise kann der Mittelwert der Schwerpunkte der enthaltenen Primitiven gewählt werden. Alternativ kann beispielsweise auf Kosten der Konstruktionsgeschwindigkeit auch eine Heuristik angewendet werden, so dass die Geometrie möglichst gleichmäßig in die Volumina verteilt wird. Prinzipiell teilt der *Octree* seine Eigenschaften mit dem *Uniform Grid*, lediglich die Konstruktionszeit ist etwas höher. Im Gegenzug ist die Traversierungsgeschwindigkeit tendenziell schneller, insbesondere bei einem *Teapot in a Stadium*-Szenario.

Allgemein sind das *Uniform Grid* und auch der *Octree* dafür bekannt, dass sie sehr schnell aufgebaut werden können, aber die Beschleunigung der Traversierung sehr viel geringer ausfällt als bei den anderen Hierarchietypen.

3.3.2 kd-trees

Ein weiterer Hierarchietyp sind die so genannten *kd-tree*. Es handelt sich dabei um einen Spezialfall der allgemeineren *Binary Space Partioning* (BSP) Bäume [KAPLAN 1985, HAVRAN 2000, SUNG und SHIRLEY 1992, IZE et al. 2008]. Der Raum wird in beiden Varianten durch eine Trennebene in zwei Hälften unterteilt. Bei BSP-Bäumen ist die Ausrichtung der Ebene frei wählbar. Bei *kd-trees* hingegen muss diese parallel zu einer der Koordinatensystem-Ebenen verlaufen.

Der Aufbau der Hierarchie orientiert sich an dem folgenden Muster:

- Für alle Raumachsen:
  - Wähle eine Position nach einer Heuristik auf dieser Achse, um den Raum in zwei Hälften zu teilen.
  - Ordne die Geometrie dem linken und/oder dem rechten Unterraum zu.
- Wähle von allen unterteilten Raumachsen, die beste Unterteilung.
- Wende das Verfahren rekursiv bis zur Terminierung auf beide Teilräume an.

Ein übliches Abbruchkriterium ist eine bestimmte geringe Anzahl an Primitiven in einem Unterraum oder eine maximale Tiefe der Rekursion. Die Wahl der besten Heuristik ist, ähnlich wie beim *Octree*, durchaus schwierig, da die Qualität der Heuristik mitunter von der Szene abhängig ist. Die einfachste Möglichkeit ist es, den Raum in der Mitte zu teilen. Effizienter sind aber Heuristiken, die versuchen, eine Kostenfunktion zu minimieren. In den meisten Fällen kommt dabei eine so genannte *Surface Area Heuristic* (SAH) [GOLDSMITH und SALMON 1987, MACDONALD und BOOTH 1990] zum Einsatz. Eine solche Kostenfunktion hat beispielsweise die Form

$$c(x) = c_i + c_l(x)\frac{SA_l(v,x)}{SA(v)} + c_r(x)\frac{SA_r(v,x)}{SA(v)} \tag{3.1}$$

Dabei beschreibt c_i die Kosten für einen Schnitttest mit dem Volumen, während SA die *surface area*, also die Oberfläche des Volumens ist. Die Indizes l und r beziehen sich dabei auf den jeweils linken oder rechten Unterraum. $SA_l(v,x)$ bezeichnet somit die Oberfläche an einer potentiellen Unterteilungsposition x für das Volumen v. Zusammenfassend beschreibt die SAH also die geschätzten Kosten für einen Schnitt mit einem Volumen, welches an der Stelle x in zwei Untervolumen unterteilt wird. Die Position ist dabei bezüglich der zuvor gewählten Unterteilungsachse angegeben. Wird x nun entlang der Achse für verschiedene Werte evaluiert, kann $c(x)$ minimiert werden, um eine möglichst gute Stelle zur Unterteilung zu finden. Während diese Heuristik sehr gute Ergebnisse liefert, d.h. eine schnelle Traversierung durch eine optimale Unterteilung ermöglicht, treibt dies die Konstruktionszeiten deutlich in die Höhe. Eine Reihe von Arbeiten [WALD 2007, HAVRAN 2000] beschäftigt sich daher mit der Kostenreduzierung der SAH durch Vereinfachungen.

Die Traversierung eines solchen *kd-tree* gestaltet sich dagegen relativ einfach, da bei jedem Schritt lediglich der Strahl gegen eine achsengerichtete Ebene getestet werden muss. Anhand dieses simplen Tests kann rasch entschieden werden, ob ein Strahl nur den linken, den rechten oder beide Teilräume traversieren muss (vergleiche Abbildung 3.5). Ebenso einfach kann bestimmt werden, welcher der beiden Teilräume zuerst untersucht werden sollte falls beide geschnitten werden.

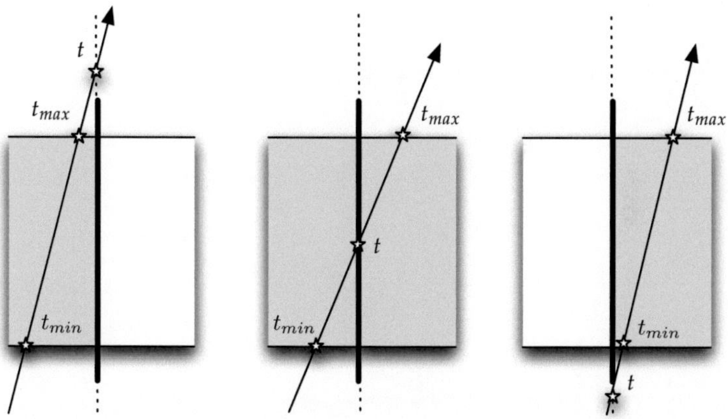

Abbildung 3.5: *Die drei Fälle bei der* kd-tree *Traversierung. Nur die blau markierten Regionen müssen traversiert werden. Wenn $t > t_{max}$ gilt, wird der linke Teilbaum und für den Fall $t < t_{min}$ der rechte Teil traversiert. Bei $t_{min} < t < t_{max}$ werden beide Teilräume traversiert. Natürlich ist es empfehlenswert, die räumliche Ordnung zu beachten und den näher gelegenen Teilraum zuerst zu traversieren.*

Ähnlich wie die *Grid*-Datenstruktur haben auch *kd-trees* den Nachteil der Mehrfachreferenzierung von Primitiven. Häufig werden einzelne Geometrieelemente von einer Trennebene zerteilt. Daher müssen sowohl der linke als auch der rechte Teilbaum die Geometrie referenzieren. Dadurch ist es nicht möglich, den Speicherverbrauch *a priori* zu ermitteln. Insgesamt hat ein *kd-tree* in der Regel sehr viel mehr Knoten als andere Hierarchien. Dieser Nachteil wird teilweise dadurch relativiert, dass ein einzelner Knoten in einer optimierten Variante nur acht Byte benötigt. Dabei wird der kd-Tree in einer Heap-Struktur [SEDGEWICK 1992] abgelegt. In einem Heap befindet sich das linke Kind eines Elements an der Stelle i, stets an dem Index $2i$, das rechte dementsprechend an Index $2i + 1$. Demnach werden vier Bytes benötigt um die Position der Unterteilung auf einer der Achsen zu speichern. Für die Speicherung um welche Achse es sich handelt, reichen zwei Bit für den dreidimensionalen Raum. Zumeist wird ein weiteres boolsches Flag benötigt, das angibt ob es sich bei dem Knoten um ein Blatt handelt. Wegen der Ausrichtung von Datenstrukturen im Speicher werden daher zumeist wie erwähnt acht Byte herangezogen - so es möglich ist die drei Bits anderweitig unterzubringen, kann die Größe der Datenstruktur sogar auf vier Byte reduziert werden.

Allgemein sind *kd-trees* dafür bekannt, vergleichsweise zeitaufwändig in der Konstruktion zu sein. Im Gegensatz dazu bieten sie aber üblicherweise die höchste Performanz bei der Traversierung.

3.3.3 Bounding Volume Hierarchien

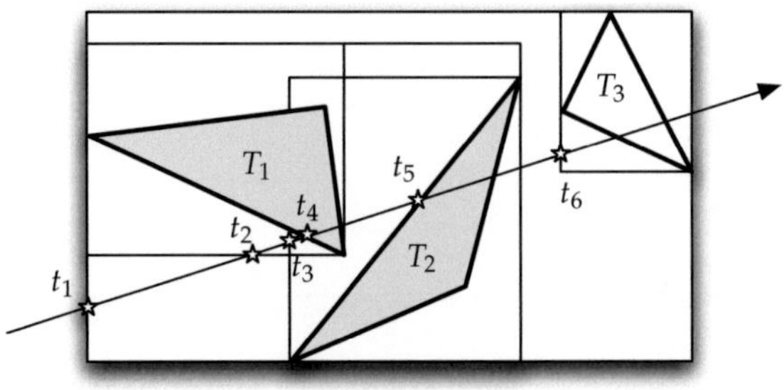

Abbildung 3.6: *Schnitt eines Strahls gegen eine BVH. Die blau markierten Dreiecke T_1 und T_2 müssen getestet werden. Auch wenn zunächst der Schnittpunkt bei t_4 mit T_1 gefunden wird, so muss T_2 dennoch getestet werden, da t_3 (Schnitt mit der umschließenden Bounding Box von T_2) näher liegt als t_4 (Schnitt mit T_1). Von daher* könnte *ein Dreieck näher liegen als das zuerst gefundene. Das Dreieck T_3 muss hingegen nicht geprüft werden, da der gefundene Treffer $t_4 < t_6$ ist und somit kein näherer Schnittpunkt gefunden werden kann.*

Eine *Bounding Volume Hierarchie* [RUBIN und WHITTED 1980, KAY und KAJIYA 1986, SMITS 1998] stellt, wie der Name bereits erahnen lässt, eine Hierarchie aus begrenzenden Volumina dar. Bei den Volumina handelt es sich ausschließlich um einfache geometrische Körper, wie beispielsweise Kugeln oder Quader. Dabei umschließt auf unterster Ebene ein solches Volumen ein oder mehrere Primitive der Szene. Auf den höheren Hierarchiestufen werden wiederum Volumina von weiteren Volumina zusammengefasst, bis schließlich die gesamte Szene durch ein einzelnes Wurzel-Volumen umschlossen wird.

Da *Bounding Volume Hierarchien*, im Gegensatz zu den *kd-trees*, zu den so genannten Objekt-unterteilenden Verfahren gehören resultiert daraus die Tatsache, dass keine Mehrfachreferenzierung möglich ist, und somit kein Mailboxing-Verfahren benötigt wird. Allerdings können sich Bounding Volumes überlappen. Daher kann die Traversierung nicht bei dem ersten gefundenen Schnittpunkt innerhalb eines Volumen beendet werden, da nicht ausgeschlossen werden kann, dass in einem anderen Volumen ein noch näherer Schnittpunkt liegen könnte. Abbildung 3.6 verdeutlicht das Prinzip.

In der Vergangenheit wurden viele verschiedene geometrische Primitive als Bounding Volume verwendet. Das grundlegende Ziel ist es, ein Volumen zu finden, das zum einen die enthaltenen Primitive möglichst eng umschließt, und zum anderen dabei selbst möglichst simpel gehalten ist, so dass ein Schnitttest effizient durchgeführt werden kann. So ist der Schnitttest mit einer Kugel beispielsweise sehr einfach. Üblicherweise entsteht dabei aber auch eine relativ hohe Chance, dass zwar die Kugel getroffen wird, doch nicht die eingeschlossene Geometrie. In den meisten Anwendungsfällen haben sich achsenorientierte Bounding Boxes durchgesetzt, also Quader deren Kanten parallel zu den Koordinatenachsen verlaufen. Die Schnitttests gegen diese sind immer noch vergleichsweise günstig und die eingeschlossene Geometrie lässt sich besser annähern als mit Kugeln.

Eine *Bounding Volume Hierarchie* wird entweder *Bottom-Up* oder *Top-Down* aufgebaut. Im ersten Fall werden werden Geometrieelemente zu einer Box zusammen gefasst um diese dann wiederum zu weiteren Boxen zusammen zu fassen, bis letztlich nur noch ein einzelnes Wurzel-Volumen verbleibt. Bei einem *Top-Down* Verfahren dagegen (z.B. [GOLDSMITH und SALMON 1987]) werden sequentiell Primitive in den Baum eingefügt oder ausgehend von einem Wurzel-Volumen, das die gesamte Szene umfasst, werden die Objekte rekursiv unterteilt und für die entstandenen Subräume neue Boxen erstellt. Die Blätter dieses Baumes enthalten dann letztlich ein oder mehrere Primitive.

Die Traversierung von *Bounding Volume Hierarchien* ist relativ simpel. Trifft ein Strahl ein *Bounding Volume*, werden alle Kinder dieses Volumens ebenfalls getestet. Verfehlt ein Strahl, so kann der gesamte Teilbaum ignoriert werden. Etwas schwieriger gestaltet sich das Abbruchkriterium bei einem gefundenen Treffer. Während im Fall von *kd-Trees* bei einem Treffer nach der Abarbeitung des aktuellen Knotens sofort abgebrochen werden kann, muss bei *Bounding Volume Hierarchien* so lange fortgefahren werden, bis sichergestellt ist, dass der Strahlparameter t eines bereits gefundenen Schnittpunktes kleiner ist als t_{min}, der Parameter des Eintrittspunktes in das aktuelle Bounding Volume. Diese Bedingung muss für alle noch auf dem Stack (oder in der Rekursion) verbliebenen Volumina erfüllt sein.

Im Rahmen von AUGENBLICK kommen zwei verschiedene Varianten einer BVH zum Einsatz. Zunächst wurde eine simple BVH entwickelt, was aus der Notwendigkeit heraus bedingt war, zu Beginn der Entwicklung von AUGENBLICK v5 möglichst schnell eine Hierarchie zur Verfügung zu haben. Die Konstruktion der Hierarchie folgte dabei einem einfachen Muster:

- Bestimmung des Bounding Volumes, das alle N Geometrie-Elemente umschließt.
- Bestimmung der Achse mit der längsten Ausdehnung.
- Sortierung aller Geometrie-Elemente, anhand eines Referenzpunkts (z.B. der Mittelpunkt) mit Bezug zur zuvor bestimmten Achse.
- Die ersten $N/2$ Elemente bilden den linken Teilbaum, die restlichen den rechten.
- Rekursive Anwendung des Verfahrens auf beide Teilbäume.

Die Rekursion terminiert, wenn sich in einem Teilbaum nur noch weniger als eine definierte Menge von Dreiecken befindet. Üblicherweise sind dies Werte zwischen einem bis sechs Elementen. Diese Art der Konstruktion ist zwar leicht zu implementieren, liefert aber nur suboptimale Leistung, wie die Ergebnisse in Abschnitt 4.7.4 bestätigen.

Zu einem späteren Zeitpunkt wurde eine BVH unter Verwendung einer SAH nach [WALD 2007] entwickelt. Anstelle ein Volumen am Objekt-Median zu unterteilen, kommt eine SAH zum Einsatz. Es werden zunächst alle Dreiecke in eine Anzahl von *Bins* einsortiert. Für AUGENBLICK wurden acht *Bins* verwendet, wobei Werte zwischen vier und zwölf abhängig von der Szene ähnliche Ergebnisse liefern. Für alle *Bins* wird die Anzahl der zugeordneten Dreiecke gezählt, sowie die Ausdehnung, der durch die Geometrie definierte achsenorientierten Bounding Box gespeichert. Wie bei der einfachen BVH-Konstruktion auch, wird dies stets für die Achse mit der längsten räumlichen Ausdehnung durchgeführt. Anschließend wird für die Volumenpaare VA_i und VB_i die SAH bestimmt. VA_i ergibt sich dabei aus der Vereinigung der Volumen der *Bins* von 1 bis i, während VB_i die Vereinigung aus $i + 1$ bis 8 ist. Dabei wird über i sukzessive von 1 bis 7 iteriert. Der Wert der SAH wird abschließend als Summe der Produkte aus der Oberfläche von VA_i, bzw. VB_i und der Anzahl der zugeordneten Dreiecke bestimmt. Aus den daraus resultierenden acht Summen wird die beste Trennebene durch die Stelle mit der geringsten Summe, also den niedrigsten Kosten, bestimmt. Eine Erhöhung der verwendeten *Bins* verbessert zwar die Genauigkeit der Wahl der Trennebene, erhöht aber auch die Kosten der Evaluation. Wie Wald berichtet, ist eine Wahl von acht in den meisten Fällen ein guter Kompromiss. Nach der Wahl der Trennebene verhält sich das Verfahren analog zur Konstruktion der einfachen BVH.

3.3.4 Bounding Interval Hierarchien

Die *Bounding Interval Hierarchy* (BIH) [WÄCHTER und KELLER 2006] ist ein Hybrid aus einer Bounding Volume Hierarchie und einem *kd-tree*. Die BIH zeichnet sich in aller erster Linie durch eine hohe Konstruktionsgeschwindigkeit aus, bei gleichzeitig guter Traversierungsgeschwindigkeit. Die grundlegende Idee ist dabei die Verwendung von zwei Trennebenen zur Aufteilung der Geometrie im Gegensatz zum *kd-tree*, welcher nur eine Ebene pro Knoten verwendet. Dadurch wird es möglich räumliche Regionen zu definieren, in denen keine Geometrie enthalten ist. Im Gegenzug geht allerdings auch der Vorteil der kd-Trees verloren: Die erzeugten Volumen sind nicht zwangsläufig disjunkt und können sich, wie bei Bounding Volumes, überschneiden. Abbildung 3.7 veranschaulicht das Prinzip anhand einer kleinen Szene.

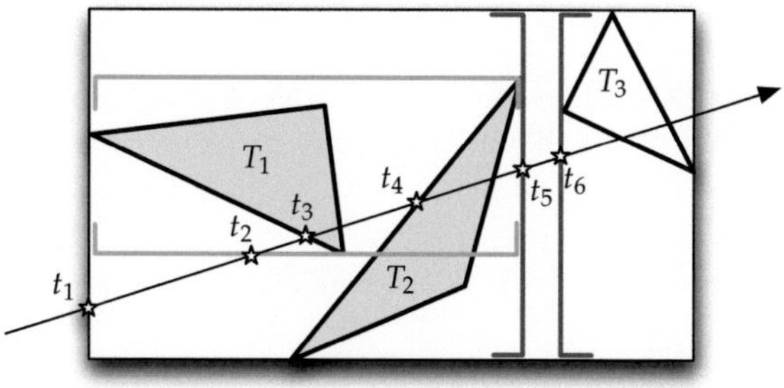

Abbildung 3.7: *Der Strahl wird zunächst gegen das rote Ebenenpaar getestet (t_5 und t_6). Aufgrund der errechneten λ-Werte wird der linke Teilraum zuerst überprüft, der rechte Teilraum wird auf einen Stack gelegt. Das nächste Ebenenpaar liefert nur den Schnitt t_2. Auf Grund der Position der Ebenen muss der untere wie auch der obere Halbraum getestet werden. Dementsprechend müssen wegen der Überlappung sowohl T_1 als auch T_2 geschnitten werden. Da t_3 als Schnittpunkt gefunden wurde und $t_3 < t_6$ ist, muss der ursprüngliche rechte Halbraum nicht mehr überprüft werden.*

Die gesamte Szene wird üblicherweise zu Beginn in ein reguläres Gitter unterteilt, wobei die Ebenen zwischen den einzelnen Voxeln Ausgangspunkte für spätere Trennebenen sind. Alternativ kann auch mit der vollständigen Szene als ein großes Voxel begonnen werden. Anschließend wird beginnend mit der Achse der maximalen räumlichen Ausdehnung, jegliche Geometrie entweder dem linken oder dem rechten Teilraum zugeordnet. Analog ist für die y- und z-Achse dementsprechend unten und oben, sowie vorne und hinten gemeint. Während die Geometrien eingeordnet werden, wird für den jeweiligen Teilraum die tatsächliche Ausdehnung in der relevanten Achse mitgeführt.

Als Kriterium der Zuordnung für eine Hälfte gilt ein einziger Referenzpunkt auf der Geometrie, wie z.b. der Schwerpunkt des Dreiecks. Daher kann es passieren das die begrenzenden Ebenen der Teilräume sich überlappen, wie in Abbildung 3.7 dargestellt. Wie bei anderen Hierarchien, wird die Unterteilung in Subräume bei einer gewissen Anzahl an Primitiven beendet.

Die Traversierung ist der eines kd-Trees sehr ähnlich und wird hier nicht weiter erläutert. Im Wesentlichen besteht der Unterschied darin, dass anstelle einer Ebene zwei getestet werden müssen. Somit kann der Fall eintreten, dass keiner der beiden Teilräume weiter untersucht werden muss.

Die BIH wurde in AUGENBLICK implementiert. Die erzielten Bildwiederholraten konnten die publizierten Ergebnisse in [WÄCHTER und KELLER 2006] nicht gänzlich reproduzieren - in den meisten Fällen unterlagen die Werte für die Traversierung um etwa 30%. Vermutlich hätte eine Reihe von sorgfältigen Optimierungen den Abstand reduzieren können. Zu einem späteren Zeitpunkt wurde die BIH wieder verworfen, da die eigene SAH-BVH Implementierung (vgl. Abschnitt 4.7.4) ausnahmslos bessere Ergebnisse erzielt hat. Dies gilt nicht nur für die Traversierung, sondern sogar für die Konstruktion, welche den eigentlichen Vorteil der BIH darstellen sollte.

4 Die *Coruscant* Ray Tracing-Architektur

> Jackson's rules of optimization: Rule 1: Don't do it. Rule 2 (for experts only): Don't do it yet - that is, not until you have a perfectly clear and unoptimized solution.
>
> *(M.A. Jackson)*

Häufig sind Algorithmen oder auch Applikationen im Allgemeinen schlecht wartbar und noch schwieriger erweiterbar, wenn sie so implementiert sind, dass ihre Ausführungsgeschwindigkeit auf das Maximum optimiert wird. Wie in vielen anderen Bereichen ist es im konkreten Fall des Ray Tracing-Verfahrens äußerst schwierig sowohl die Flexibilität der Codebasis als auch die Ausführungsgeschwindigkeit gleichermaßen zu maximieren. Verbesserungen des einem führen zumeist zu Verschlechterungen des anderen, wie in Abschnitt 3.2.4 erläutert wurde. Die zu erörternde Frage in diesem Kontext lautet somit, *in wie fern es realisierbar ist, auf der einen Seite ein Maximum an Flexibilität und Generalität zu gewährleisten, dabei aber auf der anderen Seite eine möglichst hohe Performanz beizubehalten und zusätzlich die Qualität der Codebasis möglichst hochwertig zu halten.*

Die *Coruscant*-Architektur, die Basis von AUGENBLICK, stellt einen wesentlichen Faktor dar, diese Ansprüche auf einem hohen Niveau zu realisieren. Insbesondere durch die Möglichkeit der Konzentration auf nur einen der beiden Aspekte, ist der in diesem Abschnitt vorgestellte Architekturentwurf für eine Vielzahl von Anwendungen interessant. So kann eine Ray Tracing-Software realisiert werden, die beispielsweise keine oder nur wenig Ansprüche an die Geschwindigkeit stellt, wohl aber an die Flexibilität und die Korrektheit der Lösung (vergleichbar mit PBRT [PHARR und HUMPHREYS 2004]). Ebenso kann ein *High-Performance* Ray Tracer, der eine maximale Geschwindigkeit liefert, bei gleichzeitiger Umgehung aller Richtlinien der „sauberen" Programmierung, auf Basis der objektorientierten *Coruscant*-Architektur implementiert werden. Die konkrete Umsetzung und alle Erweiterungen in den späteren Kapiteln wurden in der Sprache C++ realisiert. Um Namensraum-Konflikte mit häufig verwendeten Klassennamen wie `Vector3` oder `Color` vorzubeugen, wurden alle Klassen und Typdefinitionen in dem eigenen *namespace* `AB` zusammengefasst.

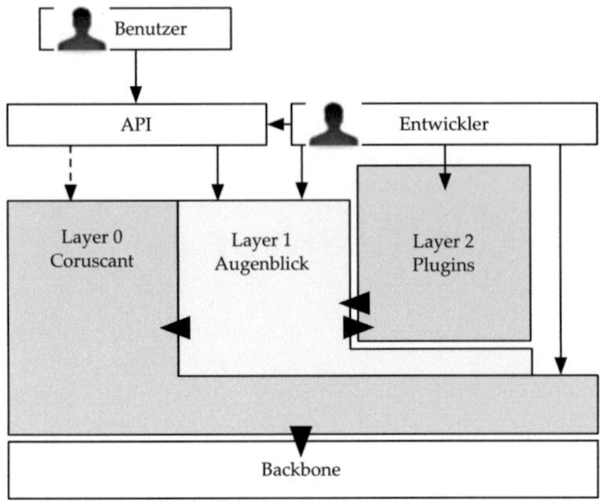

Abbildung 4.1: *Das grundlegende Design von* AUGENBLICK.

Die Ergebnisse aus diesem Kapitel wurden in [ABERT 2008a] veröffentlicht.

4.1 Layer-Modell

Das AUGENBLICK-System ist in seiner Gesamtheit logisch in mehrere Schichten unterteilt, die im Folgenden erläutert werden. Dabei sind die äußeren Schichten leicht zugänglich, während nach innen der Zugriff restriktiver wird. Bei dem folgenden Modell wird zwischen einem *Benutzer* und einem *Entwickler* unterschieden. Bei einem *Benutzer* handelt es sich um eine Person die lediglich die AUGENBLICK-API verwendet um die Ray Tracing Funktionen zu *benutzen*. Im Gegensatz dazu handelt es sich bei einem *Entwickler* um eine Person die darüber hinausgeht und Programmcode entwickelt und damit die Art und Weise, wie AUGENBLICK arbeitet, modifiziert; z.B. durch Plugins. Abbildung 4.1 gibt einen grafischen Überblick der Beziehungen untereinander.

4.1.1 Layer 0 - *Coruscant*

Die unterste Schicht, *Coruscant*, repräsentiert die Architektur selbst, den inneren Kern des Ray Tracing Systems. Im Wesentlichen obliegt dieser Schicht die Verwaltung der *Execution Chain* sowie gegebenenfalls die Erstellung einer solchen anhand der benutzerspezifischen Einstellungen. Üblicherweise werden Einstellungsänderungen, wie z.B.

Änderungen am Bildgenerierungsmodus, an den globalen Datencontainer `Data` übergeben und *Coruscant* über eine Invalidierung der *Execution Chain* informiert. `Data` ist als ein Singleton realisiert, welcher jederzeit global über das Makro `DATA` verfügbar ist. In diesem Container werden alle Daten gespeichert, welche während der Berechnung eines Bildes invariant sind, also sicher von allen (Render-)Threads gelesen werden können. Schreibzugriffe erfolgen nur zwischen den Berechnungen von dem Hauptthread, zwischen der Berechnung von zwei Bildern. Daten und Puffer die während der Bildsynthese modifiziert werden, wie beispielsweise Treffer- oder Farbinformationen, werden in einem *Backbone* gespeichert. Der Zugriff auf diese Klasse ist ebenfalls global über ein Singleton möglich. Jedoch erfolgt der Zugriff stets über Pixelkoordinaten. Da durch die Architektur ausgeschlossen wird, dass zwei Threads denselben Pixel bearbeiten, können so einfach und effizient Lese- und Schreibzugriffsprobleme, die durch multiple Threads auftreten, vermieden werden. Durch Anforderung eines neuen Bildes, wird anhand der aktuell in `Data` vorliegenden Daten eine neue *Execution Chain* modelliert. Alternativ kann ein Benutzer auch eine eigene Kette aufbauen und diese von AUGENBLICK verwenden lassen. In diesem Fall schaltet sich die automatische Aktualisierung ab, um ein Überschreiben der benutzerdefinierten Kette zu verhindern.

Layer 0 ist darüber hinaus die einzige Schicht, die direkten Zugriff auf den zuvor erwähnten `Backbone` hat. Somit ist diese Schicht dafür zuständig, den Speicher für die Bild- und Ray Tracing Daten zur Verfügung zu stellen. Hinzu kommen die Initialisierung und Aktualisierung dieser Datensätze. Die Synchronisierung zwischen den *Execution Units*, falls nötig, wird ebenfalls auf dieser Ebene gesteuert. Letztlich wird über die Klasse `ActivityControl` Buch geführt, welche essentiellen Aktivitäten gerade ausgeführt werden. Dies verhindert beispielsweise, dass ein neues Bild berechnet wird, während sich ein anderes noch in der Berechnung befindet.

Die Schicht sollte normalerweise nicht direkt verwendet werden. Technisch betrachtet ist es dennoch möglich, da zukünftige spezielle Plugins unter Umständen direkten Zugriff auf diese Schicht benötigen und die vorgesehenen Abstraktionskonzepte umgehen müssen. So benötigt der GPU-Ray Tracing State (vgl. Abschnitt 4.5.5) beispielsweise einen direkten Schreibzugriff auf den Speicherbereich, der das darzustellende Bild repräsentiert. Im Normalfall werden die Ergebnisse für jedes Strahlpaket einzeln in den Speicher eingetragen. Im Fall des GPU Ray Tracers wird das komplette Bild dagegen in diesen Bereich kopiert.

Kernelemente Die wichtigsten Kernelemente von Layer 0 werden im Folgenden kurz erläutert: Mit *Coruscant* werden prinzipiell drei neue wichtige Elemente eingeführt. Dies sind: *Execution States*, *Execution Units* sowie *Execution Chains*. Die beiden letzten sind hierarchischer Natur, d.h. die *Chain* gruppiert *Units*, während diese wiederum *States* gruppieren. Die *Execution States* selber kapseln dabei die eigentlichen Funktionen.

So ist eine *Execution Chain* eine beliebig lange Liste aus *Execution Units*. Solche *Units* wiederum sind selbst Listen beliebiger Länge aus *Execution States*. Ein einzelner State ist

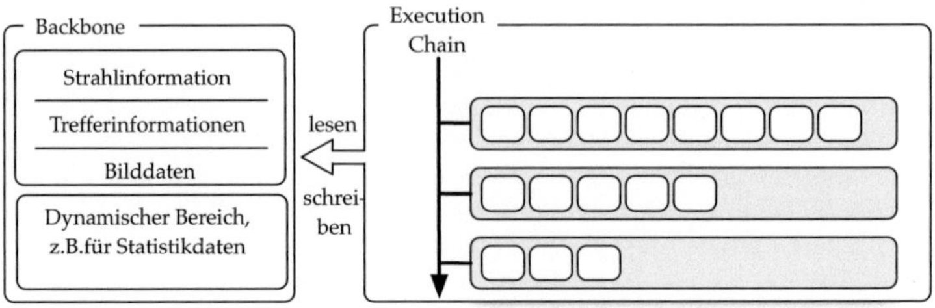

Abbildung 4.2: *Die Grundelemente der Coruscant Architektur:* Die Execution Chain *führt nach einander die* Execution Units *(hellgraue Boxen) aus, welche wiederum die enthaltenen* Execution States *sequentiell ausführt. Diese haben dabei Zugriff auf die Daten im* Backbone, *welches in einen statischen und einen dynamischen Speicherbereich eingeteilt ist.*

für eine einzelne Komponente des Ray Tracing Prozesses zuständig (beispielsweise für die Strahlgenerierung). Die *Units* legen dabei die Art und Weise fest, wie die einzelnen States ausgeführt werden. Eine *Unit* und somit alle beinhalteten States können entweder single- oder multithreaded sein. Zusätzlich können sie *per-tile* oder *per-frame* arbeiten. Dies bedeutet, dass der enthaltene Code der *Unit* entweder auf jede Kachel einzeln angewendet wird oder einmal auf das gesamte Bild. Als zusätzliches Attribut kann eine *Unit* als *one shot* markiert werden. Derartige *Units* führen die enthaltenen *States* nur ein einziges Mal aus, was insbesondere für Initialisierungs- oder Vorverarbeitungsaufgaben sinnvoll ist. Während der Bildgenerierung ändern sich diese Attribute nicht oder der Ray Tracing-Vorgang wird abgebrochen. Üblicherweise wird zwischen zwei *Units* eine Synchronisationsbarriere aufgebaut, so dass automatisch gewährleistet ist, dass alle Threads die Bearbeitung einer *Unit* abgeschlossen haben bevor mit der nächsten begonnen wird. Diese Barriere kann bei Bedarf aber auch ignoriert werden; beispielsweise ist dies sinnvoll, wenn zwei *single-threaded Units* auf einander folgen[1].

Alle Daten, die während der Verarbeitung der *Execution Chain* benötigt werden, liegen wie erwähnt im so genannten *Backbone* vor. Der Speicher des *Backbone* in zwei separate Bereiche aufgeteilt. Ein Teil ist statisch und umfasst die Bereiche, die für das Ray Tracing erforderlich sind[2]: Speicherplatz für die Strahldaten, die Trefferinformationen und die Daten des aktuellen Bildes. Der zweite Speicherbereich ist dynamisch und kann bei Bedarf von den *States* angelegt werden. Speicher, der auf diese Art und Weise angefor-

[1] AUGENBLICK ignoriert beispielsweise die letzte Synchronisationsbarriere, so dass ein Thread die Bilddaten auf die GPU lädt, während die übrigen mit der Berechnung des nächsten Bildes anfangen. Durch *double buffering* wird verhindert, dass Bilddaten überschrieben werden.

[2] Bei Bedarf kann der statische Teil der Speicherverwaltung abgeschaltet werden. Dies kann sinnvoll sein, wenn AUGENBLICK in einem Anwendungsszenario ausschließlich den OpenGL Modus nutzt.

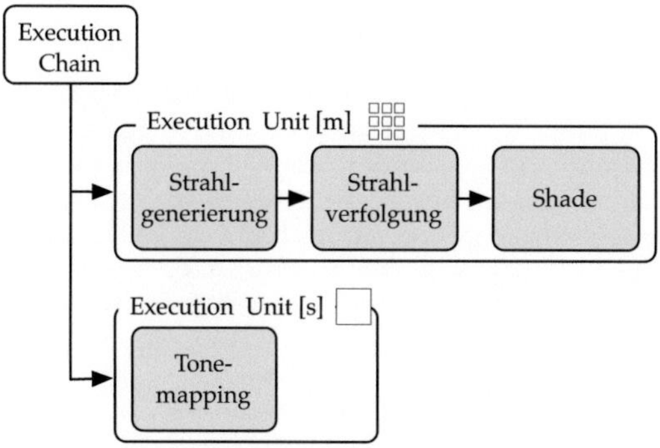

Abbildung 4.3: *Eine vollständige* Execution Chain *für das Standard Ray Tracing. Dabei steht [m] für eine Multi- und [s] für eine Singe-threaded Ausführung. Die Symbole daneben zeigen an, ob die* Unit *pro* Tile *oder pro Bild ausgeführt werden.*

dert wird, kann in Analogie zu den *States* per-*frame*, per-*tile* oder per-Pixel angefordert werden. Wird die Bildgröße geändert, passt der *Backbone* die Speicherbereiche automatisch an. Bereiche, die per-Frame angelegt werden, können allerdings nicht beliebig zur Laufzeit geschrieben und gelesen werden, da hier Seiteneffekte durch das Multithreading auftreten können. Diese Beschränkung gilt nur für bildweise Operationen, da bei feineren Granularitäten (Kachel oder Pixel) die Exklusivität für einen einzelnen Thread gegeben ist.

Abbildung 4.3 zeigt exemplarisch eine vollständige *Execution Chain* für das Standard-Ray Tracing: Eine *Execution Unit*, die multi-threaded und per *tile* arbeitet, führt nacheinander die Schritte Strahlgenerierung , Strahlverfolgung und *Shade* aus. Nachdem alle Threads mit allen Kacheln des aktuellen Bildes fertig sind, führt ein einzelner Thread das Tonemapping für das gesamte Bild durch. Während das Bild zur Grafikhardware für die Anzeige transferiert wird, können die verbliebenen Threads bereits mit der Bearbeitung des nächsten Bildes anfangen.

Während in AUGENBLICK bereits einige der wichtigsten Ray Tracing relevanten Operationen als entsprechende *States* implementiert sind, können durch die virtuellen Schnittstellen neue *States* von Entwicklern sehr einfach implementiert werden. Beispiele dafür werden in Abschnitt 4.5.4 oder 4.5.5 präsentiert.

4.1.2 Layer 1 - Augenblick

Über der *low-level* Schicht *Coruscant* befindet sich Layer 1, die das übergeordnete Ray Tracing System AUGENBLICK selbst darstellt. Hierbei handelt es sich in erster Linie um die Programmierschnittstelle nach außen, die API. Während Layer 0 beschreibt, *was* gemacht werden kann, definiert Layer 1, *wie* es gemacht wird. An dieser Stelle können zahlreiche vorhandene Elemente von AUGENBLICK verändert oder neue hinzugefügt werden. Alle wichtigen Kernklassen von AUGENBLICK sind, soweit es die Performanz erlaubt, mit virtuellen Methoden versehen, so dass sie überschrieben werden können. So ist es beispielsweise möglich eine Klasse zu entwickeln die vom internen Typ `Triangle` ableitet und deren virtuelle `intersect(...)` Methode überschreibt, um beispielsweise den implementierten Schnitttest durch einen anderen zu ersetzen. Die folgenden Komponenten sind mit virtuellen Methoden versehen und können modifiziert oder erweitert werden:

- Geometrie
- Beschleunigungsdatenstrukturen
- Shader
- Lichtquellen
- Loader
- Coruscant Execution States

Darüber hinaus können viele Funktionen in den meisten Fällen mit nur einem einzigen Befehl der API implementiert werden. Die einfache Benutzung wird exemplarisch an zwei Beispielen demonstriert:

Laden einer Szenendatei Mittels `AUGENBLICK->loadSceneFile(file)` kann eine Szenendatei geladen werden. Die enthaltene Geometrie wird dann der internen Szenenrepräsentation hinzugefügt (zu eventuell bereits vorhandener Geometrie). Gleichzeitig werden die entsprechenden Bounding Boxen berechnet, die aktuell verwendete Beschleunigungsdatenstruktur invalidiert und bei der nächsten Bildanfrage neu aufgebaut. `AUGENBLICK` dient dabei als ein einfaches Makro, das den Singleton-Aufruf `Augenblick::Instance()` abkürzt[3].

Der Anspruch, dass AUGENBLICK einfach verwendbar sein soll, findet sich auch in der Implementierung des Befehls `loadSceneFile(...)` wieder. Anhand der Dateiendung der zu ladenden Szenendatei wird der entsprechende Loader gewählt. Ist keiner der intern verfügbaren Loader dafür geeignet, werden alle vorhanden Plugins auf ihre

[3] Die Verwendung von Makros wird in AUGENBLICK vermieden, da diese aus softwaretechnischer Sicht ungeeignet sind und die Lesbarkeit des Code oft stark verschlechtern. Die einzigen Ausnahmen sind AUGENBLICK und DATA, welche beide die entsprechenden Singleton-Aufrufe abkürzen.

Fähigkeit hin überprüft, die gegebene Dateiendung zu laden. Eine gegebenenfalls nötige Initialisierung des Plugins bei der ersten Verwendung geschieht dabei automatisch und unsichtbar für den Benutzer.

Multithreading Die Anzahl der Threads, die für das Ray Tracing und andere parallelisierbare Aufgaben verwendet wird, ist variabel und lässt sich sehr einfach zur Laufzeit mit `AUGENBLICK->setThreadCount(count)` einstellen. Dieser Befehl kann auch während der Berechnung eines Bildes verwendet werden. In diesem Fall tritt der Effekt erst nach dem Abschluss der Bildgenerierung in Kraft. Alternativ kann diese Änderung mit sofortiger Wirkung erzwungen werden; der momentane Vorgang wird mit wenigen Millisekunden Latenz kontrolliert abgebrochen. Die neu erstellten Threads werden dabei automatisch initialisiert (z.B. mit ihrem entsprechenden *local store*△ ausgestattet), während nicht mehr benötigte Threads terminiert werden.

Es folgt eine kurze Übersicht einiger Befehle. Diese Aufzählung ist bei Weitem nicht vollständig. Es werden Befehle exemplarisch aus unterschiedlichen Bereichen der API ausgewählt. Eine vollständige Liste der Möglichkeiten kann im Handbuch von AUGENBLICK [ABERT 2008b] eingesehen werden.

setHierarchyType gibt an, welcher Hierarchietyp verwendet werden soll. Zur Verfügung stehen BVH, BIH, SAH-BVH[4]. Es besteht auch die Möglichkeit keinen Typ zu wählen, also sämtliche Geometrie zu testen. Wird der Typ geändert, wird bei der nächsten Gelegenheit, d.h. zwischen zwei Bildern, die alte Hierarchie gelöscht und die Neue aufgebaut.

setIgnoreRTDisplay AUGENBLICK wird nicht versuchen, das Bild im aktuellen OpenGL-Kontext anzuzeigen. Dadurch kann Zeit gespart werden, falls das Bild nicht dargestellt werden oder die Visualisierung anders erfolgen soll.

useIdleRendering Wann immer Prozessorleistung von AUGENBLICK nicht benötigt wird, aktiviert sich die *idle Chain*, die eine weitere *Execution Chain* darstellt. Diese kann benutzt werden, um beispielsweise mehr Strahlen für das Anti-Aliasing zu berechnen oder auch, um eine Path Tracing Lösung zur Konvergenz zu führen.

setTracingMode legt den Modus für das Ray Tracing fest. Neben dem normalen Ray Tracing existiert eine Reihe von Analyse-Modi, die beispielsweise die Anzahl der durchgeführten Schnitttests im Rot-Kanal anzeigen. Auch der Path Tracing Modus kann darüber aktiviert werden.

pick Für gegebene x/y Bildschirmkoordinaten wird ein Strahl berechnet und der erste Treffer zurückgeliefert. Dies ermöglicht eine einfache Selektion von Geometrie.

trace verfolgt einen einzelnen Strahl oder ein Strahlpaket.

[4] Die BVH und BIH wurden in der endgültigen Version von AUGENBLICK wieder entfernt, da sie der SAH-BVH in jeder Hinsicht unterlegen waren (vgl. Abschnitt 4.7.4).

requestNewRendering veranlasst die Berechnung eines neuen Bildes zum nächstmöglichen Zeitpunkt.

4.1.3 Layer 2 - Plugins

Die oberste Schicht wird durch die Plugins gebildet. Layer 2 befindet sich somit außerhalb des eigentlichen Ray Tracing-Systems. Prinzipiell können alle Funktionen aus AUGENBLICK innerhalb von Plugins verwendet werden. Dies ist insbesondere für die `trace` Methoden interessant, da so auf Ray Tracing basierende Plugins entwickelt werden können. AUGENBLICK selbst sucht bei der Initialisierung nach Plugins und registriert diese, d.h. es können zur Laufzeit dann wahlweise einzeln oder auch alle Plugins auf einmal, geladen werden. Bei diesem Prozess erkennt das System den Typ des jeweiligen Plugins und verfährt entsprechend. Beispielsweise werden bei einem Loader die Dateiendungen registriert, die geladen werden können. Einige Beispiele für Plugins, die für AUGENBLICK entwickelt wurden, sind: Ein Lack-Shader, der Object (OBJ) File Loader und ein MLRTA (Multi Level Ray Tracing Algorithmus) Traverser (siehe Abschnitt 4.5.4).

Zwischen der statischen Erweiterung von AUGENBLICK durch abgeleitete Klassen und der Entwicklung der selben Funktionen in Form eines Plugins besteht nur ein geringer Unterschiet aus Sicht der Implementierung. Dennoch gibt es einige Abweichungen. Da ein Plugin, oder genauer gesagt eine *shared library*, aus Code besteht, der zur Laufzeit nachladbar sein muss, ist es nicht möglich, den Compiler positionsabhängigen Code erzeugen zu lassen. Dies führt zu einer geringen Reduktion der Performanz, die aber selbst für kritische Elemente (z.B. Hierarchie- oder Geometrie-Plugins) weniger als 1% beträgt. Im Gegenzug können Plugins zur Laufzeit geladen und sowie entladen werden. Dies ermöglicht es, während der Entwicklung neue Plugins schnell testen zu können, ohne die Hauptapplikation neu zu starten oder neu kompilieren zu müssen. So kann beispielsweise der Ray Tracer eine aufwändige Szene nur einmal laden, während neue Versionen eines Plugin-Shaders getestet werden. Ein solches Vorgehen kann den Entwicklungszyklus stark beschleunigen.

4.2 Richtlinien für hochperformanten und effizienten Code

In diesem Abschnitt soll auf Sachverhalte eingegangen werden, die im Kontext des Echzeit Ray Tracing wichtig sind, aber nicht ausreichend in der bestehenden Literatur abgedeckt werden. Grundsätzlich gilt, dass in nahezu allen Fällen ein ineffizient implementierter aber korrekt ausgewählter Algorithmus besser ist, als ein hochoptimierter falsch gewählter Algorithmus. Beispielsweise wird bei genügend großen Datensätzen auch eine schlecht implementierte Binärsuche schneller zum Ziel gelangen als eine effizient umgesetzte lineare Suche. Im Bereich des Echtzeit Ray Tracing muss allerdings die Wahl des Algorithmus korrekt *und* die Implementierung möglichst effizient sein. Aus diesem Grund wird in diesem Abschnitt auf Aspekte der effizienten Programmierung eingegangen. Zu dem Thema der Codeoptimierung gibt es bereits vielfältige Literatur (z.B. [AGNER FOG 2008]), welche der interessierte Leser für ein ergänzendes und weiterführendes Verständnis konsultieren kann.

4.2.1 Kohärenz

Foley hat den Begriff der Kohärenz mit Bezug auf die Computergrafik definiert als den *Grad mit dem Teile einer Umgebung oder deren Projektion lokale Ähnlichkeiten aufweisen*[5][FOLEY et al. 1997]. Für das Ray Tracing-Verfahren findet sich die größte Kohärenz in den Primärstrahlen, da für diese eine große Wahrscheinlichkeit besteht, ähnliche Teile der Hierarchie zu traversieren und ggf. sogar dieselbe Geometrie zu treffen. Diese Art der Strahl-Kohärenz bedingt dadurch ein gewisses Maß an sogenannter *Cache-Kohärenz*. Diese ist von enormer Bedeutung für moderne Prozessoren, um eine hohe Geschwindigkeit leisten zu können. Dies liegt in den stark unterschiedlichen Latenzzeiten für Speicherzugriffe begründet. Während der L1 Cache üblicherweise in einigen wenigen Zyklen (in etwa 1-4) gelesen werden kann, benötigt der L2 Cache bereits ca. 20-30 Zyklen. Sollte ein Datum allerdings nicht in der Cache-Hierarchie vorliegen, so benötigt der erforderliche Hauptspeicherzugriff ca. 200 bis 300 Zyklen [BENTHIN 2006]. Sollte diese enorm lange Latenz nicht mit anderen Berechnungen überbrückt werden können, entstehen sehr lange Wartezeiten in denen der Prozessor blockiert ist (*Pipeline Stalls*). Werden Daten daher sequentiell aus dem Speicher gelesen, kann der *Memory-Controller* bereits Daten anfordern, die in naher Zukunft höchstwahrscheinlich gebraucht werden. Weiterhin werden Daten aus dem Hauptspeicher immer in vollen Cachezeilen übertragen, welche je nach System meist zwischen 32 und 128 Byte groß sind. Liegen die benötigten Daten hintereinander im Speicher, können mit einem Zugriff bereits mehrere benötigte Daten geladen werden. Aus diesen Gründen ist eine maximale Ausnutzung von jeglicher Kohärenz im Allgemeinen und insbesondere für das Echtzeit Ray Tracing von großer Bedeutung.

4.2.2 Virtuelle Funktionsaufrufe

In den meisten Hochsprachen können sogenannte virtuelle Methoden, definiert werden. Im Unterschied zu üblichen nicht-virtuellen Methoden kann die Laufzeitumgebung

[5] Das Originalzitat in englischer Sprache lautet: *Coherence is the degree of which parts of an environment or its projections exhibit local similarities.*

in Abhängigkeit der tatsächlichen Instanz einer Klasse innerhalb der Vererbungskette die entsprechende Variante aufrufen. Angenommen, Klasse B wird von Klasse A abgeleitet und beide implementieren die Methode `doIt`, so wird im Normalfall die entsprechende Methode der Klassen aufgerufen, je nachdem, ob es sich um einen Zeiger auf A oder B handelt, d.h. `B* ptr; ptr->doIt()` ruft die Methode der Klasse B auf. Ist aber die Methode als virtuell deklariert, kann einem Zeiger auf A, wie auch sonst möglich, eine Instanz von B zugewiesen werden, also `A* ptr = new B()`. Nun ist es möglich, `ptr->doIt()` aufzurufen und damit tatsächlich die korrekte Methode von B zu verwenden. Dieses Verhalten wird durch eine *virtual function call table* ermöglicht, die jede Klasse die über virtuelle Methoden verfügt mit sich führt. Zur Laufzeit wird in dieser Tabelle nachgeschaut, welche Methode tatsächlich zu verwenden ist.

Virtuelle Methoden sind zwingend erforderlich, um eine Plugin-Funktionalität zu implementieren, da das System selbst nicht über den Inhalt des Plugins informiert sein kann. Auch wird durch virtuelle Methoden erst eine generische Behandlung von verschiedenen Datentypen möglich. So wird in AUGENBLICK jegliche Geometrie in einem Array von `AB::Geometry*` gespeichert, während beispielsweise die `intersect` Methode virtuell ist. So genügt ein Aufruf der `intersect` Methode zur Berechnung eines Schnittpunktes, völlig unabhängig davon, welche Art der Geometrie sich tatsächlich durch den Zeiger definiert ist.

Neben diesen wichtigen Vorteilen weisen virtuelle Funktionsaufrufe allerdings auch einige Nachteile auf. Jede Klasse, die mindestens eine virtuelle Methode hat, vergrößert den Speicherbedarf einer Instanz dieser Klasse um die Größe eines Zeigers (je nach Architektur derzeit vier oder acht Byte), welcher für die Funktionstabelle benötigt wird. Weiterhin können virtuelle Methoden nicht mittels des `inline` Schlüsselwortes an die Stelle des Aufrufs kopiert werden, da die auszuführende Methode zur Zeit des Kompilierens nicht bekannt ist. Letzlich ist der Aufruf einer solchen Methode generell teurer als ein herkömmlicher Funktionsaufruf, da dieser intern eine Indirektion beinhaltet und wie ein konditionaler Sprung behandelt wird. Wird beispielsweise ein Array traversiert, indem alle (oder ausreichend viele) Elemente eine Instanz derselben Klasse sind, so wird die *branch prediction* häufig eine korrekte Vorhersage treffen und die Sprungkosten minimieren. Ändert sich der Typ jedoch häufig und unregelmäßig, werden viele Aufrufe eine *branch missprediction* verursachen, welche vergleichsweise teuer ist.

Aus diesen zuletzt genannten Gründen werden insbesondere im Kontext von Echtzeitanwendungen virtuelle Funktionsaufrufe gemieden, oftmals über ein Maß hinaus, welches noch sinnvoll ist. Die Verwendung von Klassen mit virtuellen Methoden, welche die Basis eines Systems bilden und viele Milliarden mal pro Sekunde aufgerufen werden (z.B. eine Vektor- oder Matrixklasse), ist nachweislich sehr schlecht für die Ausführungsgeschwindigkeit. Hingegen hat die Verwendung in höheren Ebenen eines Systems oft nur minimale oder gar keine Auswirkungen auf die Leistungsfähigkeit, während die Flexibilität einer Software davon stark profitieren kann.

Aufgrund der Anforderung, dass gewisse Teile durch Plugins frei zugänglich sein sollen, gab es im Kontext von AUGENBLICK an den entsprechenden Stellen keine Alternative zu virtuellen Funktionen. Die folgenden Ergebnisse zeigen aber, dass die Verwendung sich nicht oder nur wenig auf die Performanz ausgewirkt hat: Beispielsweise benutzt der Standard Phong Shader zwei virtuelle Methoden um den diffusen und spekularen Anteil zu berechnen. Dies ermöglicht es abgeleiteten Klassen spezifisch nur kleine Teile der Lichtberechnung zu individualisieren, anstelle die vollständige `shade()`-Methode neu schreiben zu müssen. Um nun die Kosten der virtuellen Funktionen im realen Einsatz vergleichen zu können wurde ein neuer *FastPhong* Shader entwickelt, der die beiden Anteile ohne einen Funktionsaufruf in der shade-Methode bestimmt. Wie die Tabelle 4.1 zeigt, sind die Leistungsunterschiede zwar messbar, aber relativ gesehen äusserst gering. Ob die dazu gewonnene Flexibilität an dieser Stelle die Kosten rechtfertigt muss der Anwender selbst entscheiden - die Architektur gibt die Möglichkeit die Umsetzung in beiden Varianten vorzunehmen. Die Shader die in AUGENBLICK selbst implementiert sind, nehmen allerdings die geringen Kosten in Kauf um den Entwicklungs- und Wartungsaufwand zu reduzieren.

Szene	Bilder/Sek. auf System MBA/MP2	
	Phong	fastPhong
Bunny	16.12 / 89.11	16.74/89.63
Dragon	10.53 / 54.20	10.73 /54.65
Porsche	7.34 / 48.40	7.54 /48.92
Audi R8	12.86 / 68.26	12.97 /68.79
		Version: 5.1.0810 r4019

Tabelle 4.1: *Die erreichte Leistung unter Verwendung eines Phong Shaders mit zwei zusätzlichen virtuellen Funktionsaufrufen gegenüber dem* fastPhong *ohne diese.*

Aus Tabelle 4.1 wird deutlich, dass ein genereller Unterschied zwischen den Architekturen nicht festgestellt werden kann. In beiden Fällen schwanken die Leistungseinbußen im Bereich von etwa 0.3% bis 0.8%. Aus diesem Grund heraus erscheint eine Verwendung in AUGENBLICK gerechtfertigt, da der Nutzen die Leistungseinbußen mehr als rechtfertigt.

4.2.3 Allgemeine Grundregeln

In diesem Abschnitt werden Grundregeln behandelt, welche im Kontext von AUGENBLICK einen wichtigen Beitrag zu einer hohen Performanz geliefert haben, aber auch in vielen anderen Anwendungsszenarien berücksichtigt werden sollten.

SIMD/FPU Datenkonvertierung

Eine Konvertierung von `float` nach `integer` Datentypen ist häufig und in vielen Fällen nötig und unvermeidbar. Beispielsweise werden anhand der reellen u/v-Parameterwerte ganzzahlige Indexwerte während des NURBS-Schnitttestes bestimmt. Ebenso werden reelle Farbwerte auf ganzzahlige heruntergebrochen, um diese möglichst effizient auf den Grafikkartenspeicher zu transferieren. Die herkömmliche Konvertierung mittels `static_cast` oder ähnliche casting Mechanismen ist allerdings sehr rechenaufwändig und benötigt in etwa 40 Zyklen [AGNER FOG 2008]. Unter Verwendung von 64-Bit Befehlssätzen oder von SIMD (erst ab *SSE2* auf x86-kompatiblen Prozessoren. Mehr Informationen zu den SIMD-Einheiten sind in Abschnitt 4.3 zu finden) kann der Vorgang um etwa den Faktor drei beschleunigt werden. Mittels `_mm_cvtss_si32` kann eine Fließkommazahl auf die nächste kleinere Ganzzahl beschnitten werden. Für Konvertierungen in kritischen Codeblöcken ist diese Methode in jedem Fall zu empfehlen.

Generierung von Zufallszahlen

Die Generierung von Zufallszahlen wird von vielen Applikationen benötigt. Im Rahmen von AUGENBLICK werden diese insbesondere zur Erzeugung zufälliger Strahlen (z.B. für Jittering oder Path und Photonen Tracing) zur Laufzeit sehr häufig benötigt. Dabei verwenden die üblichen Mechanismen einen Algorithmus, der lediglich sequentiell Zufallszahlen erzeugen kann. Dies hat zur Folge, dass systemseitig die entsprechende `rand()` Methode durch Semaphoren abgesichert ist, was eine Verwendung bei mehreren Threads zwar einfach ermöglicht, aber tatsächlich die Performanz beträchtlich reduzieren kann. In einem früheren Entwicklungsstadium kostete dies bis zu 60% der Gesamtleistung des Systems bei der Verwendung von acht Threads (System MP2). Offensichtlich ist der systemeigene Zufallszahlengenerator in einem solchen oder ähnlichen Szenario denkbar ungeeignet.

Dieses Problem kann gelöst werden, indem ein manuell entwickelter multiplikativer Kongruenzgenerator Pseudozufallszahlen erzeugt, gegeben durch $x_{i+1} = (a * x_i)\%m$ mit $a = 16\,807$ und $m = 2\,147\,483\,647$ nachempfunden aus [KNUTH 1997]. Dieser wurde in der Klasse `AB::RandomGenerator` umgesetzt. Entscheidend dabei ist, dass automatisch eine Instanz dieser Klasse jedem einzelnen Thread zugewiesen wird. Dies hat zur Folge, dass an jeder Stelle im Code der Ausdruck `RenderThread::rand()` verwendet werden kann um eine Pseudo-Zufallszahl zu erzeugen. Dank der *pthread keys*$^{\triangle}$ wird bei diesem Aufruf der aktuelle Thread ermittelt und die entsprechende Instanz des `RandomGenerator` verwendet. Da alle Instanzen mit verschiedenen Initialzuständen versehen werden, liefern diese nicht die gleiche Sequenz an Pseudo-Zufallszahlen. Eine weitere Synchronisation ist damit überflüssig und die Verwendung äußerst einfach gestaltet.

Einstellungen des Compilers

Die korrekten Einstellungen des Compilers spielen ebenfalls eine wichtige Rolle. An dieser Stelle soll (und kann) keine Referenz über mögliche und optimale Einstellungen gegeben werden, da diese zwischen den verschiedenen Compilern stark schwanken und teils auch beträchtlich von dem jeweiligen Projekt abhängen. Hier soll lediglich auf einige Besonderheiten hingewiesen werden, welche ggf. der Intuition widersprechen.

Loop Unrolling Generell ist das Aufrollen von Schleifen in der Vergangenheit für die Ausführungsgeschwindigkeit meist vorteilhaft gewesen. Im Fall von AUGENBLICK gilt dies allerdings nicht, da die Vergrößerung des Codes schwerer wiegt als die gewonnenen Vorteile. Insbesondere der Core2-Prozessor führt Schleifen mit kurzem Code (kleiner als 65 Byte) viel effizienter aus, als längeren Schleifencode. Bei dieser Option ist im Einzelnen genau abzuwägen, welche Einstellung einen besseren Effekt erzielt.

Thread Safe Statics Diese Option versieht alle statischen Variablen automatisch mit Semaphoren, um Konflikte im Zusammenhang mit mehreren Threads zu vermeiden. Obwohl dies die Sicherheit beim Entwickeln von neuem Code erhöht, muss diese Option für AUGENBLICK abgeschaltet werden. Es gibt eine Vielzahl von statischen Variablen, die während der Bildberechnung nur gelesen und Semaphoren daher nicht benötigt werden. Die Geschwindigkeit des Syntheseprozesses leidet bei Aktivierung dieser Option um durchschnittlich etwa 4% auf dem System MP2.

Enable C++ Exceptions Es empfiehlt sich diese Option auszuschalten, da automatisch Code eingefügt und dadurch die Performanz reduziert wird.

Enable C++ Runtime Types Auch diese Option versieht den Code mit zusätzlichen Anweisungen, die zur Laufzeit ausgeführt werden. Daher ist eine Deaktivierung empfehlenswert. Innerhalb der Klassenhierarchie von AUGENBLICK können sich entsprechende Elemente selbst identifizieren.

32- gegen 64-Bit

Nahezu alle Prozessoren, die derzeit im Handel erhältlich sind, verfügen über einen 64-Bit Instruktionssatz, können aber dennoch älteren 32-Bit Code ausführen. Somit stellt sich die Frage, welche Wortbreite mit Hinblick auf die Ausführungsgeschwindigkeit geeigneter ist. Entgegen einer intuitiven Vermutung hat 64-Bit Code nicht nur Vorteile. Am auffälligsten ist der Nachteil, dass Zeigertypen unter 64-Bit mit 8 Byte doppelt so groß sind wie unter einer 32-Bit Architektur. Dies führt mitunter dazu, dass Datenstrukturen erheblich größer werden können, was in der Konsequenz zu einer schlechteren Ausnutzung der Caches führen kann. Weiterhin müssen stets mehr Daten über den Bus transferiert werden. Auch dies kann zu einer Reduktion der Performanz führen, wenn ein gegebenes Programm durch die Bandbreite limitiert wird. Demgegenüber stehen allerdings eine Reihe von Vorteilen bei der Verwendung von 64-Bit:

- Es kann wesentlich mehr Speicher als die sonst üblichen maximalen 4 GB adressiert werden. Das theoretische Maximum liegt bei etwa $1.7 \cdot 10^{11}$ GB. Für Anwendungen, die große Mengen Speicher (>4 GB) benötigen, ist eine Verwendung des 64-Bit Instruktionssatzes unvermeidbar.
- Bei 64-Bit Systemen der x86-Architektur steht mit 16 Registern die doppelte Anzahl zur Verfügung. In Abhängigkeit des Programmcodes kann dies einen wichtigen Unterschied in der Ausführungsgeschwindigkeit ergeben. PowerPC-Prozessoren haben in der 32- und 64-Bit-Variante jeweils 32 Register.
- Mit dem 64-Bit-Befehlssatz werden bei x86 Prozessoren die SIMD-Erweiterungen auch für skalare Operationen (*single scalar*) automatisch verwendet. Insbesondere Datentyp-Konvertierungen und einige andere Operationen profitieren davon deutlich.

Wie später unter Anderem in Tabelle 4.6 deutlich wird, bietet die Verwendung des 64-Bit Befehlssatzes bei x86 Prozessoren einen deutlichen Vorteil, während bei PowerPC Prozessoren eher die Nachteile leicht dominieren, da hier weder die automatische Verwendung von *single scalar SSE*-Befehlen greift, noch sich dadurch die Anzahl der Register erhöht.

4.3 SIMD-Unterstützung

Mittlerweile verfügen fast alle modernen Prozessoren über so genannte SIMD-Einheiten[6]. Es handelt sich dabei um eine weitere arithmetische Einheit, welche direkt auf dem Prozessor untergebracht ist und den Befehlssatz um eine Reihe neuer Kommandos erweitert. Wie der Name bereits nahe legt, arbeiten diese Befehle auf mehreren Daten gleichzeitig, d.h. ein einzelner Befehl wird nicht auf ein einzelnes Datum angewendet, sondern auf derzeit üblicherweise vier Daten parallel (im Fall vier Byte breiter *float*-Werte). Abbildung 4.4 verdeutlicht die Arbeitsweise einer herkömmlichen Fließkomma-Recheneinheit (FPU, SISD[7]) gegenüber einer SIMD-Einheit.

4.3.1 Verwendung im Ray Tracing-Kontext

Im Kontext des Echtzeit Ray Tracing wurde die Verwendung von SIMD-Befehlen relativ schnell nach ihrer breiten Verfügbarkeit zum Standard. Wald et al. gehören zu

[6] engl. *Single Instruction Multiple Data (Streams)* nach Flynns Taxonomie [FLYNN 1972]

[7] SISD steht, in Analogie zu SIMD, für *Single Instruction Single Data (Stream)*, also der gewohnten Art der Berechnung.

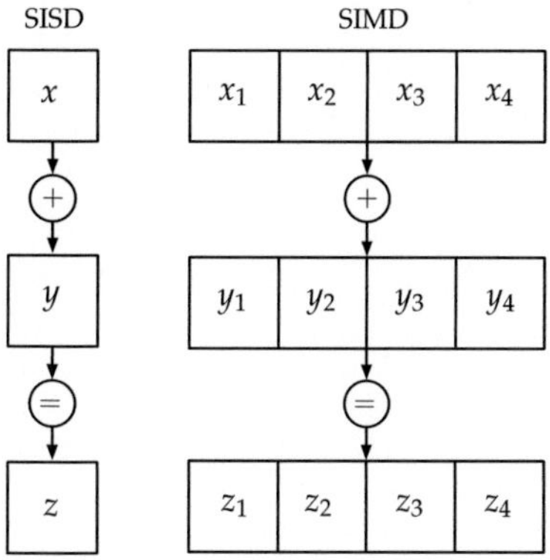

Abbildung 4.4: *Die Funktionsweise einer üblichen Fließkomma-Recheneinheit (FPU, SISD) sowie einer SIMD-Einheit.*

den ersten, die eine erfolgreiche Umsetzung [WALD et al. 2002a] präsentieren konnten. SIMD-Instruktionen sind besonders dann sinnvoll, wenn die vorliegenden Daten kohärent sind. Im Fall des Ray Tracing ist dies gegeben, wenn die Strahlen denselben Pfad durch die Hierarchie nehmen und im besten Fall ebenso die gleiche Geometrie treffen. Diese Bedingung ist insbesondere für die Sehstrahlen erfüllt, häufig aber nicht mehr für andere Strahltypen, insbesondere solche die zufällig reflektiert werden (z.B. Path Tracing (vgl. Abschnitt 9.2.2)). Aus diesen Gründen ist eine Verwendung von SIMD-Instruktionen zwar wichtig, aber keine Technik zur garantierten Leistungssteigerung. Eine performante Einzelstrahlverfolgung ist besonders für die Simulation der globalen Beleuchtung unabdingbar (Monte Carlo Ray Tracing, Path Tracing, Photon Mapping etc. (vgl. Abschnitt 9.2)).

Von programmiertechnischer Seite her bedeuten SIMD-Instruktionen einen nicht zu vernachlässigenden Mehraufwand. Datenparallele Verarbeitung ist schwieriger und fehleranfälliger; der Code muss mittels Compiler-Intrinsics (vgl. Abschnitt 4.3.4) geschrieben werden und eine Reihe von Randbedingungen, wie die korrekte Speicherausrichtung begünstigen weitere Fehlerquellen. Diese Tatsachen führen oftmals dazu, dass einzelne Komponenten, wie Plugins, die für ein SIMD-fähiges System von Dritten geschrieben werden, die SIMD-Kapazitäten nicht verwenden und stattdessen skalarer Code geschrieben wird. Daher ist es sehr wichtig, die Verwendung von SIMD-Instruktionen derart zu erleichtern, so dass der Mehraufwand deutlich reduziert wird gleichzeitig aber die Performanz nicht leidet.

Nach einem kurzen Abriss der Entwicklung der SIMD-Einheiten (Abschnitt 4.3.2) werden SIMD-Intrinsics (4.3.4) und -Klassen (4.3.5) behandelt, ebenso wie die Probleme des Speichermanagements und deren Lösung in Abschnitt 4.3.8. Abschließend findet eine Bewertung der im Rahmen dieser Arbeit entwickelten und favorisierten SIMD-Klassen statt (Abschnitt 4.3.9).

4.3.2 Entwicklung der SIMD-Einheiten

Ursprünglich wurden SIMD-Einheiten in Supercomputern und Großrechnern eingesetzt. Aus dieser Zeit stammen auch die synonyme Bezeichnung *Array-Prozessoren* und der heute noch oft verwendete Begriff *Vektoreinheit*. In handelsüblichen x86-Prozessoren gibt es die erste SIMD-Erweiterung *MMX* (Multi Media Extension) seit der letzten Version des Pentium I[8]-Prozessors[9] von Intel zu Beginn des Jahres 1997. Diese Erweiterung war jedoch lediglich in der Lage, 64-Bit große Integerdaten zu verarbeiten. Darüber hinaus wurden die für *MMX* geschaffenen acht neuen (logischen) Register *mm0* bis *mm7* mit den normalen Fließkomma-Registern überlagert, wodurch es nicht möglich war, *MMX*- und Fließkomma-Befehle gleichzeitig auszuführen.

Wesentlich weiterentwickelt sind dagegen aktuelle SIMD-Einheiten. In PowerPC-Prozessoren, wie dem G4 und G5, kommt die *AltiVec*-Einheit zum Einsatz[10]. In den x86-Prozessoren der meisten Hersteller, wie Intel, AMD, Centaur Technology und Transmeta, findet die *SSE*-Befehlssatzerweiterung Verwendung. Die neueren Iterationen dieses Befehlssatzes heißen *SSE2*, *SSE3* und *SSSE3* und sind oft nur Verbesserungen inkrementeller Natur. Die *SSE4*-Einheit, die derzeit nur in den allerneusten Prozessoren von Intel zu finden ist, hat einige interessante neue Befehle für horizontale Operationen[11] sowie Stringoperatoren eingeführt. *SSE5* ist zum jetzigen Zeitpunkt bereits angekündigt. Höhere Nummern des *SSE*-Befehlssatzes werden sicherlich noch nach dem Erscheinen dieser Arbeit veröffentlich werden. In der Vergangenheit haben auch andere Hersteller eigene SIMD-Implementierungen vorgestellt. Diese spielen im Kontext dieser Arbeit keine Rolle, da sie entweder nicht mehr weiterentwickelt oder nicht mehr verbaut werden, wie z.B. *3Dnow!* von AMD [AMD CORPORATION 2000]. Andere Implementierungen, wie das *Visual Instruction Set* von Sun Microsystems oder die *Multimedia Acceleration Extensions* der PA-RISC-Prozessoren, unterstützen lediglich

[8] Die Bezeichnung Pentium I wurde von Intel offiziell nie verwendet, da der Begriff Pentium oft synonym für den aktuellsten Prozessor der Pentium-Baureihe verwendet wird. Die Schreibweise Pentium I dient daher als Verdeutlichung, dass die erste Generation gemeint ist.

[9] Die ersten Varianten des Pentium I Prozessors verfügten nicht über die MMX Erweiterung. Diese wurde erst mit dem P55C-Pentium, besser bekannt als Pentium MMX, eingeführt.

[10] Aus lizenzrechtlichen Gründen heißt die in den IBM G5-Prozessoren verwendete Einheit VMX anstelle von Motorolas *AltiVec* des G4 Prozessors. Im Rahmen dieser Arbeit wird der Name *AltiVec* für beide Einheiten verwendet, da diese praktisch identisch sind.

[11] Horizontale Operationen arbeiten innerhalb eines einzelnen SIMD-Registers. Beispielsweise kann so die Summe der vier Komponenten eines Vektors berechnet werden.

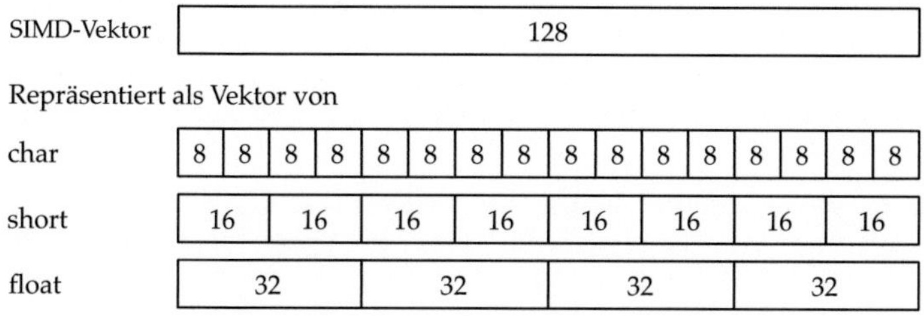

Abbildung 4.5: *Anzahl der Elemente eines bestimmten Datentyps in einem SIMD-Vektor. Die Zahlen geben die jeweiligen Größen in Bit an.*

Integer-Operationen. Da für das Ray Tracing aber insbesondere Berechnungen auf Fließkomma-Zahlen benötigt werden, sind auch solche SIMD-Einheiten für diese Arbeit nicht von Interesse.

Sowohl die *AltiVec*- als auch die *SSE*-Einheiten arbeiten derzeit auf Datenwörtern mit einer Breite von 128 Bit. Im Gegensatz zu üblichen Datentypen haben diese keine unterschiedliche Größe in Abhängigkeit des Typs. Stattdessen fasst ein einzelner SIMD-Vektor eine unterschiedliche Anzahl an Daten zusammen, wie in Abbildung 4.5 dargestellt. Im Kontext von AUGENBLICK ist der wichtigste Datentyp nahliegenderweise `float`. Bei einer Breite von 32-Bit bedeutet dies, dass ein SIMD-Vektor diesen Typs, genau vier Elemente speichert. Entsprechend können in einem Vektor alternativ beispielsweise 16 `char` Werte gespeichert werden. Dabei ist zu beachten, dass es in naher Zukunft auch SIMD-Einheiten geben wird, die breiter als 128 Bit sind. Die *Larrabee*-Architektur [SEILER et al. 2008] sieht beispielsweise SIMD-Register von 512 Bit vor, sodass demnach 16 `float`-Werte parallel verarbeitet werden können.

4.3.3 Unterschiede zwischen *AltiVec* und *SSE*

Der Funktionsumfang der beiden Befehlssätze *AltiVec* und *SSE* ist in etwa gleich. Viele Befehle lassen sich durch eine entsprechende Instruktion aus dem anderen Befehlssatz ersetzen. So ist beispielsweise der Befehl zur Addition zweier SIMD-Vektoren in *AltiVec* `vec_add(a,b)`, während er bei *SSE* `_mm_add_ps(a,b)` lautet. Allerdings gibt es nicht für alle Kommandos eine direkte Entsprechung.

Zu beachten sind zwei wichtige Unterschiede. Mit dem *AltiVec*-Befehlssatz ist es möglich, Operationen mit drei Operanden in einem Takt ausführen zu lassen. Das wichtigste Beispiel ist der `madd(a,b,c)`-Befehl, der $a * b + c$ in einem Schritt berechnet. Unter *SSE* kann dies nur mit einer Verkettung der Multiplikations- und Additions-Befehle erzielt werden. Diese Einschränkung des *SSE*-Befehlssatzes ist in der Architektur des Prozessors begründet, da PowerPC-Prozessoren 3-Adress-Maschinen und x86-Prozessoren 2-Adress-Maschinen sind. Der Vorteil der *AltiVec*-Einheit, respektive der PowerPC-Architektur ist an dieser Stelle nicht zu unterschätzen und soll an einem Beispiel verdeutlicht werden:

Es wird angenommen, dass in einer Variable `Float4 a` bisher berechnete Ergebnisse stehen und die zweite Komponente der vier `float`-Werte durch den entsprechenden Wert in Variable *b* ersetzt werden soll (Dieses Szenario ist durchaus nicht synthetisch - in der Tat kommt es mit außerordentlicher Häufigkeit vor). Im Fall von *AltiVec* ist folgender Code erforderlich:

```
vector bool mask = (vector bool)(false, true, false, false);
vector float c = vec_sel(a,b,mask);
```

Der `vec_sel`-Befehl wird dabei als einzelner Befehl durch die der Hardware ausgeführt. Eine Abhängigkeitskette entsteht nicht.

Der entsprechende Code für *SSE* lautet:

```
//assume that fptr contains correct bits for the mask as above
__m128 mask = _mm_load_ps(fptr);
__m128 c = _mm_or_ps(_mm_and_ps(mask, b), _mm_andnot_ps(mask, a));
```

Wie ersichtlich ist, benötigt der *SSE*-Code drei Befehle, die zusätzlich eine Abhängigkeitskette erzeugen, da das äußere `_mm_or_ps` von den Ergebnissen der beiden anderen Befehle abhängig ist. Die allgemeine Meinung, dass *AltiVec*-Code besser lesbar sei, ist durch dieses Beispiel bereits gut deutlich geworden.

Der zweite wichtige Unterschied ist, dass *AltiVec* seit der Einführung bereits Datenwörter von 128-Bit Breite nativ unterstützt hat. Bei *SSE* sind SIMD-Typen ebenfalls 128-Bit breit, unterstützt wurde lange Zeit[12] aber nur eine Busbreite von 64-Bit. Dies bedeutet, dass zu der Zeit jeder SIMD-Befehl intern die Daten in zwei 64-Bit Segmente aufteilt und die Ergebnisse am Ende wieder zusammenfügt. Dies begrenzt den maximalen Beschleunigungsfaktor des *SSE*-Codes deutlich. Erst seit der Einführung der neuen Core-Architektur, ab dem Core 2-Prozessor, verfügen auch die *SSE*-Einheiten über eine volle Busbreite von 128 Bit.

[12] Bis einschließlich der Core-Prozessoren inklusive aller Pentium-Derivate. Oft wird der Prozessor mit der Architektur verwechselt. Der Core-Prozessor basiert irritierenderweise nicht auf der Core-Architektur, sondern auf der *Intel-P6-Architektur*. Erst der Core 2-Prozessor basiert tatsächlich auf der Core-Architektur.

4.3.4 SIMD-Intrinsics

Zu den ersten Möglichkeiten um Programme mit SIMD-Anweisungen zu ergänzen, zählte die direkte Verwendung von Assembler-Befehlen. Die Assembler-Entwicklung wird allerdings nur noch von wenigen Programmieren verwendet und beherrscht, sodass es offensichtlich einer anderen Lösung bedurfte. Diese wurde in Form so genannter Intrinsics[13] realisiert, wie sie auch in beiden vorherigen Codebeispielen verwendet werden. Diese Intrinsics sind stets als `inline` deklariert, wobei intern direkt die entsprechenden Assembler-Befehle verwendet werden. Damit entspricht die Verwendung von Intrinsics einer komfortableren Entwicklung ohne direkte Verwendung von Assembler-Code. Die *SSE*-Intrinsics sind oftmals gleichlautend zu den Assembler-Befehlen, was die Lesbarkeit erschwert.

Obwohl in nahezu allen Fällen die Verwendung von Intrinsics dem Entwickeln durch Assembler-Code zu bevorzugen ist, so kann ein solcher Code nicht zwangsläufig besser verstanden und gewartet werden. Dass eine einfache Addition durch `_mm_add_ps(a,b)` implementiert wird, ist für sich unproblematisch, doch die Verwendung mathematischer Operationen wie $(a + b * c)/a$ kann schnell zu umständlichen langen Codezeilen oder Mehrzeilern führen: `_mm_div_ps(_mm_add_ps(a, _mm_mul_ps(b,c)),a)`. Ein Ausweg bietet sich mit der Verwendung von Klassen an, welche die SIMD-Intrinsics für den Benutzer unsichtbar kapseln. Hier besteht allerdings die berechtigte Sorge, dass die Ausführungsgeschwindigkeit darunter leidet. Im folgenden Abschnitt wird die Verwendung von SIMD-Klassen untersucht und der Vorwurf der nicht optimalen Performanz weitgehend widerlegt.

4.3.5 SIMD-Klassen

Eine Möglichkeit um eine einfachere Verwendbarkeit der SIMD-Befehle besteht darin, für die benötigten Datentypen eigene Klassen zu entwickeln, welche die gebräuchlichen Operatoren überladen. Zusätzlich werden weitere Methoden zur Verfügung gestellt, um den vollen SIMD-Funktionsumfang zu gewährleisten. Zu berücksichtigen ist dabei, dass alle Befehle entsprechend als `inline` deklariert werden. Dies ist insofern unproblematisch, als dass es sich in nahezu allen Fällen um Einzeiler bzw. sehr kurze Codefragmente handelt. Im Rahmen des AUGENBLICK-Systems wurden die Typen `Float4`, `Int4` und `Bool4` implementiert. Diese Klassen kapseln den entsprechenden SIMD-Datentyp und stellen die gängigen Operatoren und Methoden zur Verfügung. Das Beispiel aus Abschnitt 4.3.3 sieht unter Verwendung der SIMD-Klassen wie folgt aus:

```
Float4 c = a.select(b,Bool4(false, true, false, false));
```

[13] aus dem Lateinischen: *intrinsecus*: innen, enthalten

Dank der überladenen Operatoren können einfache arithmetische Ausdrücke ebenso notiert werden wie üblicher skalarer Code:

```
Float4 erg = (a+b*c)/a;
```

Eine weitere Besonderheit der Implementierung ist die plattformübergreifende Unterstützung beider SIMD-Befehlssätze. Mit Hilfe der SIMD-Klassen wird eine Abstraktionsschicht geschaffen, so dass durch eine einzelne Präprozessor-Definition[14] der gewünschte Befehlssatz ausgewählt werden kann. Verfügt ein Prozessor über keine SIMD-Einheit kann auf eine Emulation durch die FPU zurückgegriffen werden. Diese Emulation ist zwar deutlich langsamer (vergleiche Abschnitt 4.7.3), bietet aber den großen Vorteil, dass der SIMD-Code unmodifiziert dennoch auf jedem Prozessor überhaupt lauffähig ist.

Markus Geimer hat in seiner Dissertation [GEIMER 2005] ebenfalls eine ähnliche Abstraktionsschicht vorgeschlagen. Die hier vorgestellte Implementierung ist etwas umfangreicher in ihrer Funktionalität und bietet so beispielsweise zusätzlich eine Unterstützung für Integer-Typen die Geimer nicht vorgesehen hatte. Die von ihm vermutete Geschwindigkeitsäquivalenz gegenüber einer Intrinsics-Variante wird im Folgenden fundiert bestätigt.

4.3.6 Vergleich: Intrinsics mit Klassen

Dieser Abschnitt widmet sich der detaillierten Untersuchung möglicher Performanznachteile, die sich theoretisch aus der Verwendung von SIMD-Klassen ergeben könnten. Es ist von außerordentlicher Bedeutung, dass gerade diese sehr hardwarenahe Implementierung keine Nachteile in dieser Hinsicht einführt. Es ist zu befürchten, dass die Ausführungsgeschwindigkeit durch die Konstruktion zahlloser temporärer Objekte reduziert wird, da die Rückgabewerte aller Methoden keine integralen Datentypen, sondern Instanzen von Klassen sind (beispielsweise `Float4`). Weiterhin besteht die Sorge, dass eine Reihe von Optimierungen des Compilers dadurch nicht optimal durchgeführt werden können. Demgegenüber steht die Annahme, dass moderne Compiler mächtig genug sind, die einfachen Zusammenhänge zu erkennen und die Erzeugung temporärer Objekte zu unterbinden. Zunächst wird ein vergleichsweise simples Beispiel untersucht.

Generisches Beispiel

Angenommen werden im Folgenden zwei `Float4`-Felder a und b mit einer Länge von $count - 1$. In einer Schleife von 0 bis $count$ werden nun die jeweiligen Elemente

[14] SSE_UNIT respektive ALTIVEC_UNIT. Das Flag FPU_UNIT aktiviert die Emulation einer SIMD-Einheit mit Hilfe der FPU.

beider Felder miteinander multipliziert und in einem Ergebnisfeld *c* gespeichert. Der entsprechende C++-Code für die Intrinsics- und die Klassen-Variante der Schleife sieht wie folgt aus:

Listing 4.1: C++-Code (Intrinsics)

```
for (unsigned int i = 0; i < count; i++)
    c[i] = vec_madd(a[i], b[i], (vector float)(0.f));
```

Listing 4.2: C++-Code (Klassen)

```
for (unsigned int i = 0; i < count; i++)
    c[i] = a[i] * b[i];
```

Zwar lassen sich die Laufzeiten in solch synthetischen Beispielen nur schwer vergleichen, da in diesem Fall der Speicherzugriff als Flaschenhals auftreten kann, doch kann der erzeugte Assembler-Code eine viel bessere Auskunft liefern. Dieser wurde unter Verwendung maximaler Compiler-Optimierungen für die SIMD-Klassen Implementierung erzeugt und ist in Listing 4.3 zu finden.

Aufgrund der Optimierungseinstellungen führt der Compiler *Loop Unrolling*$^{\triangle}$ durch, wodurch der angegebene Code einige Male wiederholt würde. Im Wesentlichen wird hier exakt das ausgeführt, was erwartet wird. Zwei Vektoren werden in die *AltiVec*-Register $v0$ und $v1$ mittels `lvx` geladen. Anschließend werden diese durch `vmaddfp` multipliziert[15]. Das Ergebnis wird dann über den Befehl `stvx` in Register *r27* gespeichert. Letztlich addiert `addi` 16 zu dem Register *r5*, das im weiteren Verlauf wieder als Adresse verwendet wird, um neue Daten zu laden. Die letzten drei `nop` (no-operation) Zeilen sind erforderlich, da `vmaddfp` eine Latenz von acht Zyklen hat.

Listing 4.3: Assembler Code der Klassen Variante des Schleifen Korpus

```
lvx      v1,r30,r5
lvx      v0,r26,r5
vmaddfp  v0,v1,v0,v13
stvx     v0,r27,r5
addi     r5,r5,16
nop
nop
nop
```

Der erzeugte Code unter Verwendung der Intrinsics ist absolut identisch mit vorherigem Listing 4.3. Werden dagegen alle Compiler-Optimierungen ausgeschaltet, stehen die beiden Varianten für dieses Beispiel in einem ähnlichen Verhältnis. Beide benötigen

[15] Wie zuvor erwähnt, handelt es sich bei *AltiVec* um einen multiply-add Befehl. In das *AltiVec* Register 13 wurde zuvor der Wert 0 geladen. Der mathematische Term lautet demnach $v_0 = v_1 * v_0 + 0$.

deutlich länger in der Ausführung, beanspruchen aber dennoch in etwa dieselbe Zeit (Klassen: 23 Befehle mit insgesamt 67 Zyklen Latenz, Intrinsics: 26 Befehle mit 66 Zyklen Latenz). Der vollständige Assembler-Code ist hier nicht aufgelistet, da er zu keinem erweiterten Verständnis verhilft.

Ein erwartungskonformes Verhalten zu dieser Ausgangssituation wäre gewesen, wenn für die Klassen-Variante mehr Code durch die Verwendung von temporären Objekten und suboptimalen Optimierungen benötigt wird. Der Verdacht liegt nahe, dass das verwendete Beispiel zu simpel ist. Im Folgenden wurde daher die Berechnung $c = a * b$ durch eine etwas aufwändigere ersetzt. Wird nun die Berechnung $c = a * b * b + c$ betrachtet, ändern sich die Vergleichswerte deutlich. Ohne Optimierungen des Compilers werden für die Klassenvariante nun 57 Befehle mit einer Gesamtlatenz von 150 Zyklen erzeugt, für die Intrinsics-Version dagegen nur 24 Befehle mit 89 Zyklen Latenz. Werden die Compiler-Optimierungen wieder angewandt, wird abermals identischer Code für beide Varianten erzeugt.

Es zeigt sich bisher, dass in einfachen synthetischen Beispielen beide Varianten bei entsprechenden Optimierungen die gleichen Resultate liefern. Die Klassen-Variante verfügt allerdings über den Vorteil, dass sie leichter zu lesen und somit auch besser zu warten ist. Im Folgenden wird untersucht, ob sich diese Feststellung auch für komplexere Anwendungen halten lassen, die ihrerseits eine größere Herausforderung für den Compiler darstellen.

Vergleich im Ray Tracing Kontext

Im nächsten Schritt wird nun untersucht, ob die Verwendung der SIMD-Klassen auch in einem realen Szenario mit den Ergebnissen einer direkten Umsetzung mittels Intrinsics standhalten kann. Um dies festzustellen, wird exemplarisch der Schnitttest mit einer Bounding Box in beiden Varianten implementiert, und die Ergebnisse miteinander verglichen. Dies ist insofern eine geeignete Wahl, als in vielen Szenen ein großer Prozentsatz der gesamten Rechenleistung in dieser Methode verwendet wird und diese somit eine angemessene Relevanz hat. Darüber hinaus ist der Code beispielhaft für die Art und Weise, wie an vielen Stellen im Ray Tracing-System Code geschrieben wurde, und erhält dadurch das benötigte Maß an Repräsentativität. Die folgenden Listings zeigen den ursprünglichen Code mit SIMD-Klassen sowie anschließend den vergleichenden Code in der Intrinsics-Variante. Zum Verständnis des Codes muss der `splat` erläutert werden: Dieses Kommando kopiert eines der vier SIMD-Elemente in alle anderen. Ein Vektor $[3, 3, 1, 5]$ auf dem `splat(2)` ausgeführt wird, liefert demnach den Vektor $[1, 1, 1, 1]$ zurück.

Listing 4.4: Bounding Box Schnitttest (SIMD-Klassen)

```
// Intersect rays with planes perpendicular to the x-axis
Float4 boxMin  = mMin.splat(0) - rays->origins(X);
Float4 boxMax  = mMax.splat(0) - rays->origins(X);
Float4 lambda1 = boxMin * inverse[X];
Float4 lambda2 = boxMax * inverse[X];
Float4 tmin    = simd_min(lambda1, lambda2);
Float4 tmax    = simd_max(lambda2, lambda1);

// Intersect rays with planes perpendicular to the y-axis
boxMin  = mMin.splat(1) - rays->origins(Y);
boxMax  = mMax.splat(1) - rays->origins(Y);
lambda1 = boxMin * inverse[Y];
lambda2 = boxMax * inverse[Y];
tmin    = simd_max(simd_min(lambda1, lambda2), tmin);
tmax    = simd_min(simd_max(lambda2, lambda1), tmax);

// Intersect rays with planes perpendicular to the z-axis
boxMin  = mMin.splat(2) - rays->origins(Z);
boxMax  = mMax.splat(2) - rays->origins(Z);
lambda1 = boxMin * inverse[Z];
lambda2 = boxMax * inverse[Z];
tmin    = simd_max(simd_min(lambda1, lambda2), tmin);
tmax    = simd_min(simd_max(lambda2, lambda1), tmax);
```

Listing 4.5: Bounding Box Schnitttest (SIMD-Intrinsics)

```
// Intersect rays with planes perpendicular to the x-axis
__m128 boxMin  = _mm_sub_ps(_mm_shuffle_ps(min, min,
                 _MM_SHUFFLE(0, 0, 0, 0)),
                 rays->origins(X).getVector());
__m128 boxMax  = _mm_sub_ps(_mm_shuffle_ps(max, max,
                 _MM_SHUFFLE(0, 0, 0, 0)),
                 rays->origins(X).getVector());
__m128 lambda1 = _mm_mul_ps(boxMin, inverse[X].getVector());
__m128 lambda2 = _mm_mul_ps(boxMax, inverse[X].getVector());
__m128 tmin    = _mm_min_ps(lambda1, lambda2);
__m128 tmax    = _mm_max_ps(lambda2, lambda1);

// Intersect rays with planes perpendicular to the y-axis
boxMin  = _mm_sub_ps(_mm_shuffle_ps(min, min,
          _MM_SHUFFLE(1, 1, 1, 1)),
          rays->origins(Y).getVector());
```

```
boxMax    = _mm_sub_ps(_mm_shuffle_ps(max, max,
            _MM_SHUFFLE(1, 1, 1, 1)),
            rays->origins(Y).getVector());
lambda1 = _mm_mul_ps(boxMin, inverse[Y].getVector());
lambda2 = _mm_mul_ps(boxMax, inverse[Y].getVector());
tmin      = _mm_max_ps(_mm_min_ps(lambda1, lambda2), tmin);
tmax      = _mm_min_ps(_mm_max_ps(lambda2, lambda1), tmax);

// Intersect rays with planes perpendicular to the z-axis
boxMin    = _mm_sub_ps(_mm_shuffle_ps(min, min,
            _MM_SHUFFLE(2, 2, 2, 2)),
            rays->origins(Z).getVector());
boxMax    = _mm_sub_ps(_mm_shuffle_ps(max, max,
            _MM_SHUFFLE(2, 2, 2, 2)),
            rays->origins(Z).getVector());
lambda1 = _mm_mul_ps(boxMin, inverse[Z].getVector());
lambda2 = _mm_mul_ps(boxMax, inverse[Z].getVector());
tmin      = _mm_max_ps(_mm_min_ps(lambda1, lambda2), tmin);
tmax      = _mm_min_ps(_mm_max_ps(lambda2, lambda1), tmax);
```

Zweifellos ist die Klassen-Variante abermals leichter verständlich und wesentlich kompakter. Die Tabelle 4.2 zeigt darüber hinaus, dass die erreichte Leistung beider Varianten nahezu identisch ist und dabei nur einem gewöhnlichen Rauschen in der Messung unterliegt. Getestet wurden die Dragon-Szene sowie die komplexere Porsche-Szene. Beide wurden mit jeweils drei separaten Durchläufen gemessen, um einen Eindruck von den üblichen Messschwankungen zu erhalten. Jeder Durchlauf bildet den Mittelwert aus 250 Bildern. Unter der bereits genannten Voraussetzung dass mindestens eine Optimierung von *O2* verwendet wird, ist der erzeugte Code auch für dieses Beispiel identisch[16].

Durchlauf	Klassen	Intrinsics	Differenz
1	53.870	53.035	1.57%
2	53.563	54.343	-1.44%
3	53.948	53.958	-0.02%
			Version: 5.1.0810 r4019

Tabelle 4.2: *Die Leistungswerte für die Dragon Szene unter Verwendung des Bounding Box Schnitttestes mit SIMD-Klassen bzw. SIMD-Intrinsics. Die Differenz in der Leistung unterliegt dem statistischen Rauschen. Dies zeigt der Ausschnitt von drei sequentiell hintereinander ausgeführten Messungen von Sequenzen mit je 250 Bildern.*

[16] Getestet wurde dies mit dem gcc 4.0.1, gcc 4.2 und der ICC 10.1 von Intel.

Zusammenfassung

Wie die präsentierten Ergebnissen zeigen, entsteht durch die Verwendung der SIMD-Klassen kein messbarer Verlust der Performanz. Lediglich bei geringen Optimierungsstufen wie *O0* oder *O1* werden erwartungskonform temporäre Objekte erstellt, die die Leistungsfähigkeit gegenüber den Intrinsics überaus deutlich ausbremsen. Auf den hohen Optimierungsstufen *O2* und *O3* greift die Codeoptimierung sowohl beim GNU- als auch beim Intel-Compiler. Da die Verwendung von SIMD üblicherweise mit hohen Optimierungseinstellungen des Compilers einhergeht, ist die Verwendung von SIMD-Klassen sowohl in diesem Kontext (aber auch in vielen anderen Fällen) sinnvoll. Es sei an dieser Stelle ausdrücklich darauf hingewiesen, dass es durchaus Compiler geben kann, die diese Art der Optimierung nicht leisten können, auch wenn dies bei den getesteten gängigen Compilern nicht der Fall war. Weiterhin besteht die Möglichkeit, dass sehr komplexe Anweisungskonstrukte möglicherweise nicht automatisch über den Compiler aufgelöst werden. Jedoch bei besonders performanzkritischen Codeabschnitten können solche komplexe Anweisungen in einige kürzere aufgespalten werden, wodurch dieses Problem nicht mehr auftreten sollte. Daher ist die Verwendung von SIMD-Klassen auf Grund ihrer überlegenden Benutzbarkeit und Portabilität in allen Fällen zu bevorzugen.

4.3.7 Alternativen zu SIMD-Klassen und -Intrinsics

Obwohl durch die SIMD-Intrinsics und insbesondere durch die Klassen der Entwicklungsaufwand deutlich reduziert werden konnte, ist die Entwicklung von SIMD-Code dennoch aufwändiger als bei skalarem Code. Seit kurzem sind moderne Compiler in der Lage, Code automatisch mittels SIMD-Instruktionen zu parallelisieren. Die aktuellsten Versionen des GNU- und des Intel-Compilers unterstützen diese Technologie. Dennoch sind solche Lösungen meistens nicht mit der Ausführungsgeschwindigkeit vergleichbar, die eine sorgfältige manuelle Implementierung erreicht. Insbesondere gilt dies für kurze performanzkritische Komponenten, die eine gründliche Betrachtung benötigen, um effizient mit SIMD-Anweisungen zusammen zu funktionieren. Dagegen sind beispielsweise bei langen Schleifen mit einfachen Operationen gute Ergebnisse der automatischen Daten-Parallelisierung (so genannte Auto-Vektorisierung) zu erwarten.

Die Unzulänglichkeit der automatischen Vektorisierung wird an einem Beispiel demonstriert. Im Folgenden werden von einem Testprogramm eine Million Matrix-Multiplikationen von Matrizen mit zufälligen Werten durchgeführt. Dabei werden die Multiplikationen zunächst durch einfachen skalaren C++-Code ausgeführt, welcher mit aktivierter Auto-Vektorisierung kompiliert wird. Anschließend werden die Ergebnisse mit handoptimiertem *SSE3*-Code verglichen. Die Laufzeit für den skalaren Code beträgt bei diesem Szenario 119.04 ms, während der *SSE*-Code nur 58.68 ms benötigt (beides gemessen auf System MP2). Der Unterschied liegt damit bei einem Faktor der

Größenordnung zwei. Listings 4.6 und 4.7 zeigen den jeweils erzeugten Assembler-Code der innersten Schleife für die skalare und die *SSE*-Variante. Der Übersichtlichkeit halber wurden einige Teile, wie die Inkrementierung der aktuellen Komponente und der Code für die Schleifen, nicht aufgelistet.

Listing 4.6: Assembler-Code des skalaren Code mit Auto-Vektorisierung

```
movss    (%ecx), %xmm0
mulss    (%edx), %xmm0
addss    %xmm0, %xmm1
movss    %xmm1, (%edi)
incl     %eax
// Code für Schleifendurchlauf (#Ausführung: 4*4*4 = 64 Mal)
```

Zwar erscheint die *SSE*-Variante zunächst länger, benötigt aber nur vier Iterationen. Der Code aus Listing 4.6 wird hingegen 64 Mal wiederholt. Es fällt auf, dass zwar die Vektoreinheiten und die *xmm* Register benutzt werden, aber ohne Ausnutzung der Parallelität. Assembler-Befehle die auf „ss" enden, bezeichnen *single scalar* Befehle und arbeiten nur auf dem niederwertigsten der vier Komponenten eines SIMD-Registers. Befehle mit der Endung „ps" bezeichnen hingegen *packed scalar* Werte und arbeiten auf allen vier Werten.

Es zeigt sich aber auch an einem wesentlich aufwändigeren Beispiel, dass die automatische Vektorisierung nur unbefriedigende Ergebnisse liefert. Wird AUGENBLICK mit dem FPU-Emulationsmodus kompiliert, so wird an keiner Stelle SIMD verwendet, aber nach wie vor sind die Daten optimal für eine Verwendung mit SIMD ausgelegt. Doch auch hier bringt die Verwendung der Auto-Vektorisierung keine Vorteile; die erreichte Bildwiederholrate ist exakt dieselbe wie ohne die Verwendung dieser Compiler-Einstellung. Unter welchen Bedingungen diese Option tatsächlich Vorteile liefert konnte nicht bestimmt werden, aber dies ist auch nicht Gegenstand der Arbeit.

Listing 4.7: Assembler-Code der *SSE3*-Variante

```
movaps    -72(%ebp), %xmm7
movaps    -56(%ebp), %xmm6
movaps    -40(%ebp), %xmm5
movaps    -24(%ebp), %xmm4
movl      +12(%ebp), %edx
movl      %ebx, %eax
leal      +64(%ebx), %ecx
movaps    (%edx), %xmm1
movaps    %xmm1, %xmm2
mulps     %xmm7, %xmm2
movaps    %xmm1, %xmm3
mulps     %xmm6, %xmm3
```

```
movaps    %xmm1 , %xmm0
mulps     %xmm5 , %xmm0
mulps     %xmm4 , %xmm1
haddps    %xmm3 , %xmm2
haddps    %xmm1 , %xmm0
haddps    %xmm0 , %xmm2
movaps    %xmm2 , (%eax)
addl      $16 , %edx
addl      $16 , %eax
//Code für Schleifendurchlauf (#Ausführung: 4 Mal)
```

Neben den unzureichenden Möglichkeiten der Auto-Vektorisierung durch die gängigen Compiler existieren auch eine Reihe von Bibliotheken, die über hochoptimierten SIMD-Code verfügen. Beispielsweise bieten die *vDSP* Bibliothek [APPLE INC. 2008c] von Apple oder auch die *math kernel library* von Intel [INTEL CORPORATION 2008] eine Reihe SIMD-optimierter mathematischer Funktionen. Allerdings können diese nur sinnvoll angewendet werden, wenn die Datenstrukturen entsprechend SIMD-freundlich vorliegen. Im Kontext des Ray Tracing sind diese Bibliotheken allerdings nicht hilfreich, da dies nicht der vorgesehenen Anwendungsdomäne dieser Softwareprodukte entspricht. Letztlich sind die beiden genannten Bibliotheken, wie die meisten anderen auch, betriebssystem- und/oder prozessorabhängig. Von daher sind diese Alternativen im Kontext von AUGENBLICK ebenfalls nicht empfehlenswert. Für andere Applikationen mit Schwerpunkt auf BLAS, LAPACK, FFT und ähnlichen Algorithmen bieten diese Bibliotheken eine gute und zeitsparende Alternative zur Eigenentwicklung.

4.3.8 Speicheralignment

Die korrekte Ausrichtung von Speicher (Speicheralignment) von SIMD-Daten ist ein weiterer Punkt von großer Bedeutung. Alle Daten, auf denen SIMD-Operationen ausgeführt werden, müssen stets mit einer durch 16 Byte teilbaren Adresse beginnen. Ist dies nicht der Fall, so ist laut Spezifikation das Verhalten wie folgt:

- *SSE*: Es wird eine *Exception* ausgelöst, die zur Terminierung des Programms führt.
- *AltiVec*: Die Daten werden an der nächsten durch 16 Byte teilbaren Adresse gelesen bzw. geschrieben.

Unglücklicherweise zeigt sich die Verwendung nicht korrekt ausgerichteter Daten unter *SSE* ggf. mit nur einer allgemeinen Speicherschutzverletzung. Diese liefert keinen Hinweis auf das tatsächliche Problem. Im Fall von *AltiVec* sind Fehler dieser Art noch schwieriger aufzuspüren, da häufig die Ausführung des Programms mit falschen

Werten fortgeführt wird[17].

SIMD-Datentypen werden von dem Compiler auf dem *Stack* korrekt ausgerichtet. Bei einer dynamischen Allokation ist dies dagegen nicht garantiert. Auf 32-Bit Systemen muss der Befehl `posix_memalign(..)` oder ein entsprechender plattformspezifischer Befehl verwendet werden um den allokierten Speicherbereich korrekt auszurichten. 64-Bit Systeme sollten stets korrekte Speicherbereiche liefern. Allerdings ist dies mitunter von dem konkreten System und/oder dem Compiler abhängig; weshalb dies nicht als eine Garantie gewertet werden sollte. Mac OS X bildet hier eine Ausnahme, da seit Version 10.4 sowohl auf dem *Heap* als auch auf dem *Stack* alle Daten immer an durch 16 Byte teilbaren Adressen ausgerichtet werden. Dies gilt sowohl für die 64-Bit als auch für die 32-Bit Variante des Betriebssystems.

Implementierung AUGENBLICK definiert in der SIMD-Bibliothek die beiden Funktionen, `newAligned(...)` und `deleteAligned(...)`, zum Anlegen und Löschen eines an durch 16-Byte teilbaren Adressen ausgerichteten Speichers. Die Implementierung folgt dem Beispiel aus [GEIMER 2005] (Seite 59). Allerdings wurde darauf verzichtet, all jene Klassen die SIMD-Objekte beinhalten von einer „AlignedObject" Klasse abzuleiten, wie Geimer es empfiehlt. Stattdessen erhalten alle betreffenden Klassen überladene `new` und `delete` Operatoren, die intern die eigenen `newAligned` und `deleteAligned` Funktionen benutzen. In Abhängigkeit vom aktuellen Betriebssystem wird in diesen Funktionen die adäquate Implementierung zum Anlegen und Löschen eines ausgerichteten Speichers gewählt. Klassen, die SIMD-Membervariablen verwenden, müssen daher dem folgenden Interface folgen:

Listing 4.8: Interface für Klassen, die SIMD-Membervariablen verwenden

```
//include SIMD headers to have new/deleteAligned defined
#include <\Augenblick/SIMD/SIMD.h>

class ClassName
{

public:

        inline void* operator new(std::size_t size)
           {return newAligned(size);}
        inline void  operator delete(void* deadObj)
```

[17] Das in C++ so genannte *undefinied behaviour* gehört mit zu den Fehlern die am schwierigsten aufzuspüren sind. Durch das ungewollte Überschrieben von Speicherbereichen werden ggf. Daten von Objekten zerstört, die an einer völlig anderen Stelle im Programm benutzt werden. Ein Programmabsturz an dieser Stelle liefert keinen Anhaltspunkt an welcher Position der Fehler tatsächlich verursacht wurde.

```
            {deleteAligned(deadObj);}

        inline void* operator new[](std::size_t size)
            {return newAligned(size);}
        inline void  operator delete[](void* deadObj)
            {deleteAligned(deadObj);}

private:

    Float4 mVar;
    // ....

};
```

Die Entscheidung zwischen der hier vorgestellten Variante überladener new/delete Operatoren ist gegenüber der Variante mit einer Superklasse „AlignedObject" eine Geschmacksfrage. Es gibt keine nennenswerten Vor- oder Nachteile in Bezug auf die Geschwindigkeit. Allerdings wurde im Zusammenhang mit der „AlignedObject" Klasse ein Effekt beobachtet, der vermutlich auf einen Fehler im GNU-Compiler zurückzuführen ist. Angenommen, Klasse A ist 32 Byte groß, leitet von „AlignedObject" ab und verfügt über Membervariablen des Typs `Float4`. Wird `Float4` ebenfalls von „AlignedObject" abgeleitet (was die Konsistenz selbstverständlich erfordern würde), wächst die Größe der Klasse auf 48 Byte an. Leitet `Float4` von keiner Klasse ab, bleibt es bei den ursprünglichen 32 Byte. Die Klasse „AlignedObject" verfügt selbst über keine Membervariablen und über keine virtuellen Methoden, die die Größenzunahme erklären würden. Da sich durch den Verzicht auf die „AlignedObject"-Klasse keine Nachteile ergeben, wurde die Verwendung der überladenen Operatoren bevorzugt[18].

Weiterhin sollte der Umfang des Speicherabdrucks der Instanzen eigener Klassen berücksichtigt werden, wenn SIMD-Datentypen eine Verwendung finden. Beinhaltet eine Klasse beispielsweise eine `Float4`-Membervariable, und beträgt die Größe der Klasse insgesamt 32 Byte, so würde das Hinzufügen eines weiteren `char`-Members zu der Struktur diese auf volle 48 Byte vergrößern. Dies ist notwendig, damit dass nächste Objekt in einem Feld wiederum bei einer durch 16 Byte teilbaren Adresse anfängt. Wenn möglich sollten daher die Speicherabdrücke einer Klasse im besten Fall ein Vielfaches von 16 betragen, besonders dann, wenn eine große Anzahl von Objekten dieser Klasse allokiert wird.

[18] Konkret wurde dieser Effekt bei der Bounding Box-Klasse beobachtet. An dieser Stelle würde sich der Unterschied im Speicherverbrauch gravierend bemerkbar machen, da der Fehler eine Speicherzunahme um 50% bedingen würde.

Gefahren im Zusammenhang mit der STL Die *Standard Template Library* (STL) ist ein adäquates Mittel um eine Vielzahl von Algorithmen schneller implementieren zu können. Es können mit Hilfe der STL beispielsweise sehr einfach dynamische Arrays angelegt werden, die weiterhin nach bestimmten Kriterien sortiert werden können. Aus diesem Grund finden die Algorithmen der STL in vielen Programmen extensive Verwendung. Allerdings ist im Zusammenhang mit SIMD-Daten zu beachten, dass hier die übliche Verwendung nicht möglich ist. Die normale Deklaration für ein Array, das SIMD-Daten abspeichert, würde wie Folgt aussehen: `std::vector<Float4> arr`. Ein solcher Code wird auf vielen Systemen, insbesondere auf 32-Bit Systemen, zu Abstürzen führen, da die Allokatoren der STL den Speicher dynamisch anlegen und damit die korrekte Speicherausrichtung nicht gewährleisten können[19].

Als Lösung stehen zwei Möglichkeiten zur Verfügung:

- Es können eigene Allokatoren für die STL geschrieben werden. Jedoch erfordern diese ein detailliertes Verständnis der STL und einigen Programmieraufwand, so dass eine Umsetzung ggf. nicht gerechtfertigt ist.
- Anstelle des SIMD-Datentyps kann ein anderer Nicht-SIMD-Typ verwendet werden, wie beispielsweise ein `struct` aus einfachen `float`-Werten. Dies führt bei häufiger Verwendung in performanzkritischen Bereichen allerdings zu erheblichen Leistungsverlusten, falls häufig zwischen skalaren- und SIMD-Daten konvertiert werden muss.

Da im Kontext von AUGENBLICK die STL ohnehin nicht an Stellen, die kritisch für die Geschwindigkeit sind, benutzt wird, bietet sich die zweite Möglichkeit als Lösung an.

4.3.9 Bewertung

Die beiden SIMD-Befehlssätze *AltiVec* und *SSE* bieten jeweils ein vergleichbares Spektrum an Funktionen mit eigenen Vor- und Nachteilen. Seit der Einführung der Core-Architektur und der damit verbundenen Verwendung echter 128-Bit Wortbreite hat *SSE*, mit Blick auf die Ausführungsgeschwindigkeit, prinzipiell zu *AltiVec* aufgeschlossen. Zwar ist der *AltiVec*-Befehlssatz übersichtlicher und der Code leichter zu lesen, doch *SSE* setzt sich stärker am Markt durch. PowerPC-Prozessoren mit *AltiVec*-Einheiten kommen faktisch nur noch in Servern und Spielkonsolen vor, während *SSE*-fähige Prozessoren mit nahezu allen Desktop- und Notebook-Computern verkauft werden.

Die Wahl zwischen einer Umsetzung durch Intrinsics oder Klassen kann in allen Fällen zu Gunsten der SIMD-Klassen getroffen werden. Neben einer identischen Performanz[20]

[19] Dies trifft nicht auf Systeme wie OS X zu, die ihre Daten automatisch an 16 Byte Adressen ausrichten.

[20] Unter Ausschluss der allgemeinen Gültigkeit. Es kann an dieser Stelle nicht garantiert werden, dass jegliche arithmetischen Konstrukte korrekt aufgelöst werden können, ohne dass ein Mehraufwand entsteht.

bietet die Klassen-Implementierung den großen Vorteil der Portabilität: Programme, die mit der Klassenvariante entwickelt wurden, sind auf x86- und PowerPC-Prozessoren direkt lauffähig, darüber hinaus auf allen anderen mittels der SIMD-Emulationsschicht. Weiterhin bieten die Klassen den Vorteil eines deutlich besser lesbaren Codes und damit verbunden auch einer besseren Erweiterbarkeit und Wartbarkeit. Letztlich bietet das modulare Design der Implementierung eine einfache und schnelle Erweiterbarkeit um zukünftige neue SIMD-Befehle oder vollständige Befehlssätze. Bereits geschriebene Programme können mit minimalem Aufwand auf neue Plattformen portiert werden; andernfalls müssen große Teile des ursprünglichen Codes angepasst werden. Beispielhaft sei hier die Vektor-Einheit des Cell-Prozessors genannt, der sich zwar stark an der *AltiVec*-Einheit anlehnt, aber nicht über identische Befehle verfügt.

4.4 Werkzeuge

In diesem Abschnitt werden der `PacketIterator` und das `ParamSet` vorgestellt. Es handelt sich dabei um allgemeine Werkzeuge, die keinen direkten Bezug zum Ray Tracing selbst haben, aber für die Entwicklung äusserst hilfreich sind.

4.4.1 PacketIterator

Neben den Vorteilen, die SIMD-Befehle bringen, werden dem Programmierer durch die Datenparallelität auch zusätzliche Bürden auferlegt. Um dem entgegenzuwirken wurde der `PacketIterator` entwickelt, der eine komfortable und effiziente Lösung für ein häufig auftretendes Problem im Zusammenhang mit SIMD darstellt.

Beispielsweise werden bei der Verfolgung eines Strahlpakets die Indexwerte der getroffenen Geometrie in einem SIMD-Vektor gespeichert. Dieser sei hier mit $ID = [7,7,12,7]$ gegeben, d.h. drei Strahlen haben eine Geometrie mit der ID 7 getroffen und ein Strahl entsprechend das Objekt mit der ID 12. Für das Shading muss eine Normale berechnet werden. Aufgrund der dynamischen Struktur von AUGENBLICK kann nicht davon ausgegangen werden, dass es sich bei den beiden Geometrien um denselben Typ handelt, d.h. ID 7 könnte ein Dreieck repräsentieren, während ID 12 eine Bézier-Fläche referenziert. In einem solchen Fall müssen die beiden Normalen sequentiell berechnet werden. Für die ID 7 kann die Evaluation allerdings parallel ausgeführt werden. In der Praxis hat sich allerdings gezeigt, dass in den meisten Fällen Entwickler dazu übergegangen sind, über die vier Elemente zu iterieren und so mit der FPU die Berechnung sequentiell durchzuführen. Dies hängt damit zusammen, dass eine kluge Verfahrensweise recht aufwändig im Code zu entwickeln und auf Grund der großen Häufigkeit solcher Problemstellungen äusserst repetitiv ist. Gerade das führt oftmals wieder zu der simplen, aber suboptimalen Umsetzung durch eine einfache `for`-Schleife über alle vier Elemente.

Um dennoch die volle Leistungsfähigkeit der SIMD-Einheit ausnutzen zu können und ohne dabei den Mehraufwand in der Entwicklung erforderlich zu machen, wurde der `PacketIterator` entwickelt.

Folgender Code zeigt zunächst die komplexe Lösung, welche zwar effizient ausgeführt wird, aber durch die umständlichen Konstruktionen nur selten angewandt wird.

Listing 4.9: Shade-Methode ohne PacketIterator

```
Bool4 active = hits.mask();
Int4 geo = hits.primitives();
Int4 current = geometries;

Bool4 doneMask = active^Bool4::true4();

while(!doneMask.testAll())
{
    active = hits.mask() && current.cmpFirstToVector(geo);
    if ((active&&(doneMask^Bool4::true4())).testNone())
    {
        current = current.shiftLeft();
        continue;
    }

    unsigned index = current[0];
    unsigned shIndex = DATA->geometry(index)->shaderIndex();

    ColorPack newColor = DATA->shader(shIndex)->
                           shade(rays, hits, active);
    colors = colors.select(colors+newColor, active);

    doneMask = doneMask || active;
    current = current.shiftLeft();
}
```

Die Variable *geo* enthält somit den Vektor der getroffenen Geometrien, also $[7,7,12,7]$ in dem genannten Beispiel. *Active* ist die Maske, welche angibt, ob Elemente aktiv sind, also überhaupt einer Berechnung unterzogen werden sollen. Weiterhin ist *current* lediglich eine Kopie von *geo*, welche später gebraucht wird. Schließlich ist *doneMask* eine Maske, welche angibt, für welche Komponenten die Berechnung bereits abgeschlossen ist. Inaktive Komponenten werden dabei mit *true* initialisiert, da für diese keine weitere Berechnung stattfinden soll. Der Kern der Funktion an dieser Stelle ist eine *while*-schleife, welche so lange läuft, bis die Berechnung für alle Komponenten abgeschlossen ist. Anschließend wird für den gerade aktuellen Durchlauf der Schleife die Maske der aktiven

Komponenten berechnet. Dies erfolgt, indem der erste Wert aus geo in einen temporären Vektor mittels des *splat*-Befehls kopiert wird, und anschließend diese beiden miteinander verglichen werden (dies wird von der Methode `cmpFirstToVector()` `durchgeführt`). In dem Beispiel ist 7 die erste Komponente. Folglich wird $[7,7,12,7] == [7,7,7,7]$ ausgeführt, was zu der *active* Maske $[true, true, false, true]$ führt. Die folgende if-Bedingung trifft nicht zu.

Nun können Shading-Operationen für die Geometrie mit der ID 7 durchgeführt werden. Am Ende werden die Teil-Ergebnisse mit der entsprechenden Maske in das Gesamtergebnis *colors* kopiert. Letztlich wird die *doneMask* aktualisiert und *current* um eine Komponente nach links geschoben, was $[7,12,7,0]$ ergibt. Der zweite Durchlauf ergibt ebenfalls die $ID7$, allerdings ist die *active* Maske durch die logische und-nicht Verknüpfung mit der *doneMask* vollständig *false* für alle Komponenten. Dies bedeutet, dass in diesem Durchgang nichts zu berechnen ist, da entweder die Berechnung für dieses Element bereits durchgeführt wurde, oder aber die *active* Maske an dieser Stelle von Anfang an *false* war. Der if-Fall tritt dieses Mal ein, was zu einer weiteren Verschiebung von *current* nach links führt: $[12,7,0,0]$. Damit wird der derzeitige Durchlauf abgebrochen. In dem dritten Schleifendurchlauf ist nun die *active*-Maske $[false, false, true, false]$ ($[7,7,12,7] == [12,12,12,12]$). Somit kann die Berechnung für die ID 12 durchgeführt werden. Letztlich wird die *doneMask* dadurch vollständig *true*. Die Schleife bricht ab und die Berechnung wurde ohne Redundanz für alle Komponenten durchgeführt. Es gilt zu beachten, dass für die identischen Elemente die Berechnung parallel ausgeführt wurde.

Wie bereits vorher erwähnt wurde, ist ein solcher Ansatz effizient in der Ausführung, da der Mehraufwand für perfekt kohärente Pakete zu vernachlässigen ist und der Gewinn für inkohärente Pakete auf der Hand liegt. Dennoch führte die umständliche Entwicklung zu einer geringen Adaption bei anderen Entwicklern und/oder zu Fehlern durch geringe Unstimmigkeiten vorwiegend in den boolschen Masken. Aus diesem Grund wurde für AUGENBLICK der `PacketIterator` entwickelt, der genau das oben beschriebene Verhalten auf eine sehr einfach zu verwendende Klasse abbildet. Das folgende Codefragment zeigt den semantisch identischen Code aus Listing 4.9 unter Verwendung des `PacketIterators`.

Listing 4.10: Shade-Methode mit PacketIterator

```
VectorIterator vi(hits.primitives(), hits.mask());

Bool4 currentMask; unsigned int currentID;
while (vi.iterate(currentMask, currentID)){
 unsigned shIndex = DATA->geometry(currentID)->shaderIndex();
 ColorPack newColor = DATA->shader(shIndex)->
                      shade(rays, hits, currentMask);
 colors = colors.select(colors+newColor, currentMask);}
```

Ofensichtlich ist der Code aus Listing 4.10 wesentlich kompakter und erhöht die Benutzbarkeit sowie Wartbarkeit an dieser Stelle enorm. In der Codebasis von AUGENBLICK gibt es mehr als ein Dutzend von Stellen von der `PacketIterator` sinnvoll verwendet wird.

Dabei ist der `VectorIterator` selbst eine Klasse, deren beiden einzigen Methoden als inline deklariert sind, da diese in potentiell sehr zeitkritischen Regionen benutzt werden. Der Konstruktor initialisiert lediglich die Membervariablen während die eigentliche vollständige Funktionalität in `iterate(...)` steckt. Der Code ist in folgendem Listing gegeben.

Listing 4.11: Code der iterate Methode

```
inline bool VectorIterator::iterate(Bool4& active,
                                    unsigned int& currentID)
{
while (true)
{
    if (mDoneMask.testAll())
        return false;
    active = mCopy.cmpFirstToVector(mIDs).andNot(mDoneMask);
    mDoneMask = mDoneMask || active;
    currentID = mCopy[0];
    mCopy = mCopy.shiftLeft();

    if (active.testNone())
        continue;
    return true;
}
}
```

4.4.2 ParamSet

Auf der einen Seite bietet die Abstraktion durch virtuelle Methoden eine Reihe von bekannten Vorteilen, wirft aber auf der anderen Seite auch neue Probleme auf. So ist beispielsweise die Basisklasse aller Shader virtuell, so dass zur Laufzeit für jede Geometrie der entsprechend korrekte Shader aufgerufen werden kann. Während dieses Vorgehen naheliegt, ergeben sich bei der Instanzierung von Shader-Plugins, die erst zur Laufzeit geladen werden, neue Fragestellungen. Offensichtlich benötigten Shader unterschiedliche Informationen zu ihrer Instanzierung - beispielsweise mag ein Brechungsindex für einen Fresnel-Shader ausreichen, während aber ein Phong oder ein BRDF-Shader mehr Informationen benötigt. Die Methode zur Instanzierung des Plugins muss allerdings zwingend virtuell sein. Folglich kann die Schnittstelle nicht nach Bedarf für jedes Shader-Plugin angepasst werden. Eine übliche Lösung stellt die Verwendung eines `void`-Zeigers als Parameter dar. Dies allerdings ist nicht intuitiv, da der Benutzer eines solchen Plugins genau wissen muss, wie die erwartete Datenstruktur auszusehen hat, während Fehler dabei fast immer zu einem Absturz der Applikation führen. Alternativ kann eine Vereinigung aller potentiell möglichen Parameter in der Instanzierungsmethode verwendet werden. Dies führt aber zum einen zu extrem langen Parameterlisten, von denen in den meisten Fällen viele unnötig mitgeführt werden und zum zweiten ist die Anwendung im konkreten Fall der Shader nicht möglich, da die Parametermenge vorab nicht zu definieren ist. Zur Lösung dieses und ähnlicher Probleme wurde das `ParamSet` entwickelt. Der Einsatz des `ParamSet` ist überall dort angebracht, wo die Parameter zur Zeit des Kompiliervorgangs nicht bekannt sind und eine höhere Sicherheit als bei der Verwendung von void-Zeigern gewünscht oder erfordert ist.

Die `ParamSet` Klasse besteht dabei aus einer Reihe von *Map*-Containern der Standard Template Library, die über die entsprechenden Getter/Setter Methoden benutzt werden können. So genügt es zu wissen, dass ein bestimmter Shader beispielsweise zwei Attribute erwartet, `diffuse` und `specular`, welche beide vom Typ `Float4` sind. Ein entsprechendes `ParamSet` kann mit folgendem kurzen Code erzeugt werden.

Listing 4.12: Konfiguration eines ParamSet

```
ParamSet p;
p.setFloat4Parameter("diffuse",Float4(1.0f,0.0f,0.0f,1.0f));
p.setFloat4Parameter("specular",Float4(0.2f,0.2f,0.2f,1.0f));
```

Einen weiteren Vorteil neben der Flexibilität stellt die Fehlertoleranz dar. Ungültige Parameterwerte, also Attribute, die vom Shader nicht gefordert sind, werden so einfach ignoriert. Fehlen dagegen bestimmte Attribute, verbleiben die entsprechenden Werte auf den Standardeinstellungen des jeweiligen Shaders. Die `ParamSet`-Klasse kann die Parameter des Typs `float`, `Float4`, `int`, `std::string` und `void*` verwalten. Der void-Zeiger kann beispielsweise verwendet werden, um Adressen zu übertragen, alle anderen Parameter sollten entsprechend ihres Typs übertragen werden. Unter zu Hilfenahme von `ParamSets` können auch Elemente einer GUI dynamisch erzeugt werden, um so Shader über eine graphische Benutzungsoberfläche konfigurierbar zu machen.

4.5 Anwendungsbeispiele

Die folgenden Abschnitte verdeutlichen durch einige Beispiele, wie die *Coruscant*-Architektur und das gesamte AUGENBLICK-System eingesetzt werden können um auf einfache und effiziente Weise unterschiedliche Zielsetzungen zu erfüllen.

4.5.1 Vollständige Ray Tracing-Applikation

Die einfache Benutzbarkeit von AUGENBLICK zeigt sich bereits gut an der Umsetzung einer vollständigen Ray Tracing-Applikation. Listing 4.13 enthält den vollständigen Code, der nötig ist, um eine Szenendatei (Bunny) zu laden und das entsprechende Bild anzuzeigen. Die Installation von GLUT wird dabei vorausgesetzt, allerdings werden fast alle Unix Betriebssysteme ohnehin mit GLUT ausgeliefert.

Listing 4.13: Vollständiger Code für eine Ray Tracing Applikation mit AUGENBLICK

```
#include <GL/glut.h>
#include <API/Augenblick.h>

void display(void)
{
  AUGENBLICK->renderSingleFrame();
}

int main(int argc, char** argv)
{
  glutInit(&argc, argv);
  glutInitDisplayMode(GLUT_SINGLE|GLUT_RGB);
  glutInitWindowSize(512, 512);
  glutCreateWindow("Pluto");
  AUGENBLICK->loadSceneFile("bunny.ply");

  glutDisplayFunc(display);
  glutMainLoop();
  return 0;
}
```

Zu beachten ist dabei, dass lediglich zwei AUGENBLICK API-Befehle ausreichen, um ein vollständiges mittels Ray Tracing generiertes Bild zu erhalten. Die folgenden Aufgaben sind automatisiert und für den Benutzer unsichtbar:

- Initialisierung von AUGENBLICK (bei dem ersten Aufruf eines API-Befehls).
- Erzeugung einer Beschleunigungsdatenstruktur (vor der Berechnung des ersten Bildes).
- Erzeugung und Initialisierung der Render-Threads (vor der Berechnung des ersten Bildes).
- Anzeigen des berechneten Bildes (als Letztes, während des `renderSingleFrame(...)`-Aufrufs, falls ein OpenGL-Kontext vorhanden ist).

Als weiteres Beispiel für die einfache Benutzung soll hier die Erweiterung um eine Maus-Navigation dienen. Üblicherweise lässt sich die Kamera in-3D Programmen dadurch bewegen, dass die linke Maustaste gedrückt gehalten und die Maus dabei bewegt wird. Eine Trackball Navigations-Metapher lässt sich in AUGENBLICK mit folgendem Code realisieren:

Listing 4.14: Erweiterung um eine Trackball-Navigation

```
void mouse(int button,int state,int x,int y)
{
  if (button == GLUT_LEFT_BUTTON &&
       state == GLUT_DOWN)
    AUGENBLICK->setMousePosition(x,y);
}

void motion(int x, int y)
{
  AUGENBLICK->mouseMovedTo(x,y);
  AUGENBLICK->requestNewRendering();
}
```

Viele weitere Funktionen lassen sich, ähnlich wie die demonstrierten, über einen einzelnem Befehl der API aufrufen. Es zeigt sich, dass auf diese Art und Weise rapide neue Applikationen mit einer individualisierten Benutzungsoberfläche für viele verschiedene Zwecke erstellen werden können.

4.5.2 Melmac

AUGENBLICK selbst ist nur eine Ray Tracing-Bibliothek und kann nicht direkt von Endbenutzern verwendet werden, ohne dass ein Programm entwickelt wird, das die Funktionen der Bibliothek benutzt. Zu Demonstrationszwecken der Leistungsfähigkeit sowie der einfachen Benutzung von AUGENBLICK wurde die GUI-Applikation *Melmac* entwickelt. Exemplarisch werden hier die meisten Funktionen von AUGENBLICK an die grafische Benutzungsoberfläche angebunden, während in dem plattformabhängigen Code keinerlei Ray Tracing (oder verwandte) Funktionalität steckt. Dies zeigt sich auch daran, dass der gesamte Code der graphischen Oberfläche lediglich knapp über 1000 Zeilen (inklusive Kommentare) lang ist[21]. Abbildung 4.6 zeigt *Melmac* mit einem beispielhaft berechneten Bild.

Melmac bietet unter anderem die Möglichkeit, Szenendateien zu laden und sofort anzuzeigen. Es kann zwischen Ray Tracing und rudimentärem OpenGL-Rendering gewählt werden. Beim Ray Tracing-Verfahren existieren eine Reihe von Rendermodi,

[21]Stand der Revision 3860, gemessen mit Sloccount [DAVID A. WHEELER 2008]

Abbildung 4.6: Melmac: *Das Frontend für* AUGENBLICK *unter Mac OS X.*

wie SIMD- und Einzel-Strahlverfolgung, Intersection-Count und Trace-Time Analysemodi. Weiterhin können Schatten bei Bedarf aktiviert werden, die Art der Hierarchie ist frei wählbar und Supersampling verwendet werden. Mittels Drag-and-Drop können OpenEXR-Dateien auf das Ausgabefenster gezogen werden, wodurch das Laden und die Verwendung einer *Environment Map* veranlasst wird. Bei diesen und vielen weiteren Funktionen handelt es sich wie erwähnt in den meisten Fällen lediglich um einzelne API-Aufrufe, um die entsprechende Funktionalität umzusetzen.

4.5.3 Nahtlose OpenGL-Integration

Dank der flexiblen Architektur können auch solche Problemstellungen elegant gelöst werden, die mehr oder weniger stark vom üblichen Ray Tracing-Verfahren abweichen. In Kapitel 8 wird ein hybrides Verfahren vorgestellt, das ebenfalls im Rahmen dieser Arbeit entwickelt wurde. Dabei wird der Schnitttest gegen NURBS-Flächen beschleunigt, indem ein vorheriger OpenGL-Renderpass optimierte Startwerte für die Iteration der Schnittpunktfindung liefert. Dafür ist es erforderlich, vor dem eigentlichen Ray Tracing ein modifiziertes OpenGL-Bild aus Sicht der Ray Tracing-Kamera zu berechnen. Die Ergebnisse werden dann während der Strahlverfolgung ausgewertet und verwendet.

Diese Modifikation kann mittels der flexiblen Architektur einfach umgesetzt werden. Dazu wird die Standard *Execution Chain* ergänzt, so dass eine zusätzliche *Execution Unit* zu Beginn ein OpenGL-Rendering veranlasst. Diese Unit ist mit der üblichen Synchronisationsbarriere ausgestattet, damit die Rasterisierung vor dem Ray Tracing abgeschlossen ist. Der übliche Ray Tracing State wird gegen einen ähnlichen State ausgetauscht, der lediglich die zusätzlich generierten Informationen auswertet, um bessere Startwerte zu erhalten. Eine ausführliche Erläuterung des hybriden Algorithmus

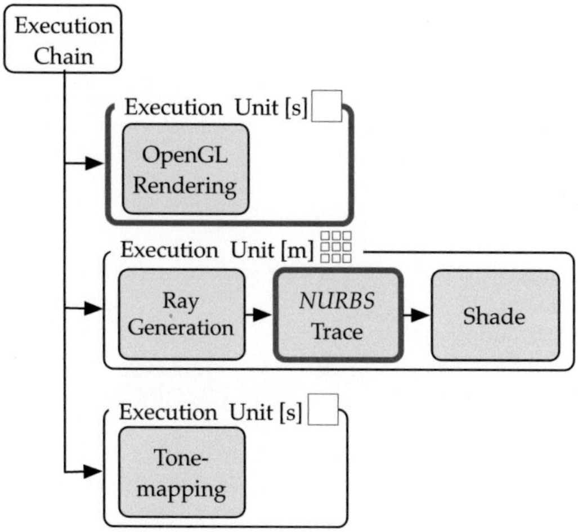

Abbildung 4.7: *Die vollständige* Execution Chain *für das hybride Ray Tracing. Gegenüber der Standard-Kette ergänzte oder modifizierte Teile sind durch einen roten, dicken Rahmen kenntlich gemacht.*

findet sich in Kapitel 8. Abbildung 4.7 zeigt die entsprechend angepasste *Execution Chain*. Die Codebasis bleibt dadurch sauber und übersichtlich. Selbst wenn der Hybrid-Algorithmus nicht angewandt wird, werden keine Abfragen von diversen Status-*flags* oder ähnliche Kontrollmechanismen benötigt. Die jeweils für einen konkreten Zweck konstruierte *Execution Chain* führt den gewünschten Code aus, während nicht benötigte Teile temporär ignoriert werden.

4.5.4 Integration des Multi Level Ray Tracing-Algorithmus

Der s.g. *Multi Level Ray Tracing Algorithmus* (MLRTA) [RESHETOV et al. 2005] beschleunigt die Traversierung einer *kd-tree* Hierarchie, indem durch ein Verfahren mit zwei Durchläufen tiefere Eintrittspunkte in der Hierarchie für ganze Strahlbündel gefunden werden. Beispielsweise kann so je nach Szene für viele Strahlen ein Eintrittspunkt in der Hierarchie gefunden werden, der deutlich tiefer im Baum liegt als der Wurzelknoten. Eine Heuristik, welche die Komplexität unterhalb eines gegebenen Knotens abschätzt, hilft dabei, zu entscheiden, ob ein Strahlbündel aufgeteilt und die Eintrittssuche fortgeführt, oder ob ab diesem Punkt der reguläre Schnitttest gestartet wird. So ergibt sich oft der Fall, dass ein Bündel aus beispielsweise 8×8 Strahlen die ersten Ebenen der Hierarchie gemeinsam traversiert und sich erst relativ nah an den Blättern in unterschiedliche Pakete aufteilt. Anstatt nun jeden dieser Strahlen mit identischen Tests an den oberen Ebenen zu prüfen, kann das ganze Bündel zusammen bis zu einer Tiefe verfolgt werden, bei der es in zu kleine Unterbündel aufgeteilt werden müsste. Von dort an wird die übliche Traversierung für SIMD-Pakete oder auch Einzelstrahlen fortgesetzt. Für eine detaillierte Diskussion des Algorithmus sei auf die originale Publikation verwiesen [RESHETOV et al. 2005].

Für eine Implementierung dieses Algorithmus bedarf es des Aufbaus einer eigenen Datenstruktur. Diese muss dementsprechend so traversiert werden, dass ab einem gewissen Punkt die Standard-Traversierung für einen tiefer gelegenen Knoten gestartet wird. Die Integration in AUGENBLICK geschieht in diesem Fall über zwei Plugins: Ein Plugin war für den Aufbau der Hierarchie (`MLRTABuilder`) und ein anderes für die Traversierung (`FrameTrace`) verantwortlich. Da keine *kd-tree* Implementierung vorhanden ist, wird der Algorithmus zur Verwendung der Bounding Interval Hierarchy (BIH) (siehe Abschnitt 3.3.4) angepasst. Eine der maßgeblichen Änderungen ist die Aufgabe des *Kachel*-Konzepts. Da ein großer Vorteil des MLRTA in der Fähigkeit liegt große Regionen mit gemeinsamen Eintrittspunkten zu finden, ist eine Ausgangsgröße von 32^2 Pixeln nicht vorteilhaft. Aus diesem Grund ersetzt der `FrameTrace Execution State` die üblichen *States* der Strahlgenerierung und -verfolgung. Ausgehend von dem gesamten zu berechnenden Bild wird der MLRTA Algorithmus gestartet. Je nach Anzahl der vorhandenen Render-threads im Verhältnis zur Bildauflösung können Kacheln mit großen Dimensionen erstellt werden, um die Parallelität auszunutzen[22].

Aufgrund der prototypischen Umsetzung und nur rudimentärer Laufzeitoptimierungen konnten keine Geschwindigkeitsverbesserungen erzielt werden. Dennoch konnte die korrekte Funktionsweise des MLRT-Algorithmus bestätigt werden: Die Anzahl der benötigten Schnitttests konnte um 25% (Bunny), bzw. um 20% (Dragon) gegenüber der Standard-BIH reduziert werden.

Im Rahmen der Arbeit [KLEE 2008] wurde die Erstellung der oben erwähnten Plugins für Aufbau und Traversierung der MLRTA-Hierarchie auf Basis der BIH in AUGENBLICK v5 integriert. Da zu einem späteren Zeitpunkt die BIH aufgegeben wurde (vgl. Abschnitt 4.7.4), finden die Plugins in der finalen Version keine Verwendung mehr. Dennoch lassen die Ergebnisse den Rückschluss zu, dass eine für die SAH-BVH erstellte und ordentlich optimierte Variante durchaus gute Verbesserungen bieten kann. Die gesammelten Erfahrungen werden dienlich sein um eine solche Umsetzung effizient zu realisieren. Es konnte darüber hinaus gezeigt werden, dass die Architektur von AUGENBLICK die Integration einer völlig individuellen Hierarchie ohne Probleme ermöglicht.

[22] Dies wurde bisher nicht integriert, aber es sind keine Schwierigkeiten bei der Umsetzung zu erwarten.

4.5.5 Ergänzung um vollständiges GPU-Ray Tracing

Wie bereits zuvor beschrieben wurde, haben die letzten Revisionen der Grafikhardware eine Flexibilität erreicht, die ihre Verwendung im Ray Tracing-Kontext zunehmend interessanter werden lässt. Vor der G80-Generation der NVidia-Chipsätze, war die Portierung des Ray Tracing-Algorithmus eher als ein *proof of concept* interessant. Dies wurde von zahlreichen Wissenschaftlern verfolgt (vgl. Abschnitte 3.1.2 und 8), dennoch konnten ältere Realisierungen keine konkurrenzfähige Geschwindigkeit gegenüber CPU-Varianten erzielen[23]. Seit der Einführung von CUDA [NVIDIA CORP. 2007] in 2007 ist es allerdings möglich, von der auf Grafik basierenden Verarbeitung der Hardware deutlich zu abstrahieren und diese als einen allgemeinen, massiv parallelen Prozessor zu benutzen. Die Möglichkeiten, die CUDA bietet, erscheinen ausreichend, um zu untersuchen, ob die Erwartungen erfüllt werden können und ein GPU-basierender Ray Tracer entwickelt werden kann, der einerseits ausreichend schnell ist, um als konkurrenzfähig zu gelten und dabei andererseits nicht übermäßig stark in seiner Funktionalität eingeschränkt ist. Weiterhin ist dies ein interessanter Anwendungsfall, um zu prüfen wie weit die Flexibilität der *Coruscant*-Architektur reicht und inwiefern eine so einschneidende Erweiterung tatsächlich ohne größere Kompromisse durchgeführt werden kann.

Um den Rahmen dieser Arbeit nicht zu sprengen werden in diesem Abschnitt nur die wichtigsten Details hervorgehoben und einige Ergebnisse präsentiert. Eine ausführliche Diskussion ist in [RABE 2008] zu finden.

CUDA

CUDA (*Compute Unified Device Architecture*) ist im Wesentlichen ein Compiler für NVidia GPUs sowie eine Entwicklerwerkzeug-Sammlung. Der größte Vorteil von CUDA liegt darin, dass üblicher C-ähnlicher Code benutzt werden kann um eine breite Palette der moderneren GPUs (ab der G80 Generation) von NVidia programmieren zu können. Die Sprache ist dabei tatsächlich C, welches um einige weitere hardwarespezifische Eigenschaften erweitert wurde. So können beispielsweise die Befehle `__global__` oder `__shared__` angeben in welchem Speicherbereich eine Variable gehalten werden soll. Als besonders angenehm erweist sich die Tatsache, dass die Entwicklung von parallel auszuführendem Code stark vereinfacht wird, da der Entwickler weitestgehend gewöhnlichen skalaren C-Code verfassen kann. In Abhängigkeit zur verwendeten Hardware wird dieser Code entsprechend auf mehreren *stream Prozessoren* ausgeführt; im Fall von High-End Consumer Grafikkarten können dies bereits bis zu 240 Stück[24] sein. Anders als bei Standard-Hardware, werden diese *Stream Prozessoren* weder einzeln

[23] Zuweilen kommen die jeweiligen Autoren zu anderen Schlüssen, doch in den meisten Fällen handelt es sich dabei lediglich um sehr eingeschränkte Anwendungsfälle, in denen die Leistungsfähigkeit der GPU die CPU deklassieren konnte

[24] Die NVidia GTX 280 verfügt über 240 *stream Prozessoren*.

noch manuell durch POSIX-Threads oder ähnliche Bibliotheken verwaltet. Vielmehr gibt die Entwicklungsumgebung eine Organisation bereits vor. Dabei wird für eine Berechnung ein Gitter (*Grid*) bestehend aus einer Anzahl von *Thread-Blocks* angelegt. Diese Thread-Blocks können maximal 512 Threads umfassen. Im Kontext des Ray Tracing liegt es also nahe für jeden Pixel einen eigenen Thread starten zu lassen - dies wäre vergleichsweise auf gewöhnlicher x86 Hardware weniger effizient, bzw. je nach Auflösung des zu berechnenden Bildes nicht möglich.

Integration des GPU-basierenden Ray Tracing

Die Integration in AUGENBLICK erweist sich als unproblematisch. Dank der flexiblen *Execution Chain* kann der vollständige Ray Tracing-Prozess an die Grafikkarte übergeben werden. Durch die an C angelehnte Programmiersprache von CUDA ist die Portierung einzelner Elemente, wie Shadern, recht einfach. Alle Vorverarbeitungsschritte hingegen, wie das Laden von Dateien oder auch der Aufbau der Beschleunigungsdatenstruktur, bleiben nach wie vor AUGENBLICK überlassen. Durch einen Rücktransfer der Bilddaten könnten auch Schritte der Nachverarbeitung, wie Tonemapping, von AUGENBLICK übernommen werden. Allerdings ist es effektiver, solche Prozesse ebenfalls von der Grafikhardware durchführen zu lassen, da der Rücktransfer in den Hauptspeicher sehr zeitaufwändig ist.

In letzter Konsequenz sieht die *Execution Chain* für das GPU Ray Tracing sehr einfach aus: Die Verarbeitungskette besteht dabei aus nur einer einzigen Frame-basierenden *Unit*, der nur ein einzelner *State* zugewiesen ist. Dieser stößt lediglich die Ausführung des Ray Tracing auf der GPU an. Gegebenenfalls muss zuvor der Transfer der Daten (Geometrie, Hierarchie, Shader, etc.) auf die Grafikhardware veranlasst werden. Vorteilhaft zeigt sich hier die CUDA-Programmierumgebung, da im Gegensatz zu früheren Ansätzen nun die meisten Algorithmen und Datenstrukturen ohne eine spezielle syntaktische Anpassung übernommen werden können. Zu großen Teilen ist dies der inhärenten Parallelität des Ray Tracing zuzuschreiben. Ein Nachteil zeigt sich darin, dass es bisher nicht möglich ist, exakt denselben Code für beide Architekturen zu verwenden. Somit müssen die Teile welche von der GPU ausgeführt werden sollen, dennoch neu geschrieben werden, auch wenn große Teile identisch bzw. ähnlich sind. Hier könnte das auf der Siggraph 2008 vorgestellte OpenCL [NEIL TREVETT 2008] Abhilfe schaffen. Ob die Versprechungen eingehalten werden, dass derselbe Code unmodifiziert, sowohl auf CPU und GPU (und etwaigen anderen Architekturen) wirklich optimal lauffähig ist, muss sich erst noch zeigen.

Ergebnisse

In diesem Abschnitt werden exemplarisch einige Ergebnisse präsentiert, welche mit der GPU-Variante erzielt werden konnten. Für die Messungen des auf der GPU ba-

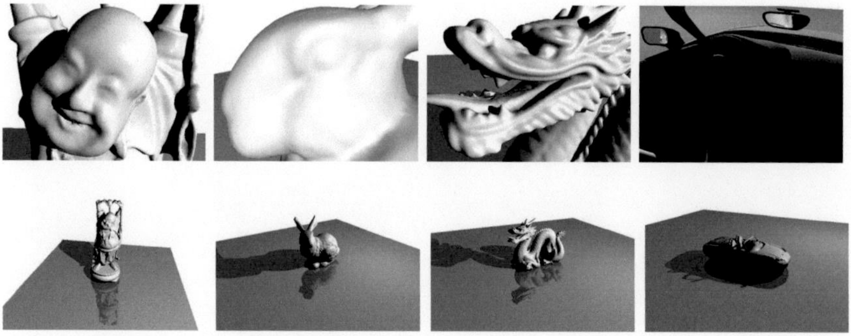

Abbildung 4.8: *Die Testszenen des GPU Ray Tracing. Von links nach rechts: Buddha, Bunny, Dragon, Porsche. Obere Reihe: Großaufnahme. Untere Reihe: Totale.*

sierenden Ray Tracers kam eine NVidia GeForce 8800 GTX zum Einsatz, während die Vergleichswerte der CPU-Variante mit System MP2 erzielt wurden. Auf der Grafikhardware kamen drei verschiedene Methoden der Traversierung der BVH zum Einsatz; die Bedeutung der einzelnen Modi *LST* (Verwendung des langsamen lokalen Speichers), *SST* (gemeinsame Traversierung über *shared memory*) und *implizit* (stacklose *depth first, left first* Traversierung) sind in [RABE 2008] notiert und ausführlich erläutert.

Die Ergebnisse für die Strahlverfolgung bei einer Auflösung von 640 × 480 und einer Lichtquelle sind in Tabelle 4.3 gezeigt, während in Tabelle 4.4 dieselben Testszenen für eine Auflösung von 1280 × 960 Pixeln angegeben sind. Die entsprechenden Ergebnisbilder dazu sind in Abbildung 4.8 abgebildet. Für alle Szenen wurde ein reflektierender Boden hinzugefügt.

Szene	Bilder/Sek. Großaufnahme/Totale			
	LST	SST	implizit	CPU
Bunny	9.5 / 16.1	27.9 / 12.2	5.2 / 7.0	11.3 / 20.0
Dragon	5.9 / 12.6	9.2 / 4.4	1.9 / 4.9	5.5 / 12.5
Buddha	5.8 / 13.6	11.0 / 3.1	2.1 / 4.7	5.2 / 12.9
Porsche	3.7 / 9.6	8.3 / 4.5	2.0 / 4.6	2.8 / 14.8
				Version: 5.0 r3940

Tabelle 4.3: *Ergebnisse der verschiedenen GPU-Traversierungsmethoden und der CPU-Variante bei einer Aufnahme von* 640 × 480 *Pixeln.*

Aus den Ergebnissen lassen sich einige interessante Rückschlüsse ziehen. Zunächst ist ein Vergleich zwischen den GPU-Ansätzen und der CPU offensichtlich interessant. Hier

Szene	Bilder/Sek. Großaufnahme/Totale			
	LST	SST	implizit	CPU
Bunny	2.5 / 4.9	9.0/ 6.3	1.5 / 2.5	2.8 /6.0
Dragon	3.8 / 1.6	2.5/ 4.1	1.6 / 0.6	1.6 /3.3
Buddha	1.6 / 4.5	4.6/ 2.0	0.7 / 1.7	2.1 /3.8
Porsche	1.0 / 3.0	3.1/ 2.5	0.6 / 1.5	0.9 /3.7
				Version: 5.0 r4940

Tabelle 4.4: *Ergebnisse der verschiedenen GPU-Traversierungsmethoden und der CPU-Variante bei einer Aufnahme von* 1280×960 *Pixeln.*

zeigt sich, dass in einigen Fällen die GPU bereits deutlich schneller sein kann (Bunny bei 640×480 SST gegen CPU: Faktor 2.46), in anderen Fällen aber noch klar unterliegt (Buddha bei 640×480 SST gegen CPU: Faktor 0.30). Weiterhin zeigt sich, dass sich nicht unbedingt ein klares Bild abzeichnet unter welchen Voraussetzungen welche Variante leistungsfähiger ist. Das implizite Verfahren unterliegt fast ausnahmslos in allen Fällen. Das SST-Verfahren ist insbesondere für hochgradig kohärente Szenen effektiv (also z.b. bei den Großaufnahmen und bei höheren Auflösungen), während sonst LST eher dominiert. Im Gesamtbild verfestigt sich der Eindruck, dass simplere Szenen auf der GPU mit dem richtigen Verfahren, also LST oder SST, effizienter laufen, während komplexere Szenen in der Totale wie der Porsche oft auf der CPU besser abschneiden. Dies könnte zu einem gewissen Anteil schlechteren Speichertransferzeiten zuzurechnen sein. Auf der Grafikhardware, sind die Zugriffszeiten auf den globalen Speicher üblicherweise deutlich länger als auf der CPU. Weiterhin können bei inkohärenten Berechnungen die *Stream Prozessoren* nicht vollständig ausgelastet werden. Wird jedoch die Leistung in Relation zur theoretischen Rechenleistung gesetzt, zeichnet sich ein anderes Bild ab. Hier übertrifft die GeForce 8800 GTX (518 GFLOPS) die Leistung der Dual Quad Xeon CPUs (89.6 GFLOPS) um über den Faktor 5. Die erzielten Leistungswerte sind, wie gezeigt, aber deutlich von diesem Beschleunigungsfaktor entfernt, der zwischen $\frac{1}{3}$ und 3 liegt.

Zusammenfassung & Ausblick

Die erzielten Ergebnisse des GPU basierenden Ray Tracing sind durchaus vielversprechend, insbesondere im Vergleich zu anderen jüngsten Publikationen in diesem Bereich. Dennoch zeigt sich immer noch sehr deutlich, dass eine Streaming-Architektur nicht vollends gut für das Ray Tracing geeignet ist. Zwar verfügen Grafikkarten über eine enorme Leistung doch diese kann nicht immer ausgenutzt werden, wie gezeigt wurde.

Da die Leistung der Grafikhardware in den letzten Jahren viel schneller gestiegen ist, bleibt abzuwarten, ob diese nicht doch zukünftig besser für das Ray Tracing geeignet sind, auch wenn ein Großteil der tatsächlichen Leistung nicht umgesetzt werden kann. Andererseits bleiben eine Reihe von Nachteilen vermutlich für einen gewissen Zeitraum dennoch bestehen: Der Speicher ist im Allgemeinen deutlich kleiner verglichen mit dem Hauptspeicher, die Programmierbarkeit bleibt trotz gravierender Verbesserungen schwieriger, insbesondere das Debugging betreffend. Am gravierendsten ist aber die Tatsache, das wichtige Programmierkonstrukte, wie virtuelle Methoden, nicht verfügbar sind. Solange dies der Fall ist, wird dadurch die vollständige Portierung von komplexen, flexiblen Systemen wie AUGENBLICK und anderen ausgeschlossen. Nicht zuletzt bleibt auch abzuwarten, ob *Larrabee* die Erwartungen erfüllen kann und eine noch viel besser geeignete Architektur für das Ray Tracing werden kann. Mit einer erwarteten Leistung von etwa einem TFLOP, welche in der Skala der CPU-Leistung anzusiedeln ist, können sicher große Fortschritte im Bereich des Echtzeit Ray Tracing gemacht werden.

Letzten Endes wird es die beste Entscheidung sein, die Entwicklungen mit einem wachsamen Auge zu verfolgen und entsprechend ständig neu zu bewerten. Zum jetzigen Zeitpunkt, eigenen sich lediglich CPUs für flexibles und erweiterbares Ray Tracing, da Konstrukte wie Plugins (durch virtuelle Funktionsaufrufe) auf der Grafikhardware nicht in dieser Form möglich sind. Dagegen zeichnet sich ab, dass für einfaches eng umrissenes Whitted Ray Tracing moderne GPUs durchaus geeignet sind und derzeit verfügbare Mittelklasse CPUs deklassieren können. An dieser Stelle soll ein Zitat des ehemaligen CEO von Intel nicht unberücksichtigt bleiben:

> *Innovate, integrate, innovate, integrate, that's the way the industry works, ... Graphics was a stand-alone graphics card; then it's going to be a stand-alone graphics chip; and then part of that's going to get integrated into the main CPU.*
> - Craig Barrett

Barret spricht von dem *Wheel of reincarnation* [MYER und SUTHERLAND 1968], demnach Funktionalität ausgelagert wird, sich entwickelt und letztlich wieder zurück integriert wird. Sollte sich dieses Prinzip bestätigen, dann werden zu einem späteren Zeitpunkt die CPU und GPU zu einer Einheit fusionieren - eine Entwicklung die sich mit *Larrabee* bereits ankündigt, sollte sich diese Architektur durchsetzen. In jedem Fall bedeutet dies, das die Entwicklungen beobachtet und stets neu bewertet werden müssen, statt sich gänzlich allein auf eine Technologie festzulegen.

4.6 Aufwandsbetrachtung

Es ist das Ziel einer Softwarearchitektur, eine gewisse Aufgabe oder Sammlung von Aufgaben so zu bewältigen, dass der Prozess übersichtlich, erweiterbar und wartbar ist und bleibt. Darüber hinaus soll dies in den allermeisten Fällen so umgesetzt werden, dass die Ausführungsgeschwindigkeit darunter möglichst wenig leidet. Unglücklicherweise stehen diese Bedingungen, wie zuvor dargelegt, zumeist diametral zueinander. Der

Aufwand, den eine saubere Architektur erfordert, bringt fast immer indirekte Kosten mit sich, wie z.B. Fehlerbehandlungen, virtuelle Methoden, sichere Speicherallokation und -deallokation. So muss in jedem einzelnen Fall entschieden werden, ob der Mehraufwand gerechtfertigt ist bzw. überhaupt geleistet werden kann.

Im Kontext des Echtzeit Ray Tracing spielt die Performanz offensichtlich eine besonders tragende Rolle. Aus diesem Grund werden oft Ray Tracing Systeme mit *Brute Force* Methoden implementiert. Wie bereits in Abschnitt 3.2.4 dargelegt, distanziert sich AUGENBLICK deutlich von einem solchen Ansatz. Trotzdem ermöglicht die flexible *Coruscant* Architektur die Umsetzung eines *Brute Force* Ray Tracers zu Testzwecken. Der Test wird in drei Stufen vollzogen und soll aufzeigen wie hoch der Mehraufwand ist, der durch die Architektur begründet wird.

In einem ersten Schritt (BF I) wird die komplette Kachel-basierte Verarbeitungskette des Standard Ray Tracing-Prozesses durch eine einzige *Frame* basierende *Unit* mit nur einem einzelnen State ersetzt. Der Code für die Strahlerzeugung, das Tracing sowie das Shading wird in diesem *State* zusammengeführt. Datentransfers über das *Backbone* von Zwischenergebnissen werden somit entfernt. Die Kachel-basierende Verarbeitung wird zunächst beibehalten, d.h. auch in dieser Variante wird das Bild blockweise für 32^2 Pixel berechnet. Durch einen solchen Test kann nun verglichen werden wie hoch der durch die Architektur bedinge Mehraufwand ist. Konkret werden dabei die Kosten der Verarbeitung der modularen Kette ermittelt. Weitere Eigenschaften werden in nachfolgenden Tests überprüft.

Szene	PMac			
	Coruscant	BF I	BF II	BF III
Bunny	6.09	5.93	6.01	6.18
Bunny (nah)	2.63	2.60	2.51	2.64
Buddha	4.61	4.51	4.56	4.51
Dragon	4.06	3.97	3.94	3.90
				Version: 5.0.1 r3434

Tabelle 4.5: *Die Bildwiederholraten für die Standard Ray Tracing Variante in* Coruscant *im Vergleich mit dem Brute Force Ray Tracing in den Varianten BF I, BF II und BF III. Die Vergleiche wurden mit einem jeweils einem Thread durchgeführt.*

In einem zweiten Schritt (BF II) wird jeder weitere flexible Teil innerhalb des *Brute Force* States gegen einen statischen, aber schnelleren Code ausgetauscht. So wird bei BF I zwar die grundsätzliche Flexibilität der *Coruscant*-Architektur entfernt, jedoch bleiben alle Teile weiterhin dynamisch, wie z.B. die Geometrie- oder Hierarchietypen. Der Ray Tracing Code des *Brute Force* State ist somit nun eine einzige sehr lange Methode in der für einen Strahl alle Stufen der nun statischen Verarbeitungskette durchlaufen werden. Dies bedeutet, dass der komplette Bildsyntheseprozess des gesamten Bildes ohne einen einzigen Funktionssprung durchgeführt wird (Hilfsklassen wie `VecPack3` u.ä. haben ausschließlich Methoden die als `inline` deklariert sind). Das Resultat ist zwar softwaretechnisch gesehen sehr zweifelhaft aber dafür frei von jeglichem Mehraufwand.

In einem letzten Schritt (BF III) wird zudem noch die Kachel-basierte Vorgehensweise durch eine *frame*-basierte ersetzt. Dadurch wird das gesamte Bild in einer Doppelschleife über alle Pixel berechnet. Dies bedingt insgesamt deutlich weniger Schleifendurchläufe.

Tabelle 4.5 zeigt die unterschiedlichen Bildwiederholraten für das Standard Ray Tracing der *Coruscant*-Architektur und das des *Brute Force* Ansatzes in den drei Varianten. Die Tests wurden auf dem System PMQ sowie MP2 durchgeführt. Da die Ergebnisse in der Relation untereinander identisch sind, sind hier nur die Ergebnisse des Systems MP2 angegeben. Es zeigt sich entgegen der Erwartung, dass die verschiedenen Varianten des *Brute Force* States in der Regel nicht schneller, sondern sogar geringfügig langsamer sind. Da die Abweichung maximal 4% beträgt, sind die Unterschiede nahezu zu vernachlässigen. Dennoch ist es sehr überraschend, dass die *Coruscant*-Architektur im schlechtesten Fall nur bis zu 1,5% zurückliegt und im besten Fall sogar 4,1% schneller ist. Zwar sind virtuelle Funktionsaufrufe unbestreitbar teurer als wenn Funktionsaufrufe gänzlich vermieden werden, doch wird dieser vermeintliche Nachteil wieder ausgeglichen: Der Code in den *Brute Force* Varianten, insbesondere in BF II und III, neigt zu Code Bloating △ und reduziert somit die Ausführungsgeschwindigkeit durch ein deutlich schlechteres Zwischenspeichern des Codes. Weiterhin ist die Kohärenz der Strahlen geringer, wenn über das gesamte Bild iteriert wird, anstelle von einzelnen Kacheln.

4.7 Ergebnisse

In diesem Abschnitt werden eine Reihe von Ergebnissen präsentiert, die mit AUGENBLICK erzielt wurden. Die Ergebnisse umfassen die allgemeine Ray Tracing Leistung in Abschnitt 4.7.1, die Werte bei der Skalierung über mehrere Threads in Abschnitt 4.7.2, die Resultate zu der SIMD-Effizienz in Abschnitt 4.7.3 sowie die erzielten Werte im Zusammenhang der Konstruktion der Bounding Volume Hierarchie in Abschnitt 4.7.4. Abschließend wird ein Vergleich mit kommerziellen Systemen in Abschnitt 4.7.5 präsentiert.

4.7.1 Allgemeine Leistung unter verschiedenen Plattformen

Abbildung 4.9: *Das hochauflösende Modell eines Audi R8 - die anspruchsvollste Testszene im Rahmen dieser Arbeit: 2.6 Millionen Dreiecke werden im Zusammenhang mit zahlreichen Spiegelnden und Transmittierenden Materialien zuzüglich Texturen benutzt.*

In diesem Abschnitt wird die Leistung von AUGENBLICK auf verschiedenen Plattformen präsentiert werden. AUGENBLICK v5 wurde von Beginn an mit Hinblick auf gute Portabilität entwickelt. Der Erfolg zeigt sich dadurch, dass AUGENBLICK auf den gängigsten Betriebssystemen OS X, Linux und Windows lauffähig ist. Darüber hinaus werden die x86 und die PowerPC-Architektur in wahlweise 32- oder 64-Bit unterstützt. Systemspezifische Anpassungen sind nur an einigen wenigen Stellen nötig, wie beispielsweise bei der Thread-Implementierung oder des Plugin-Systems.

Die Entwicklung fand hauptsächlich unter OS X statt, eine Portierung auf Linux ist auf Grund der gemeinsamen UNIX-Basis daher problemlos. Die Umsetzung für Windows hingegen erfordert wesentlich mehr Aufwand mit Bezug auf die Optimierung der Laufzeitergebnisse, da der Visual C++ Compiler sich teilweise deutlich von dem GNU- oder Intel-Compiler unterscheidet. Windows ist auch die einzige Plattform für die bisher keine 64-Bit Version vorliegt, da dies für diese Arbeit einen nicht zu vertretenden Mehraufwand bedeutet hätte. Beispielsweise existieren die benötigten Bibliotheken *libpthread* und *GLUT* für Windows nur in 32-Bit Versionen und hätten entsprechend durch Alternativen ersetzt werden müssen. Naheliegenderweise existiert auch keine

Windows-Version von AUGENBLICK auf einem PowerPC. Tabelle 4.6 zeigt die Leistungsdaten von AUGENBLICKfür die Audi R8 (vgl. Abbildung 4.9) Szene unter den verschiedenen Plattformen.

System	OS	Bit	Compiler	Leistung in Bilder/Sek.	
				Ein Core	Alle Cores (#)
PMQ	OS X 10.5	64	gcc 4.0.1	2.54	9.71 (4)
PMQ	OS X 10.5	32	gcc 4.0.1	2.63	10.05 (4)
PMD	OS X 10.4	32	gcc 4.0.1	2.01	3.92 (2)
MBA	OS X 10.5	64	gcc 4.2	2.53	5.07 (2)
MP1	OS X 10.5	64	gcc 4.2	4.58	28.86 (8)
MP1	OS X 10.5	64	ICC 11.0	4.01	26.45 (8)
MP2	OS X 10.5	64	gcc 4.0.1	4.63	30.96 (8)
MP2	OS X 10.5	64	gcc 4.2	4.77	31.08 (8)
MP2	OS X 10.5	32	gcc 4.2	4.64	24.73 (8)
MP2	Linux	64	gcc 4.3.2	5.13	27.65 (8)
MP2	Win XP	32	VC++ 2008	3.50	24.57 (8)
					Version: 5.1.0810 r4019

Tabelle 4.6: *Die Leistung von* AUGENBLICK *unter verschiedenen Plattformen. Als Linux System kam Ubuntu 8.10 64-Bit zum Einsatz.*

Die Ergebnisse in Tabelle 4.6 zeigen, dass auf der x86-Architektur die 64-Bit Versionen von AUGENBLICK leistungsfähiger sind während dies bei PowerPC-Prozessoren nicht der Fall ist. Die Gründe dafür wurden bereits in Abschnitt 4.2.3 dargelegt. Weiterhin fällt auf, dass die Linux-Version bei einem Thread im Vergleich zur schnellsten OS X-Variante (64-Bit, gcc 4.2) geringfügig schneller ist, wenn nur ein Thread verwendet wird. Bei der Verwendung von acht Threads hingegen, kehrt sich der Sachverhalt um. Die bessere Einzelthread-Leistung auf dem Linux System lässt sich dabei durch die aktuellere Version des GNU-Compilers (4.3.2) erklären. Leider ist dieselbe Version für OS X noch nicht verfügbar, so dass dieser Verdacht nicht bestätigt werden kann. Die schlechtere Leistung bei acht Threads ist dadurch bedingt, dass der Transfer der Bilddaten zur GPU von dem Hauptthread übernommen wird und somit währenddessen Wartezeiten entstehen. Unter OS X kommt dafür ein eigener Thread zum Einsatz. Wird die Anzeige abgeschaltet erreicht die Linux-Variante eine deutlich höhere Bildfrequenz von 32.03 (+15%) während die OS X-Variante 31.63 erreicht (+1.7%). Es zeigt sich somit, dass ohne eine Anzeige des Bildes, ein geringer Leistungsvorsprung von Linux durch den vermeintlich besseren Compiler gehalten werden kann. Ebenfalls interessant ist die Tatsache, dass der Intel-Compiler (ICC 11.0) keine besseren Ergebnisse als der GNU-Compiler erzielen kann. Die erzielte Leistung unterliegt in etwa um 10% für acht Threads und fast 15% bei einem Thread. Der Grund dafür konnte nicht mit Sicherheit bestimmt werden. Vermutlich hängt dies mit der Tatsache zusammen, dass für die gesamte Entwicklung der GNU-Compiler zum Einsatz kam und erst zum Ende hin für die Tests der Intel-Compiler eingesetzt wurde. Daher ist es möglich dass einige Algorithmen oder Datenstrukturen unbewusst besser für den GNU-Compiler geeigneter sich. An dieser Stelle ist aber nicht auszuschließen, dass durch einige geringfügige Modifikationen die Leistung des Intel-Compilers verbessert werden kann.

Weiterhin zeigen die Ergebnisse, das die Leistung auf der PowerPC-Architektur verhältnismäßig gering ist. In Anbetracht der theoretischen Leistung des Systems PMQ wäre eine in etwa ein drittel höhere Leistung erwartet worden. Dass die erzielten Werte dem nicht entsprechen erklärt sich jedoch dadurch, dass bei Beginn der Entwicklung von AUGENBLICK v5 schon abzusehen war, dass PowerPC-Prozessoren im Desktop und Notebook-Markt keine bedeutende Rolle mehr spielen werden. Daher wurden im Zweifelsfall Optimierungen eher für die *SSE*- als die *AltiVec*-Einheiten realisiert. Beispielsweise ist das Laden von skalaren Werten in die SIMD-Register auf der x86-Architektur wesentlich effizienter als auf der PowerPC-Architektur. Daher konnten Codefragmente dieser Art bedenkenloser eingesetzt werden, als wenn eine primäre Optimierung für die PowerPC-Architektur vorgesehen worden wäre.

4.7.2 Skalierung über mehrere Prozessoren

Die Antwort auf die Frage, wie gut die Leistung von AUGENBLICK über mehrere Rechenkerne skaliert, ist von einer ganz besonders wichtigen Bedeutung. Da, wie zuvor erläutert, die Leistungszunahme künftiger Prozessorgenerationen in erster Linie von der Vervielfachung der Rechenkerne herrührt, wird von AUGENBLICK eine entsprechende Skalierbarkeit erwartet. Dies ist allem voran für komplexe Szenen wichtiger, als für einfache, welche allemal schon eine hohe Bildwiederholrate erreichen. Szenen die bereits mit mehr als 25 Bildern/Sekunde berechnet werden müssen nicht zwangsläufig noch schneller berechnet werden können, da die Leistung ausreichend ist. Im Gegensatz dazu müssen gerade komplexe Szenen gut mit der Anzahl der Kerne skalieren, da dort ein Leistungszuwachs am dringendsten benötigt wird. Tabelle 4.7 zeigt drei Szenen mit wachsender Komplexität und deren erzielte Leistung unter der Verwendung von einem, zwei, vier, sechs und acht Kernen auf dem System MP2, während Abbildung 4.10 die ermittelten Daten in einem anschaulichen Diagramm darstellt.

Die Szenen Killeroo und Audi R8 werden sowohl mit der Standard Kamera Einstellung gemessen, sowie auch mit einer Makro Einstellung. In dieser füllt das Modell den Bildschirm vollständig aus, so dass kein Strahl den Hintergrund direkt trifft. Für die Audi-Szene ist dies in Abbildung 4.11 dargestellt. Wie sich aus den Werten der Tabelle 4.7 ablesen lässt, ist die Skalierung für die einfache Bunny-Szene nicht optimal. Dies lässt sich allerdings mit der generell sehr hohen Bildwiederholrate erklären, da in diesem Bereich andere Flaschenhälse auftreten, als bei Szenen mit niedrigeren Wiederholraten. Ein solcher Flaschenhals ist beispielsweise der Bildtransfer zur Grafikkarte, das häufige initialisieren der Bild-Puffer oder zahlreiche Threadwechel. Dahingegen

Szene	Kamera	Threads - Bilder/Sek.				
		8	6	4	2	1
Bunny	Standard	89.00	71.42	51.78	28.47	15.76
		564%	453%	328%	180%	100%
Killeroo	Standard	41.46	32.76	23.04	12.11	6.27
		661%	522%	367%	192%	100%
Killeroo	Makro	6.02	4.55	3.02	1.52	0.77
		782%	590%	392%	197%	100%
Audi R8	Standard	31.08	25.39	17.72	9.18	4.77
		651%	532%	371%	192%	100%
Audi R8	Makro	1.98	1.49	1.00	0.50	0.25
		792%	596%	400%	200%	100%
Version: 5.1.0810 r4019						

Tabelle 4.7: *Komplexere Szenen mit voller Bildschirmabdeckung skalieren nahezu linear mit bis zu 792% bei acht Threads und theoretisch möglichen 800%. Simple Szenen skalieren dagegen nur bis zu 564%. Die Szenen mit der Makro Einstellung wurden zusätzlich mit einer Auflösung von* 1024^2 *Bildpunkten berechnet.*

zeigen insbesondere die Makro-Aufnahmen eine hervorragende Skalierung mit nahezu 800% im Fall von acht Kernen, also einer fast linearen Steigerung.

So kann abschließend zusammengefasst werden, dass die Skalierung besser für komplexere Szenen ist und in einem solchen Fall das praktisch mögliche Maximum erreicht. Für triviale Szenen ist die Skalierung deutlich geringer, aber immer noch gut. Eine Notwendigkeit der Verbesserung an dieser Stelle ist nicht direkt gegeben, das es sich um Szenen handelt die ohne schnell berechnet werden können.

4.7.3 SIMD-Effizienz

Auf Grund der konsequent verwendeten Datenparallelität, schwankt die Effizienz der SIMD-Einheiten stark, je nach verwendeter Szene und Kameraeinstellungen. Offensichtlich sind große homogene Regionen in der Hierarchie bzw. Geometrie vorteilhaft. Dagegen sind insbesondere sekundäre Strahlen höherer Rekursionstiefe durchaus problematisch, da im Allgemeinen die räumliche Kohärenz zerstört ist und so die Strahlpakete de facto nur noch sequentiell verfolgt werden. Tabelle 4.8 zeigt die Ergebnisse unter denselben Testbedingungen wie in Abschnitt 4.7.2. Die Killeroo Szene wurde gegen die Dragon Szene ausgewechselt, da NURBS-Flächen nicht in einer Einzelstrahl-Variante unterstützt werden. Insbesondere gilt zu beachten, dass die Makroaufnahmen wieder bei einer Auflösung von 1024^2 Pixeln durchgeführt wurden.

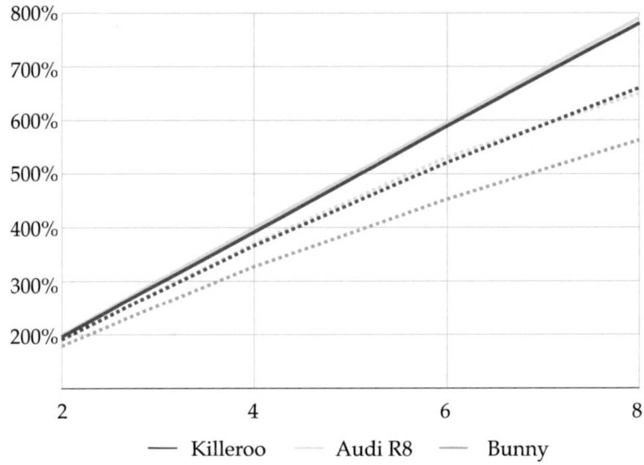

Abbildung 4.10: *Die Anzahl der Threads ist auf der x-Achse aufgetragen, während die Leistung im Verhältnis zu einem einzelnen Thread auf der y-Achse aufgetragen ist. Die durchgezogenen Linien stehen für die Makro Aufnahmen der jeweiligen Szenen.*

Wie die Ergebnisse in Tabelle 4.8 zeigen, bestätigen sich die Vermutungen. Den geringsten Leistungszuwachs gibt es bei komplexeren Szenen bei gleichzeitiger niedriger Bildauflösung. Dies ist erwartungskonform, da in einem solchen Szenario die Kohärenz der Strahlen vergleichsweise am niedrigsten ist. Für die Makroaufnahmen hingegen wird ein Beschleunigungsfaktor von knapp über drei erreicht, was als durchaus sehr positiv zu bewerten ist. Insgesamt ist die Verwendung von SIMD zwar in allen getesteten Fällen mit einem Leistungszuwachs behaftet, doch in einigen Fällen nur geringfügig. Die Szenarien, die eine hohe Kohärenz aufweisen, wie die Nahaufnahmen, profitieren am deutlichsten. Gerade dabei ist somit die Verwendung von SIMD äußerst vorteilhaft, nicht zuletzt, da dies konkret in dem demonstrierten Fall den Unterschied zwischen einer interaktiven Bildrate zu einer nicht-interaktiven ausmacht.

Die letzte Spalte in Tabelle 4.8 zeigt darüber hinaus die Leistung des SIMD-Emulationsmodus durch die FPU. Auch hier zeigt sich erwartungsgemäß, dass die Leistung in der Regel geringer ist, als für die optimierte Einzelstrahlverfolgung. Für hochgradig inkohärente Szenen ist der Unterschied am gravierendsten. In diesem Fall

Abbildung 4.11: *Eine Nahaufnahme des Audi R8.*

liegt der Emulationsmodus um etwa 30% gegenüber der Einzelstrahl- und sogar um ca. 50% gegenüber der SIMD-Variante zurück. Eine Ausnahme bilden dabei die Makro-Aufnahmen mit hoher Kohärenz. Hier ist der Emulationsmodus geringfügig schneller als die Einzelstrahl-Version. Dies kann mit einer geringfügig besseren Kohärenz begründet werden, da stets 2×2 Strahlen als Bündel verfolgt werden. Im Gesamtbild ist der Emulationsmodus für AUGENBLICK nicht empfehlenswert. Selbst wenn keine SIMD-Einheit vorhanden ist, zeigt sich, dass die Einzelstrahlverfolgung effektiver ist. Unabhängig von AUGENBLICK ist der Emulationsmodus dennoch eine sinnvolle Erweiterung, da ein und der selbe Code dadurch portabel wird und auch auf nicht SIMD-fähigen Rechnern eingesetzt werden kann[25].

4.7.4 Konstruktion der Hierarchie

Im Rahmen der Entwicklung von AUGENBLICK kamen drei verschiedene Hierarchien zum Einsatz: eine simple *Bounding Volume Hierarchie* (siehe Abschnitt 3.3.3) so-

[25] Dieser Sachverhalt erhält durch die Tatsache ein besonderes Gewicht, da *embedded devices*, Telefone und ähnliche kleinelektronischen Geräte im Allgemeinen über keine SIMD-Einheiten verfügen.

Szene	Kamera	Strahlen SIMD	Strahlen Einzel	Beschleunigungs-faktor	SIMD-Emulation durch die FPU
Bunny	Standard	89.00	45.81	1.94	47.27
Dragon	Standard	54.23	39.95	1.35	34.71
Dragon	Makro	17.84	5.75	3.10	6.78
Audi R8	Standard	31.08	22.41	1.41	15.46
Audi R8	Makro	1.98	0.65	3.04	0.78
					Version: 5.1.0810 r4019

Tabelle 4.8: *Alle Werte geben Bilder/Sek. an. Die Leistung für verschiedene Szenen unter Verwendung von SIMD-Strahlpaketen und Einzelstrahlen. Der Beschleunigungsfaktor der SIMD-Variante gegenüber den Standardstrahlen ist in der letzten Spalte angegeben.*

wie eine BVH mit einer SAH nach [WALD 2007] und die *Bounding Interval Hierarchie* [WÄCHTER und KELLER 2006]. Der Anspruch an AUGENBLICK ist, eine allgemein hohe Performanz nicht nur für die Bildsynthese zu bieten. Dies bedeutet im Kontext von Beschleunigungsdatenstrukturen, dass diese sowohl schnell in der Traversierung und auch in der Konstruktion sein müssen. Aufgrund der Traversierungsgeschwindigkeit finden das *Grid* und der *Octree* (siehe Abschnitt 3.3.1) sowie eng verwandte Hierarchien keine weitere Berücksichtigung. Auch der *kd-tree* wurde nicht verwendet, da die Konstruktionszeiten üblicherweise enorm hoch sind und nur mit massivem Aufwand reduziert werden können [WALD und HAVRAN 2006, WALD et al. 2003b, GÜNTHER et al. 2006, HUNT et al. 2006]. Da sich in einem späteren Stadium der Entwicklung gezeigt hat, dass die SAH-BVH in jeder Hinsicht den anderen implementierten Hierarchien überlegen war, wurden die einfache BVH sowie die BIH wieder entfernt. Aus diesem Grund müssen ältere Messwerte für die entfernten Hierarchien angegeben werden, um dennoch einen Eindruck von deren Leistungsfähigkeit zu bekommen. AUGENBLICK verfügt allerdings immer noch über eine dynamische Anbindung an die Komponenten zur Konstruktion und Traversierung einer Hierarchie.

Für die Tests aller Hierarchien wurden die Szenen Bunny, Dragon und Buddha auf dem System MP2 herangezogen. Andere Szenen mit komplexen Materialien und Texturen wurden erst später von AUGENBLICK unterstützt und können daher nicht für die entfernten Hierarchien angegeben werden. Tabelle 4.9 gibt Aufschluss über die erzielten Bildwiederholraten sowie die damit verbunden Konstruktionszeiten.

Aus den gemessenen Ergebnissen lassen sich interessante Schlüsse ziehen. So wird deutlich, dass die *Bounding Interval Hierarchy* für triviale Szenen, wie das Bunny, eine bessere Leistung bietet, als die simple BVH. Bei komplexeren Szenen allerdings schrumpft dieser Geschwindigkeitsvorteil, so dass im Fall der Buddha Szene die einfache BVH geringfügig schneller ist. Allerdings ist in allen Testfällen die SAH-BVH die schnellste Hierarchie, teilweise mit einem deutlichen Abstand von ca. 30%.

Szene	Hierarchie	Bilder/Sek.	Konstruktion
Bunny	BVH	68.34	127 ms
Bunny	BIH	83.96	428 ms
Bunny	SAH-BVH	89.00	11 ms
Bunny	ohne	0.006	0 ms
Dragon	BVH	45.70	2066 ms
Dragon	BIH	48.72	7933 ms
Dragon	SAH-BVH	54.23	214 ms
Buddha	BVH	49.15	2423 ms
Buddha	BIH	45.00	9420 ms
Buddha	SAH-BVH	54.63	212 ms
Porsche	SAH-BVH	20.66	113 ms
Audi R8	SAH-BVH	31.08	497 ms
Version: 5.0.1 r3568(BIH+BVH), 5.1.0810 r4019(SAH-BVH)			

Tabelle 4.9: *Leistungswerte der implementierten Hierarchien und die benötigten Konstruktionszeiten.*

Am auffälligsten wird die Überlegenheit der SAH-BVH allerdings bei der Konstruktion der Hierarchie - hier kann sie die anderen teilweise um weit mehr als den Faktor zehn übertreffen. Dabei gilt allerdings zu beachten, dass die eigene Implementierung der BIH kein Multithreading zur Konstruktion benutzt und nicht so sogfältig optimiert wurde wie die SAH-BVH.

Ebenfalls interessant ist eine genauere Betrachtung der Skalierung der Konstruktionsgeschwindigkeit über mehrere Threads. Generell stellt dies ein deutlich schwierigeres Problem dar, als die Parallelisierung der Strahlverfolgung. Die Operationen während des Aufbaus sind arithmetisch sehr einfach (überwiegend min/max und Additionen), benötigen aber große Mengen an Daten. So kann der Datentransfer zu den einzelnen Prozessoren schnell zum Flaschenhals werden. Wie die Tabelle 4.10 zeigt, wird eine deutlich geringe Skalierung als für das Ray Tracing erreicht (vgl. Abschnitt 4.7.2): Während die Verdopplung der Threads von eins auf zwei noch eine Beschleunigung um Faktor 1.66 ergibt, so bringt die Erhöhung auf acht Threads nur einen Faktor von 2.83. Unter Anbetracht der Problemstellung handelt es sich aber dennoch um vergleichsweise gute Ergebnisse. Tatsächlich wurde viele Algorithmen zum Aufbau von Beschleunigungshierarichen in der Forschung und Industrie bisher nicht parallelisiert.

Ein fairer Vergleich kann beispielsweise mit [WALD 2007] durchgeführt werden, da von Wald ein vergleichbares System mit ebenfalls acht Kernen zum Einsatz kommt. Er führt hingegen in seiner Veröffentlichung noch eine Modifikation ein (vgl. *grid* Ergebnisse in Tabelle 1 [WALD 2007]). Diese erzielt zwar bessere Ergebnisse als die eigene Lösung, allerdings wurde im Rahmen dieser Arbeit von dieser *grid*-Modifikation bewusst Abstand genommen. Die oberen Ebenen der Hierarchie unterliegen dabei keiner SAH und sind somit nicht optimal. Weiterhin führt Wald an, dass ohne manuelle Korrektur der Parameter einige, insbesondere *Teapot-in-a-stadium*, Szenen eine äußerst suboptimale Hierarchie liefern. Somit wurde aus Gründen der gewünschten Unterstützung von beliebigen Szenen, ohne erforderliche manuelle Eingriffe, auf diese Modifikation verzichtet.

Für den Vergleich wurde die Blade-Szene ausgewählt, da diese auch in [WALD 2007] verwendet wurde. Allerdings wird dort ein Rechner mit 3.0 GHz verwendet im Gegensatz zu dem eigenen System mit nur 2.8 GHz. Wie aus den Zahlen deutlich wird, sind die erzielten Ergebnisse in etwa vergleichbar. Mit Blick auf Tabelle 4.10 fällt auf, das die eigene Umsetzung am effizientesten ist, wenn nur ein Thread verwendet wird. Wald hat eine bessere Skalierung für den hybriden (Faktor 4) und den *grid*-Ansatz (Faktor 6.4) erreicht. Hier zeichnet sich ab, dass im eigenen Verfahren noch zu viele Daten über den Bus transferiert werden müssen, was die Skalierung dämmt. Eine weiterführende Arbeit sollte sich zunächst mit dieser Problemstellung befassen, damit die hervorragenden Ergebnisse auch auf mehrere Kerne gut übertragen werden können.

Algorithmus	Dreiecke	Dauer (ms) mit #Threads			
		1	2	4	8
Eigener	1.5 Mio	786	471	336	277
Wald Hybrid	1.5 Mio	1160	615	392	294
Wald Grid	1.5 Mio	971	491	284	152
					Version: 5.1.0811 r4069

Tabelle 4.10: *Skalierung der eigenen Hierachiekonstruktion im Vergleich zu beiden Varianten von Wald unter Verwendung der Blade-Szene. Gemessen auf System MP2 für die eigene Arbeit und auf einem Dual-3 GHz Quad-Core PC für Walds Ergebnisse.*

4.7.5 Vergleich mit kommerziellen Systemen

An diversen Stellen dieser Arbeit wurden und werden die erzielten Ergebnisse der einzelnen Themengebiete gegen andere wissenschaftliche Erfolge verglichen, wo dies sinnvoll und möglich ist. In diesem Abschnitt soll die erzielte Leistung von AUGENBLICK auch gegen einige kommerzielle Systeme verglichen werden. Der Fairness halber wird auf eine Verwendung der üblichen Testszenen, wie dem Bunny und ähnliche verzichtet, da die kommerziellen System nicht darauf ausgelegt sind solche trivialen Szenen effizient zu behandeln. An deren Stelle tritt die Audi R8 Szene, da sie eine hohe Komplexität und diverse Materialien, inklusive reflektierenden, enthält. Darüber hinaus liegt diese Testszene bereits im 3ds-Format vor und kann somit direkt unter

3ds-Max getestet werden. Es kommen dabei zwei Renderer zum Einsatz; der interne Scanline Renderer sowie Mental Ray. Für alle Einstellungen, inklusive denen von AUGENBLICK, kommt eine einzelne Punktlichtquelle zum Einsatz. Tabelle 4.11 zeigt die erzielten Ergebnisse. Zu beachten gilt, dass für die Einstellungen in 3ds-Max alle Standardwerte belassen wurden. Die einzigen Ausnahmen bilden die Bildauflösung, welche mit 1920 × 1080 gewählt wurde, sowie die Aktivierung der Schattenberechnung der Punktlichtquelle.

Renderer	Schatten	Vorverarbeitung	Bildsynthese
Max Scanline	Shadow Mapping	-	24 Sek.
Max Scanline	Ray Tracing	-	77 Sek.
Mental Ray	Ray Tracing	7 Sek.	7 Sek.
AUGENBLICK	Ray Tracing	0.6 Sek	0.37 Sek.

Tabelle 4.11: *Die erzielten Leistungswerte des Ray Tracing im Vergleich zu kommerziellen Renderern. Der Scanline Renderer von 3ds-Max gibt keine Zeit für die Vorverarbeitung an, diese lag aber in etwa bei 30% der gesamten Zeit.*

Die Ergebnisse in Tabelle 4.11 zeigen sehr deutlich, dass die erzielte Leistung von AUGENBLICK überlegen ist. Die Vorverarbeitung ist mehr als eine Größenordnung schneller und die eigentliche Bildwiederholrate sogar annähernd um den Faktor 20, verglichen mit Mental Ray. Im Vergleich zu dem Scanline-Renderer von Max steigt dieser Geschwindigkeitsvorteil sogar auf bis zu über 200 an. Alle Werte wurden auf System MP2 gemessen, während für 3ds-Max Version 2009 unter Windows zum Einsatz kam. Fairerweise muss an dieser Stelle erwähnt werden, dass beide anderen Renderer über eine wesentlich breitere Funktionspalette verfügen und Mental Ray auch automatisch ein adaptives Anti-Aliasing vornimmt, welches in dieser Form in AUGENBLICK noch nicht integriert ist. Auf der anderen Seite sind die Shadow Maps des Scanline Renderers in der Standardeinstellung von so geringer Qualität, dass diese bei der Szene de facto nicht verwendet werden können. In Abbildung 4.12 sind die entsprechenden Resultate der einzelnen Renderer angegeben. Insgesamt ist AUGENBLICK in optischer Qualität vergleichbar mit den beiden anderen. Unterschiede in den Ergebnisbildern ergeben sich durch die notwendige Formatkonvertierung. Während in der 3ds-Max Datei alle Materialien definiert sind, mussten in dem OBJ-Export, welches von AUGENBLICK geladen wird, manuelle Korrekturen und Anpassungen durchgeführt werden, daher ist die genauen Parameter der Materialien nicht ohne weiteres exakt reproduzierbar. Auch das Kameramodell unterscheidet sich, so das nicht exakt die gleiche Perspektive reproduziert wurde. Werden die bisher fehlenden Funktionen, wie Texturfilter oder Adaptives Anti-Alias, hinzugefügt, kann davon ausgegangen werden, dass eine identische Qualität erreicht werden kann, bei gleichzeitiger Beibehaltung eines Beschleunigungsfaktors von mindestens der Größenordnung zehn gegenüber Mental Ray.

Abbildung 4.12: *Links: 3ds-Max Scanline-Renderer mit* Shadow Maps. *Mitte: Mental Ray mit* Ray Tracing Shadows. *Rechts:* AUGENBLICK.

4.8 Zusammenfassung und Ausblick

In diesem Kapitel wurden die *Coruscant* Architektur sowie einige Beispiel-Applikationen präsentiert. Die Bedeutung einer effizienten und flexiblen, insbesondere aber wartbaren Architektur wurde herausgearbeitet und fand in der konkreten Implementierung Beachtung. Es wurde in diesem Zusammenhang gezeigt, dass der Mehraufwand, der durch eine solche Architektur entsteht, sehr gering ist, und in einigen Fällen einer *Brute Force*-Lösung auch mit Bezug auf die Ausführungsgeschwindigkeit überlegen sein kann. Durch das Konzept der *Execution Chain* im Zusammenhang mit der Möglichkeit Plugins dafür zu entwickeln, konnte eine Basis geschaffen werden, die faktisch keinen Mehraufwand aufweist, aber überaus flexibel ist, und auch Modifikationen des gesamten Ray Tracing Systems erlaubt, die weit über kleine Änderungen der Standard Funktionsweise hinausgeht.

Mit einem weiteren wichtigen Baustein, der SIMD-Unterstützung in einer eigenen Klassenbibliothek, konnten essentielle Grundlagen stark vereinfacht und verbessert werden. Die Entwicklung von Code mittels SIMD-Instruktionen ist im Bereich des Ray Tracing (und vielen anderen) enorm wichtig geworden. Dennoch wird das Schreiben solchen Codes nach wie vor als aufwändig und komplex empfunden. Die Klassenbibliothek reduziert den Aufwand deutlich, da anstelle von undeutlichen Intrinsics übliche arithmetische Operatoren und andere einfache Methoden verwendet werden können. Durch die für den Benutzer unsichtbare Abstraktionsschicht ist darüber hinaus eine Portierung auf andere Plattformen problemlos möglich. Die sonst erforderliche Neuentwicklung von SIMD-Codeabschnitten entfällt vollständig. Letztlich runden einige Hilfswerkzeuge die Verbesserungen ab. So wurde beispielsweise die Iteration über nur teilweise oder vollständig inkohärente SIMD-Vektoren stark vereinfacht.

Künftige Weiterentwicklungen der Architektur sollten sich auf das Speichermanagement konzentrieren. Der bisherige Ansatz über den *Backbone* ist zwar effizient und für einen Entwickler allein auch leicht kontrollierbar, derzeit werden aber keine Informationen darüber ausgetauscht, welche Daten einen *State* verlassen und welche ein anderer voraussetzt. An dieser Stelle würde es sich als hilfreich erweisen, die Ein- und

Ausgangsdaten durch klar spezifizierte Schnittstellen zu verknüpfen, um Fehler beim Datentransfer zu vermeiden.

Der übliche Weg zur Erweiterung von AUGENBLICK durch andere Entwickler besteht in der Form von Plugins. Diese erfordern stets ähnliche Rahmengerüste, damit eine Integration in AUGENBLICK stattfinden kann (Factory Methoden zur Instanziierung u.ä.). Der Entwicklungsprozess könnte weiter verkürzt werden, durch Werkzeuge, die solche Rahmen bereits automatisch generieren. Darüber hinaus wäre die automatische Generierung vielfach benutzter Codefragmente hilfreich, wie z.B. die Iteration über die Strahlen des aktiven *Tiles*. Solche und weiterführende Funktionen können in einem zukünftigen SDK in Form eines eigenständigen Werkzeugs integriert werden.

Zuletzt könnte es sich als sinnvoll erweisen, einen alternativen Bildgenerierungspfad vorzusehen um zeitaufwändige, physikalisch korrekte Bilder zu berechnen, welche somit nicht mehr echtzeitfähig sind. Für eine solche Aufgabe würde sich beispielsweise die Einzelstrahlverfolgung aus mehreren Gründen anbieten. Zum einen dient diese derzeit nur zu Vergleichszwecken und wird nicht wirklich effektiv eingesetzt. Zum anderen muss bei einer physikalisch korrekten Simulation in jedem Fall eine große Menge inkohärenter Sekundärstrahlen verschossen werden, für diese SIMD ohnehin suboptimal ist. Mit einem solchen Ansatz könnten alle relevanten Einstellungen, wie Kamera, Materialien, Licht, etc., über den schnellen Bildgenerierungspfad vorgenommen werden, während der alternative Pfad auf Wunsch eine physikalisch basierende Lösung berechnet. Dank der leistungsstarken Architektur ist zu erwarten, dass die auf diese Weise berechneten Bilder, dennoch vergleichsweise sehr schnell simuliert werden können[26].

[26] Tatsächlich konzentriert sich die Arbeit nach der Dissertation auf diese weiterführende Arbeit.

Teil II

Ray Tracing von Freiform-Flächen

5 Raytracing von NURBS

> A triangle was an improvement to the square wheel. It eliminated one bump.
>
> *(BC Comics)*

In der Computergrafik sind Dreiecke schon immer als Primitive der Wahl für nahezu alle Algorithmen der Bildsynthese eingesetzt worden. Das Dreieck ist die einzige geometrische Grundform, die von der Grafikkarten-Hardware direkt unterstützt wird - komplexere Polygone oder auch Freiform-Flächen werden vor der Bildsynthese in Dreiecke unterteilt (*trianguliert*). Obwohl das Ray Tracing-Verfahren, wie in Abschnitt 2.3.3 bereits erläutert wurde, durchaus in der Lage ist, beliebige Primitive zu verwenden, mit denen ein Strahl-Schnitttest möglich ist, finden auch im Kontext dieses Bildsynthese-Algorithmus die Dreiecke eine fast ausschließliche Verwendung.[1]

Die Popularität von Dreiecken ist durch die simplen Beschreibung begründet. Drei beliebige Punkte im Raum genügen, um ein Dreieck vollständig und vor allem eindeutig zu definieren. Für das Ray Tracing sind sie weiterhin aus dem Grund interessant, weil der Schnitttest zwischen einem Strahl und einem Dreieck sehr einfach und somit äußerst effizient berechnet werden kann [MÖLLER und TRUMBORE 1997, SHEVTSOV et al. 2007, ARENBERG 1988, MAHOVSKY 2002, KENSLER und SHIRLEY 2006, WALD 2004]. Zwar sind Schnitte eines Strahls mit einer Kugel noch einfacher zu berechnen, doch sind diese im Allgemeinen nicht geeignet, um beliebige Geometrien zu repräsentieren. Davon abzugrenzen sind punktbasierende Verfahren [SAINZ und PAJAROLA 2004, RUSINKIEWICZ und LEVOY 2000, GROSSMAN und DALLY 1998]. Diese haben zwar in den letzten Jahren an Popularität gewonnen, werden aber im Rahmen dieser Arbeit nicht behandelt - eine Integration von punktbasierenden Ansätzen in AUGENBLICK ist aber problemlos möglich und stellt einen interessanten Kandidaten für weiterführende Arbeiten dar.

Die exklusive Verwendung von Dreiecken ist allerdings nicht nur vorteilhaft. Szenen bestehen schnell aus mehreren Millionen Dreiecken. Werden neben den relevanten Eckpunkt-Informationen zusätzlich Normalen, Textur-Koordinaten, Shader-Id etc. ge-

[1] Zwar können die meisten Ray Tracing-Systeme ebenfalls planare Flächen, Kugeln und ggf. andere mathematische Grundprimitive schneiden, letztlich aber erweitern diese Körper das Potential eines Ray Tracing Systems nur marginal.

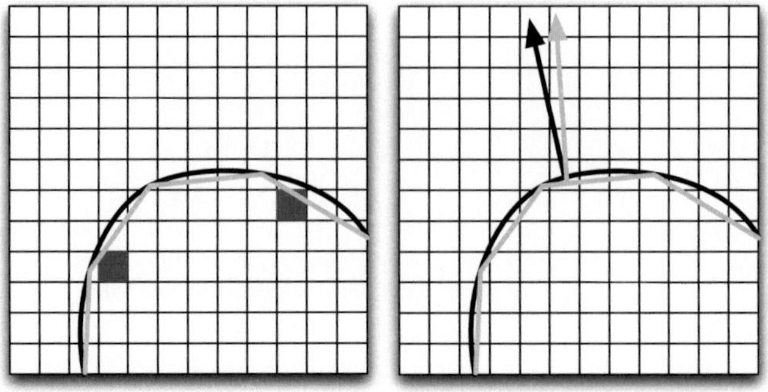

Abbildung 5.1: *Vergleich einer Kurve und einer stückweise linearen Approximation im 2D. Links: die Kurve wird prinzipiell gut angenähert, dennoch gibt es Fehlpixel (rot gekennzeichnet). Rechts: Obwohl der geometrische Fehler im Subpixel-Bereich liegt, ist der Fehler in der Normale sehr groß. Auch wenn eine Normalen-Interpolation hilft, reicht dies nicht aus, um den Fehler zu eliminieren.*

speichert, so kann der Speicherverbrauch rasch einige Gigabyte umfassen[2]. Weiterhin sind Dreiecke immer nur eine lineare Approximation von ggf. nicht linearen ursprünglichen Primitiven. Für perfekt planare Flächen, wie. z.B. Wände stellt dies kein Problem dar. Runde Flächen, wie Kugeln, Reifen und jede Art von gewölbter Oberfläche, können aber immer nur durch eine diskrete Anzahl von linearen Teilstücken angenähert werden. Zwar gibt es Verfahren, die den entstehenden Fehler bis in den Subpixel-Bereich reduzieren [GUTHE et al. 2004], doch erfordert dies ggf. eine sehr fein aufgelöste Geometrie und ist dennoch keine ausreichend gute Lösung für physikalisch korrekte Reflexionen oder Refraktionen, wie in Abbildung 5.1 veranschaulicht wird.

Eine nahliegende Lösung für die oben genannten Probleme ist die direkte Verwendung von Freiform-Flächen im Kontext des Ray Tracing. Ein Schnitttest mit einem Strahl kann sowohl mit NURBS- (siehe folgender Abschnitt 5.1) als auch mit Bézier-Flachen (vgl. Kapitel 7) berechnet werden, womit die wesentliche Bedingung für das Ray Tracing erfüllt ist. Die Grafikhardware kommt dagegen für eine direkte Visualisierung, auf Grund oben genannter Beschränkung auf Dreiecke, nicht in Frage. Der Speicherverbrauch ist für Freiform-Flächen insgesamt meist geringer als für Dreiecke, da mit nur einigen wenigen Kontrollpunkten weitläufige, komplexe Flächen beschrieben werden können. Die Genauigkeit ist dabei beliebig und nur durch die numerische Präzision

[2] Die hinsichtlich des Speichers unoptimierte Variante der Dreiecksrepräsentation in Augenblick benötigt 128 Byte pro Dreieck. Dies umfasst die Vertex-Koordinaten, die Vertex-Normalen, Textur-Koordinaten und eine ID.

der verwendeten Hardware beschränkt. Ein Nachteil, der sich aus dem direkten Ray Tracing von NURBS ergibt, sind die Kosten für die Berechnung eines Schnittpunkts, da der Schnitt zwischen Strahl und NURBS um ein Vielfaches komplexer ist als das Strahl-Dreieck Gegenstück.

Die sich hieraus direkt ergebende Forschungsfrage lautet, *ob es möglich ist, direktes Ray Tracing von NURBS-Flächen derart zu beschleunigen, dass zum einen die erreichbare Präzision nicht durch eine Approximation aufgegeben werden muss und zum anderen eine so hohe Geschwindigkeit auf einem einzelnen Rechner erzielt werden kann, dass eine interaktive Navigation in der Szene möglich bleibt.*

5.1 Einleitung

Eine direkte Nutzung von Freiform-Flächen anstelle von Dreiecken im Ray Tracing-Kontext wurde in der Vergangenheit nur von einigen wenigen Forschern untersucht. Allerdings waren all diese Ansätze weit davon entfernt, interaktive- oder gar Echtzeit-Bildwiederholraten zu erreichen. Erst in den jüngeren Arbeiten von beispielsweise Benthin et al. [BENTHIN et al. 2004], Efremov [EFREMOV 2004], Pabst et al. [PABST et al. 2006] und Abert et al.[ABERT 2005, GEIMER und ABERT 2005, ABERT et al. 2006] wurde dieses Ziel angestrebt. Im folgenden Abschnitt 5.2 wird näher auf bestehende Ansätze eingegangen.

Der grundlegende Unterschied des Schnitttestes von Strahl-NURBS gegenüber dem Strahl-Dreieck Test liegt vordergründig in der sehr viel höheren Komplexität und dem damit verbundenen Rechenaufwand. Es existieren drei Klassen von möglichen Lösungsansätzen: *Analytische-*, *Unterteilende-* sowie *Iterative-*Verfahren.

5.1.1 Analytische Verfahren

Analytische Verfahren zur Lösung des Schnitttests kommen nicht in Frage, da diese für den allgemeinen Fall nicht existieren. Bis heute ist lediglich eine analytische Lösung für Polynome bis maximal Ordnung fünf [SCHRÖDER 1870] bekannt. Diese Lösung von Schröder ist extrem rechenaufwändig und ungeeignet für eine schnelle Berechnung eines Schnittpunktes[3]. Darüber hinaus ist durch den Satz von Abel-Ruffini [PESIC 2005] bewiesen, dass im allgemeinen Fall Polynome der Ordnung sechs oder höher analytisch nicht lösbar sind[4].

NURBS-Flächen bestehen in der Regel dagegen aus Polynomen höherer Ordnungen, wodurch ein analytischer Lösungsansatz nur eine sehr kleine Teilmenge von Flächen

[3] Die Gleichungen von Schröders Lösung umfassen in der Tat etwa vier DIN-A4 Seiten!

[4] Dies wurde bereits von Paolo Ruffini im Jahr 1799 erkannt, aber letztlich erst vollständig gelöst und anerkannt durch die Arbeit von Nils Henrik Abel 25 Jahre später.

abdecken würde. Allein auf Grund dieser Tatsache ergibt es wenig Sinn, Lösungsansätze dieser Klasse weiter zu berücksichtigen.

5.1.2 Unterteilende Verfahren

Zur Klasse der unterteilende Verfahren gehören beispielsweise die *Subdivision Surfaces*. Diese Unterteilungsflächen wurden 1978 parallel von Catmull und Clark [CATMULL und CLARK 1998] sowie von Doo und Sabin [DOO 1978, DOO und SABIN 1998] erfunden. *Subdivision Surfaces* werden zunächst durch ein recht grobes Dreiecksnetz beschrieben. Dieses kann durch eine der zahlreichen Unterteilungsvorschriften rekursiv in mehrere und kleinere Dreiecke unterteilt werden. Durch wiederholte Anwendung der Unterteilungsschemata konvergiert das Dreiecksnetz zu einer so genannten *Limit*-Fläche. Diese kann je nach verwendetem Unterteilungsalgorithmus und verwendeter Initialgeometrie beispielsweise zu einer B-Spline-Fläche konvergieren. In Abhängigkeit des Unterteilungsalgorithmus können mit *Subdivison Surfaces* approximierende oder interpolierende Flächen beschrieben werden. Die bekanntesten für die Interpolation von Flächen sind *Butterfly* [DYN et al. 1990], *Midedge* [PETERS und REIF 1997] und *Kobbelt* [KOBBELT 1996]. Häufiger werden allerdings approximierende Unterteilungsalgorithmen verwendet: *Catmull-Clark* [CATMULL und CLARK 1998], *Doo-Sabin* [DOO und SABIN 1998] und *Loop* [LOOP 1987]. Später wurde das Repertoire um $\sqrt{3}$ [KOBBELT 2000] erweitert. Zwar können die approximierenden Verfahren durchaus *Limit*-Flächen erzeugen, welche eine C_2 Stetigkeit aufweisen, doch gibt es stets Ausnahmen an so genannten „außergewöhnlichen Punkten", an denen die Stetigkeit maximal nur C_1 beträgt. Diese Punkte werden im Normalfall nicht durch das jeweilige Unterteilungsschema erzeugt, sondern treten nur dort auf, wo sie bereits im originalen Netz vorhanden waren. Alle Schemen arbeiten vorzugsweise auf einem Kontrollnetz mit einer gewissen Valenz, die vorzugsweise meist vier beträgt. Dies bedeutet, dass von allen Vertizes der Valenz entsprechend viele Kanten ausgehen. Die Vertizes deren Valenz abweicht bilden die Menge der „außergewöhnlichen Punkte„.

Das direkte Ray Tracing von *Subdivision Surfaces* wurde bisher relativ wenig erforscht. Einige wenige Arbeiten, welche sich mit der Thematik befasst haben (beispielsweise [KOBBELT et al. 1998] und [BENTHIN et al. 2007]), zeigen, dass die *Subdivision Surfaces* durchaus direkt verwendet werden können. Allerdings hat sich dabei auch herausgestellt, dass der Rechenaufwand dafür recht hoch ist und somit eine baldige Nutzung im interaktiven Kontext eine große Herausforderung darstellt. Begründet sind die hohen Kosten des direkten Ray Tracing durch relativ viele Sonderfälle, welche berücksichtigt werden müssen und somit den Kontrollfluss und damit die Ausführungsgeschwindigkeit stark beeinträchtigen.

Üblicherweise werden *Subdivision Surfaces* vor der Bildsynthese in Dreiecke zerlegt. Dies ist in diesem Fall durchaus trivial, da es sich dabei um die eigentliche Aufgabe der Unterteilungsalgorithmen handelt. Die auf diese Weise erzeugten Dreiecke werden anschließend mit der Grafikhardware oder durch Ray Tracing visualisiert. Die direkte Verwendung von *Subdivison-Surfaces* im Ray Tracing-Kontext wurde im Rahmen dieser Arbeit nicht eigens untersucht, doch Lorenz [LORENZ 2009] hat sich mit diesem Themengebiet auf Basis von AUGENBLICK beschäftigt.

Eine weitere bekannte Technik ist die Unterteilung von komplexen NURBS-Flächen in eine größere Anzahl weniger komplexer Bézier-Flächen [BENTHIN et al. 2004, GEIMER und ABERT 2005]. Vorteilhaft dabei ist, dass diese Konvertierung prinzipiell verlustfrei ist. Allerdings werden ab einem genügend hohen Grad die Bézier-Flächen in der Schnittpunktberechnung noch aufwändiger als die ursprünglichen NURBS-Flächen auf Grund der Eigenschaft der globalen Kontrolle (siehe Abschnitt 5.3.2). Daher wird in den meisten Fällen eine Gradreduktion auf Grad drei angewandt, da diese Bézier-Flächen als sehr effizient (in der Klasse der Freiform-Flächen) gelten. Dies führt mitunter aber zu deutlich größeren Anzahl an Flächen. Weiterhin ist diese Art der Konvertierung potentiell verlustbehaftet. Ein solcher Ansatz entspricht daher ebenfalls nicht dem Anspruch, eine maximale Präzision zu erreichen. Im Rahmen dieser Arbeit wurde dennoch zu Vergleichszwecken, sowie als Alternative, falls die Geschwindigkeit wichtiger sein sollte als die Präzision, eine optimale Unterstützung für bikubische Bézier-Flächen in Kapitel 7 untersucht.

5.1.3 Iterative Verfahren

Iterative Verfahren versuchen sich in mehreren Schritten einer Lösung zu nähern. Das Newton Verfahren$^{\triangle}$ ist einer der bekanntesten Vertreter dieser Klasse. Obwohl eine schnelle Laufzeit keinesfalls garantiert ist, können iterative Verfahren dennoch oftmals große Geschwindigkeitsvorteile gegenüber anderen Verfahren erzielen. Ein Nachteil ist allerdings, dass Startwerte benötigt werden, um die Iteration zu beginnen bzw. eine zuverlässige Konvergenz zu gewährleisten. Je nach Anwendungsfall muss ein solcher Startwert außerordentlich dicht an der tatsächlichen Lösung liegen. Oftmals wird eine andere Technik, wie z.B. ein Verfahren aus 5.1.2, verwendet, um geeignete Startwerte zu generieren.

Iterative Verfahren bieten zumindest das Potential, hohe Ausführungsgeschwindigkeiten erreichen zu können. Darüber hinaus sind sie nicht mit einer verlustbehafteten Konvertierung der Flächen verbunden. Aus diesem Grund heraus bilden im Folgenden iterative Verfahren die Grundlage für den Strahl-NURBS Schnitttest.

5.1.4 Hybride Verfahren

Letztlich besteht eine weitere Möglichkeit in der Kombination mehrerer verschiedener Ansätze miteinander, um die Vorteile der einzelnen geschickt ergänzen und gleichzeitig die Nachteile vermeiden zu können. Ein hybrider Ansatz wurde in [ABERT et al. 2008] (siehe auch Kapitel 8) umgesetzt, indem die Grafikhardware benutzt wurde, um Startwerte für das Newton-Verfahren zu generieren. Zusätzlich wird dadurch für die Primärstrahlen die Traversierung einer Beschleunigungsdatenstruktur vermieden. So genanntes Hybrid-Ray Tracing [ROBERT et al. 2007, BECK et al. 2005] ist nicht neu, die Kombination im Zusammenhang mit NURBS-Flächen dagegen schon.

5.2 Bisherige Arbeiten

In diesem Abschnitt wird im Detail auf die relevanten bisherigen Arbeiten im Kontext des Ray Tracing von NURBS-Flächen eingegangen. In früheren Jahren konzentrierte sich die allgemeine Bildgenerierung von NURBS stets auf die Triangulierung in einem Vorverarbeitungsschritt. Da im Rahmen dieser Arbeit eine aufwändige Vorverarbeitung vermieden und darüber hinaus NURBS so exakt wie möglich dargestellt werden sollen, benötigen diese Ansätze keine eingehendere Betrachtung. Wichtige Publikationen zu diesem Themenbereich sind beispielsweise [PIEGL und TILLER 1998, SHU und BOULANGER 2000, KUMAR et al. 2001].

Die Pionierarbeit im Bereich des direkten Ray Tracing von Freiform-Flächen stammt von Kajiya [KAJIYA 1982]. Sein Ansatz war dabei der Erste, der auf eine Unterteilung der Flächen verzichten konnte. Die grundlegende Idee ist, das Schnittpunkt-Problem nicht im dreidimensionalen Raum zu lösen, sondern stattdessen Strahl und Fläche in einen zweidimensionalen komplexwertigen Raum zu transformieren. Dadurch können die Lösungen als Schnitt zwischen zwei algebraischen Kurven behandelt werden, was es ermöglicht Methoden der algebraischen Geometrie zu nutzen. Durch die Anwendung des Satzes von Bézout [ÉTIENNE BÉZOUT 1779], des Lösens von linearen Gleichungssystemen, der Bestimmung der größten gemeinsamen Teiler und der Nullstellenfindung von weiteren daraus entstehenden Polynomen, können die Schnittpunkte exakt bestimmt werden. Aus heutiger Sicht hat dieses Verfahren allerdings eine Reihe von gravierenden Nachteilen. Zum einen beschränkt Kajiya seine Untersuchung auf die Behandlung von bikubischen Flächen, was für einen Einsatz im Zusammenhang mit gängigen Datensätzen eine gravierende Einschränkung ist. Des weiteren ist das Verfahren sehr rechenintesiv. Kajiya gibt die Anzahl der benötigten Fließkomma Berechnungen mit 6135 für eine bikubische Fläche an. Verglichen mit der eigenen Implementierung des Schnitts mit einer Bézier-Fläche (siehe Abschnitt 7.2.2) ist das sehr viel. Aus den genannten Gründen erscheinen eine nähere Betrachtung und ggf. Weiterentwicklung für allgemeine NURBS-Flächen nicht sinnvoll oder unmöglich. Interessanterweise spricht Kajiya im Ausblick seiner Veröffentlichung davon, dass für eine Echtzeitdarstellung der Schnitttest nicht länger als $33ns$ dauern dürfte. Er kommt dabei zu dem ernüchternden Schluss, dass selbst wenn der Schnitttest nur 10 Fließkomma-Operationen (anstatt den genannten 6000) brauchen würde, dennoch ein Rechner mit einer Leistung von 300

MFLOPS benötigt wird. Wie in Abschnitt 5.6 gezeigt wird, sind die in dieser Arbeit erzielten Ergebnisse nicht mehr weit von den erforderlichen $33ns$ entfernt [5].

Einige Jahre später veröffentlichte Toth seine Arbeit [TOTH 1985] über das Ray Tracing von parametrischen Flächen. Toth benutzte ein mehrdimensionales Newton-Verfahren, um den Schnittpunkt zwischen einem Strahl und einer beliebigen parametrischen Fläche zu bestimmen. Das Newton-Verfahren ist allerdings nur lokal konvergent, von daher wird ein initialer Schätzwert für den Schnittpunkt benötigt, der sich idealerweise möglichst nah an dem tatsächlichen Schnittpunkt befindet. Toth löste dieses Problem mit einem Verfahren aus der Intervall-Arithmetik, dem Krawczyk-Operator [KRAWCZYK 1969]. Der Vorteil im Gegensatz zu Kajiyas Ansatz besteht darin, dass die Beschränkung auf bikubische Flächen entfällt. Andererseits erfordert der Krawczyk-Operator die massive Verwendung von komplexen Zahlen im Zusammenhang mit der Intervall-Arithmetik. Wie eigene Versuche in Abschnitt 5.4.2 zeigen, sind die Kosten für den Krawczyk-Operator enorm hoch. Damit kann diese Methode für Echtzeitanwendung nicht in Frage kommen. In seiner Publikation gibt Toth für den Fall eines bikubischen Patches eine benötigte Anzahl von 5765 Fließkomma-Operationen an. Allerdings ist auch hier ein durchaus sehr komplexer Kontrollfluss notwendig. Darüber hinaus steigt die Komplexität für weniger optimale Flächen rasant an. Wenn die Ausführungsgeschwindigkeit keine wichtige Rolle spielt, kann das von Toth vorgestellte Verfahren aber durchaus interessant sein, da es die Konvergenz des Newton-Verfahrens garantieren kann. So kann eine perfekte geometrische Qualität bei vergleichsweise sehr langen Berechnungszeiten gewährleistet werden.

Ein weiter Ansatz [SWEENEY und BARTELS 1986], basierend auf dem Newton-Verfahren, wurde von Sweeney und Bartels vorgestellt. Allerdings wurde der initiale Schätzwert über den Schnittpunkt des Strahls und eines mit Hilfe des Oslo-Algorithmus [COHEN et al. 1980] feiner unterteilten Kontrollpunktnetzes berechnet. Durch die verwendete lineare Approximation ist dieses Verfahren nicht exakt. Dies macht sich insbesondere an den Silhouetten bemerkbar, da die Fläche fälschlicherweise verfehlt werden kann. Somit wird ein Newton-Verfahren zur Schnittpunktfindung gar nicht erst gestartet. Da das Verfahren in dieser Arbeit aber möglichst korrekt sein soll, empfiehlt sich ein solcher Ansatz nicht.

Das so genannte *Bézier Clipping*-Verfahren [NISHITA et al. 1990] wurde 1990 von Nishita et al. vorgestellt. Durch Ausnutzung der Eigenschaften der konvexen Hülle von Bézier-Flächen hat Nishita ein neues Verfahren entwickelt, um den Schnittpunkt zwischen Strahlen und Bézier-Flächen zu bestimmen. Schrittweise werden Teilbereiche der parametrischen Domäne ausgeschlossen, von denen ermittelt wird, dass der Strahl sie nicht schneiden kann. Im Endeffekt handelt es sich dabei um eine binäre Suche mit linearer Konvergenz. Hinsichtlich der Effizienz ist sein Verfahren in etwa vergleichbar mit dem

[5] Tatsächlich wird offensichtlich eine weitaus größere Anzahl als 10 Fließkomma-Operationen benötigt, dafür aber - was Kaijya vor über 25 Jahren nicht ahnte - verfügen die schnellsten modernen Desktop Rechner derzeit über eine Leistung von etwa 100000 MFLOPS

von Toth. Allerdings hat der zur Unterteilung verwendete de Casteljau Algorithmus für Flächen eine Komplexität von $O(n * m)$, wobei n und m dem Grad der Fläche in der jeweiligen parametrischen Richtung entspricht. So braucht laut Nishitas eigenen Ergebnissen eine Fläche vom Grad sieben bereits das fünffache an Berechnungszeit wie eine Fläche mit Grad drei. Da eine Gradreduktion auf Grund des entstehenden Fehlers für diese Arbeit unerwünscht ist und hochgradige Flächen in der Realität eher die Regel als die Ausnahme sind, qualifiziert sich das Bézier Clipping nicht für eine Verwendung in diesem Rahmen. Hinzu kommt, dass NURBS-Flächen die Eigenschaft der konvexe Hülle von Bézier-Flächen nicht teilen. Zwar ist die Hülle von NURBS-Flächen sogar restriktiver (jeweils lokal definierbar), aber auch rechenintensiver. Daher kann davon ausgegangen werden, dass eine entsprechende Adaption des Bézier-Clipping-Verfahrens für NURBS-Flächen deutlich langsamer sein würde. Auch die Verbesserungen von Campagna et al. [CAMPAGNA et al. 1997] nehmen sich nicht den genannten Problemen an, sondern optimieren das Verfahren in seiner Ausführungsgeschwindigkeit.

Später wurden das Bézier-Clipping und das Newton-Verfahren von Wang et al. [WANG et al. 2001] kombiniert. Durch Ausnutzung der Kohärenz zwischen Primärstrahlen und der geschickten Kombination beider genannten Verfahren konnten Wang et al. in etwa eine Beschleunigung um Faktor drei erzielen. Dennoch bleiben die grundsätzlichen Probleme der Verfahren bestehen. Insbesondere für sekundäre Strahlen ist die besondere Berücksichtigung der Primärstrahlen nicht gewinnbringend. Zwar wird eine Beschleunigung für Schattenstrahlen erwähnt, doch bleibt die Argumentation an dieser Stelle unvollständig.

Im Jahr 2000 präsentierten Martin et al. ein Ray Tracing System, welches unter anderem in der Lage ist, NURBS-Flächen mittels Ray Tracing darzustellen [MARTIN et al. 2000]. Die Arbeit basiert zu Teilen auf den Ideen [BARTH und STÜRZLINGER 1993, STÜRZLINGER 1998, FAUX und PRATT 1979] von Barth und Stürzlinger sowie von Faux und Pratt. Auch wenn das System keine Echtzeit Darstellung erreichen konnte, so sind die erzielten Ergebnisse deutlich schneller als alle vorherigen Ansätze. Im Kern wird für die Schnittpunktfindung ebenfalls ein mehrdimensionales Newton-Verfahren, wie bei Toth, eingesetzt. Anstelle des teuren Krawczyk-Operators tritt eine fein aufgelöste Bounding Volume Hierarchie. Hier werden nicht, wie bei Dreiecken üblich, eine oder mehrere Primitive von einer *Bounding Box* umspannt, sondern kleine Teile der parametrischen Domäne von einer *Bounding Box* eingeschlossen. Das bedeutet, dass eine einzelne NURBS-Fläche von einer größeren Anzahl von *Bounding Boxen* umschlossen wird. Die genaue Zahl hängt von der Komplexität der Fläche selbst ab und kann durch Benutzerparameter gesteuert werden. Ein Problem dieses Ansatzes ist, dass die Konvergenz des Newton Verfahrens nicht garantiert wird und für eine zu geringe Auflösung der Bounding Volume Hierarchie ggf. Artefakte auftreten können. Die Integration in ein bestehendes Ray Tracing-System ist dagegen sehr praktikabel, da eine vorhandene Beschleunigungsdatenstruktur einfach verwendet werden kann. Auch eignet sich das Verfahren prinzipiell gut für eine potentielle hoch-performate Umsetzung. Aus diesen

Gründen dient der Ansatz als Grundlage für die eigene Implementierung.

Eine Reihe von Arbeiten haben sich in der Vergangenheit damit beschäftigt Flächen niedriger Ordnung zu verwenden. So wurden beispielsweise von Stoll et al. stückweise quadratische Flächen verwendet [STOLL et al. 2006]. Jedoch kommt bei diesem Ansatz nur ein Raycasting-Verfahren zum Einsatz anstelle des vollständigen Ray Tracing. Komplexe Interreflexionen innerhalb der Szene sind damit nicht darstellbar. Weiterhin können tatsächlich nur Flächen quadratischen Grades verwendet werden. Analytische Schnittteste sind für den Grad fünf und höher, wie in Abschnitt 5.1.1 argumentiert, nicht mehr möglich, daher ist die Technik allemal auf sehr simple Flächen beschränkt.

Darüber hinaus existieren eine Reihe von weiteren Publikationen, die weniger relevant für die eigene Arbeit sind und hier nicht näher im Detail behandelt werden können. Der Vollständigkeit halber seien dies hier angegeben: [CAMPAGNA et al. 1996, FOURNIER und BUCHANAN 1994, YANG 1987] sowie [LISCHINSKI und GONCZAROWSKI 1990]. Es gibt darüber hinaus einige jüngere Arbeiten, welche sich aber speziell auf Bézier-Flächen beziehen. Diese werden in dem thematisch verwandten Bézier-Kapitel in Abschnitt 7.1 behandelt.

5.3 Grundlagen

Das wesentliche Element des NURBS-Ray Tracing ist offensichtlich der Schnitttest zwischen einer NURBS-Fläche und einem Strahl, obwohl die hohe Komplexität im Vergleich zu Dreiecken auch Auswirkungen auf die Beschleunigungsdatenstruktur und andere Aspekte eines Ray Tracing-Systems hat.

Im Folgenden werden einige wichtige Grundlagen gelegt, die für das Verständnis dieses Kapitels von Bedeutung sind. Dies umfasst insbesondere ein detailliertes Wissen über Freiform-Flächen (Abschnitt 5.3.2) aufbauend auf Freiform-Kurven (Abschnitt 5.3.1). Abschließend wird die bedeutende Erweiterung um Trimming-Kurven vorgestellt (Abschnitt 5.3.3).

5.3.1 Freiform-Kurven

Dieser Abschnitt gibt einen kurzen Überblick über die wichtigsten verschiedenen Formen von Freiform-Kurven. Dies sind Bézier-, B-Spline- sowie NURBS-Kurven. Eine sehr ausführliche Abhandlung von Freiform-Kurven und -Flächen findet sich in [ROGERS 2001, PIEGL und TILLER 1997].

Bézier-Kurven

Im Bereich der parametrischen Kurven und Flächen sind die von Pierre Étienne Bézier eingeführten Bézier-Kurven [BÉZIER 1968, BÉZIER 1970, BÉZIER 1971] die sicherlich bekanntesten und am weitesten verbreiteten Vertreter. Bézier-Kurven finden Verwendung in unzähligen Applikationen von künstlerischen Anwendungen wie *Adobe Flash* über 3D-Modellierungssoftware wie *Autodesk Maya* bis zu industrieller Software für den Automobilbau. Bézier erfand diese Art der parametrischen Darstellung während seiner Tätigkeit für den Automobilhersteller Renault[6].

Gründe für die hohe Verbreitung von Bézier-Kurven sind ihre einfache mathematische Repräsentation und ihre relativ performante Auswertung, zumindest für geringe Ordnungen. Eine Bézier-Kurve ist eindeutig definiert allein durch eine Anzahl von n Kontrollpunkten. Die Kurve geht exakt durch den Start- und Endpunkt, während alle anderen Kontrollpunkte nur approximiert werden. Der Grad k ist stets $n-1$. Durch die Ordnung (entspricht $k+1$) wird festgelegt wie viele Kontrollpunkte auf einen bestimmten Punkt auf der Kurven einen Einfluss ausüben. Mathematisch ist eine Bézier Kurve gegeben durch

$$C(t) = \sum_{i=0}^{n} B_i J_{n,i}(t) \qquad 0 \leq t \leq 1 \tag{5.1}$$

Dabei sind die Basisfunktionen

$$J_{n,i}(t) = \binom{n}{i} t^i (1-t)^{(n-i)} \tag{5.2}$$

die sogenannten Bernsteinfunktionen und B_i bezeichnet die Kontrollpunkte. Abbildung 5.2 zeigt eine Bézier-Kurve mit vier Kontrollpunkten und dem zugehörien Kontrollpolygon.

Durch die strikte Bindung des Grades an die Anzahl der Kontrollpunkte ergibt sich der größte Nachteil der Bézier-Kurven. Eine Erhöhung der Kontrollpunktanzahl führt damit zwangsläufig zu einer Steigerung des Grades, was sich allerdings direkt negativ auf etwaige Berechnungen auf der Kurve auswirkt, wie beispielsweise die Evaluation von Punkten auf der Kurve. Weiterhin ist eine Gradreduktion nur möglich, indem Kontrollpunkte entfernt werden. Dadurch werden Bézier-Kurven im Allgemeinen als eher inflexibel angesehen. Eine übliche Lösung dieses Problems ist durch die Verwendung von stückweisen Bézier-Kurven gegeben, die an den Übergangspunkten mindestens C_1 Stetig sind.

[6] Eigentlich gelang die Erfindung dieser Kurven Paul de Casteljau etwas früher. Jedoch hielt sein Arbeitgeber Citroën die Erfindung als Betriebsgeheimnis zurück.

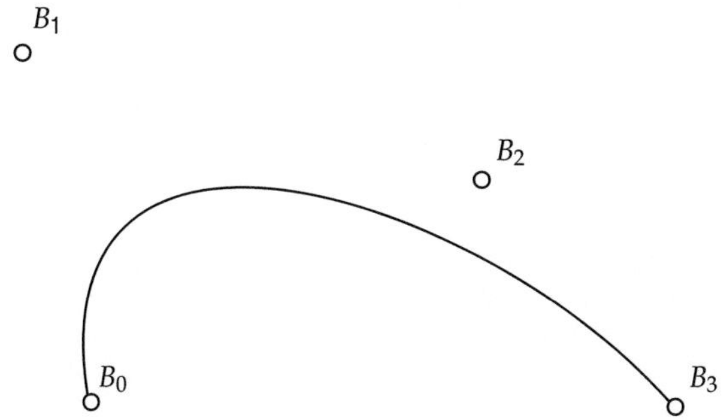

Abbildung 5.2: *Eine Bézier-Kurve mit Grad $k = 3$, definiert durch die Kontrollpunkte B_0 bis B_3. Bézier-Kurven sind approximierender Natur, gehen aber durch Start- und Endpunkte.*

B-Spline Kurven

Die Theorie für B-Spline (Basis Spline) Kurven wurde bereits 1946, also vor den Bézier Kurven, durch Schoenberg [SCHOENBERG 1946] begründet. Jedoch erfuhr ihre Entwicklung zunächst keine sonderlich große Beachtung, auf Grund der Tatsache, dass unklar war, wie mit solchen Splines zu rechnen war. Damalige Verfahren zur Spline-Auswertung waren numerisch instabil, so dass es bis zum Beginn der siebziger Jahre dauerte, als *Cox* [COX 1971] und *de Boor* [DE BOOR 1972] unabhängig voneinander ein Schema entwickelten, dass einfach zu implementieren und zudem auch numerisch stabil für beliebige Grade ist. Bald darauf fanden B-Splines Verwendung in den meisten CAD/CAM Anwendungen und zählen bis heute zu der wichtigsten Standardgeometrie in der industriellen virtuellen Konstruktion.

Generell sind B-Spline-Kurven eine Verallgemeinerung der Bézier-Kurven, welche als Sonderfall in der Beschreibung enthalten sind. So sind auch B-Splines ebenfalls approximierende Kurven. Sie verwenden stückweise Polynome, um eine einzige zusammenhängende Kurve darzustellen. Die Ordnung k der Basisfunktionen (vergleiche Gleichung 5.3) ist dabei frei wählbar, solange die Anzahl n der Kontrollpunkte nicht überschritten wird, ergo beträgt die maximale Ordnung $k = n$. Durch die Wahl der Ordnung ist es möglich, eine Reihe von niedergradigen Kurven nahtlos ineinander zu fügen. Dies ermöglicht eine lokale Kontrolle der Kurven, d.h. die Modifikation eines Kontrollpunktes B_i beeinflusst nur das jeweilige Teilsegment, also nicht die gesamte Kurve. Dies steht im Gegensatz zu den Bézier-Kurven, bei denen der Grad sich direkt aus der Anzahl der Kontrollpunkte ergibt.

Knotenvektoren Weiterhin bestimmt ein Knotenvektor über die Einflussnahme der Kontrollpunkte. Ein solcher Knotenvektor ist dabei eine beliebige Folge einer Anzahl von $n + k$ monoton steigender Zahlen. Die geometrische Deutung dieser Knotenwerte ist nicht intuitiv; Modellierungssoftware beispielsweise ermöglicht die manuelle Manipulation dieser Werte in den seltensten Fällen.

Knotenvektoren gibt es in unterschiedlichen Varianten. Sie können entweder *offen* oder *periodisch* sein und darüber hinaus entweder *uniform* oder *nicht uniform*. Offene Knotenvektoren wiederholen den ersten und den letzen Knotenwert genau k mal, während periodische üblicherweise keine Mehrfachwiederholungen an den Enden haben. In diesem Kontext bedeutet *uniform*, dass die Abstände zwischen zwei inneren (die Wiederholungen am Rand ausgenommen) Knotenwerten gleich sind. Für nicht-uniforme gilt diese Regel nicht, da auch interne Werte wiederholt werden können. Für jede Wiederholung der inneren Knotenwerte geht ein Grad an Stetigkeit verloren, folglich kann ein einzelner Wert maximal k mal wiederholt werden, ohne dass die Kurve „aufbricht", d.h. die G_0 Stetigkeit verletzt wird. Bei exakt k Wiederholungen wird genau eine G_0 Stetigkeit erreicht, womit die Kurve durch den jeweiligen Kontrollpunkt geht und an dieser Stelle einen „Knick" haben wird. Tabelle 5.1 zeigt Beispiele für einige Knotenvektoren.

Typ	Beispiel
$k = 3, n = 3$,offen,uniform	[0 0 0 1 1 1]
$k = 5, n = 3$,offen,uniform	[0 0 0 1 2 3 3 3]
$k = 3, n = 3$,periodisch, uniform	[0 1 2 3 4 5]
$k = 5, n = 3$,offen,nicht-uniform	[0 0 0 0.5 2.5 3 3 3]

Tabelle 5.1: *Einige Knotenvektor-Beispiele*

Basisfunktionen Die Basisfunktionen sind das einzige Unterscheidungsmerkmal zwischen den verschiedenen Spline-Darstellungsformen. Was in Gleichung 5.1 als Grundlage der Bézier-Kurve diente, wird für B-Splines durch die *Basis*funktionen ersetzt, woraus diese ihren Namen ableiten. Es handelt sich dabei um eine Anzahl von $n - k + 1$ Polynomen, welche durch den Grad und den entsprechenden Knotenvektor eindeutig definiert sind. Jeder Punkt auf der Kurve wird ohne Ausnahme von k Basisfunktionen beeinflusst. Diese können nach einem einfachen, wenn auch rechnerisch aufwändigem Verfahren, der sogenannten Cox/de Boor/Mansfield-Rekursion, an einem Parameterwert t ausgewertet werden:

$$N_{i,k}(t) = \frac{(t - x_i)N_{i,k-1}(t)}{x_{i+k-1} - x_i} + \frac{(x_{i+k} - t)N_{i+1,k-1}(t)}{x_{i+k} - x_{i+1}} \tag{5.3}$$

Die Rekursion wird beendet, wenn $k = 1$ ist:

$$N_{i,1}(t) = \begin{cases} 1 & \text{wenn } x_i \leq t < x_{i+1} \\ 0 & \text{sonst} \end{cases} \tag{5.4}$$

Dabei bezeichnet x_i den Knotenvektorwert an Stelle i. Dementsprechend ist x_1 das Erste und x_{n+k} das letze Element des jeweiligen Knotenvektors der Kurve. Es gilt zu beachten, dass eine Division durch 0 für einen oder beide der Brüche auftreten kann und wird. Es gilt per Definition, dass $\frac{0}{0} = 0$ ist. Die vollständige Gleichung (siehe Gleichung 5.5) für eine B-Spline Kurve ist sehr ähnlich der einer Bézier Kurve und unterscheidet sich nur in der Basisfunktion.

$$C(t) = \sum_{i=1}^{n} B_i N_{i,k}(t) \qquad x_k \leq t < x_{n+1} \tag{5.5}$$

Es bezeichnet n die Anzahl der Kontrollpunkte der Kurve. Allerdings lässt sich diese Gleichung durch Ausnutzung der Eigenschaft der lokalen Kontrolle von B-Spline-Kurven weiter vereinfachen. Wie bereits erwähnt, wird jeder Punkt auf der Kurve stets von k Basisfunktionen beeinflusst, während alle anderen Basisfunktionen für diesen gegebenen Wert von t stets 0 sein werden. Unter Berücksichtigung dieses *aktiven* Intervalls ist es möglich, Gleichung 5.5 zu folgender Form zu vereinfachen:

$$C(t) = \sum_{i=\Psi}^{\Psi+k-1} B_i N_{i,k}(t) \tag{5.6}$$

wobei Ψ so zu bestimmen ist, dass $N_{\Psi,k}(t) \neq 0$ ist und $N_{i,k}(t) = 0 \forall i < \Psi$. Dabei lässt sich Ψ einfach über den Knotenvektor bestimmen.

Wenn auch eine solche Formel einfach zu implementieren ist, wird eine direkte Auswertung von Gleichung 5.3 *sehr* schnell den Berechnungsaufwand steigen lassen. Kapitel 6 wird sich mit einer möglichst effizienten Auswertung der Basisfunktionen beschäftigen.

Ableitung Die Ableitung einer B-Spline Kurve wird durch formales Differenzieren von Gleichung 5.5 berechnet:

$$C'(t) = \sum_{i=1}^{n} B_i N'_{i,k}(t). \tag{5.7}$$

Mittels Differenzialrechnung wird folgende Lösung für $N'_{i,k}(t)$ bestimmt

$$N'_{i,k}(t) = \frac{N_{i,k-1}(t) + (t - x_i) N'_{i,k-1}(t)}{x_{i+k-1} - x_i} + \frac{(x_{i+k} - t) N'_{i+1,k-1}(t) - N_{i+1,k-1}(t)}{x_{i+k} - x_{i+1}}. \tag{5.8}$$

Allerdings verändert sich auch der Rekursionsabbruch, da Gleichung 5.4 nach der Ableitung für alle t stets Null ist. So ergibt sich die neue Bedingung zum Abbruch der Rekursion als

$$N'_{i,2} = \frac{N_{i,1}(t)}{x_{i+1} - x_i} - \frac{N_{i+1,1}(t)}{x_{i+2} - x_{i+1}}. \tag{5.9}$$

Die zweite Ableitung kann auf die gleiche Art und Weise direkt bestimmt werden, wird aber hier nicht behandelt, da sie in diesem Kontext nicht benötigt wird.

Eigenschaften B-Spline-Kurven verfügen über einige nützliche Eigenschaften, die sich direkt aus den Basis Funktionen ergeben:

- Die Kurve liegt stets innerhalb der konvexen Hülle des Kontrollpolygons.
- Die Summe aller Basisfunktionen für jeden beliebigen, gültigen Parameterwert t ist immer eins:
$$\sum_{i=1}^{n+1} N_{i,k}(t) \equiv 1 \tag{5.10}$$
- Jede Basis Funktion ist positiv oder Null für den gültigen Parameterbereich.

NURBS Kurven

NURBS (*Non-Uniform Rational B-Splines*) Kurven sind eine Erweiterung der zuvor vorgestellten B-Spline-Kurven. Die Kontrollpunkte werden um eine weitere Dimension ergänzt, folglich handelt es sich um 4D-Koordinaten für Kurven im dreidimensionalem Raum. Die zusätzliche Komponente, meist h (von homogener Koordinate) bezeichnet, wird als *Gewicht* interpretiert. Im Gegensatz zu den Knotenvektoren ist eine geometrische Deutung dieses Gewichtes offensichtlich: Ein Wert für ein Gewicht $h > 1$ eines Punktes B_i^h zieht die resultierende Kurve näher an diesen Punkt heran. Ein Wert von $0 < h < 1$ lässt den Einfluss des Punktes verringern. Null-Gewichte eliminieren den Punkt aus der Berechnung. Dabei gilt zu beachten, dass diese ein analoges Verhalten zu Wiederholungen von Knotenwerten haben. Jedes Null-Gewicht reduziert die Stetigkeit in dem beeinflussten Intervall um eins, d.h. die Kurve kann dabei aufbrechen. Zwar sind auch negative Gewichte verwendbar, doch sind diese von keinem praktischen Nutzen. Die Kurve wird dabei entsprechend von dem jeweiligen Kontrollpunkt abgestoßen. Dies aber kann die Eigenschaft der konvexen Hülle verletzen und Singularitäten erzeugen. Aus diesem Grund ist die Verwendung von negativen Gewichten in den meisten Applikationen ausgeschlossen. Gleichung 5.11 beschreibt eine allgemeine NURBS-Kurve vom Grad k und n Kontrollpunkten.

$$C(t) = \frac{\sum_{i=1}^{n} B_i h_i N_{i,k}(t)}{\sum_{i=1}^{n} h_i N_{i,k}(t)} \tag{5.11}$$

Dabei ist h_i das Gewicht am Kontrollpunkt B_i. Weiterhin lassen sich die Basisfunktionen $N_{i,k}$ entsprechend Gleichung 5.3 berechnen. Die Ausnutzung der lokalen Kontrolle nach Gleichung 5.6 kann ebenso Anwendung finden. Es ist ersichtlich, dass die Verwendung eines Gewichtes von eins für alle Kontrollpunkte die NURBS-Formel zur üblichen B-Spline Darstellung reduziert, wie folgende Gleichung beweist:

$$C(t) = \frac{\sum_{i=1}^{n} B_i h_i N_{i,k}(t)}{\sum_{i=1}^{n} h_i N_{i,k}(t)} \overset{\forall h_i=1}{=} \frac{\sum_{i=1}^{n} B_i N_{i,k}(t)}{\sum_{i=1}^{n} N_{i,k}(t)} = \sum_{i=1}^{n} B_i N_{i,k}(t) \tag{5.12}$$

da $\sum_{i=1}^{n} N_{i,k}(t) = 1$ ist (vgl. Gleichung 5.10). Somit sind nicht rationale B-Splines eine echte Untermenge von NURBS.

5.3.2 Freiform-Flächen

Flächen sind die logische Erweiterung von Kurven um eine weitere Dimension. Es gibt sie analog zu den Kurven in jeder in Abschnitt 5.3.1 genannten Repräsentation. Zum weiteren Verständnis dieser Arbeit werden allerdings nur Bézier- und NURBS-Flächen (somit auch nicht-rationale B-Spline) benötigt. Daher beschränkt sich dieser Abschnitt auf diese beiden Darstellungsformen.

Eine parametrische Freiform-Fläche wird über zwei Parameter, üblicherweise u und v genannt, analog zu einer Kurve definiert. Durch Einsetzen von Werten innerhalb des gültigen Parameterbereiches werden so Punkte auf der Oberfläche bestimmt. Gerade durch die Begrenzung des Parameterbereiches ist die Ausdehnung der Fläche klar definiert und vor allem endlich.

Bézier Flächen

Eine Bézier-Fläche wird analog zur entsprechenden Kurve dargestellt unter Zuhilfenahme einer weiteren Basisfunktion und einer zweidimensionalen Anordnung der Kontrollpunkte:

$$S(u,v) = \sum_{i=1}^{n} \sum_{j=1}^{m} B_{i,j} J_{n,i} J_{m,j} \tag{5.13}$$

Dabei sind die Bernstein Basisfunktionen $J_{i,j}$ und $J_{m,j}$ entsprechend nach Gleichung 5.2 gegeben. Abbildung 5.3 zeigt ein beispielhaftes Kontrollpunktgitter mit der daraus resultierenden Fläche.

Die Folgenden kurzen Abschnitte zeigen verschiedene Möglichkeiten der Evaluation von Punkten auf der Oberfläche auf:

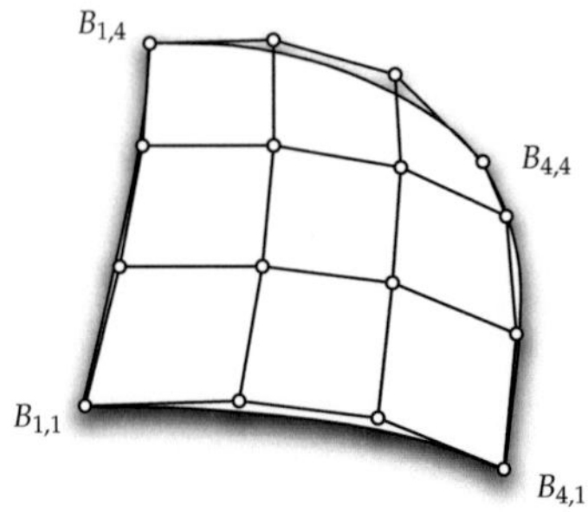

Abbildung 5.3: *Eine Fläche, die durch* 4×4 *Kontrollpunkte definiert ist. Die Linien veranschaulichen das Kontrollpunktgitter.*

Direkte Evaluation Das direkte Einsetzen der Parameterwerte u und v ist sehr einfach zu berechnen, stellt aber eine schlechte Wahl dar. Die Kosten einer Auswertung sind vergleichsweise sehr hoch.

de Casteljau Eine bessere Wahl stellt die mehrfache Anwendung des de Castaljau Algorithmus dar. Für Bézier-Flächen wird der Algorithmus zunächst auf alle Kurven einer beliebigen parametrischen Richtung ausgeführt. Die daraus resultierenden Punkte beschreiben eine neue Kurve der anderen parametrischen Richtung, worauf abermals der de Casteljau-Algorithmus angewendet wird. Das Resultat ist letztlich der Punkt P auf der Fläche an der Stelle u und v. Auch dieser Algorithmus ist einfach zu implementieren, weist aber die für Bézier-Flächen typische Komplexität von $O(n^2)$ auf, wobei n dem Grad der Fläche entspricht.

Matrix-Repräsentation Eine weitere Möglichkeit besteht in der Berechnung einer Matrix, welche die Bézier-Fläche repräsentiert. Die Berechnung einer solchen Matrix ist mit Kosten verbunden, die sich allerdings schnell amortisieren, wenn viele Evaluationen der Fläche berechnet werden sollen.

Eine Bézier Fläche $S(u,v)$ entsprechend Gleichung 5.13 mit Kontrollpunkten $B_{i,j}$ und Ordnung n und m kann als folgendes Matrixprodukt notiert werden:

$$S(u,v) = [U][N][B][M]^T[V] \tag{5.14}$$

dabei gilt

$$[U] = [u^n, u^{n-1}, \ldots, 1] \tag{5.15}$$

$$[V] = [v^m, v^{m-1}, \dots, 1]^T \tag{5.16}$$

$$[B] = \begin{bmatrix} B_{0,0} & \dots & B_{0,m} \\ \vdots & \ddots & \vdots \\ B_{n,0} & \dots & B_{n,m} \end{bmatrix} \tag{5.17}$$

$$[N] = \begin{bmatrix} \binom{n}{0}\binom{n}{n}(-1)^n & \binom{n}{1}\binom{n-1}{n-1}(-1)^{n-1} & \dots & \binom{n}{n}\binom{n-n}{n-n}(-1)^0 \\ \binom{n}{0}\binom{n}{n-1}(-1)^{n-1} & \binom{n}{1}\binom{n-1}{n-2}(-1)^{n-2} & \dots & 0 \\ \vdots & \vdots & \ddots & \vdots \\ \binom{n}{0}\binom{n}{0}(-1)^0 & 0 & \dots & 0 \end{bmatrix} \tag{5.18}$$

$[M]$ ist analog zu $[N]$.

In Kapitel 7 wird behandelt, wie bikubische Bézier-Flächen effizient, unter Verwendung dieser Matrix-Repräsentation, mit dem Ray Tracing-Algorithmus visualisiert werden können.

B-Spline und NURBS Flächen

B-Spline- und NURBS-Flächen sind, genau wie ihr Bézier-Gegenstück, eine Erweiterung der entsprechenden Kurven um eine Dimension im parametrischen Raum. Alle Eigenschaften der verwandten Kurven bleiben auch für Flächen erhalten.

$$S(u,v) = \sum_{i=1}^{n} \sum_{j=1}^{m} B_i^h N_{i,k}(u) M_{j,l}(v) \tag{5.19}$$

Für NURBS-Flächen bezeichnet h das Gewicht des jeweiligen Kontrollpunktes analog zu der Kurvendarstellung. Die Fläche wird ebenfalls aus dem vierdimensionalen Raum in den kartesischen Raum zurückprojiziert:

$$S(u,v) = \frac{\sum_{i=1}^{n} \sum_{j=1}^{m} B_{i,j} h_{i,j} N_{i,k}(u) M_{j,l}(v)}{\sum_{i=1}^{n} \sum_{j=1}^{m} h_{i,j} N_{i,k}(u) M_{j,l}(v)} \tag{5.20}$$

Sind alle Gewichte $h_{i,j} = 1$, so reduziert sich die Gleichung auf die normale B-Spline Gleichung einer Fläche, wie bereits im Zusammenhang mit Kurven gezeigt wurde. Somit ist eine B-Spline-Fläche gegeben durch

$$S(u,v) = \sum_{i=1}^{n} \sum_{j=1}^{m} B_{i,j} N_{i,k}(u) M_{j,l}(v) \tag{5.21}$$

Die partiellen Ableitungen sind im Rahmen dieser Arbeit ebenso wichtig wie die Evaluation. Analog zu den Kurven lassen sich die partiellen Ableitungen durch formale Differenzierung ermitteln. Für B-Spline-Flächen ergibt dies

$$S_u(u,v) = \sum_{i=1}^{n} \sum_{j=1}^{m} B_{i,j} N'_{i,k}(u) M_{j,l}(v) \tag{5.22}$$

für die parametrische u-Richtung und analog für v

$$S_v(u,v) = \sum_{i=1}^{n} \sum_{j=1}^{m} B_{i,j} N_{i,k}(u) M'_{j,l}(v) \tag{5.23}$$

Die Ableitung der Basisfunktion $N_{i,k}$ wurde in Gleichung 5.8 angegeben.

Bei der Verwendung von NURBS-Flächen, falls $h_{i,j} \neq 1$ für ein beliebiges i und j ist, gilt es die Quotientenregel bei der Ableitung zu berücksichtigen. Sei

$$\frac{Z}{N} = \frac{\sum_{i=1}^{n} \sum_{j=1}^{m} B_{i,j} h_{i,j} N_{i,k}(u) M_{j,l}(v)}{\sum_{i=1}^{n} \sum_{j=1}^{m} h_{i,j} N_{i,k}(u) M_{j,l}(v)} \tag{5.24}$$

so erweitert sich die Ableitung zu

$$S_u(u,v) = \frac{Z}{N} \left(\frac{Z_v}{Z} - \frac{N_v}{N} \right) \tag{5.25}$$

Dabei entspricht Z_v Gleichung 5.7 während N_v unter Auslassung der $B_{i,j}$ gleichfalls bestimmt werden kann. Die partielle Ableitung $S_v(u,v)$ berechnet sich analog zu $S_u(u,v)$.

Die effiziente Evaluation von B-Spline- und NURBS-Flächen, als Kern-Operation des Ray Tracing von derartigen Freiform-Flächen, wird in Kapitel 6 detailliert behandelt.

5.3.3 Trimming von Flächen

NURBS-Flächen unterliegen auf Grund der rechteckigen Anordnung der $n \times m$ Kontrollpunkte einer gewissen Einschränkung ihrer Flexibilität. Eine simple Fläche mit einem Loch in der Mitte kann zwar modelliert, jedoch würden dafür mehrere Flächen mit relativ vielen Kontrollpunkten benötigt werden. Um diesen Nachteil auszugleichen, können stattdessen Trimming-Kurven verwendet werden. Bei diesen Kurven handelt es sich ebenfalls um NURBS-Kurven[7], welche im parametrischen Raum der Fläche definiert sind. Prinzipiell ist aber jede Form von Kurve oder auch Gerade zulässig.

[7] Alternativ finden oftmals auch Bézier-Kurven oder Approximationen durch lineare Teilsegmente Verwendung.

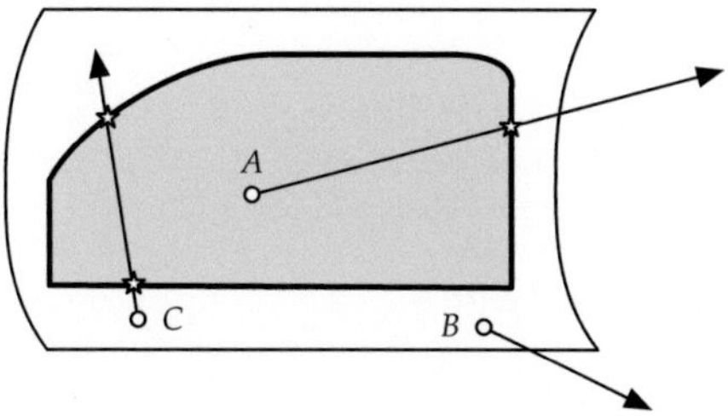

Abbildung 5.4: *Die dicken schwarzen Linien stehen für Trimming Kurven und schneiden somit den blau markierten Bereich aus der Fläche aus.*

Wichtig ist, dass geschlossene Kurvenzüge definiert werden. Mit diesen ist es möglich Regionen der parametrischen Domäne zu definieren, welche nicht Bestandteil der Fläche sind und somit sozusagen ausgeschnitten werden. Beispielsweise wird eine Autofensterscheibe durch ein leicht gewölbtes Rechteck modelliert, während entsprechende Trimming-Kurven die Kontur definieren, wie dies in Abbildung 5.4 dargestellt ist. Um festzustellen, ob ein bestimmter Punkt in einem getrimmten Bereich liegt, genügt es einen Strahl in der parametrischen Domäne in eine beliebige Richtung zu senden. Dieser Strahl wird die der Fläche zugeordneten Trimming-Kurven ggf. einige Male schneiden. Eine ungerade Anzahl von Schnitten bedeutet, dass der Punkt in einer ausgeschnittenen Region liegt, während eine gerade Anzahl dagegen bedeutet, dass der Punkt zur Fläche gehört[8].

Es ist durchaus möglich einen Trimmingzug innerhalb eines anderen zu definieren. Daraus entsteht eine Insel in einem ausgeschnittenen Bereich. Bei dieser Art der Repräsentation ist sogar ein Schnitt von Trimming-Zügen zulässig. Die Orientierung der Kurven selber spielt keine Rolle. Neben der hier vorgestellten Repräsentation gibt es auch andere, die im Rahmen dieser Arbeit nicht verwendet werden. So ist es beispielsweise möglich über die Orientierung der Kurven zu definieren welche Region außen und welche innen ist. Die Wahl der Variante spielt letztendlich keine besonders wichtige Rolle, da sich keine nennenswerten Auswirkungen auf die Geschwindigkeit oder die Komplexität einer Implementierung ergeben.

Die konkrete Umsetzung im Rahmen dieser Arbeit ist in Abschnitt 5.4.3 beschrieben, während in Abschnitt 5.6.3 die Ergebnisse präsentiert werden.

[8] Ebenfalls nicht unüblich ist eine Variante, bei der die parametrische Domäne stets durch ein Rechteck aus Trimming-Geraden begrenzt wird - in einem solchen Fall ist die Bedeutung genau vertauscht.

5.4 Strahl-NURBS Schnitttest

Der Schnitttest zwischen einem Strahl und einer NURBS-Fläche wird mit dem multidimensionalem Newton-Verfahren berechnet, wie im Folgenden Abschnitt 5.4.1 beschrieben. Dieses Verfahren hat sich nach den Überlegungen in Abschnitt 5.1 als das am besten geeignete Verfahren herausgestellt. Dabei wird, bedingt durch das Verfahren, der NURBS-Evaluation, inkl. der partiellen Ableitungen, eine besondere Bedeutung beigemessen. Eine Herausforderung ist es darüber hinaus, eine Implementierung zu finden, welche den Gegebenheiten moderner Prozessoren entgegenkommt, d.h. insbesondere Cache-freundlich ist und eine optimale Ausnutzung der SIMD-Instruktionen gewährleistet.

5.4.1 Multidimensionales Newton-Verfahren

Das weithin bekannte Newton-Verfahren$^{\triangle}$ wird benutzt, um in einem zweidimensionalen Raum Nullstellen einer Funktion zu finden, d.h. Gleichungen der Form $f(x) = 0$ numerisch zu lösen. Angefangen mit einem Schätzwert, der möglichst nah an der tatsächlichen Nullstelle liegen muss, wird über die Iterationsvorschrift

$$x_{n+1} = x_n - \frac{f(x_n)}{f'(x_n)}$$

eine neue, exaktere Lösung berechnet. Etwas ausführlicher wird die Standard Variante des Verfahrens im Glossar behandelt (Anhang A).

Nun ist für das Ray Tracing in der Regel allerdings ein Schnitt im dreidimensionalen Raum zu berechnen. Eine Projektion in den zweidimensionalen Raum ist zwar möglich [KAJIYA 1982], bringt aber, wie in Abschnitt 5.2 bereits erläutert, eine Reihe von Problemen mit sich. Von daher wird in dieser Arbeit eine mehrdimensionale Variante des Newton-Verfahrens eingesetzt, um in dem kartesischen Raum der Szenenrepräsentation arbeiten zu können. Analog zu [MARTIN et al. 2000] wird der Strahl als der Schnitt zwischen zwei orthogonalen Ebenen $P_1 = (N_1, d1)$ und $P_2 = (N_2, d_2)$ dargestellt. Dabei sind N_i Vektoren mit Einheitslänge, senkrecht zur Strahlrichtung $\vec{r}$. Weiterhin ist d_i gegeben durch $d_i = N_i O$, wobei O der Strahlursprung ist. Gesucht wird somit die Lösung des folgenden Gleichungssystems:

$$R(u,v) = \begin{bmatrix} N_1 S(u,v) + d_1 \\ N_2 S(u,v) + d_2 \end{bmatrix} \tag{5.26}$$

Werden die Parameter u und v (die Parameterwerte der Fläche in beiden parametrischen Eichtungen) so gewählt, dass in $R(u,v)$ beide Komponenten Null werden, so bedeutet dies, dass der Abstand eines Punktes P auf der Oberfläche S zu den beiden Ebenen P_1

und P_2, die den Strahl darstellen, Null beträgt. Dies bedeutet, dass ein Schnittpunkt zwischen Strahl und Fläche vorliegt. Das nun vorliegende Nullstellenproblem kann selbstverständlich auch mit anderen numerischen Methoden gelöst werden, aber das Newton-Verfahren erweist sich hier als vorteilhaft auf Grund seiner üblicherweise quadratischen Konvergenz und vergleichsweise relativ einfachen Berechnungs-Bestandteile. Weiterhin ist dieses Verfahren insbesondere wegen eines klaren Kontrollflusses besser geeignet, mittels SIMD-Instruktionen parallelisiert zu werden als andere.

Ausgehend von einem ersten Schätzwert für die Parameter u_0 und v_0, sieht der Iterationsschritt des Newton-Verfahren in einem Szenario mit einem zweidimensionalen Parameterraum wie folgt aus:

$$\begin{bmatrix} u_{n+1} \\ v_{n+1} \end{bmatrix} = \begin{bmatrix} u_n \\ v_n \end{bmatrix} - J^{-1} R(u_n, v_n) \tag{5.27}$$

Dabei ist J die Jacobi[9] Matrix von R:

$$J = \begin{bmatrix} N_1 S_u(u,v) & N_1 S_v(u,v) \\ N_2 S_u(u,v) & N_2 S_v(u,v) \end{bmatrix}$$

Entsprechend ist

$$J^{-1} = \frac{1}{det(J)} \begin{bmatrix} J_{22} & -J_{12} \\ -J_{21} & J_{11} \end{bmatrix}.$$

S_u und S_v bezeichnen dabei die partiellen Ableitungen in der entsprechenden parametrischen Richtung. Die Iteration nach Gleichung 5.27 wird solange fortgeführt, bis eines der folgenden drei Abbruchkriterien eintrifft:

1. Der Abstand des evaluierten Punktes auf der Oberfläche zu den beiden Ebenen fällt unter einen bestimmten Schwellenwert, d.h.

   $$|R(u_n, v_n)| < \epsilon \tag{5.28}$$

   In diesem Fall wurde ein Schnittpunkt gefunden.

2. Wenn der Abstand im Vergleich zur letzten Iteration zunimmt, deutet das auf eine Divergenz hin und die Iteration wird abgebrochen.

   $$|R(u_{n+1}, v_{n+1})| > |R(u_n, v_n)|$$

3. Die maximale Anzahl an Iterationsschritten wurde erreicht; in diesem Fall wird ebenfalls abgebrochen. Dies ist unbedingt nötig, da bei einem unzureichenden initialen Schätzwert der nicht gänzlich unwahrscheinliche Fall eintreten kann, dass die Iteration mit extrem geringer Geschwindigkeit konvergiert, anstatt zu divergieren.

[9] Zuweilen findet sich in der Literatur auch die Bezeichnung Jakobi Matrix. Damit ist aber tatsächlich die Jacobi Matrix gemeint, da sie nach Carl Gustav Jacob Jacobi benannt ist.

5.4.2 Startwertbestimmungsverfahren

Wie in dem vorherigen Abschnitt erwähnt, benötigt das Newton-Verfahren stets einen initialen Schätzwert (hier: u_0 und v_0) damit die Konvergenz gewährleistet ist. Prinzipiell gibt es verschiedene Möglichkeiten, einen geeigneten Startwert zu finden. Im folgenden wird auf mehrere Möglichkeiten eingegangen.

Unterteilung des Kontrollnetzes

Eine nahliegende Möglichkeit ist es, das Kontrollpunktnetz so weit zu verfeinern und durch lineare Teilsegmente anzunähern wie dies in der Arbeit von [SWEENEY und BARTELS 1986] umgesetzt wurde. Dabei werden beispielsweise mit Hilfe des Oslo Algorithmus [COHEN et al. 1980] Elemente in den Knotenvektor eingeführt und somit neue Kontrollpunkte generiert. Dieses verfeinerte Gitter kann sodann durch Dreiecke angenähert werden, wobei für jeden Eckpunkt das entsprechende Parameterwertpaar bekannt ist. Durch Schneiden der Dreiecke mit dem Strahl kann nun der Mittelwert der Parameterpaare des evtl. getroffenen Dreiecks als Startwert für das Newton-Verfahren verwendet werden.

Gegen die Verwendung eines solchen Ansatzes sprechen einige Gründe. Zum einen ist der Oslo Algorithmus durchaus mit zumindest nicht unerheblichem Rechenaufwand verbunden. Zum anderen muss auf diese Art und Weise ebenfalls eine nicht unerhebliche Zahl an Schnitttesten gegen Dreiecke durchgeführt werden. Letztlich wird durch die lineare Approximation gerade an den Silhouetten ein Fehler eingeführt. Die generelle Funktionsweise und der erwähnte Fehler werden in Abbildung 5.5 anschaulich dargestellt.

Auf Grund des zuvor festgelegten Anspruches, eine maximale Genauigkeit erreichen zu wollen, bietet dieser Ansatz keinen adäquaten Lösungsweg zur Bestimmung der Startwerte.

Fehlermaß nach Reinhard Klein

Reinhard Klein hat in seiner Dissertation [KLEIN 1995] eine Abschätzung des Approximationsfehlers vorgestellt, welcher auftritt, wenn NURBS-Kurven oder -Flächen durch lineare Teilsegmente wie Linien oder Dreiecken angenähert werden (vgl. Abbildung 5.5). Während bei der dort gewählten Unterteilung der Fehler ϵ_2 sehr klein ist, so sind ϵ_1 und ϵ_3 dagegen doch deutlich größer. Offensichtlich kann eine höhere Unterteilung, beispielsweise durch sechs anstelle von drei Segmenten, den Fehler reduzieren, nicht aber eliminieren.

Wie bereits zuvor in Abbildung 5.1 motiviert wurde, kann auch ein sehr kleiner Approximationsfehler zu sehr großen Abweichungen in der Reflexion führen. Dennoch

Abbildung 5.5: *Der Approximationsfehler ϵ entsteht, wenn eine Freiform-Kurve durch lineare Teilsegmente angenähert wird.*

kann es auch im Rahmen dieser Arbeit sinnvoll sein, den Fehler abschätzen zu können um beispielsweise das eigene Verfahren, welches in Abschnitt 5.4.2 vorgestellt wird, zu verbessern. An dieser Stelle sei nur das von Klein entwickelte Kriterium angegeben, während die vollständige Erklärung und Herleitung in seiner Dissertation ab Seite 74 zu finden ist.

$S(u,v)$ sei eine B-Spline Fläche des Grades n und m entsprechend Gleichung 5.11 sowie $G(u,v)$ eine bilineare Interpolationsfläche mit den Eckpunkten B_{11}, B_{n1}, B_{1m} und B_{nm}.

Es sei $n < p$ und $m < o$, während s und t die jeweiligen Knotenvektoren bezeichnen. Für eine genauere Erläuterung sei auf den Originaltext verwiesen. Der Approximationsfehler entspricht demnach dem Abstand der beiden Flächen und ist somit:

$$||S-G|| = \sup_{s_0 \le u \le s_{n+o+1}, t_0 \le v \le t_{m+p+1}} ||S(u,v) - G(u,v)|| \le \max_{0 \le i \le o, 0 \le j \le p} ||B_{ij} - C_{ij}||, \quad (5.29)$$

wobei

$$C_{ij} = \Big(\frac{1}{nm}(s_{i+1} + \cdots + s_{i+n})(t_{j+1} + \cdots + t_{j+m})(B_{00} - B_{n0} - B_{0m} + B_{11}) +$$
$$\frac{1}{m}(t_{j+1} + \cdots + t_{j+m}(B_{0m} - B_{00}) + \frac{1}{n})(s_{i+1} + \cdots + s_{i+n})(B_{n0} - B_{00}) + B_{00} \Big)$$

Allerdings gilt Gleichung 5.29 nur für Flächen, deren Knotenvektoren auf das Intervall $[0,1]$ normalisiert wurden[10].

In Abhängigkeit von einem Benutzerparameter kann gesteuert werden, ob der Approximationsfehler $||S-G||$ ausreichend klein ist.

Unglücklicherweise ist der Rechenaufwand auffällig hoch. Zwar ist die Auswertung der Gleichung 5.29 selbst noch unproblematisch, doch muss für eine einzige Fläche diese

[10]Dies steht nicht im Originaltext, aber ohne diese Einschränkung ist nach dem Verständnis des Autors die Gleichung nicht allgemein gültig.

Gleichung oft mehrere hundert Mal ausgewertet werden. Viel gravierender ist aber, dass die Eckpunkte der jeweiligen NURBS-Fläche explizit in der Rechnung Verwendung finden. Dies wiederum bedeutet, dass für jede Auswertung nach der allerersten (also auf der ursprünglichen Fläche) mit Hilfe des Oslo-Algorithmus neue Kontrollnetze für die Teilflächen bestimmt werden müssen. Diese Operation ist tatsächlich sehr rechenaufwändig. Im Endeffekt können so zwar qualitativ hochwertige Regionen bestimmt werden, in denen das Newton-Verfahren mit einem guten Schätzwert gestartet werden kann, doch sind die Berechnungskosten dafür enorm. Dass sich ein Einsatz im Kontext von AUGENBLICK nicht lohnt, zeigen nicht nur die Ergebnisse bezüglich der benötigten Zeit zur Vorbereitung der NURBS-Flächen, sondern auch die erzielte Bildqualität, die sich kaum merklich von dem einfachen Verfahren, der Flächenpartitionierung mittels des *Normalenkriterium* (siehe Abschnitt 5.4.2), abhebt. Tatsächlich konnte der geringe qualitative Vorteil des Klein Kriteriums leicht durch etwas strengere Parameter des Normalenkriteriums kompensiert werden. Die benötigte Rechenzeit, im Fall der Killeroo-Szene, beträgt dabei lediglich wenige Millisekunden, während das Klein-Kriterium zwischen einer und mehreren Minuten benötigt. Zwar wurde das Klein-Kriterium nicht bis zuletzt optimiert, doch auch unter der Annahme, dass die Berechnung noch beschleunigt werden kann, bleibt es höchst unwahrscheinlich, dass dies ausreichend schnell auszuführen sein wird. Auch wenn bisher die Berechnungskosten der Vorverarbeitung zugeschrieben werden können, so würde bei der Verwendung von dynamischen Szenen dies nicht mehr gelten. Da AUGENBLICK eine durchweg hohe Leistung anstrebt, also auch bei der Vorverarbeitung, wurde das Klein-Kriterium nicht weiter angewandt.

Krawczyk Operator

Bisher können alle vorgestellten Verfahren zur Bestimmung des Startwertes für das Newton-Verfahren eine Konvergenz nicht garantieren. Ist der Schätzwert nah genug an dem tatsächlichen Wert, ist die Konvergenz lediglich sehr wahrscheinlich. Mit dem von Krawczyk entwickelten Operator [KRAWCZYK 1969, KRAWCZYK 1970] kann die Konvergenz garantiert werden. Um dies zu erreichen, wird allerdings Intervall-Arithmetik verwendet, welche allgemeinen sehr rechenaufwändig ist. Auch der Operator selbst ist durchaus nicht günstig in der Berechnung, wie folgende Gleichung verdeutlicht:

$$K(X, m(X), Y) = m(X) - Yf(m(X)) + (|Y| \cdot A \cdot e[-1, 1]) \tag{5.30}$$

Dabei gilt

$$Y = m(F'(X))^{-1}$$

und A ist eine reelle Matrix mit den Komponenten

$$A_{ij} = \frac{1}{2}(w(F'(X))_{ij}).$$

Mit $|Y|$ ist hier der Betrag der einzelnen Komponenten der Matrix gemeint und nicht die Determinante. Weiterhin ist

$$e_i = \frac{1}{2}(w(X)_i).$$

Zum Verständnis der Gleichungen ist ein Grundwissen über die Intervall-Arithmetik nötig. Da allerdings diese keine weitere Relevanz im Kontext dieser Arbeit haben wird, sei die Erläuterung hier auf das Nötigste beschränkt. Für gründlichere mathematische Grundlagen sei auf die original Publikation [KRAWCZYK 1969] oder auf gängige Fachliteratur wie zum Beispiel [MOORE 1966, ALEFELD und HERZBERGER 1974] verwiesen.

Intervall-Arithmetik Ein Intervall $X \in \mathbb{R}$ ist eine Menge reeller Zahlen, die durch zwei Schranken begrenzt ist. So ist $X = [X_{min}, X_{max}] = x \in \mathbb{R} : X_{min} \leq x \leq X_{max}$. Zahlreiche arithmetische Operationen lassen sich direkt auf Intervalle anwenden, so ist beispielsweise die Addition zweier Intervalle definiert als:

$$X + Y = [X_{min} + Y_{min}, X_{max} + Y_{max}].$$

Weiterhin finden in Gleichung 5.30 und den folgenden der Mittelpunkt- sowie der Breite-Operator Anwendung:

$$m(X) = \frac{X_{min} + X_{max}}{2}$$

$$w(x) = X_{max} - X_{min}$$

Unglücklicherweise neigen Intervalle dazu, sich schnell auszudehnen; so ist zum Beispiel $w([1,2]) = 1$, während $w([1,2]^2) = 3$ ist. Von daher ist es vorteilhaft, möglichst mit Intervallen geringer Breite zu rechnen. Letztlich müssen zum Verständnis des Krawczyk-Operators Intervallfunktionen erläutert werden. Diese sind vergleichbar mit gewöhnlichen Funktion $f(x) = y$:

$$F(X) = Y$$

Dabei bleibt die eigentliche Funktion unverändert, mit Ausnahme der Tatsache, dass auf Intervallen anstatt auf üblichen Skalarwerten gerechnet wird. Demnach sind sowohl Parameter als auch das Ergebnis einer Intervallfunktion ebenfalls Intervalle.

Erzielte Zwischenergebnisse Im Rahmen der frühen Entwicklung von AUGENBLICK wurde untersucht, ob der Krawczyk-Operator eine mögliche Verbesserung des NURBS-Ray Tracing darstellen kann. Dazu wurde der Schnitttest dahingehend erweitert, dass vor dem Start der eigentlichen Iteration ein Schätzwert mit dem Krawczyk-Operator berechnet wurde. Mit diesem ermittelten Startwert wurde das Newton-Verfahren auf dem zuvor erläuterten Wege berechnet.

Da sich bereits sehr früh abzeichnete, dass die Anwendung des Operators nach der Technik von Toth [TOTH 1985] eine gravierende Reduzierung der Bildwiederholrate trotz einiger Optimierungen - teilweise weit mehr als ein Faktor von zehn - mit sich bringt, wurde dieser Ansatz nicht weiter verfolgt. Die Ergebnisse decken sich mit denen von Benthin [BENTHIN 2006]. In seiner Dissertation lag die Verlangsamung gegenüber des konventionellen Newton-Verfahrens zwar nur zwischen Faktor fünf und maximal zehn, es wurden aber auch ausschließlich die weitaus einfacheren bikubischen Bézier-Flächen untersucht. Die Kosten des Krawczyk-Operators scheinen überproportional stark mit der Verwendung von NURBS-Flächen zu steigen. Schon im Kontext mit Bézier-Flächen erschien die Verwendung seinerzeit fragwürdig. Weiterführend zeigt sich nun, dass im Zusammenhang mit NURBS-Flächen die Verwendung des Operators noch weniger tragbar ist. Dieser Sachverhalt ist allerdings durchaus erwartungskonform, weswegen davon ausgegangen wird, dass eine weitere Optimierung nicht zu den gewünschten Ergebnissen führen würde.

Zusammenfassung Grundsätzlich ist der Krawczyk-Operator interessant, da eine garantierte Konvergenz einige potentielle Artefakte vermeiden kann. Allerdings ist der Rechenaufwand so enorm, dass sich der Einsatz auf absehbare Zeit in einer interaktiven Umgebung nicht realisierbar ist. Auch wenn die nötige Rechenleistung vorhanden wäre, so bleibt es dennoch fraglich, ob der Kosten/Nutzen Faktor ausreichend ist. Für Applikationen hingegen, in denen die Rechengeschwindigkeit im Gegensatz zu einer maximalen Präzision der Lösung nicht im Vordergrund steht, mag der Krawczyk-Operator durchaus eine gewinnbringende Anwendung finden.

Partitionierung der Flächen: Das *Normalenkriterium*

Eine weitere Möglichkeit ist die Partitionierung der Flächen in kleine Teilregionen innerhalb der parametrischen Domäne, welche mit eigenen Bounding Boxen umschlossen werden. Diese Idee wurde zunächst in [MARTIN et al. 2000] vorgestellt und für diese Arbeit modifiziert und erweitert.

Vereinfachend dargelegt kann festgestellt werden, dass die Konvergenz des Newton-Verfahrens wahrscheinlicher ist, je flacher die Fläche in der Umgebung ist. Tatsächlich verhält es sich wie im zweidimensionalen Raum mit der Nullstelle einer Geraden: die Konvergenz ist im Fall einer Ebene unabhängig von dem Startwert stets gegeben. Folglich gilt es, Regionen in der parametrischen Domäne zu finden, so dass die entsprechende Repräsentation im dreidimensionalen Raum möglichst flach ist, ergo $S''(u,v) \approx 0$ ist. Eine solche Region, in der dies annähernd gilt, ist ein guter Kandidat, um in einem so genannten *Surface Fragment* zusammengefasst zu werden. Dieses Frag-

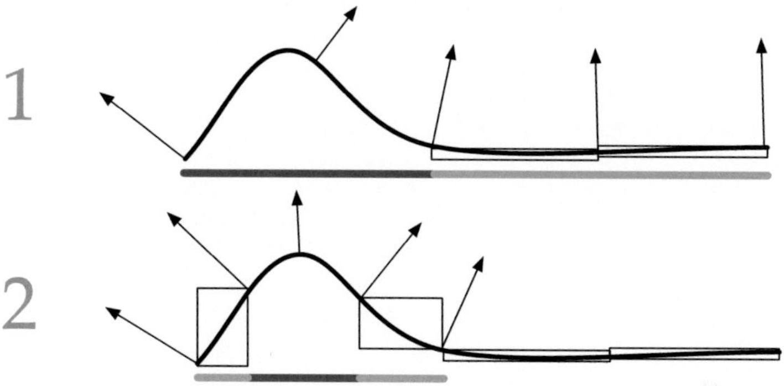

Abbildung 5.6: *Die ersten beiden Schritte der rekursiven Partitionierung zur Erzeugung der* Surface Fragments. *Die grün markierten Bereiche sind den Normalen nach zu urteilen flach genug, um eine Axis-Aligned Bounding Box zu erzeugen. Die rot markierten Bereiche bedürfen einer weiteren Unterteilung.*

ment wird somit anstelle der üblichen Geometrie in der Beschleunigungsdatenstruktur gespeichert. Wird dieses Vorgehen für die gesamte parametrische Domäne der Fläche durchgeführt, so ergibt sich daraus eine gewisse Anzahl an Bounding Boxen, über die nach gewöhnlichen Methoden eine Hierarchie aufgebaut werden kann. Wird während des Ray Tracing ein *Surface Fragment* getroffen, so kann für diese Region ein Schnitttest gestartet werden, wobei der Startwert aus dem *Surface Fragment* gewonnen werden kann. Dafür reicht zumeist der Mittelwert der eingeschlossene parametrischen Domäne aus. Alternativ kann der Startwert aus den Parameterwerten der Eckpunkte interpoliert werden.

Surface Fragments sind *virtuelle* Geometrie, d.h. diese sind von der Basisklasse `Geometry` abgeleitet und verfügen von daher über die üblichen Methoden zur Schnittpunkt- und Normalenberechnung. Allerdings speichern *Surface Fragments* selber keine Geometrie, sondern lediglich eine Referenz auf eine existierende NURBS-Fläche (Proxy-Geometrie). Ein *Surface Fragment* ist genau 32 Byte groß, da dies optimal für die Cache-Effizienz ist. Die ersten 16 Byte werden benötigt, um die Grenzen der parametrischen Domäne zu speichern, also $u_{min}, u_{max}, v_{min}$ und v_{max}. Darüber hinaus werden weitere vier oder acht Byte, je nach Architektur, benötigt, um die Adresse der referenzierten NURBS-Fläche zu speichern. Prinzipiell würden somit 8 oder 12 Bytes unbenutzt bleiben, welche aber auf Grund der Cache-Effizienz besser verbraucht werden sollten. Um diese dennoch sinnvoll zu verwenden, werden in weiteren acht Byte die Mittelwerte u_{mid} und v_{mid} gespeichert, um diese später nicht wiederholt aus den Grenzen bestimmen zu müssen.

Die Frage bleibt noch offen, wie genau die einzelnen annähernd homogenen Regionen der parametrischen Domäne bestimmt werden. Martin et al. [MARTIN et al. 2000] stellen in ihrer Publikation dafür einen recht aufwändigen Ansatz vor, welcher die Krümmung, d.h. die zweite Ableitung, von NURBS-Flächen in Zusammenhang mit einer Heuristik verwendet. Eine genaue Abhandlung dieses Ansatzes findet sich in [MARTIN et al. 2000]. Tatsächlich hat sich später gezeigt, dass eine zunächst nur als Provisorium intendierte Implementierung bereits ausreichend gute Ergebnisse liefern kann, dabei weniger komplex ist und mit zwei einfachen, intuitiven Parametern auskommt. Zusätzlich ist dieser Ansatz deutlich schneller als der von Martin et al., was sich positiv auf die Ladezeiten von NURBS-Flächen auswirkt.

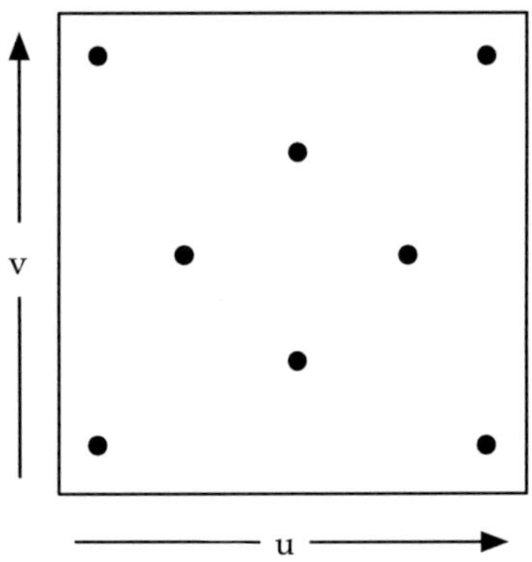

Abbildung 5.7: *An den Stellen, die von den schwarzen Punkten markiert wird, werden Normalen evaluiert, um die Krümmung der Fläche zu schätzen.*

Durch ein bestimmtes Evaluationsmuster wird eine Anzahl von Normalen auf der Fläche evaluiert. Dieses Muster kann beliebig sein, jedoch wurde im Rahmen dieser Arbeit das in Abbildung 5.7 gezeigte Muster verwendet. Zum einen liefert dieses eine hinreichend gute Abtastung der Oberfläche und zum anderen lassen sich acht Evaluationen sehr vorteilhaft in zwei SIMD-Pakete aufteilen. Die an diesen Stellen evaluierten Normalen werden paarweise skalar miteinander aufmultipliziert. Im Fall einer Ebene würde der Wert genau eins sein, in allen anderen Fällen dagegen im Intervall $]-1,1[$. Ein Threshold-Parameter θ gibt an, ab welchem Wert eine NURBS-Fläche als flach genug angesehen wird, um in einem *Surface Fragment* gespeichert zu werden. In AUGENBLICK selbst wird θ in den meisten Fällen mit etwa 0.85 bis 0.95 besetzt. Ist $f_8 > \theta$, so kann ein *Surface Fragment* für die aktuelle Region erzeugt werden. Ist allerdings $f_8 \leq \theta$, so wird die parametrische Domäne uniform in vier Regionen unterteilt, für die rekursiv dasselbe Verfahren angewendet wird. Gestartet wird dieses Verfahren mit der vollen parametrischen Domäne der ursprünglichen Fläche und terminiert, wenn entweder die Summe aller *Surface Fragments* wiederum den Ausgangszustand ergeben oder aber eine maximale Unterteilungstiefe d_{max} erreicht wurde, was den zweiten Benutzerparameter darstellt. Weiterhin kann eine Mindest-Tiefe d_{min} definiert werden, so dass fast planare Flächen dennoch nicht nur durch ein einziges *Surface Fragment* abgedeckt werden. Das Verfahren ist exemplarisch für den zwei-dimensionalen Fall in Abbildung 5.6 dargestellt.

5.4.3 Trimming

Die Unterstützung für Trimming-Kurven wurde im Rahmen von AUGENBLICK v4 umgesetzt. Die konkrete Implementierung der Unterstützung von Trimming-Kurven konnte dabei stark von den bereits vorhandenen Ray Tracing-Funktionen profitieren. Wie in Abschnitt 5.3.3 erläutert wurde, wird die Klassifizierung eines Schnittpunktes vorgenommen, indem ein Strahl gegen alle Trimming-Kurven getestet und die Anzahl der Schnittpunkte gezählt wird. Im Wesentlichen handelt es sich dabei um nichts anderes als Standard-Ray Tracing. Ein Unterschied ist dadurch begründet, dass die Strahlverfolgung in der parametrischen Domäne stattfindet, d.h. im zwei-dimensionalen Raum. Wie erwähnt, ist die Richtung des Strahls, um die Anzahl der Schnitte zu ermitteln, gleichgültig. Aus diesem Grund werden, so dies möglich ist, Strahlen entlang der u oder v-Achse, entweder in positiver oder negativer Richtung, verfolgt. Die genaue Wahl, getroffen während der Vorverarbeitung, macht sich zunächst daran fest, in welcher Richtung die wenigsten Trimming-Kurven liegen.

Die Trimming-Kurven werden stets als NURBS-Kurven interpretiert, daher kommt auch hier der selbe Algorithmus zum Schnitt zwischen Strahl und NURBS zum Einsatz wie zu Beginn in Abschnitt 5.4 vorgestellt. Das Verfahren muss entsprechend auf zwei Dimensionen reduziert werden und ist somit weniger komplex. Wie auch im dreidimensionalen Raum, wird eine Bounding Volume Hierarchie für jede Menge von Kurven bestimmt, die einer Fläche zugeordnet ist. Zusätzlich zu den NURBS-Kurven werden gleichermaßen auch einfache Geraden unterstützt. Der Schnitttest zwischen zwei Strahlen im 2D ist trivial und erfordert keine besondere Beachtung.

Eine wichtige Optimierung kann bereits während der Vorverarbeitung durchgeführt werden. Jede NURBS-Fläche wird, bedingt durch die notwendige Erstellung der *Surface Fragments*, in eine Menge von parametrischen Teilregionen partitioniert. Falls keine Trimming-Kurve eine bestimmte Region schneidet, kann diese vorklassifiziert werden, so dass zur Laufzeit kein Trimmtest mehr durchgeführt werden muss. Liegt die Region vollständig in einem gültigen Bereich auf der Fläche, bedeutet dies, dass kein Trimmtest notwendig ist. Liegt die Region dagegen in einem getrimmten Bereich, so kann das entsprechende *Surface Fragment* gelöscht werden, da sich an dieser Stelle keine Geometrie mehr befindet. Lediglich die Grenzfälle, in denen die Kurve ein *Surface Fragment* passiert, müssen noch zur Laufzeit getestet werden. Sollte noch nicht die maximale Unterteilungstiefe d_{max} bei der Erstellung der *Surface Fragments* erreicht worden sein (vgl. Abschnitt 5.4.2), so kann hier die Unterteilung fortgeführt werden, um eine genauere Vorklassifizierung zu erreichen.

Die Integration eines Trimming-Tests gestaltet sich unproblematisch. Nachdem ein normaler Schnittest des Strahls gegen die NURBS-Fläche durchgeführt und ein Schnittpunkt ermittelt wurde, kann der Trimming-Test an dieser Stelle eingefügt werden. Ist das Ergebnis des Tests, dass der Punkt in einer getrimmten, also ausgeschnittenen, Region liegt, wird der zuvor gefundene Schnittpunkt verworfen und weiter verfahren, als sei kein Schnittpunkt gefunden worden. Allerdings ergeben sich in der Praxis Probleme im Zusammenhang mit den NURBS-Kurven. Das Newton-Verfahren im zweidimensionalen Raum divergiert, falls ein Schätzwert in der Nähe oder genau auf einem Extremwert liegt. So sind Schnittteste problematisch, wenn der Strahl tangential auf eine Trimming-Kurve trifft. Um Artefakten vorzubeugen, wird während der Vorverarbeitung getestet, ob solche divergenten Fälle bei den bevorzugten achsenparallelen Richtungen auftreten. Ist dies der Fall wird eine andere Richtung gewählt, bei der dies nicht auftritt. Zwar lassen sich in der Theorie Fälle konstruieren, bei denen keine Richtung existiert, in der nicht mindestens eine Kurven tangential berührt wird, doch treten solche Fälle in der Praxis nahezu nicht auf. Aber auch ein solcher *worst case* kann in der Vorverarbeitung entdeckt und behandelt werden - beispielsweise durch eine Unterteilung in mehrere NURBS-Flächen mit einem geringeren Anteil an Trimming Kurven. Dies wurde allerdings mangels einer Notwendigkeit in AUGENBLICK nicht umgesetzt. Ergebnisse zu Modellen mit Trimming Kurven finden sich in Abschnitt 5.6.3.

5.4.4 Zusammenfassung

Wie an der Gleichung 5.26 deutlich wird, ist der eigentliche Aufwand des Newton-Verfahrens selbst relativ gering und beschränkt sich auf einige wenige Skalarprodukte und die simple Invertierung einer 2×2 Matrix. Rechenaufwändig sind die partiellen Ableitungen $S_u(u,v)$ und $S_v(u,v)$ sowie die Punktevaluation $S(u,v)$. Zunächst einmal werden die Ableitungen als ähnlich kostenintensiv wie die normale Evaluation angenommen. Beispielsweise erfordert die Killeroo-Szene bei einer 512^2 Auflösung die Evaluation von 360 356 Punkten auf der Oberfläche und zusätzlich 638 175 volle Evaluationen, d.h. inklusive beider partieller Ableitungen. Daraus wird ersichtlich, dass eine performante Punkt- bzw. Ableitungs-Evaluation von außerordentlicher Bedeutung ist und tatsächlich den gesamten Rechenaufwand für NURBS-basierende Szenen sogar dominiert. Das nächste Kapitel 6 beschäftigt sich mit dieser Thematik im Detail.

Für alle iterativen Verfahren, die einen Startwert benötigen, ist die Wahl eines solchen meist enorm wichtig sowohl für die Geschwindigkeit der Konvergenz als auch für eine Korrektheit der Lösung. Das Newton-Verfahren bildet dabei keine Ausnahme; daher wurden verschiedene Verfahren zur optimalen Startwert-Bestimmung untersucht. Dabei wurden sowohl der Krawczyk-Operator als auch das Verfahren nach Reinhard

Klein als zu rechenintensiv befunden. Während erster die Konvergenz des Newton-Verfahrens garantieren und somit zumindest für einen *offline*-Bildsyntheseverfahren interessant sein kann, so bietet die Heuristik von Klein keine Garantie dafür. Letztlich wurde ein ähnlicher Ansatz wie in [MARTIN et al. 2000] gewählt, wobei der Prozess zur Bestimmung der Regionen, welche von einer Bounding Box umschlossen werden, deutlich vereinfacht und somit auch beschleunigt wurde, da eine simplere Heuristik dabei zum Einsatz kommt. Wie die Abbildung 5.8 verdeutlicht und in Abschnitt 5.6.2 detaillierter gezeigt wird, wird damit höchste Genauigkeit erzielt, welche sich vergleichsweise intuitiv über zwei Benutzerparameter steuern lässt.

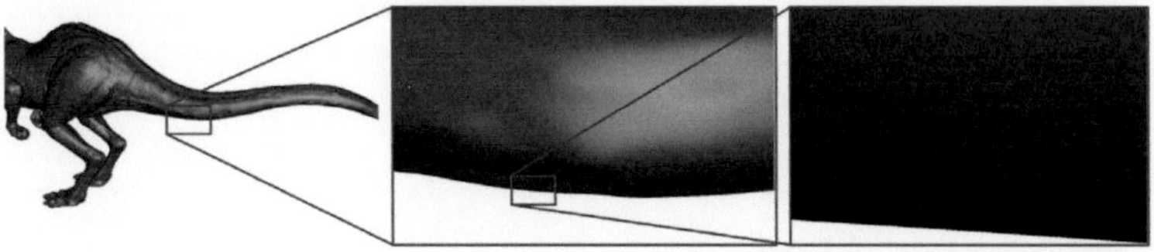

Abbildung 5.8: *Das Killeroo in verschiedenen Zoomstufen. Die Silhouetten bleiben perfekt abgerundet, unabhängig davon wie nah die Kamera an das Modell herankommt. Dabei gilt zu beachten, dass nur 89 NURBS-Flächen verwendet werden.*

5.5 Strahl-NURBS Schnitttest auf den Cell BE Prozessor

Der Cell-Prozessor wurde bereits in Abschnitt 3.1.3 kurz vorgestellt und seine gute Eignung für das Ray Tracing motiviert. Wie erwähnt handelt es sich bei diesem Prozessor um eine heterogene Architektur, bei der eine normale PowerPC-Einheit (PPE) bis zu acht *Synergistic Processing Units* (SPE) steuert. Bei der üblichen Taktung von 3.2 GHz erreicht ein vollständiger Cell BE Prozessor eine theoretische Maximalleistung von 204.8 GFLOPs[11]. Auf Grund der günstigen Voraussetzungen für das Ray Tracing-Verfahren wurde der Versuch unternommen die Leistung des Cell für das Ray Tracing von NURBS-Flächen gewinnbringend einzusetzen [BRÜGGEMANN 2008]. Insbesondere NURBS-Flächen scheinen für diesen Anwendungsfall außerordentlich gut geeignet zu sein, da sie sehr berechnungsintensiv sind.

[11]Die Leistung des PPE ist dabei nicht berücksichtigt, da sie normalerweise nur die Kontrolle über die SPEs übernimmt.

Umsetzung Da die SPEs keine gewöhnlichen Prozessoren darstellen sind eine Reihe von Besonderheiten zu beachten.

- Die SPEs arbeiten ausschließlich auf SIMD-Vektordatentypen. Skalare Typen werden durch den Compiler automatisch konvertiert. Dies erfordert aber zusätzlichen Code und ist ineffizienter in der Ausführung.
- Eine SPE verfügt über keinen eigenen Cache. An die Stelle tritt ein lokaler Speicher mit einer Größe von 256 KB pro SPE. Dieser Speicher hat ähnliche Zugriffszeiten wie ein Cache, muss allerdings manuell verwaltet werden.
- Durch Fehler im Speichermanagement können eigene Daten im lokalen Speicher auch Programmcode überschreiben, welcher ebenfalls in diesem Speicher vorgehalten wird. Hier gilt es besondere Sorgfalt walten zu lassen.
- Datentransfers aus dem Hauptspeicher in den lokalen Speicher und zurück sind vergleichsweise teuer und müssen minimiert werden. Von daher sind besonders rechenintensive Aufgaben, wie das NURBS-Ray Tracing, eher von Vorteil als datenintensive Anwendungen.

Diese Randbedingungen machen eine direkte Portierung des vorhanden Codes des Gesamtsystems unmöglich. Daher wurde nur eine prototypische Umsetzung des NURBS-Ray Tracing umgesetzt. Abgesehen von den Konsequenzen die sich aus dem sehr begrenzten lokalen Speicher ergeben, konnte der vorhandene Code mit nur wenigen Modifikationen übertragen werden. Die liegt größtenteils auch daran, dass das auf dem Cell verwendete SIMD-Instruktionsset VMX syntaktisch fast identisch zu der *AltiVec*-Variante ist, welche bereits implementiert war.

Die konkrete Umsetzung der Portierung fand auf einer Sony Playstation 3 (PS3) statt, da diese über einen Cell-Prozessor verfügt und einfacher sowie günstiger zu beschaffen ist, als andere Hardware. Im Gegensatz zur sonst üblichen Konfiguration eines Cell, besitzt die PS3 allerdings nur sieben SPEs[12], anstelle der sonst üblichen acht. Von diesen wird weiterhin eine weitere gesperrt und ausschließlich für Kopierschutz-Aufgaben beansprucht. Die theoretisch erreichbare Leistung liegt damit nur bei 75% eines vollständigen Cells, d.h. bei 153.6 GFLOPs.

Ergebnisse Um zusätzliche Arbeit für aufwändige Caching-Verfahren zu vermeiden, wurden die ersten Tests an einer einfachen Szene mit nur einer Fläche durchgeführt, da diese problemlos in den kleinen lokalen Speicher der SPEs passt. Bei den üblichen Einstellungen für diese Szene konnte allerdings lediglich eine Bildwiederholrate von 3.69 Bildern/Sekunde bei der Verwendung einer einzelnen SPE erreicht werden. Mit allen sechs verfügbaren SPEs wurden 14.25 Bilder/Sekunde erreicht, was einer Skalierung um den Faktor 3.86 entspricht. Auch wenn die prototypische Implementierung noch

[12]Die Gründe dafür sind mit einer Maximierung des Produktionsausstoßes verbunden. Hergestellte Prozessoren, auf denen eine SPE defekt war, können so entsprechend dennoch verkauft werden.

optimiert werden kann, bleibt zu erwarten, dass die erzielte Leistung (vgl. Abschnitt 5.6.1) auf der Standard x86-Hardware nicht ohne weiteres übertroffen werden kann.

Auf Grund dieser Ergebnisse wurde entschieden die Entwicklung in dieser Richtung nicht weiter zu verfolgen. Zwar wurde das Potential des Cell vermutlich nicht voll ausgeschöpft, doch rechtfertigt der deutlich höhere Entwicklungsaufwand den erzielbaren Nutzen nicht. Insbesondere sind jetzt schon die nächsten x86-Prozessorgenerationen mit abermals mehr Kernen abzusehen. Dagegen gibt es bisher keine Ankündigungen, dass der Cell-Prozessor eine wesentlich größere Anzahl an SPEs erhalten wird. Bei der ersten Veröffentlichung stellte der Cell damals eine enorm hohe Rechenleistung in Aussicht. Mittlerweile aber wurde dieser Vorsprung von Standard-Prozessoren nahezu eingeholt. Weiterhin haben diese den Vorteil sehr viel einfacher programmierbar zu sein. Abschließend bleibt kein anderes Urteil möglich, als dass der zusätzliche Entwicklungsaufwand für eine Cell-Entwicklung im Rahmen von AUGENBLICK nicht zu rechtfertigen ist.

Der Vollständigkeit halber sei an dieser Stelle darauf hingewiesen, dass der Cell-Prozessor mit zu den Energie-effizientesten Prozessoren gehört und daher für Supercomputer-Cluster durchaus interessant ist. *Roadrunner*, der derzeit schnellste Supercomputer der Welt [TOP 500 SUPERCOMPUTER 2008] mit einer Leistung von 1.38 PFLOPs, besteht zum Teil aus 12 240 Cell-Prozessoren.

5.6 Ergebnisse

In diesem Abschnitt werden die Ergebnisse präsentiert, die mit dem direkten Ray Tracing von NURBS-Flächen erzielt werden konnten. Zunächst werden in Abschnitt 5.6.1 die erzielten Bildwiederholraten präsentiert. Anschließend wird in Abschnitt 5.6.2 gezeigt, dass NURBS-basierende Szenen von einem maximalen Grad an Genauigkeit profitieren. Dabei wird thematisiert, dass insbesondere mit Bezug auf die Reflexionen die höhere Präzision von NURBS gegenüber Dreiecken einen gravierenden Unterschied machen kann. In Abschnitt 5.6.3 werden Ergebnisse im Zusammenhang mit Trimming-Kurven aufgezeigt, während in Abschnitt 5.6.4 erzielte Werte zu rationalen Flächen präsentiert werden. Abschließend werden in Abschnitt 5.6.5 dagegen die Beschränkungen, die diesem Verfahren anhaften, angeführt.

5.6.1 Performanz

Zunächst werden für einige Testszenen die erreichten Bildwiederholraten angegeben. Anschließend werden Ergebnisse präsentiert, die sich allein auf den Schnitttest beziehen, um die ermittelten Werte von anderen Faktoren wie dem Shading, der Traversierung der Hierarchie etc. zu isolieren. In beiden Fällen wird versucht, einen möglichst objektiven

Vergleich mit bestehenden Lösungen anzustellen. Teilweise gestaltet sich dies schwierig, auf Grund nicht reproduzierbarer Szenen oder deutlich unterschiedlicher Hardware.

Erreichte Bildwiederholraten

In diesem Abschnitt werden die erreichten Bildwiederholraten für einige Szenen auf verschiedenen Systemen gezeigt. Alle Werte wurden mit der aktuellsten Version der SAH-BVH erzielt. Dabei kam das *Normalenkriterium* mit den Parametern $\theta = 0.92$ und $d_{max} = 8$ sowie $d_{min} = 3$ zum Einsatz. Diese Parameter wurden in Abschnitt 5.4.2 eingeführt. Auf jedem der jeweiligen Testsysteme wurde die maximale Anzahl an Threads verwendet um das System maximal auszulasten.

Szene	Flächen	Kontroll-punkte	Bounding Boxen	Bilder/Sek. MP2	Bilder/Sek. MBA	Bilder/Sek. PMQ
Killeroo	89	56625	428367	41.79	6.65	12.03
Teapot	32	512	28323	57.06	9.28	17.07
Head	915	14640	125099	28.26	4.01	7.49
Szene	**Dreiecke**		**Bounding Boxen**	**MP2**	**MBA**	**PMQ**
Killeroo	370 136		740 271	62.85	17.83	30.33
						Version: 5.1.0810 r4015

Tabelle 5.2: *Erzielte Bildwiederholraten beim Ray Tracing von NURBS-Flächen.*

Die Ergebnisse in Tabelle 5.2 belegen eindeutig, dass auch das Ray Tracing von auf NURBS basierenden Szenen mit einer hohen Bildfrequenz möglich ist. Auf entsprechend moderner Hardware ist auch für nicht triviale Szenen eine Darstellung in Echtzeit möglich. Zwar kommen bei den verwendeten Beispielen nur eine Punktlichtquelle und ein einfacher Phong-Shader zum Einsatz, doch ist dies für die Ergebnisse unwesentlich. Die Kosten für mehrere Lichtquellen und komplexe Materialen steigt im selben Verhältnis wie dies bei Dreiecks-basierenden Szenen ebenfalls der Fall wäre. Es fällt auf, dass sich das System PMQ trotz sehr viel größerer nominaler Leistung (4 mal 2.5 GHZ G5 Prozessoren) nicht so deutlich gegen den viel schwächeren Core Duo mit 1.6 GHz des Systems MBA absetzten kann, wie zu erwarten wäre. Trotz des theoretischen Geschwindigkeitsvorteils um Faktor 3.125 ($4 \cdot 2.5$ gegen $2 \cdot 2.3$) zwischen den beiden Systemen wird tatsächlich ein Faktor von zwei für keine der Testszenen überschritten. Wie bereits zuvor erwähnt wurde, sind Optimierungen im Zweifelsfall zu den Gunsten der x86-Architektur ausgefallen.

Durch den Vergleich zu einer Dreiecks-Repräsentation zeigt sich, dass erwartungsgemäß ein Vorteil für die Dreiecksrepräsentation vorliegt. Dieser fällt allerdings nicht so deutlich aus, wie der komplexe NURBS-Schnitttest dies allein vermuten lässt. Bei der Killeroo-Szene, verglichen mit einem hochaufgelösten Dreiecksmodell, beträgt der Geschwindigkeitsvorteil der Dreiecksszene auf dem System MP2 etwa nur 50%. Auf dem System MBA ist der Vorsprung mit etwas weniger als Faktor drei deutlicher, während das System PMQ mit Faktor 2.5 ähnlich positioniert ist. Besonders im Fall von leistungsstarken Muli-Core Systemen ist die Verwendung von NURBS-Flächen nur mit einem vergleichsweise geringen Mehraufwand belastet. Der geringere Unterschied zwischen den beiden Repräsentationen ist dadurch gegeben, dass moderne Systeme mit acht Kernen oftmals nicht ausreichend mit Daten versorgt werden können, da hier die Anbindung zum Speicher ein Flaschenhals darstellt. Die Berechnung des NURBS-Schnitttests ist dagegen sehr rechenintensiv unter Verwendung von verhältnismäßig wenig Daten. Eine solche Ausgangslage kommt Systemen wie dem MP2 entgegen.

Unabhängigkeit von der Anzahl der Kontrollpunkte

Szene	Kontrollpunkte	512^2 normal	2560^2 FPS nah
easy	15×15	88.41	1.625
easy100	100×100	70.95	1.563
easy200	200×200	59.31	1.528
			Version: 5.1.0810 r4019

Tabelle 5.3: *Eine einzelne NURBS-Fläche wird mit drei verschiedenen Kontrollpunktauflösungen getestet. Die vorletzte Spalte gibt die Ergebnisse für die Standard Kameraeinstellung bei einer Bildauflösung von* 512^2. *Die letzt Spalte hingegen gibt die Bildwiederholrate bei einer sehr nahen Kamera-Einstellung an und einer Bildauflösung von* 2560^2. *Die Abnahme der Geschwindigkeit ist fast ausschließlich durch die reduzierte Effektivität der Datenparallelität begründet.*

Der NURBS-Schnitttest ist Dank der Evaluation, wie sie im Detail in Kapitel 6 beschrieben wird, größtenteils unabhängig von der Anzahl der Kontrollpunkte einer Fläche. In Tabelle 5.3 wird dieselbe bikubische Fläche mit unterschiedlich vielen Kontrollpunkten, aber gleicher geometrischer Form, repräsentiert. Die Bildwiederholrate nimmt dabei dennoch ab, doch ist dies durch die reduzierte SIMD-Effektivität bedingt. Dies hängt damit zusammen, dass Strahlpakete eine größere Wahrscheinlichkeit haben mehr als nur ein Knotenvektorintervall zu treffen. Dies wird dadurch verdeutlicht, dass die Abnahme der Bildwiederholrate bei einer hohen Auflösung und kurzer Kameraentfernung sogar nahezu konstant bleibt, wenn die Komplexität der Fläche gleichzeitig erhöht wird. Abbildung 5.9 ermöglicht in der Hinsicht noch weitere Erkenntnisse. Die durchgehend helleren Balken, welche durch *A* gekennzeichnet werden, deuten darauf hin, dass in diesem Bereich die Bounding Boxen von zwei benachbarten *Surface Fragments* aneinander stoßen. Auf Grund der Schnittteste mit den Boxen müssen die Inhalte beider getestet werden um den nächstgelegenen Schnittpunkt zu bestimmen. Somit sind in diesem Fall

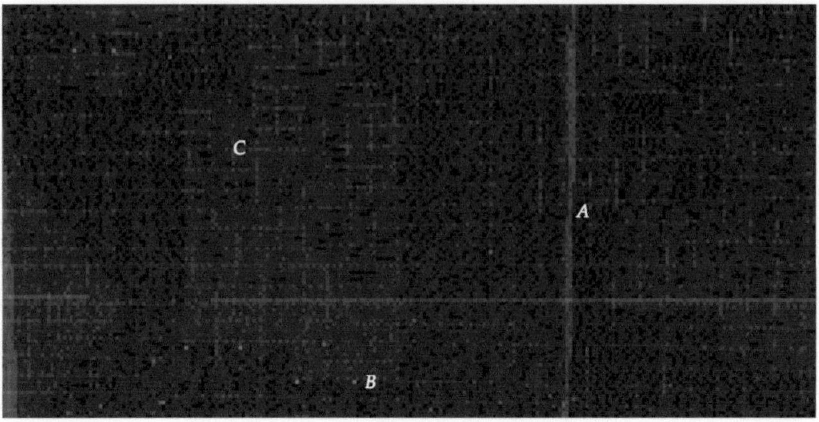

Abbildung 5.9: *Die Berechnungsdauer, pro Strahlpaket aufgetragen im Rotkanal für eine Szene mit nur einer Fläche mit* 200^2 *Kontrollpunkten. Die Phänomene* A, B *und* C *sind im Text erklärt.*

genau zwei Tests gegen die NURBS-Fläche erforderlich. Die vereinzelt helleren Punkte, beispielhaft bei B gezeigt, deuten auf einen vom Betriebssystem veranlassten Threadwechsel hin. Da diese verteilt über das ganze Bild an zufälligen Positionen auftauchen, erscheint keine andere Schlussfolgerung wahrscheinlich. Letztlich zeigt das schwer zu erkennende, hellere und feine Gitter bei C an, warum die SIMD-Effizienz reduziert wird. Genau an diesen Übergangsstellen geht ein Knotenvektorintervall in ein anderes über und die Datenparallelität ist an diesen Stellen nicht mehr gewährleistet. Eine Bestätigung für diese Vermutung liefert ein entsprechendes Testbild für die Szenen-Variante mit den originalen 16 Kontrollpunkten und nur einem einzigen Knotenvektorintervall: Dort treten ebenfalls die Phänomene A und B auf, C dahingegen aber nicht.

Schnitttest Performanz

Sehr interessant in diesem Zusammenhang ist auch eine Analyse der Schnittteste selbst. Es wurden für die zuvor verwendeten Szenen die Dauer der einzelnen Schnittteste Zyklen-genau gemessen um einen detaillierteren Vergleich mit den auf Dreiecken basierenden Verfahren herstellen zu können. Dabei gilt zu beachten, wie bei allen Zyklen-Messungen, das die resultierenden Zahlen stets nur ungefähre Werte angeben können. Zwar wurde der interne *Clock-Counter* des Systemtakt-Gebers ausgelesen, doch unterliegt die benötigte Anzahl an Takten für eine Serie von Operationen immer einigen Schwankungen. Da die hier angegeben Werte aber Mittelwerte über alle Strahlen darstellen, sind diese Schwankungen zu vernachlässigen. Die Messungen wurden nicht für das System PMQ durchgeführt, da der G5-Prozessor einen Taktzähler nicht auf die gleiche Weise zur Verfügung stellt wie die moderneren Intel-Prozessoren.

Szene	Schnittteste	CPU-Zyklen pro Schnitt	CPU-Zeit für alle Schnittteste	Realzeit pro Schnitttest
Killeroo	104 566	1518	0.056 s	67.76 ns
Teapot	132 826	899	0.042 s	40.13 ns
Head	277 472	1064	0.105 s	47.50 ns
				Version: 5.1.0810 r4019

Tabelle 5.4: *Genaue Daten über den NURBS-Schnitttest. Gemessen auf System MP2.*

Bei Tabelle 5.4 gilt zu beachten, dass nur Schnittteste gezählt werden, die tatsächlich gegen die NURBS-Geometrie ausgeführt werden. Ob diese dabei dann letztlich auch treffen oder nicht ist unerheblich. Die Anzahl der Schnittteste gibt dabei an, wie viele Schnitte insgesamt für die Synthese eines einzelnen Bildes durchgeführt wurden. Die Kamera-Einstellungen für diese Szenen entsprechen den Abbildungen im Glossar. Die CPU-Zyklen geben einen durchschnittlichen Wert dafür an, wie lange die Berechnung des Schnitts eines Strahlpakets mit einer NURBS-Fläche benötigt. Dabei gilt zu beachten, dass Multicore-Systeme entsprechend viele Tests parallel ausführen können. Aus der Summe der benötigten Zeit *aller* Prozessoren ergibt sich dann die benötigte CPU-Zeit aller Schnitttests. Reduziert auf einen einzelnen Test unter Berücksichtigung der Ausführungsparallelität ergibt sich der Wert für die durchschnittliche Realzeit eines Schnitttests. Dies bedeutet, dass sich bei der Killeroo-Szene ein Durchsatz von etwa $67ns$ ergibt (d.h. alle $67ns$ wird durchschnittlichen ein Schnitttest abgeschlossen), während die Latenz natürlich bei etwa $542ns = 1518$ Zyklen verbleibt.

5.6.2 Präzision und C_2-Stetigkeit

Wie bereits zuvor erörtert, ist eine maximale Präzision, welche durch die direkte Verwendung von Freiform-Flächen erreicht werden kann, ein wichtiges Alleinstellungsmerkmal. In diesem Abschnitt werden einige Ergebnisse präsentiert, welche die hohe Genauigkeit, insbesondere im Vergleich zu Dreiecken, demonstrieren. In erster Linie wird dies nicht so sehr bei der direkten geometrischen Visualisierung erkenntlich, sondern in den Reflexionen auf gewölbten Oberflächen. Geometrische Fehler, d.h. G_0 oder G_1 Unstetigkeiten, entstehen zumeist durch eine unzureichende Triangulierung und können für die meisten Anwendungen durch die Erhöhung der Auflösung der Triangulierung ausgebessert werden. Dadurch wird das Problem allerdings nicht gelöst,

(a) 0.000004 (b) 0.0004 (c) 1 (d) 10

Abbildung 5.10: *Verschiedene Werte für das Newton-Epsilon ϵ_n mit den entsprechenden Ergebnissbildern*

(a) NURBS (b) 1600 Dreiecke (c) 40 000 Dreiecke

Abbildung 5.11: *Der Teapot einmal in seiner NURBS-Repräsentation und zwei unterschiedlichen Tessellierungsauflösungen. Die schwarze Fläche an dem Griff des Deckels in den beiden Dreiecks-Modellen ist ein Artefakt der Tessellierung.*

sondern lediglich verlagert. Ein näheres Heranzoomen an das Modell wird in der Folge wieder dieselben Fehler zeigen.

Abbildung 5.11 zeigt das Modell des *Teapots* zunächst in der Freiform-Flächen-Darstellung (a) zusammen mit einer niedrigen (b) sowie einer hochauflösenden Tessellierung (c). Ein Unterschied ist mit bloßem Auge zwischen der NURBS Variante und der hochauflösenden Dreiecks-Version nicht unmittelbar auszumachen, während der Fehler in der niedrig aufgelösten Version sofort sichtbar ist. Lediglich bei Kamera-Einstellungen, die sehr nah an dem Modell sind, können auch bei dem hochauflösenden Modellen Dreieckskanten erahnt werden. Zwar mag die Tessellierung für die allermeisten Fälle ausreichend sein, doch erfordert eine solch hohe Präzision bei Dreiecksmodellen eine enorm große Anzahl an Daten und damit Speicher. Während das Original mit 32 NURBS-Flächen äußerst speichereffizient ist und nur 7176 Byte benötigt, brauchen die tessellierten Modelle (inkl. Normalen pro Vertex) 204 800 Byte für Variante

(b) und sogar 5 120 000 Byte für Variante (c). Auch wenn sich der Speicherverbrauch durch die Verwendung einer Datenstruktur wie Half-Edge und *on-the-fly* Berechnungen der Normalen etc. auf ein Drittel reduzieren lassen könnte, wird offensichtlich, dass dennoch die NURBS-Variante sehr viel weniger Speicher verbraucht - in diesem Fall um einen Faktor von mehreren hundert.

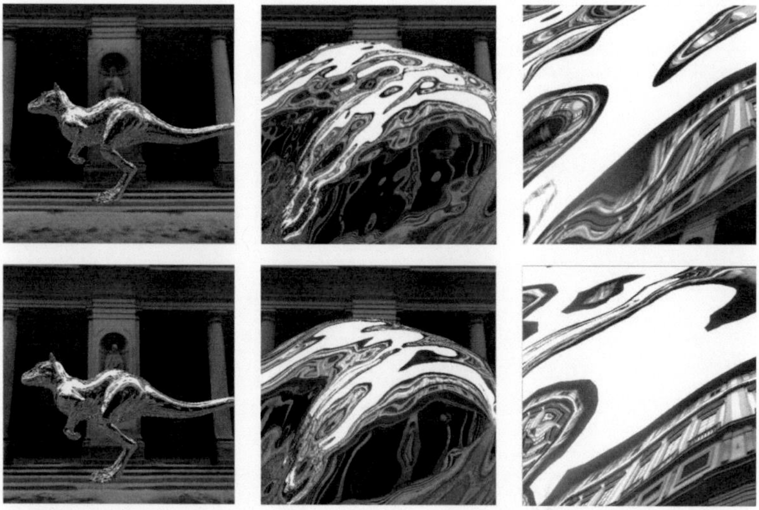

Abbildung 5.12: *Obere Reihe: NURBS-Repräsentation. Untere Reihe: Dreiecks-Repräsentation* (> 370 000 *Dreiecke).*

Weiterhin wird in Abbildung 5.12 die deutlich bessere Reflexionspräzision der NUBRS-Repräsentation demonstriert. Während bei einer weit entfernten Kamera kein direkter Unterschied erkennbar ist, so wird eine deutliche Differenz bei Nahaufnahmen offensichtlich. Die Normalen auf dem NURBS-Modell sind exakt berechnet und folgen somit der C_2 Stetigkeit der Fläche. Die Dreiecks-Repräsentation kann diese Stetigkeit nicht aufweisen. Sogar visuell weichen die Ergebnisse sehr stark von der korrekten NURBS-Lösung ab, obwohl die Normalen natürlich zwischen den Eckpunkten interpoliert werden. Ebenfalls wurde eine vergleichsweise hohe Auflösung für die Dreiecks-Repräsentation gewählt: knapp über 370 000 Dreiecke werden dafür aufgewendet. Der Speicherverbrauch liegt dafür bei 45 MB und übertrifft den Bedarf der NURBS-Variante um ein vielfaches (< 1 MB).

5.6.3 Trimming

In diesem Abschnitt werden Ergebnisse präsentiert, die mit der Verwendung von Trimming-Kurven erreicht wurden. Dabei basieren die Ergebnisse auf der Vorgängerversion v4, da zum Zeitpunkt der Veröffentlichung die Unterstützung von Trimming-Kurven noch nicht in AUGENBLICK v5 integriert wurde. Für Testzwecke kamen daher zwei Datensätze zur Verwendung, welche massiv getrimmte NURBS-Flächen verwenden, und im weiteren Kontext dieser Arbeit aus diesem Grund nicht verwendet werden. Tabelle 5.5 zeigt die erzielten Bildwiederholraten der beiden Modelle sowohl mit als auch ohne Verwendung von Trimming-Kurven. Die entsprechenden Bilder, sind in der Abbildung 5.13 zu finden, da sie nicht im Anhang der Standard-Testszenen enthalten sind.

Szene	NURBS Flächen	Trimming Kurven	Bilder/Sek getrimmt	Bilder/Sek ungetrimmt	Differenz
Polo	9660	38354	2.43	2.50	2.88%
Mercedes	1212	3964	16.8	18.23	8.51%
					Version: 4.6 r2563

Tabelle 5.5: *Die erzielten Bildwiederholraten bei getrimmten und ungetrimmten komplexen Modellen.*

Abbildung 5.13: *Das Polo- und Mercedes-Modell. Gezeigt ist hier ein Ausschnitt des* 512^2 *Bilds.*

Wie aus den Ergebnissen ersichtlich wird, hat die Verwendung von Trimming-Kurven keinen besonders großen Effekt auf die Bildwiederholrate. Zwar muss für eine große Anzahl an Schnittpunkten ein volles 2D-Ray Tracing zusätzlich durchgeführt werden, doch gestaltet sich dies recht performant durch die Faktoren wie eine geringe Anzahl von Geometrie-Elementen und einfache achsenparallele Strahlen. Darüber hinaus können durch die Vorklassifizierung der *Surface Fragments* eine sehr große Anzahl an Trimming-Tests gespart werden. Je nach Szene und den Parametern zur Erstellung der *Surface Fragments* kann dies bis deutlich über 80% aller Trimmtests ausmachen. Hier zeigt sich auch, dass die relativen Kosten für die Verwendung mit Trimming-Kurven bei dem Mercedes Modell höher ausfallen, da hier die Bounding Volume Hierarchie weniger fein aufgelöst wurde (ca. eine Million Boxen) als beim Polo (2.6 Millionen Boxen). Zusammenfassend kann festgestellt werden, dass die Integration von Trimming-Kurven effizient möglich ist und nur einen geringen Effekt auf die Bildfrequenz hat. An dieser Stelle sei ebenfalls erwähnt, dass die Anzahl der Bounding Boxen in der Regel vergleichbar mit der benötigten Anzahl für fein auflösende Dreiecksmodelle sind und sich daher kein direkter Vor- oder Nachteil daraus ergibt.

5.6.4 Rationale Flächen

Die Behandlung von NURBS-Flächen, welche tatsächlich über einen rationalen Teil verfügen, wird im Rahmen dieser Arbeit vorsätzlich nur kurz behandelt. Zum einen ist die Erweiterung der bisher vorgestellte Konzepte um den rationalen Anteil unproblematisch. Zum anderen finden solche Flächen in der Realität nur selten Verwendung. In vielen Bereichen der Industrie ist die Benutzung der Gewichte, also der homogenen Komponente, nicht erlaubt. Der Vollständigkeit halber wurde die Unterstützung für rationale Flächen dennoch integriert. Da die im Nenner benötigten Basisfunktionen (siehe Gleichung 5.11) ohnehin für den Zähler berechnet werden müssen, handelt es sich bei der zusätzlichen Rechenaufwand lediglich um die Bestimmung einer Summe aus Produkten. Geringfügig komplizierter sind die partiellen Ableitungen von NURBS-Flächen mit einem rationalen Anteil (vgl. Gleichung 5.24). Aber auch hier fließen ausschließlich Terme mit in die Berechnung ein, welche ohnehin auch für nicht rationale Flächen berechnet werden müssen. Damit zeichnet sich ab, dass der tatsächliche Mehraufwand relativ moderat ausfallen muss.

Diese Vermutung wird durch die Ergebnisse in Tabelle 5.6 bestätigt. Die Testszenen verwenden hierbei Gewichte welche ausschließlich eins betragen. Dennoch wurde explizit die Evaluation für NURBS anstelle der für B-Splines ausgeführt. Dieses Vorgehen ist erforderlich um eine Vergleichbarkeit der Ergebnisse zu gewährleisten. Werden tatsächlich Gewichte ungleich eins verwendet, so modifiziert dies die Geometrie, so dass auch die Bildschirmabdeckung dadurch beeinflusst wird. Dies wiederum ändert die Bildwiederholrate ab, ohne dass dabei eine Aussagen über die Leistungsfähigkeit des NURBS-Evaluations-Codes festgestellt werden kann.

Szene	Flächen	Kontroll-punkte	Bounding Boxen	Bilder/Sek.	Verlust
Killeroo	89	56 625	428 367	38.84	7.06%
Easy	1	16	127	84.58	4.52%
					Version: 5.1.0811 r4068

Tabelle 5.6: *Erzielte Bildwiederholraten beim Ray Tracing von NURBS-Flächen mit rationalem Anteil. Die letzte Spalte gibt den Verlust der Leistung relativ zu B-Splines an.*

5.6.5 Beschränkungen

In diesem Abschnitt werden die Beschränkungen des NURBS Ray Tracing aufgezeigt und mögliche Lösungsansätze bzw. Alternativen beschrieben.

Startwerte Wie in Abschnitt 5.4.2 erläutert, ist das verwendete Normalenkriterium nicht in der Lage Startwerte für das Newton-Verfahren zu liefern, die einen Schnittpunkt in jeder Situation garantieren. Insbesondere Strahlen die nahezu tangential auf eine Fläche treffen sind nach wie vor problematisch. Werden die Parameter θ und d_{max} zur Erstellung der *Surface Fragments* zu niedrig gewählt, sind Artefakte im resultierenden Bild der Fall. Fehler dieser Art können vermieden werden, in dem die Parameter zur Erzeugung der *Surface Fragments* entsprechend höher gewählt werden. Da dies nur eine unbefriedigende Lösung ist, wäre es wünschenswert die optimale Wahl automatisiert durchführen zu lassen. Abbildung 5.14 zeigt das Killeroo bei einer deutlich zu niedrigen Wahl von θ und d_{max}. Das Kriterium von Klein (vgl. Abschnitt 5.4.2) war ein Versuch diese Wahl der Parameter zu automatisieren, die sich aber als zu kostenintensiv herausstellte.

Abbildung 5.14: *Resultierende Artefakte, falls die* Surface Fragments *mit unzureichenden Parameters $\theta = 0.6$ und $d_{max} = 5$ erzeugt werden.*

Newton-Epsilon In Gleichung 5.28 wird ein Epsilon-Wert benötigt, um einen Schnittpunkt zu akzeptieren. Abbildung 5.10 zeigt das Killeroo mit verschiedenen Werten des Newton-Epsilons und visualisiert die Artefakte, die dabei entstehen können. Da es sich bei dem Newton-Verfahren um eine Iteration handelt, deren Grenzwert der gesuchten Lösung entspricht, wird der Abstand eines potentiellen Schnittpunktes zum Strahl nie exakt Null werden, sondern sich diesem nur annähern. Das Newton-Epsilon ϵ_n gibt dabei den räumlichen Abstand an, ab dem ein Schnittpunkt akzeptiert wird. Dieser Wert darf nicht zu groß gewählt werden, da sonst visuelle Artefakte entstehen können. Weiterhin darf der Wert auch nicht zu nah an Null sein, da die Genauigkeit einfacher Fließkomma-Werte beschränkt ist und somit gegebenenfalls nicht ausreichend sein könnte. Während für die Killeroo-Szene ein Wert von 0.0004 ideal für ϵ_n ist, wird bereits bei $\epsilon_n = 0.4 * 10^{-6}$ eine große Anzahl an Schnittpunkten nicht mehr erkannt, da auf Grund der Genauigkeitsbeschränkung von Fließkomma-Zahlen einfacher Genauigkeit ein solch kleiner Epsilon-Wert nicht mehr erreicht werden kann. Schließlich führt ein Wert von 10 in dieser Szene dazu, dass praktisch jeder initiale Schätzwert bereits als Schnittpunkt anerkannt wird, so dass die *Bounding-Boxen* selbst visualisiert werden. Unglücklicherweise reicht ein statischer Wert für ϵ_n nicht aus, da dieser relativ zur Szenenausdehnung ist. Die Killeroo-Szene hat an der längsten Achse eine Ausdehnung von fast 400 Einheiten. Das heißt: der Faktor zwischen maximaler Ausdehnung und dem Wert von ϵ_n beträgt genau 10^6. Mit genau diesem Wert wird für jede Szene zu Beginn der individuelle ϵ_n Wert im Verhältnis zur Szenenausdehnung bestimmt. Eine kleinerer Wert ist mit Fließkomma-Zahlen einfacher Genauigkeit äußerst riskant, da maximal sechs verschiedene Ziffern zuverlässig abgebildet werden können. Nach IEEE 754 [IEEE 2008] werden für die Mantisse 23-Bit verwendet, somit kann ohne Exponent maximal die Zahl 8 388 608 dargestellt werden. Zwar kann 10 000 000 einfach als $1 \cdot 10^7$ repräsentiert werden, aber 12 345 678 kann auf Grund der verschiedenen Ziffern nicht verlustfrei abgebildet werden. In diesem Fall wäre die Darstellung $1.234567 \cdot 10^7$, was einen Fehler von genau acht bedeuten würde. Anders ausgedrückt ist die Konsequenz diese: Ein Modellierungs-System könnte $1mm$ als kleinsten darstellbaren Abstand definieren, d.h. ein Objekt kann nur minimal in einem $1mm$ Raster transformiert werden. So kann unter Verwendung von Fließkomma-Zahlen einfacher Genauigkeit maximal der Bereich bis $8.8m$ abgedeckt werden, ohne dass es Probleme mit der Genauigkeit geben wird[13]. Dies kann beispielsweise für ein Automodell ausreichend sein, wenn keine Komponente modelliert werden soll, die kleiner ist als ein Millimeter.

Einfache- und doppelte Genauigkeit Aus dem letzten Paragraphen wurde bereits deutlich, dass die Präzision von Fließkomma-Zahlen einfacher Genauigkeit durchaus stark limitiert ist. Für besonders komplexe Datensätze, die einen großen Wertebereich

[13] Abgesehen von üblichen Problemen die bei der Verwendung von Fließkomma-Zahlen entstehen. Durch die Binärkodierung können Zahlen, welche im Dezimalsystem exakt darstellbar sind, im Binärsystem ggf. nur durch unendlich lange Perioden angenähert werden.

umfassen (also makro- wie auch mikroskopisch ausmodelliert sind) mag die Genauigkeit nicht ausreichen. Die Verwendung von Fließkomma-Zahlen doppelter Genauigkeit scheint daher folgerichtig. Dies ist prinzipiell möglich, wenn auch bisher in dem Ray Tracing-System nicht explizit vorgesehen. Eine konsequente Verwendung der doppelten Genauigkeit würde allerdings eine Reihe von Nachteilen mit sich bringen:

- Berechnungen mit doppelter Genauigkeit haben teilweise deutlich höhere Latenzen als Anweisungen mit einfacher Genauigkeit.
- Der Speicherverbrauch würde sich an vielen Stellen verdoppeln, da pro Fließkomma-Wert doppelter Genauigkeit acht anstatt vier Bytes benötigt werden.
- Durch etwaige vergrößerte Datenstrukturen werden Cache-Ausrichtungen ggf. zerstört und die allgemeine Cache-Effizienz reduziert. Gleichzeitig würde dadurch auch die Gesamtleistung des Systems abnehmen.
- Die Effektivität der *SSE*-SIMD Einheit würde sich halbieren, so dass in einem 128-Bit Vektor nur zwei Werte doppelter Genauigkeit Platz haben.
- Die *AltiVec*-SIMD Einheit könnte nicht mehr unterstützt werden, da diese Implementierung keine Unterstützung für Fließkomma-Zahlen doppelter Genauigkeit bietet.

Vorteilhaft hingegen wäre offensichtlich eine noch höhere Präzision, wobei diese nur bei Szenen zum Tragen käme, die über eine solche numerische Breite definiert sind, dass die einfache Genauigkeit nicht mehr ausreicht. Nach IEEE 754 werden 52-Bit verwendet, um die Mantisse einer Fließkomma-Zahl mit doppelter Genauigkeit zu speichern, was die sichere Repräsentation von 15 verschiedenen Ziffern gewährleistet. Zur Veranschaulichung: Dies erlaubt es, im Nanometer-Bereich zu modellieren und dabei Objekte bis zu einer Ausdehnung von maximal 4.5 Kilometern sicher und nahezu verlustfrei repräsentieren zu können.

Aufgrund der genannten zahlreichen Nachteile wurden Fließkomma-Zahlen doppelter Genauigkeit nicht in AUGENBLICK verwendet. Eine Umstellung würde dennoch kein grundsätzliches Problem darstellen.

5.7 Zusammenfassung und Ausblick

In diesem Abschnitt wurde die grundlegende Verfahrensweise für das direkte Ray Tracing von NURBS vorgestellt. Mit Hilfe des multidimensionalen Newton-Verfahrens in Verbindung mit einer einfachen Methode zur Erzeugung geeigneter Startwerte konnte gezeigt werden, dass das NURBS-Ray Tracing mit interaktiven Geschwindigkeiten zum einen möglich und zum anderen sinnvoll ist. Zwar ist der Aufwand für NURBS-Schnitttests erwartungskonform sehr viel höher als wie für Dreiecke, aber durch eine stark reduzierte Anzahl an benötigten Schnitttesten hält sich der Mehraufwand insgesamt im Rahmen. Insbesondere für Anwendungen, die höchste Präzision, vorzugsweise auch in den Reflexionen und Refraktionen erfordern, eignet sich das NURBS-Ray Tracing beispiellos. Derlei Applikationen sind heute schon im Bereich des *Design-Reviews* bei Automobilfirmen und anderen zu finden. Darüber ist im Zusammenhang mit allgemeinen CAD/CAM Programmen die Verwendung des NURBS Ray Tracing vorteilhaft. In den meisten Fällen liegen die Daten ohnehin in NURBS-Flächen vor und müssen vor einer Visualisierung bisher trianguliert werden. Durch die Vermeidung eines solchen Schritts können Zeit und Ressourcen gespart werden.

Schlechter geeignet hingegen ist das NURBS-Ray Tracing für Anwendungen mit weniger strengen Anforderungen an die geometrische Genauigkeit und höchstem Bedarf an Performanz, wie beispielsweise in der Spiele-Industrie. Bis zum jetzigen Zeitpunkt ist das Ray Tracing in diesem Bereich uninteressant. Da die Berechnung von Dreiecken schneller ist, werden diese aller Voraussicht nach dafür der Standard bleiben.

6 Effiziente Evaluation von NURBS-Flächen

> Mach' dir keine Sorgen wegen deiner Schwierigkeiten mit der Mathematik. Ich kann dir versichern, dass meine noch größer sind.
>
> *(Albert Einstein)*

Die effiziente Auswertung der B-Spline Basisfunktionen ist eines der zentralen Kernprobleme, um interaktive Bildwiederholraten für NURBS-basierte Szenen zu ermöglichen[1]. Das Newton-Verfahren (vgl. Abschnitt 5.4.1) erfordert pro Iterationsschritt die Auswertung eines Punkts sowie beider partiellen Ableitungen auf der Fläche. Im Wesentlichen ist die Evaluation eines Punktes auf einer NURBS-Fläche einfach zu implementieren, denn es ist lediglich erforderlich, die Parameterwerte u und v in die Gleichung 5.19 einzusetzen und entsprechend den Punkt P zu bestimmen. Für diesen Vorgang müssen sehr häufig Basisfunktionen nach Gleichung 5.3 bestimmt werden. Bei näherer Untersuchung der Basisfunktionen fällt eine gewisse Redundanz auf ($N_{i,k}$ ist immer abhängig von $N_{i+1,k-1}$ und $N_{i,k-1}$, $\forall i > 1$). Dennoch bleibt die NURBS-Evaluation extrem rechenintensiv, insbesondere in Anbetracht der Tatsache, dass für das Ray Tracing viele Millionen oder Milliarden Evaluationen benötigt werden, um ein einzelnes Bild zu berechnen.

Im Rahmen dieser Arbeit wurden drei unterschiedliche Verfahren zur NURBS-Evaluation entwickelt, welche miteinander sowie mit einer Standard-Variante verglichen wurden. Das Standard-Verfahren ist dabei nichts anderes als eine direkte, rekursive Implementierung der entsprechenden Gleichungen 5.19 und 5.3 ohne jegliche Optimierung. Zunächst wird in Abschnitt 6.1 eine so genannte *Power Basis*-Repräsentation vorgestellt. In dieser Darstellung werden alle Basisfunktionen in ihrer polynomiellen Form vorberechnet und zusammen mit der Fläche abgespeichert, um so den Rechenaufwand zu reduzieren. Als Nächstes wird in Abschnitt 6.3 die Evaluation mit Hilfe vorberechneter *CDBItems* präsentiert. Während die *Power Basis*-Repräsentation naheliegt und bekannt ist, wurde der letzte Ansatz neu entwickelt und in einer eigenen Publikation veröffentlicht [ABERT et al. 2006].

[1] Die Basisfunktionen von NURBS-Flächen sind lediglich rationale Terme, in deren Zähler und Nenner die nichtrationalen B-Spline Basisfunktionen vorkommen.

6.1 *Power Basis* Repräsentation

Die Basisfunktionen einer B-Spline- oder auch NURBS-Fläche sind gewöhnliche Polynome des entsprechenden Grads der Fläche. Eine bikubische Fläche besitzt also beispielsweise ausschließlich Basisfunktionen des dritten Grades. Somit kann die Evaluation eines Punktes auf der Fläche auch als eine mehrfache Auswertung von Polynomen der Art $a_1x^k + a_2x^{k-1} + \cdots a_{k-1}x + a_k$ angesehen werden, wobei die Ergebnisse als Gewichtung der Kontrollpunkte einfließen. So ergibt sich die Möglichkeit der potentiellen Beschleunigung der NURBS-Evaluationen durch eine Konvertierung der Flächen in eine so genannte *Power Basis*-Repräsentation. Dabei werden alle Basisfunktionen einer Fläche für jedes Knotenvektorintervall in zuvor erwähnter Form bestimmt und abgespeichert. Demnach wird für jede NURBS-Fläche eine Anzahl an Polynomen gespeichert, die der Summe der verschiedenen Knotenvektorintervalle der beiden parametrischen Richtungen entspricht. Während die Auswertung derartiger Polynome trivial ist, erfordert die Berechnung dieser aus den Cox/de Boor Basisfunktionen einigen Aufwand.

Die Berechnung der Polynome erfolgt als analytische Auswertung der rekursiven Gleichung 5.3. Dabei werden sequentiell alle relevanten Basisfunktionen $N_{i,1}$ per Definition als eins angenommen und die jeweilige zugehörige Basisfunktion berechnet (alle anderen $N_{i,1}$ sind Null). Da die arithmetischen Operationen in Gleichung 5.3 vergleichsweise einfach gehalten sind, gestaltet sich eine Realisierung des Vorhabens als vertretbar. Diese Art der Berechnung muss für statische Flächen nur einmalig ausgeführt werden. Werden der Knotenvektor, die Anzahl der Kontrollpunkte oder der Grad der Fläche geändert, muss die Berechnung für diese Fläche neu ausgeführt werden.

Liegen nach der Vorberechnung nun alle Polynome in der allgemeinen Form $f(x) = a_0x^k + a_1x^{k-1} + \cdots + a_{k-1}x + a_k$ vor, so ist die Evaluation eines Punktes auf der Kurve bzw. Fläche sehr effizient berechenbar. Es genügt, den Parameterwert x, entsprechend u und v, in alle relevanten Gleichungen einzusetzen und diese zu lösen. Vorzugsweise geschieht dies mit dem Horner-Schema, da dies der effizienteste Weg zur Polynom-Evaluation ist.

Diese Art der Evaluation erscheint äußerst vorteilhaft, da die Auswertung einiger simpler Polynome sehr schnell berechnet werden kann. Die Anzahl der auszuwertenden Polynome ist mit $k \cdot m$ ebenfalls sehr moderat. Doch zeigten die im Rahmen der Arbeit [ABERT 2005] erzielten Ergebnisse schnell die befürchteten Einschränkungen des Verfahrens auf. Die erreichte Geschwindigkeit war durchaus akzeptabel (unter Anbetracht der verwendeten Hardware im Jahr 2005), aber unglücklicherweise galt dies nur für sehr einfache Flächen, d.h. mit nur wenigen Kontrollpunkten und insbesondere auch mit einem niedrigen Grad. Es zeigt sich, dass bereits ab Grad fünf visuelle Artefakte sehr stark sichtbar werden und mit größeren Graden kein annähernd korrektes Bild mehr zu erkennen war. Der Grund dafür liegt abermals in der Genauigkeit der Fließkomma-Repräsentation des Computers [IEEE 2008] (Vergleiche auch Abschnitt 5.6.5). Bei der einfachen Genauigkeit können, wie erwähnt, lediglich sieben verschiedene Ziffern gespeichert werden. Dies ist insbesondere bei den Koeffizienten von hochgradigen Polynomen gravierend, da sich hier eine kleinste Abweichung durch die Potenzierung schnell vergrößert. Auch eine Fließkomma-Repräsentation mit doppelter Genauigkeit löst das Problem nicht, sondern verlagert es nur auf geringfügig höhere Grade.

Ein Beispiel soll der Verdeutlichung des Problems dienen: Betrachtet wird die einfache Beispiel-Fläche aus [ROGERS 2001](Seite 166). Diese wird allerdings zur Verdeutlichung der Beschränkungen durch 13^2 Kontrollpunkte sowie mit einem Grad von fünf in beiden parametrischen Richtungen repräsentiert. Betrachtet wird nun die Auswertung einer Basisfunktion $M_{9,5}$ an der Stelle $v = 0.95$. Unter der Annahme eines uniformen Knotenvektors handelt es sich damit um die Basisfunktion, welche das Knotenvektorintervall $[0.875, 1[$ abdeckt. Bei einfacher Genauigkeit ergibt sich dabei:

$$M^s_{9,5}(v) = 3117.51v^5 - 14734.2v^4 + 27761.8v^3 - 26055.1v^2 + 12174.2v - 2264.18$$

Hingegen ergibt selbiges für doppelte Genauigkeit:

$$\begin{aligned} M^d_{9,5}(v) = {} & 3117.5111111111v^5 - 14734.2222222222v^4 + 27761.7777777778v^3 \\ & -26055.1111111111v^2 + 12174.2222222222v - 2264.1777777778 \end{aligned}$$

Zwar ist der Unterschied erst ab der zweiten oder dritten Nachkommastelle vorhanden, doch wird die Diskrepanz gravierender, wenn der Grad zunimmt. Es ist bereits bei Grad elf nicht mehr gewährleistet, dass Nachkommastellen überhaupt berücksichtigt werden können, da der Koeffizient bereits sechsstellig ist. Wird für obiges Beispiel ein Punkt auf der Oberfläche an $u = 0.95$ und $v = 0.95$ evaluiert, so ergibt dies für einfache Genauigkeit den Punkt $(15.1864, 1.80162, -14.681)$, während für die doppelte Genauigkeit das Ergebnis $(14.6165208918, 1.7701131564, -14.1254754908)$ lautet. Die euklidische Distanz beträgt 0.32575 zwischen diesen beiden Ergebnissen, was im Verhältnis zu der Fläche einen Fehler von $\approx 1\%$ entspricht. Da allerdings das Newton-Verfahren sehr sensitiv auf Fehler in der Punktevaluation reagiert (wie in Abbildung 6.1 veranschaulicht), kann unter solchen Umständen eine Konvergenz der Iteration auch bei extrem guten Startwerten nicht mehr gewährleistet werden.

Ergebniswerte zur erreichten Leistung werden an dieser Stelle nicht angeführt (diese sind in der originalen Veröffentlichung [ABERT 2005] zu finden), da diese auf einer sehr frühen Softwareversion (crianusurt v3) beruhen. Zudem eignet sich das Verfahren nicht zu einem weiteren Einsatz, da die Beschränkung auf niedrige Grade und wenige Kontrollpunkte ein Auschluss-Kriterium, unabhängig von der erzielten Leistung, darstellt. Aus diesem Grund wird die *Power Basis*-Repräsentation nicht in AUGENBLICK integriert.

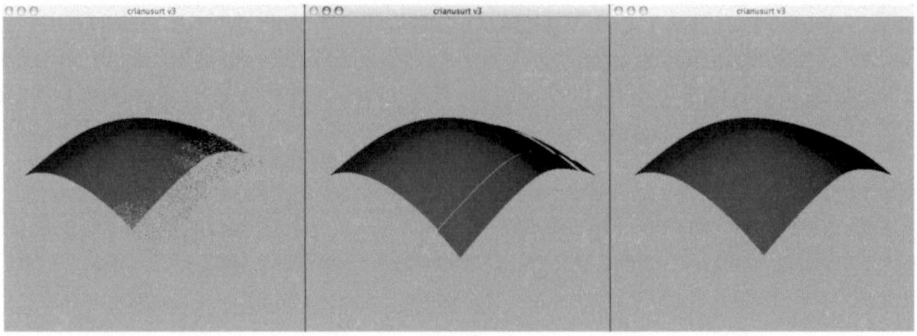

Abbildung 6.1: *Eine B-Spline Fläche mit* 13^2 *Kontrollpunkten und Grad fünf in beiden Richtungen. Von links nach rechts: Einfache Genauigkeit, Doppelte Genauigkeit, Referenzlösung.*

6.2 Basis Funktionen *look up table*

Eine weitere Möglichkeit besteht darin die Basisfunktionen zu diskretisieren, wobei die einzelnen Samples exakt nach der Cox/de Boor/Mannsfield Rekursion berechnet werden. Der entstehende Diskretisierungsfehler könnte mit linearer Interpolation benachbarter Werte ausgeglichen werden. Während des Ladens einer Szene bzw. des Erstellens neuer Flächen ist eine moderate Menge an Vorberechnungen nötig. Zur Laufzeit hingegen, werden pro Evaluation lediglich einige Werte, je nach Interpolations-Schema, in den Funktionstabellen gelesen.

Die Anzahl der zu tabellierenden Funktionen entspricht abermals der Summe der der Knotenvektorintervalle beider parametrischen Richtungen, wie auch schon bei der *Power Basis*-Repräsentation. Eine wichtige Entscheidung ist die Anzahl der Samples, welche für jede Basisfunktion gespeichert werden sollen. Natürlich ist eine optimale Wahl der Sample-Dichte abhängig von der Funktion selber, da lineare Teilabschnitte mit weniger Samples auskommen als Bereiche mit großen Änderungen in der ersten oder zweiten Ableitung. In einem ersten Versuch wurde der Abstand der Samples zueinander äquidistant gewählt, da eine Zuordnung von Funktionswerten zu den Samples so am einfachsten und effizientesten zu realisieren ist. Sollten die Abstände unterschiedlich groß sein, müsste eine binäre Suche (oder ähnliche effiziente Suchen) in den Sample-Tabellen vorgenommen werden. Dies ist offensichtlich um einiges aufwändiger und sollte nach Möglichkeit vermieden werden, da die Anzahl der Suchanfragen im Rahmen der Berechnung eines Bildes sich in Milliarden misst.

Problematisch könnte sich der Speicherverbrauch bei diesem Verfahren erweisen. In der Annahme, dass tausend Samples zur Abtastung einer moderat komplexen Basisfunktion $N_{i,k}$ ausreichend sind, werden für eine einfache 4×4 Fläche mit bikubischem Grad bereits $(4 + 4) * 1000*$sizeof(float)$=$ 31.25 KB benötigt. Für eine realistische Szene können aber durchaus Flächen mit mehr als 10×10 Kontrollpunkten angenommen werden und derer mindestens 10 000 Stück. Damit beträgt in einem solchen Szenario der Speicherverbrauch schon etwa 400 KB pro Fläche, also nahezu 4 GB[2] für die gesamte Szene! So wird jetzt schon ersichtlich, dass das Einsatzgebiet auf kleinere, weniger komplexe Szenen beschränkt sein muss.

Die skizzierte Idee wurde trotz der zu erwartenden Probleme zumindest prototypisch in AUGENBLICK v4 umgesetzt und erste Ergebnisse an einfachen Szenen ermittelt. Überraschenderweise zeigte sich, dass bereits für sehr einfache Szenen wie eine einzelne bikubische Fläche die Bildwiederholrate deutlich niedriger als erwartet war. Nach einer genaueren Analyse zeigte sich, dass die Anzahl der *Cache-Misses* erheblich gestiegen war, was die schlechte Leistung nachvollziehbar machte. Darüber hinaus zeigte sich, dass tausend Samples zusammen mit einer linearen Interpolation der Sample-Werte ungenügend war, um eine Artefakt-freie Lösung zu berechnen. Daher wurde schließlich eine quadratische Rekonstruktion verwendet, welche die Leistung weiter reduzierte. Eine genauere Betrachtung des Cache-Zugriff-Musters hätte vermutlich einige Verbesserungen versprochen, dennoch wurde dieser Ansatz nicht weiter verfolgt. Mit Hinblick auf die zu erwartende schlechte Skalierung des Verfahrens mit nicht trivialen Szenen können die gewünschten Anforderungen allemal nicht erfüllt werden.

6.3 Vorberechnung von Elementen der Cox/de Boor-Rekursion

Die bisher vorgestellten Verfahren waren nicht ausreichend geeignet, um die Basis für allgemeines Echtzeit Ray Tracing, d.h. mit beliebig komplexen Flächen, zu schaffen. Zum einen sind Beschränkungen, wie sie die *Power Basis*-Repräsentation auferlegt, nicht akzeptabel, zum anderen verbrauchen *look up tables* zu viel Speicher bereits für mittelgroße Szenen und sind suboptimal mit Hinblick auf die Cache-Effizienz und die Gesamtleistung. In diesem Abschnitt wird ein Verfahren zur Evaluation von Punkten auf B-Splines und NURBS vorgestellt, das sowohl exakt als auch performant für beliebig komplexe Flächen und darüber hinaus sehr sparsam im Umgang mit dem Speicher ist.

Die Rekursionsformel für die Cox/de Boor Rekursion sowie die eigentliche Gleichung von NURBS-Flächen sei hier noch einmal wiederholt, da dies für diesen Abschnitt hilfreich ist:

[2]Der tatsächliche Speicherverbrauch mag geringer sein, da identische Basisfunktionen den entsprechenden *look up table* wieder verwenden können. In realen Datensätzen kommen jedoch oftmals stark unterschiedliche Basisfunktionen zum Einsatz, daher ist diese Optimierung nur bedingt aussagekräftig.

Die Gleichung für NURBS Flächen lautet:

$$S(u,v) = \sum_{i=1}^{n} \sum_{j=1}^{m} B_i^h N_{i,k}(u) M_{j,l}(v) \tag{6.1}$$

wobei $N_{i,k}$ gegeben ist durch:

$$N_{i,k}(t) = \frac{(t - x_i) N_{i,k-1}(t)}{x_{i+k-1} - x_i} + \frac{(x_{i+k} - t) N_{i+1,k-1}(t)}{x_{i+k} - x_{i+1}} \tag{6.2}$$

$M_{j,l}$ ist analog dazu. Die Rekursion wird beendet, wenn $k = 1$ (respektive $l = 1$) ist.

$$N_{i,1}(t) = \begin{cases} 1 & \text{wenn } x_i \leq t < x_{i+1} \\ 0 & \text{sonst} \end{cases} \tag{6.3}$$

Unter der Annahme einer statischen Szene sind die Kontrollpunkte B_i^h, die Knotenvektor-Elemente x_i sowie Anzahl der Kontrollpunkte n und m und deren Grad k und l konstant. Dies bietet die Möglichkeit zu weiteren, wichtigen Optimierungen.

Abbildung 6.2 zeigt die einzelnen Basisfunktionen einer einfachen B-Spline-Kurve kubischen Grades mit vier Kontrollpunkten. Mit Hinblick auf Gleichung 6.1 werden ausschließlich nur die Basisfunktionen $N_{i,4}$ mit $i \in [1,2,3,4]$ benötigt. Allerdings, wie durch Gleichung 6.2 definiert, ist jede Basisfunktion $N_{i,k}$ mit $i > 1$ direkt abhängig von zwei Basisfunktionen niedrigeren Grades: $N_{i,k-1}$ sowie $N_{i+1,k-1}$. Dies bedeutet, dass zur Berechnung der genannten Basisfunktionen eine größere Anzahl an niedergradigen Basisfunktionen berechnet werden muss. In Anlehnung an Abbildung 6.2 ist eine Basisfunktion abhängig von den Basisfunktionen „unten" und „unten-rechts". Interessanterweise wird durch eine Erhöhung der Anzahl der Kontrollpunkte, das in Abbildung 6.2 dargestellte Trapez lediglich breiter, nicht aber höher. Die Anzahl der zu berechnenden Basisfunktionen erhöht sich somit nicht (vgl. Abbildung 6.4). Dies ist nur der Fall, wenn der Grad erhöht wird. Somit ist die hier vorgestellte NURBS-Evaluation unabhängig von der Anzahl der Kontrollpunkte mit Bezug auf die Berechnungsgeschwindigkeit.

In dem zuvor angeführten Beispiel mit vier Kontrollpunkten wird nun weiterhin ein offener, uniformer Kontenvektor von $[0\ 0\ 0\ 0\ 1\ 1\ 1\ 1]$ angenommen. Das gültige Intervall für den Kurvenparameter t ist daher durch $[0,1[$ gegeben. Es handelt es sich somit um den Spezialfall einer Bézier-Kurve. Die Basisfunktionen des ersten Grads lassen sich unmittelbar nach Gleichung 6.3 bestimmen: Ausschließlich $N_{4,1}$ ist 1, alle anderen $N_{i,1}$ sind dementsprechend 0, da $x_4 \leq t < x_5$, d.h. $0 \leq t < 1$ gilt.

Durch die vollständige Bestimmung der Basisfunktionen der ersten Ordnung können nun alle der zweiten Ordnung bestimmt werden. Exemplarisch soll hier nun die Evaluation an der Stelle $t = 0.5$ angenommen werden. Nach Gleichung 6.2 ist beispielsweise $N_{2,2} = 0$, da beide abhängige Basisfunktionen $N_{2,1}$ sowie $N_{3,1}$ zuvor mit 0 bestimmt

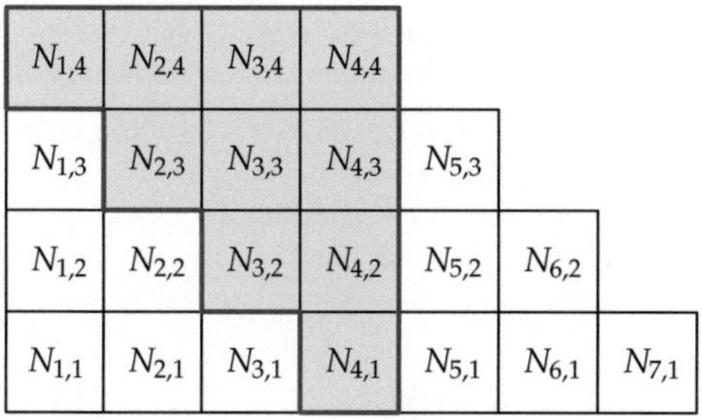

Abbildung 6.2: *Alle auftretenden Basisfunktionen für eine kubische B-Spline der Ordnung $k = 4$ und vier Kontrollpunkten $n = 4$. Nur die blau hinterlegten Basisfunktionen wirken tatsächlich auf den Spline ein.*

wurden und diese multiplikativ jeweils in beide Teile der Summe der Gleichung einfließen. Die selbe Argumentation ist für alle anderen Basisfunktionen ebenfalls gültig, die in Abbildung 6.2 weiß markiert sind. Dagegen ist ebenfalls nach Gleichung 6.2

$$N_{3,2}(0.5) = \frac{(0.5-0)\overset{=0}{N_{3,1}}(0.5)}{1-0} + \frac{(1-0.5)\overset{=1}{N_{4,1}}(0.5)}{1-0} = 0.25$$

Werden nun alle relevanten Basisfunktionen von „unten" nach „oben", d.h. von niedrigen zu hohen Graden, berechnet, so können letztlich die benötigten Basisfunktionen $N_{i,4}$ mit $i = 1,..,4$ ermittelt werden. Um dies möglichst effizient umsetzen zu können, werden im Folgenden zwei wichtige Techniken vorgestellt. Zum einen ist dies die Vorberechnung statischer Elemente in so genannten *CDBItems* (siehe Abschnitt 6.3.1) und deren Ausnutzung zur SIMD-freundlichen Berechnung von einzelnen Basisfunktionen (Abschnitt 6.3.2), und zum anderen die Verwendung eines fortschrittlichen Caching-Schemas, um Redundanzen der Basisfunktionen zu vermeiden und gleichzeitig den Prozessor-Cache maximal ausnutzen zu können (Abschnitt 6.3.3).

6.3.1 *CDBItems*

Mit Hinblick auf Gleichung 6.2 zeigt sich, dass einige Terme vorberechnet werden können. Zwar beruht dies auf der Annahme, dass die Flächen in sich selbst statisch sind und sich zur Laufzeit nicht ändern, doch stellt dies kein grundlegendes Problem dar. Da die Vorberechnung sich sehr einfach und schnell durchführen lässt, amortisieren sich die Kosten auch problemlos in dynamischen Umgebungen. Weiterhin wird eine erneute Berechnung nur bei der Modifikation der Ordnung, des Knotenvektors oder

der Anzahl der Kontrollpunkte, nicht aber bei einer Transformation der Kontrollpunkte, nötig. Affine Transformationen können daher problemlos ausgeführt werden.

Eine einzelne Basisfunktion $N_{i,k}$ kann durch allein vier konstante Werte beschrieben werden, in der Annahme, dass $N_{i,k-1}$ und $N_{i+1,k-1}$ bereits bekannt sind. Diese vier Werte lassen sich in idealer Weise in einem einzelnen SIMD-Vektor zusammenfassen, im Folgenden *CDBItem*[3] genannt. Ein solches *CDBItem* ist somit für die Basisfunktion $N_{i,k}$ gegeben durch

$$CDBItem_{i,k} = (c_1, c_2, c_3, c_4) \tag{6.4}$$

Dabei gilt hier mit Bezug auf die Rekursionsformel 6.2:

$$\begin{aligned} c_1 &= \frac{1}{x_{i+k} - x_i} && (6.5) \\ c_2 &= \frac{1}{x_{i+k+1} - x_{i+1}} && (6.6) \\ c_3 &= -x_i c_1 && (6.7) \\ c_4 &= -x_{i+k} c_2 && (6.8) \end{aligned}$$

Somit vereinfacht sich die Rekursion aus 5.3 zu

$$N_{i,k} = (c_1 t - c_3) N_{i,k-1}(t) + (c_4 - c_2 t) N_{i+1,k-1}(t) \tag{6.9}$$

Die niedergradigen Funktionen $N_{i,k-1}$ und $N_{i+1,k-1}$ liegen dabei selbst in Form ihrer entsprechenden *CDBItems* vor. Die Auswertung einzelner Basisfunktionen kann somit mittels SIMD-Instruktionen sehr effizient durchgeführt werden.

6.3.2 Bestimmung des Wertes einer Basisfunktion

Gleichung 6.9 ist im Vergleich zu der originalen Rekursionsformel deutlich einfacher. So werden beide Divisionen mit Multiplikationen durch den Kehrwert ersetzt und zwei Subtraktionen im ehemaligen Nenner entfallen. Darüber hinaus ist die dargestellte Form ideal für eine Verwendung mit SIMD-Instruktionen, da die vier c-Werte exakt in einem einzigen SIMD-Vektor gespeichert werden können und Gleichung 6.9 entsprechend effizient mit folgenden wenigen SIMD-Befehlen berechnet werden kann:

$$N_{i,k}(t) = \underbrace{\underbrace{(c_2 t + c_4)}_{simd\_madd} N_{i+1,k-1} + \underbrace{\underbrace{(c_1 t + c_3)}_{simd\_madd} N_{i,k-1}}_{simd\_mul}}_{simd\_madd} \tag{6.10}$$

[3]CDBItem ist die kurze Form von Cox/de Boor-Item

Folgende Tabelle 6.1 stellt die Anzahl der benötigten mathematischen Operationen für eine Standard-Fließkomma-Variante (Evaluation nach der Cox/de Boor-Rekursionsformel) und der hier vorgestellten SIMD-Variante gegenüber. Dabei gilt zu beachten, dass für einen Vergleich vier Fließkomma-Auswertungen einer SIMD-Auswertung gegenübergestellt werden, damit die gleiche Menge an bearbeiteten Daten verglichen werden kann. Der Befehl `madd` entspricht dabei dem kombinierten Multiplizieren und Addieren, wie er in dem *AltiVec* und dem zukünftigen *SSE5*[4] Befehlssatz vorhanden ist. Darüber hinaus gilt die Annahme, dass die beiden benötigten Basisfunktionen $N_{i,k-1}$ und $N_{i+1,k-1}$ bereits bekannt sind. Es gilt ebenfalls zu beachten, das für die Ausnutzung der optimalen Parallelität der SIMD-Variante die Evaluation entsprechend kohärent sein muss, dass heißt alle Parameterwerte der vier Evaluationen müssen in dem selben Knotenvektorintervall liegen.

	Addition/ Subtraktion	Multiplikation	Division	Multiply-Add
Standard	20	8	8	0
CDBItems (+)	0	1	0	3
CDBItems (-)	0	4	0	12

Tabelle 6.1: *Vergleich der benötigten Rechenoperationen für vier Evaluationen einer Basisfunktion. Die „+" Markierung entspricht dem optimalen Fall (maximale Kohärenz), wobei „-" dem schlechtesten Fall entspricht (voll inkohärent).*

Abbildung 6.3 zeigt, in welcher Reihenfolge die Basisfunktionen berechnet werden. Da jedes *CDBItem* 16 Byte groß ist, werden je nach Architektur vier oder sogar acht (entsprechend 128 Byte) *CDBItems* bei einem Speicherzugriff in den Cache geladen, da immer eine vollständige Cache-Zeile von derzeit 64 oder 128 Byte übertragen wird. Innerhalb einer jeden Zeile (siehe Abbildung 6.3) ist die Cache-Kohärenz gewährleistet, da die *CDBItems* in diesem Fall stets sequentiell im Speicher vorliegen. Bei einem Übergang einer Zeile in die nächst höhere ist dies noch immer wahr, falls die Ordnung der Fläche der jeweiligen parametrischen Richtung ebenso groß ist wie die Anzahl der Kontrollpunkte. Die Differenz zwischen Grad und Kontrollpunktanzahl entspricht dabei der Anzahl der übersprungenen *CDBItems*.

[4] Der *SSE5* Befehlssatz ist zum Zeitpunkt der Veröffentlichung dieser Arbeit bereits angekündigt. Es handelt sich dabei allerdings um eine Befehlssatzerweiterung von AMD. Daher ist *SSE5* keine Weiterentwicklung von *SSE4* (von Intel) und beinhaltet aus diesem Grund auch nicht alle Befehle aus diesem Instruktionsset.

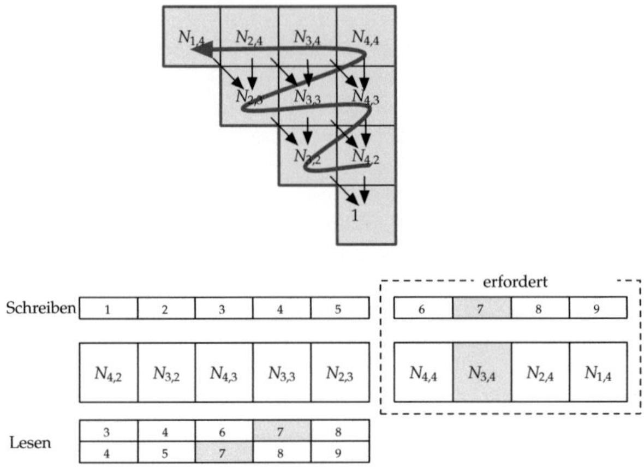

Abbildung 6.3: *Die Reihenfolge, in der die relevanten Basisfunktionen berechnet werden. Die tatsächlich benötigten Basisfunktionen sind die letzen vier ($N_{4,4}$ bis $N_1, 4$), alle anderen werden nur temporär zur Berechnung eben dieser benötigt. Die Ziffern geben an, in welchem Schritt eine bestimmte Basisfunktion in den Speicher geschrieben und wann diese wieder gelesen wird. In Schritt 7 wird beispielsweise $N_{3,4}$ geschrieben, wobei dafür $N_{4,3}$ sowie $N_{3,3}$ gelesen werden müssen.*

6.3.3 Auswertung aller relevanten Basisfunktionen

Bisher wurde gezeigt, dass die Randbedingungen für die Auswertung der Basisfunktionen durchaus vielversprechend sind. Dennoch muss die Rekursion, welche durch Gleichung 6.2 definiert wurde, verhindert werden, da die enorme Anzahl an Funktionsaufrufen pro Schnitttest besser vermieden werden sollte, denn auch hier handelt es sich um mehre Millionen oder Milliarden Aufrufe für die Berechnung eines einzelnen Bildes. Noch wichtiger ist darüber hinaus, dass die Redundanzen, die bei der Standard-Gleichung auftreten, eliminiert werden. So wird ein iterativer bottom-up Algorithmus angewendet, welcher Rücksicht auf den momentan gültigen auszuwertenden Bereich in Abhängigkeit der Ordnung nimmt.

Eine maximale Cache-Effizienz wird mit einer Vorgehensweise erreicht, wie sie in Abbildungen 6.3 und 6.4 skizziert ist. Dabei bestimmt der aktuelle Parameterwert t das zu evaluierende „Dreieck" der Basisfunktionen. Innerhalb dieses Dreiecks werden nun die entsprechenden *CDBItems* geladen und verwendet, um die Basisfunktionen von unten nach oben und von rechts nach links zu berechnen, wie Abbildung 6.3 zeigt. Die Cache-Effizienz wird dadurch ersichtlich, dass stets Ergebnisse wieder verwendet werden, die erst vor kurzem in den Speicher geschrieben wurden. Für unterschiedliche Werte von t können die Evaluationen sogar parallel mittels SIMD ausgeführt werden, wenn diese Parameter im selben Knotenvektorintervall liegen. Ist dies nicht der Fall, muss mehr als ein einzelnes „Evaluations-Dreieck" ausgewertet werden. Verschiedene Dreiecke müssen sequentiell ausgewertet werden, daher ist im schlechtesten Fall die Auswertung von vier Dreiecken notwendig. Eine Alternative dabei wäre die vorherige Konstruktion von *CDBItems*, welche aus den unterschiedlichen Evaluations-Dreiecken zusammengesetzt werden, um dann die eigentliche Evaluation parallel durchführen zu können. Allerdings hat sich gezeigt, dass der Mehraufwand sich dafür nicht rentiert und im Gesamtbild dieser Ansatz langsamer ist.

6.3.4 Zusammenfassung

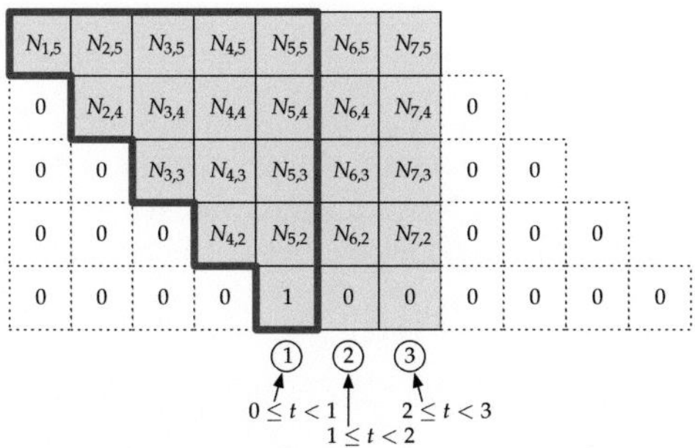

Abbildung 6.4: *Dargestellt sind alle Basisfunktionen einer B-Spline Kurve der Ordnung $k = 5$ und $n = 7$ Kontrollpunkten. Das rote Dreieck markiert die relevanten Basisfunktionen, falls $t \in [0, 1[$ gilt. Wäre $t \in [2, 3[$, hätte das Dreieck zwei „Kästchen" nach rechts verschoben werden müssen.*

Für eine einzelne Evaluation eines bestimmten Punktes P durch einen Parameterwert t müssen also eine gewisse Anzahl an Basisfunktionen berechnet werden, um die Gleichung 6.1 lösen zu können. Im konkreten Beispiel der Abbildung 6.4, einer Kurve der Ordnung $k = 5$ und $n = 7$ Kontrollpunkten, sowie einem Knotenvektor von $[0\ 0\ 0\ 0\ 0\ 1\ 2\ 3\ 3\ 3\ 3\ 3]$ erfordert dies in der Annahme von $t \in [0, 1[$ (erstes Knotenvektorintervall) die Berechnung folgender Basisfunktionen:

$$N_{1,5}, N_{2,5}, N_{3,5}, N_{4,5}, N_{5,5}, N_{2,4}, N_{3,4}, N_{4,4}, N_{5,4}, N_{3,3}, N_{4,3}, N_{5,3}, N_{4,2}, N_{5,2}, N_{5,1}.$$

Liegt t im Intervall $[1, 2[$ bzw. $[2, 3[$, sind die Basisfunktionen um 1 respektive 2 relativ zu i verschoben, daher gilt es entsprechend für $t \in [1, 2[$ die Basisfunktionen $N_{2,5}, ..., N_{6,5}, N_{3,4}, ...$ zu bestimmen.

Zusammenfassend sind für eine optimal performante Evaluation nun folgende Eigenschaften zu berücksichtigen:

- Vermeidung der Redundanzen der Gleichung 6.2
- Auswertung nur des aktiven Intervalls des jeweiligen Parameterwertes entgegen Gleichung 6.1
- Ausnutzung maximaler Cache-Kohärenz

Entsprechend der oben gestellten Anforderungen wird nun der optimale Algorithmus zu Evaluation von Punkten auf einer B-Spline Kurve vorgestellt.

Im Wesentlichen handelt es sich um drei Schlüsselmethoden, welche effizient umgesetzt werden müssen:

- Berechnen einer einzelnen Basisfunktion unter Verwendung des entsprechenden *CDBItems* und Parameters t
- Füllen eines temporären Caches
- Lösen der Gleichung 6.1

Die effiziente Berechnung einer einzelnen Basisfunktion wurde bereits zuvor in diesem Abschnitt besprochen und die Notwendigkeit, dies effizient berechnen zu können, hinreichend motiviert. Der vollständige Code, entsprechend Gleichung 6.10, zur Berechnung einer Basisfunktion unter der Annahme, dass das CDBItem (c) bekannt ist, sowie die beiden abhängigen Basisfunktionen (nik_1, nik_2) lauten wie folgt:

Listing 6.1: Berechnung einer Basisfunktion

```
// madd(a,b,c) entspricht a*b+c
// splat(n) kopiert das n-te Element in alle vier des Vektors
Float4 res = c.splat(0).madd(t,c.splat(2)).madd(nik1,
             c.splat(1).madd(t,c.splat(3))*nik2)
```

Nachdem der temporäre Cache entsprechend Abschnitt 6.3.3 gefüllt wurde, bleibt letztlich noch die Auswertung der Gleichung 6.1, um den endgültigen Punkt auf der Kurve zu bestimmen. Wie bereits erwähnt, ist es nicht nötig, alle Basisfunktionen des höchsten Grades dieser Kurve tatsächlich zu bestimmen, da auf Grund der lokalen Kontrolle von B-Splines eine Reihe von Basisfunktionen 0 sein werden. Tatsächlich kann die zu lösende Gleichung reduziert werden auf

$$S(u,v) = \sum_{i=intU+1}^{intU+k+1} \sum_{j=intV+1}^{intV+l+1} B_{i,j}^{h} N_{i,k}(u) M_{j,l}(v) \tag{6.11}$$

wobei *intU* bzw. *intV* die sequentiell hochzählende, bei 0 beginnende, Nummer des Knotenvektorintervalls bezeichnen, in dem t bei der durchzuführenden Evaluation liegt. Für den Knotenvektor $[0\ 0\ 0\ 0\ 0\ 1\ 2\ 3\ 3\ 3\ 3\ 3]$ und beispielsweise $t = 2.7$ wäre dies

2. Für uniforme Knotenvektoren, die bei null beginnen und mit eins inkrementieren, entspricht das Knotenvektorintervall der Vorkommazahl des Parameterwertes t. Insbesondere für nicht uniforme Knotenvektoren muss allerdings auf eine aufwändigere Suche zurückgegriffen werden.

Gleichung 6.11 berücksichtigt damit die Tatsache, dass

$$N_{i,k} = 0 \Rightarrow i < intU + 1 \vee i > intU + k + 1$$

wodurch unnötige Berechnungen von Basisfunktionen vermieden werden können. Die eigentliche Evaluation ist dabei nicht weiter aufwändig und bedarf somit keiner weiteren speziellen Optimierung. Eine einfache Umsetzung der Gleichung 6.11 profitiert davon, dass alle zuvor berechneten Basisfunktionen sequentiell im Speicher liegen. Selbiges gilt auch zumindest für jede Zeile der Kontrollpunkte B_i^h.

6.3.5 Transfer auf NURBS-Flächen

Bisher wurde die Evaluation formal nur für B-Spline-Kurven betrachtet. Im Unterschied zu den gewöhnlichen B-Spline-Kurven hat die NURBS-Variante, wie erwähnt, eine weitere Koordinate pro Kontrollpunkt. Nach der Rückprojektion in den dreidimensionalen Raum zeichnen sich NURBS-Kurven durch einen zusätzlichen Bruch aus, wobei der Divisor $\sum_{i=1}^{n} h_i N_{i,k}(t)$ lautet. Glücklicherweise sind die im Divisor benötigten Basisfunktionen $N_{i,k}$ identisch mit den bereits berechneten, weswegen mit Ausnahme der Summierung der Basisfunktionen, dem Verrechnen mit dem Gewicht und einer anschließenden Division kein weiterer Mehraufwand entsteht. Die Erweiterung der B-Spline auf die NURBS-Evaluation ist daher trivial. Erzielte Ergebnisse im Zusammenhang der Verwendug rationaler Kontrollpunkte wurden bereits in Abschnitt 5.6.4 präsentiert.

Der Transfer des Ansatzes auf B-Spline- bzw. NURBS-Flächen gestaltet sich ebenfalls unproblematisch mit Hinblick auf die Evaluation. Die Umsetzung ist lediglich rechenintensiver, da die bisher vorgestellten Schritte zweimal durchgeführt werden müssen. Einmal für die parametrische Richtung u, ein weiteres Mal entsprechend für v. Demnach werden zwei verschiedene *CDBItem*-Sets für jede Fläche berechnet. Weiterhin werden zur Laufzeit zwei Caches gefüllt. Der grundlegende Ablauf des Algorithmus bleibt dabei unberührt.

6.3.6 Bestimmung der Ableitungen

Die Bestimmung der Ableitungen kann genau nach dem selben Verfahren durchgeführt werden, wie es bisher vorgestellt wurde. Nach Gleichungen 5.8 und 5.9 werden ebenfalls eigene *CDBItems* berechnet, die anschließend für die Evaluation verwendet werden können. Auf Grund der unterschiedlichen Terme in der formalen Ableitung ergeben sich daraus leicht abgewandelte *CDBItems*. Diese lassen sich allerdings ebenfalls wieder in vier *float*-Werten repräsentieren. Der zusätzliche Speicherverbrauch ist dabei fast identisch zu den ursprünglichen *CDBItems*.

Bei der Entwicklung von AUGENBLICK v5 ist aufgefallen, dass im Fall der gängigsten Evaluation (normale Evaluation zzgl. der beiden partiellen Ableitungen) während des Newton-Verfahrens einige redundante Berechnungen ausgeführt wurden. Daher wurde eine kombinierte Methode, `fullEvaluate` eingeführt, die in einem Schritt die normale Evaluation als auch beide partiellen Ableitungen berechnet. So konnte die wiederholte Bestimmung der Basisfunktionen $N_{i,k}$ bzw. $M_{j,l}$ vermieden werden, da diese Terme auch in den partiellen Ableitungen der Flächen vorkommen (vgl. Gleichung 5.22).

6.4 Ergebnisse

Software	System	Bit	Berechnungsdauer	
			evaluate	fullEvaluate
AUGENBLICK v5	MP2	64	0.194 s	0.285 s
AUGENBLICK v5	MP2	32	0.270 s	0.346 s
AUGENBLICK v4	MP2	32	0.213 s	0.624 s
				Version: 5.0.1 r3608

Tabelle 6.2: *Die Laufzeit für eine Million Evaluationen (evaluate) sowie für eine Million Evaluationen zuzüglich beider partiellen Ableitungen (fullEvaluate). Bei der Messung wurde nur ein Kern benutzt. Es kommt dabei eine einfache bikubische Fläche mit* 4×4 *Kontrollpunkten zum Einsatz.*

Die Evaluation von Punkten auf einer NURBS-Oberfläche, sowie die Berechnung der partiellen Ableitungen, stellen die essentielle Rechenoperation des NURBS-Ray Tracing dar. Somit wird von dieser Komponente maßgeblich die letztendliche Gesamtleistung des Systems, im Fall von Szenen mit einem dominanten NURBS-Anteil, bestimmt. Tabelle 6.2 zeigt einige Ergebnisse auch im Vergleich zu einer früheren eigenen Version. Hier können mehrere interessante Erkenntnisse gewonnen werden: Zunächst zeigt sich, dass die Leistung unter 64-Bit deutlich besser ist als unter 32-Bit. Die Evaluation ist bis zu 40%, während die Evaluation inklusive der partiellen Ableitungen ca. um 20% schneller ist. Dies ist durchaus nicht überraschend, da der rechenintensive Kern der Berechnung von der doppelten Anzahl an Registern profitieren kann. Ebenfalls interessant ist, dass die alte AUGENBLICK v4 Version im Vergleich der 32-Bit Architekturen in der Evaluation ca. um 25% schneller ist. Hingegen bei der sehr viel häufiger verwendeten vollen Evaluation liegt v5 gegenüber v4 um Faktor zwei vorne. Bei der 64-Bit Variante ist der

Unterschied mit 118% Leistungssteigerung gegenüber v4 mit 32-Bit noch gravierender. Dieser klaffende Unterschied ist damit zu begründen, dass die vereinte Evaluation des Punktes und beider Ableitungen wesentlich effizienter arbeitet, als die entsprechenden drei Einzelevaluationen in AUGENBLICK v4.

Damit benötigt eine einzelne Berechnung von `fullEvalute` unter besten Bedingungen etwa $0.28\mu s$. Zu Vergleichszwecken wurde daher die direkte Evaluation, also die rekursive Anwendung der ursprünglichen Gleichungen, ebenfalls implementiert. Diese benötigt bei der selben simplen Testfläche etwas weniger als $1.5ms$ pro Evaluation, d.h nahezu Faktor 2000 mehr. Gravierender wird diese Differenz bei komplexeren Flächen. Für die Polo-Szene (vgl. Abbildung 5.13), die über eine hohe Anzahl an komplexen Flächen mit höheren Graden verfügt, beträgt die Berechnungszeit einer Evaluation im Durchschnitt etwa das zehnfache verglichen mit der einfachen Fläche.

Direkte Vergleiche mit Ergebnissen anderer Arbeiten ist an dieser Stelle schwierig, da in den meisten Fällen nur Bildwiederholraten angegeben werden und diese keine Rückschlüsse auf die Dauer der Evaluationen zulassen. In [BENTHIN et al. 2006b] wurden von Benthin et al. die Kosten für einen Schnitttest mir einer Bézier-Fläche mit etwa 1100 Zyklen angegeben, entsprechend etwa $0.4\mu s$ auf dem System MP2. In Anbetracht der Tatsache, dass es sich dabei um den wesentlich einfacheren Bézier-Schnitttest handelt, ist der erzielte Wert für die NURBS-Evaluation vergleichsweise gut. Weiterhin sind in [MARTIN et al. 2000] Ergebnisse zu NURBS-Schnitttesten angegeben, doch sind die Werte auf Grund der sehr alten und deutlich unterschiedlichen Hardware (SGI Origin 2000 MIPS 12K) sowie den verwendeten absoluten Zeiten nur sehr schwer vergleichbar.

6.5 Zusammenfassung und Ausblick

In diesem Kapitel wurden verschiedene Verfahren zur Evaluation von Punkten auf NURBS-Flächen vorgestellt. Da die Evaluation ein extrem wichtiger Bestandteil ist und den Großteil der Rechenzeit in Anspruch nimmt, wurde dieser Komponente eine besondere Bedeutung beigemessen. Es konnte gezeigt werden, dass eine direkte Evaluation, die *Power Basis*-Repräsentation, sowie eine Basis Funktionen Tabelle erwartungsgemäß nicht in Frage kommen, entweder aus Gründen der Performanz oder aus Gründen der numerischen Stabilität. Während eine direkte Evaluation zwar numerisch stabil ist, zeigte sich aber erwartungsgemäß, dass der Rechenaufwand enorm und sogar für die *offline*-Bildsynthese noch völlig unbrauchbar ist. Die anderen beiden genannten Verfahren waren von der Ausführungsgeschwindigkeit zwar besser und insgesamt akzeptabel, doch wiesen beide starke Beschränkungen in der Präzision und Skalierbarkeit bei komplexen Szenen auf. Es konnte gezeigt werden, dass die Vorberechnung von Cox/de Boor Elementen die beste Lösung sowohl für die Performanz als auch für die Genauigkeit darstellt. Der zusätzlich benötigte Speicheraufwand ist gering und beträgt in der Regel deutlich weniger als ein Kilobyte pro Fläche in der Szene. Die erreichte Präzision ist vergleichbar mit der direkten Evaluation, auch für komplexe Flächen. Durch die optimale Cache-Kohärenz und die vorteilhafte Unterstützung von SIMD Einheiten eignet sich der vorgestellte Algorithmus hervorragend für aktuelle Prozessorarchitekturen.

Die vorberechneten Cox/de Boor Werte sind, wie erwähnt, invariant zur Laufzeit, solange die Fläche selbst nicht modifiziert wird, wobei eine ausschließliche Transformation bestehender Kontrollpunkte noch zulässig ist. Sollte allerdings ein Punkt hinzugefügt oder entfernt werden bzw. Änderungen an der Ordnung oder den Knotenvektoren vorgenommen werden, so verlieren die vorberechneten Werte ihre Gültigkeit. Im Rahmen dieser Arbeit wurden Modifikationen zur Laufzeit an NURBS-Flächen nicht untersucht. Als fortführende Arbeit wäre es interessant zu evaluieren, ob eine interaktive Modifikation zur Laufzeit möglich ist und inwieweit dies die Ausführungsgeschwindigkeit beeinträchtigt. Es ist anzunehmen, das die Neuberechnung der *CDBItems* auch für komplexe Flächen unproblematisch ist. Allerdings muss zusätzlich die Beschleunigungsdatenstruktur aktualisiert werden und dies könnte die Geschwindigkeit nachhaltiger beeinträchtigen.

Eine weitere mögliche Weiterentwicklung bestünde in der Optimierung der Evaluation für ein festes u oder v. Gerade bei Algorithmen, wie zum Beispiel der Triangulierung, werden oft eine Reihe von Werten berechnet, bei denen eine parametrische Richtung statisch bleibt. Für solche Anwendungsfälle könnte die Leistung deutlich gesteigert werden, wenn die Inhalte des entsprechenden Caches nicht neu berechnet, sondern wieder verwendet werden.

7 Effiziente Evaluation von Bézier-Flächen

Da geht noch was

(Markus Geimer)

In Abschnitt 5.4 wurde ein Algorithmus vorgestellt, der sich gut eignet, um Strahlen mit Freiform-Flächen zu schneiden. Dabei wurde die Evaluation von Punkten und partiellen Ableitungen als kostenintensivste Berechnung identifiziert. In Kapitel 6 wurden darauf hin verschiedene Ansätze untersucht, um die Evaluation auf B-Spline- bzw. NURBS-Flächen möglichst effizient realisieren zu können. Schließlich soll in diesem Kapitel die effiziente Evaluation auf Bézier-Flächen thematisiert werden. Die mathematischen Grundlagen zu den Bézier-Flächen wurden bereits in Abschnitt 5.3.2 besprochen.

Durch die globale Kontrolle ist die Ordnung k stets direkt abhängig von der Anzahl der Kontrollpunkte n ($k = n$). Im Hinblick auf Gleichung 5.13 zeigt sich damit, dass der Aufwand zur Punktevaluation für Flächen quadratisch ansteigt, wenn die Anzahl der Kontrollpunkte erhöht wird. Somit kann eine Berücksichtigung von beliebigen Bézier-Flächen aus Effizienzgründen heraus im Vorhinein ausgeschlossen werden. Stattdessen beschränken sich die Untersuchungen in diesem Kapitel auf die populären und weit verbreiteten bikubischen Bézier-Flächen, d.h. Flächen mit Grad drei in beiden parametrischen Richtungen und demnach insgesamt 16 Kontrollpunkten.

Die Ergebnisse dieser Arbeit wurden in [GEIMER und ABERT 2005] publiziert.

7.1 Bisherige Arbeiten

Verwandte Arbeiten wurden teilweise bereits in Abschnitt 5.2 präsentiert. Diese werden an dieser Stelle um einige weitere ergänzt, welche speziell Bézier-Flächen und das Ray Tracing von diesen im Fokus haben.

Eine der früheren Arbeiten [SEDERBERG und PARRY 1986] hat drei verschiedene Algorithmen (zwei unterteilende Verfahren und einen impliziten Ansatz) zur Schnittpunktbestimmung zwischen Bézier-Kurven verglichen. Dabei werden allerdings nur Kurven im 2D berücksichtigt. Die gewonnenen Erkenntnisse lassen sich nur bedingt auf das Ray Tracing übertragen, da der Schnitt eines Strahls an Stelle einer Bézier-Kurve natürlich eine Reihe von Vereinfachungen zulässt. Interessanterweise zeigt sich aber auch hier, dass für geringere Grade bis einschließlich Grad vier die unterteilenden Verfahren mit Bezug auf die Geschwindigkeit deutlich unterlegen sind. Erst bei höheren Graden, von fünf an aufwärts, gewinnen diese einen Vorteil.

Ein Verfahren, das zu der Gruppe der unterteilenden Verfahren gehört, wurde, basierend auf der OpenRT API [WALD et al. 2002a], von Benthin et al. [BENTHIN et al. 2004] vorgestellt. Dabei wird das Kontrollnetz zur Laufzeit unterteilt, wobei anschließend bei Erreichen einer gewissen Rekursionstiefe Strahlen gegen Dreiecke geschnitten werden, die das Kontrollnetz approximieren. Allerdings müssen alle Flächen in der Szene mit derselben Tiefe unterteilt werden, um Löcher zwischen Flächen vermeiden zu können. Mit diesem Ansatz konnten Benthin et al. bereits zum damaligen Zeitpunkt interaktive Geschwindigkeiten von einigen Bildern pro Sekunde auf einem einzelnen PC erreichen. Da durch die Dreiecks-Approximation eine Diskretisierung eingeführt wird, findet der Ansatz im Rahmen dieser Arbeit keine weitere Berücksichtigung.

Efremov stellt die Ergebnisse seiner Arbeit in [EFREMOV 2004] zum Thema des effizienten NURBS-Ray Tracing vor. Die Diskussion seines Ansatzes erfolgt dennoch in diesem Abschnitt, da tatsächlich alle NURBS-Flächen in rationale Bézier-Flächen konvertiert werden und somit diese Arbeit im eigentlichen Sinne dem Bézier-Ray Tracing zuzuordnen ist. Die von Efremov durchgeführte Konvertierung der Flächen wird ohne eine Gradreduktion durchgeführt und ist daher nicht verlustbehaftet. Allerdings wird dabei in Kauf genommen, dass sich die Anzahl der Flächen deutlich erhöht und somit der Speicherverbrauch zunimmt. Efremov erzielt mit Hilfe des Bézier-Clipping und einiger eigener Verbesserungen [EFREMOV et al. 2005] an Nishitas Algorithmus [NISHITA et al. 1990] sowie mit dem Newton-Verfahren qualitativ gute Ergebnisse. Der von ihm verfolgte Ansatz wird allerdings im Rahmen dieser Arbeit auch nicht weiter berücksichtigt, da, wie zuvor argumentiert, hochgradige Bézier-Flächen sehr rechenaufwändig werden. Wie die Ergebnisse von Efremov zeigen, bestätigt sich die Überlegung: So hat die Szene eines Mercedes-Armaturenbretts mit ursprünglich 64 659 NURBS-Flächen nach der Unterteilung 1 261 136 rationale Bézier-Flächen mit einem durchschnittlichen Grad von 7.58. Die benötigte Zeit für ein einzelnes Bild liegt dabei auf einem 3.06 GHz Xeon Prozessor deutlich oberhalb von 10 Minuten. Leider steht das Modell für diese Arbeit nicht zur Verfügung, aber wie selbst ältere eigene Ergebnisse [ABERT et al. 2006] nahe legen, können ähnliche Szenen mit einer direkten NURBS-Repräsentation deutlich schneller berechnet werden.

Ein weiterer Ansatz [LÖW 2006] aus jüngerer Zeit stammt von Löw. Nach der Analyse von verschiedenen möglichen Schnittpunkt-Algorithmen, kommt Löw ebenfalls zu dem Schluss, ein Newton-Verfahren in Verbindung mit einer Bounding Volume Hierarchie zu verwenden. Im Kontrast zu der hier vorgestellten eigenen Arbeit wird allerdings die GPU zur vollständigen Berechnung der Ray Tracing-Lösung eingesetzt. Die grundlegende Architektur wurde dabei von [PURCELL et al. 2002] übernommen und um einige zusätzliche *Kernels* erweitert. Die vorgestellte Lösung ist dabei auf bikubische Bézier-Flächen beschränkt. Allerdings wurden nur Primärstrahlen berücksichtigt; eine Berechnung von Schatten und Reflexionen ist also nicht integriert. Es bleibt unklar, ob eine solche Implementierung möglich wäre ohne weitreichende Modifikationen am System vorzunehmen. Obwohl Löw zu dem Schluss kommt, dass der auf der GeForce 6800 ausgeführte GPU-Ray Tracer leistungsmäßig mit [GEIMER und ABERT 2005, BENTHIN et al. 2004] vergleichbar ist, muss hier angemerkt werden, dass diese Aussage nicht zutrifft. Tatsächlich ist die eigene Arbeit (und die von Benthin et al. ebenfalls) mit den Ergebnissen von 2004 deutlich schneller. Für eine Teapot-Szene (mit geringfügig größerer Bildschirmabdeckung) erzielte Löw genau ein Bild pro Sekunde. Demgegenüber stehen die eigenen Ergebnisse aus [GEIMER und ABERT 2005] mit 7.22 Bildern/Sekunde sowie die Ergebnisse aus dieser Arbeit mit 72.47 Bildern/Sekunde (vgl. Abschnitt 7.3).

7.2 Ansatz

Da es sich bei Bézier-Flächen um Freiform-Flächen handelt, genau genommen um einen Sonderfall der NURBS, kann für das Ray Tracing von Bézier-Flächen weitest gehend dasselbe Grundgerüst verwendet werden. Dies heißt, dass dieselbe Beschleunigungsdatenstruktur eingesetzt wird. Ebenso kann auch das Newton-Verfahren zur Schnittpunkt-Berechnung, genauso wie die Startwertfindung, unverändert bleiben. Der einzige Unterschied ergibt sich daher in der Punktevaluation. Die dafür nötige Vorverarbeitung und die entsprechende Umsetzung zur Laufzeit wird in den folgenden Abschnitten erläutert.

7.2.1 Vorverarbeitung

Eine Bézier-Fläche ist allein und vollständig durch die Kontrollpunkte definiert. Im Fall einer bikubischen Fläche muss es sich dabei weiterhin zwangsläufig um 4×4 Kontrollpunkte handeln, da der Grad einer parametrischen Richtung der Anzahl der

Kontrollpunkte minus eins entspricht. Entsprechend Gleichung 5.14 kann eine Bézier-Fläche auch als ein Matrixprodukt notiert werden. Bei genauer Betrachtung fällt auf, dass der innere Teil des Matrixproduktes $[N][B][M]^T$ invariant zur Laufzeit ist, unter der Voraussetzung dass die Flächen selbst rigide Körper sind. So kann [N] nach Gleichung 5.18 für den bikubischen Fall direkt angegeben werden:

$$[N] = \begin{bmatrix} -1 & 3 & -3 & 1 \\ 3 & -6 & 3 & 0 \\ -3 & 3 & 0 & 0 \\ 1 & 0 & 0 & 0 \end{bmatrix} \tag{7.1}$$

Durch die Symmetrie der Matrix gilt darüber hinaus $[M]^T = [N]$. Letztlich ist $[B]$ die Kontrollpunkt Matrix (vgl. Gleichung 5.17), d.h. die einzelnen Komponenten sind 3D-Vektoren. Für gegebene Kontrollpunkte kann nun $[P] = [N][B][N]$ bestimmt werden. Somit ist $[P]$ eine 4×4 Matrix aus 3D-Vektoren. Die Berechnung dieser Komponenten geschieht in einem Schritt vor der Bildsynthese, üblicherweise bei der Konstruktion neuer Bézier-Flächen. Sollten zur Laufzeit Kontrollpunktpositionen verändert werden, so muss $[P]$ entsprechend aktualisiert werden.

Die weiteren Schritte der Vorverarbeitung, wie die Erzeugung von *Surface Fragments* für die Startwertfindung sind identisch mit den entsprechenden Operationen für NURBS-Flächen (vgl. Abschnitt 5.4.2).

7.2.2 Evaluationen auf Bézier-Flächen

Da der Überbau des Schnitttestes, also die Startwertfindung und das Newton-Verfahren, identisch zu dem für NURBS-Flächen ist, muss entsprechend auch dieselbe Anzahl von Punktevaluationen durchgeführt werden. Somit ist eine möglichst effiziente Implementierung der Punkt- und Ableitungsevaluation aus den gleichen Gründen wichtig, wie im Fall der NURBS-Flächen. Im Vergleich dazu gestaltet sich die Evaluation allerdings relativ simpel. Trotz der vorherigen Kritik an einer Power Basis kann diese hier dennoch Verwendung finden. Bikubische Flächen sind stets von kubischem Grad. Die Verwendung der Power Basis zeigt jedoch in der Regel erst am Grad fünf deutliche Schwächen und kann für kubische Grade durchaus Anwendung finden.

Um einen Punkt auf einer bikubischen Bézier-Fläche für ein gegebenes Parameterpaar u und v zu evaluieren, genügt die Auswertung der Gleichung

$$S(u,v) = [u^3 \;\; u^2 \;\; u \;\; 1][P][v^3 \;\; v^2 \;\; v \;\; 1]^T. \tag{7.2}$$

Dennoch würde eine naive Implementierung 60 Multiplikationen und 45 Additionen benötigen (die Komponenten von $[P]$ sind Vektoren), wobei bereits die Berechnung für

$[U]$ und $[V]$ ignoriert wurde. Allerdings kann Gleichung 7.2 umformuliert werden:

$$S(u,v) = \sum_{i=1}^{4} [U][P_i][V_i] \tag{7.3}$$

Dabei ist $[P_i]$ die $i$te Spalte von $[P]$ und $[V_i]$ die $i$te Zeile von $[V]$. Listing 7.1 beschreibt die Berechnung im Pseudocode.

Listing 7.1: Punktevaluation von Bézier-Flächen

```
u2 = u*u;
u3 = u * u2;
f = 1;
s = 0;
i = 15;

while(i >= 0)
{
     s = s +      p[i--];
     s = s + u  * p[i--];
     s = s + u2 * p[i--];
     s = s + u3 * p[i--];
     s = s * f;
     f = f * v;
}
return s;
```

Der Code kann sehr gut für eine Ausführung mit SIMD-Befehlen transformiert werden, da keine konditionalen Sprünge berücksichtigt werden müssen. So können für eine Fläche immer vier Evaluationen parallel durchgeführt werden[1]. Weiterhin bestehen fast alle Rechenanweisungen aus multiply-add Befehlen, so dass Architekturen, die diesen Befehl unterstützen, davon profitieren können (PowerPC und zukünftige *SSE5* Prozessoren). Letztlich können durch manuelles Aufwickeln der Schleife einige weitere Befehle eingespart werden, wie beispielsweise die Multiplikation am Ende der ersten Iteration, da dort mit eins multipliziert wird.

Die partiellen Ableitungen lassen sich nach demselben Schema auswerten, wobei diese sich noch einfacher gestalten. So reduziert sich für die partielle Ableitung in u-Richtung Gleichung 7.2 auf

$$S_u(u,v) = [3u^2 \;\; 2u \;\; 1 \;\; 0][P][v^3 \;\; v^2 \;\; v \;\; 1]^T. \tag{7.4}$$

Analog dazu verhält sich $S_v(u,v)$. Werden dieselben Optimierungen angewendet wie bei der Punktevaluation, reduziert sich der Aufwand für jeweils eine partielle Ableitung

[1] Parallele Evaluationen auf NURBS-Flächen sind dagegen nur möglich, wenn die Parameterwertpaare im selben Knotenvektorintervall liegen

auf 33 Multiplikationen und 33 Additionen, da beispielsweise die letzte Komponente der $[U]$ Matrix bei der partiellen Ableitung in u Richtung 0 ist und somit eine Reihe von Operationen wegfällt.

7.3 Ergebnisse

Abbildung 7.1: *Links: Teapot mit einfachem Phong Shading. Mitte: Teapot mit OpenEXR-Environment Map und Reflexions-Shader. Rechts: Einfache Dreiecks-Version des Teapots ohne Normaleninterpolation.*

Einige Ergebnisse finden sich bereits in [Geimer und Abert 2005]. Aufgrund des Jahres der Publikation sind die dort erzielten Werte nicht mehr aktuell, mitunter auch auf Grund der Tatsache, dass diese auf der älteren *dream v2* Vorgängerversion von Augenblick basieren. Daher wurde die ursprüngliche Implementierung auch in Augenblick v5 integriert und der Code entsprechend auf die neue Umgebung angepasst. Weiterhin wurde ein *ORTLoader* für WRL-ähnliche Dateien als Plugin entwickelt, um einige der Szenen von [Benthin et al. 2004] zu Vergleichszwecken laden zu können.

So werden auf dem System MP2 bei der Teapot-Szene (Abbildung 7.3) mit einem einzelnen Thread 15.59 Bilder pro Sekunde erreicht, unter Verwendung von acht Threads dagegen 72.47 Bilder pro Sekunde. Zwar liegt somit der Beschleunigungsfaktor nur bei 4.64 und damit deutlich unterhalb des theoretisch möglichen Faktors acht, doch lässt sich dies, wie auch bei auf Dreiecken basierenden Szenen, mit der allgemein sehr hohen Bildwiederholrate erklären. Wird im Vergleich dazu dieselbe Szene mit einem Hintergrund sowie Reflexionen bei einer höheren Auflösung von 1024^2 berechnet, so steigt der Rechenaufwand pro Bild ebenso wie der Beschleunigungsfaktor durch mehrere Prozessoren (vgl. Tabelle 7.1).

Interessanterweise ist die Bézier Repräsentation nur wenig langsamer als die Dreiecksvariante. Für das Beispiel der höher aufgelösten Variante mit Reflexion und Environment

Shader	Typ	Geometrie-Elemente	Auflösung	Bilder/Sek. Threads 1 / 8
Phong	Bézier	32	512^2	15.59 / 72.47
Spiegel	Bézier	32	1024^2	1.52 / 9.83
Phong	Dreieck	6320	512^2	17.48 / 78.95
Spiegel	Dreieck	6320	1024^2	1.65 / 10.66
				Version: 5.0.1 r3608

Tabelle 7.1: *Tabelle der Berechnungszeiten für Bézier-Flächen im Vergleich mit einer Dreiecksrepräsentation. Die Tests wurden auf System MP2 durchgeführt.*

Szene	Schnittteste	Bilder/Sek. Threads 1 / 8	Zeit für alle Schnittteste	Zeit pro Schnitttest
Teapot	182420	12.37 / 70.79	0.0285 s	156.54 ns / 27.35 ns
Head	475484	6.60 / 44.12	0.0724 s	151.93 ns / 22.72 ns
				Version: 5.0.1 r3654

Tabelle 7.2: *Genaue Daten über den Bézier-Schnitttest. Gemessen auf System MP2*

Map ist die Dreiecks-Variante mit acht Threads lediglich 8.9% schneller. Zwar ist der Schnitt mit den Bézier-Flächen natürlich sehr viel teurer als mit Dreiecken, der geringe Unterschied in der Bildwiederholrate lässt sich aber dadurch erklären, dass sehr viel weniger Schnittteste benötigt werden. Hier greift dieselbe Argumentation wie bei den NURBS-Flächen.

Ein Vergleich zu der ursprünglichen Version in [GEIMER und ABERT 2005] konnte die Geschwindigkeit noch einmal geringfügig gesteigert werden. Die damals für die Teapot-Szene erreichten 9.1 Bilder/Sek. auf dem System PMD konnten um 30% auf 11.8 gesteigert werden. Dabei gilt allerdings zu beachten, dass die damalige Version darauf spezialisiert war, Bézier-Flächen zu verarbeiten, und keine weitere Geometrie verarbeiten konnte. Demgegenüber ist AUGENBLICK viel generischer und unterstützt beliebige Geometrie sowie beliebige Shader. Insofern ist dieser Geschwindigkeitszuwachs als besonders positiv zu bewerten.

7.4 Zusammenfassung und Ausblick

In diesem Abschnitt wurde die Erweiterung von AUGENBLICK um Bézier-Flächen auf der Grundlage der Arbeit von [GEIMER und ABERT 2005] vorgestellt. Bézier-Flächen zeigen sich als guter Kompromiss zwischen der Flexibilität von NURBS-Flächen und der performanten Verarbeitung von Dreiecken. Die Integration in AUGENBLICK gestaltet sich als sehr einfach, da lediglich die Evaluation neu implementiert werden muss und alle anderen Bestandteile bestehen bleiben können.

Zusammenfassend kann festgehalten werden, dass sich bikubische Bézier-Flächen für das direkte Ray Tracing durchaus eigenen und im Hinblick an Speichereffizienz in vielen Fällen sogar eine bessere Alternative zu einer Triangulation darstellen. Im Allgemeinen gelten alle genannten Vor- und Nachteile der NURBS-Flächen ebenfalls für die bikubischen Bézier-Flächen mit dem Unterschied, dass diese nicht so flexibel, dafür aber performanter sind.

Die im Rahmen dieser Arbeit vorgestellte Lösung ist auf *bikubische* Bézier-Flächen beschränkt. Während eine Unterstützung auch für niedrigere Gradkombinationen (z.b. 3×2) trivial ist, könnte eine weiterführende Untersuchung für Flächen höheren Grads interessant sein. Aufgrund der globalen Kontrolle ist zu erwarten, dass ab einem gewissen Grad die Verwendung von Bézier-Flächen nicht mehr vertretbar ist und eine entsprechende NURBS-Repräsentation derselben Fläche performanter wäre. Dennoch könnte eine Bestimmung lohnenswert sein, ab welchem Grad beispielsweise, Bézier-Flächen hinter die Effizienz von NURBS-Flächen zurückfallen. So könnte dann für jede Fläche eine optimale entsprechende Repräsentation gewählt werden, ohne das dies einen Verlust in der Qualität bedeuten würde.

8 Hybrides Ray Tracing

Better three hours too soon than a minute too late.

(William Shakespeare)

In Abschnitt 4.5.5 wurde ein *Execution State* vorgestellt, welcher die Leistung moderner Grafikhardware ausnutzt. Diese vollständige GPU-Ray Tracing Implementierung unterstützt allerdings ausschließlich Dreiecke, während NURBS-Flächen somit entsprechend tesselliert werden müssen. Der in Abschnitt 5.4 vorgestellte Algorithmus für den Schnitttest gegen NURBS-Flächen in Verbindung mit der Evaluation (Abschnitt 6.3) ist nicht besonders gut für eine Umsetzung auf einer *Streaming*-Architektur geeignet, da relativ viele zufällige Speicher-Lese- und -Schreib-Operationen benötigt werden. Die Frage ergibt sich, *ob es dennoch möglich ist, die Leistung der Grafikhardware entsprechend ihrer Fähigkeiten auch im Kontext des NURBS-Ray Tracing gewinnbringend einzusetzen.* Wenn auch mit CUDA (vgl. Abschnitt 4.5.5) nun erstmals eine direkte Umsetzung des Schnitttestes möglich sein könnte, so wird dennoch auf die klassische Fähigkeit der Grafikhardware vertraut - die Rasterisierung von Dreiecken. Durch einen hybriden Ansatz, in dem zunächst eine grobe Approximation der Szene durch Dreiecke rasterisiert wird, können die so erzielten Zwischenergebnisse Informationen liefern, die den exakten Schnitttest gegen die NURBS-Geometrie verbessern. Damit werden sowohl CPU als auch GPU optimal entsprechend ihren Fähigkeiten eingesetzt. Allerdings werden dafür zahlreiche Datentransfers zwischen dem Hauptspeicher und dem Speicher der Grafikkarte benötigt. Ob ein ausreichender Gewinn erzielt werden kann, so dass diese Kosten amortisiert werden, kann im Vorfeld nicht bestimmt werden. In diesem Kapitel wird gezeigt, dass unter bestimmten Rahmenbedingungen genau dies aber der Fall ist und somit ein hybrider Ansatz gewinnbringend eingesetzt werden kann.

Die Ergebnisse dieses Ansatzes wurden in einer eigenen Publikation veröffentlicht [ABERT et al. 2008].

8.1 Bisherige Arbeiten

In Abschnitt 3.1.2 wurden bereits eine Reihe von Arbeiten zum Thema des GPU-Ray Tracing vorgestellt. Daher werden diese Arbeiten [PURCELL et al. 2002, HORN et al. 2007, FOLEY und SUGERMAN 2005] hier nicht wiederholt. Ergänzend werden in diesem Abschnitt einige Arbeiten vorgestellt, welche speziell einen hybriden Ansatz verfolgen.

Neben den reinen GPU-Ray Tracing-Lösungen gab es eine Reihe von hybriden Ansätzen, d.h. eine Kombination sowohl auf CPU als auch auf GPU basierenden Techniken. Üblicherweise wird das Ray Tracing bei hybriden Ansätzen dadurch beschleunigt, dass die primäre Visibilität (die Schnittpunkte, die durch Kamera-Primärstrahlen berechnet worden wären) durch die Grafikhardware mittels Rasterisierung berechnet wird. Aufbauend darauf verfolgt ein Ray Tracer ggf. Reflexionen weiter und kann so Effekte berechnen, die üblicherweise von der Rasterisierung allein nicht hätten simuliert werden können. Eine solche Umsetzung wurde erstmals von Lamparter et al. [LAMPARTER et al. 1996], dann von Paik [PAIK 1999] veröffentlicht.

Im Jahr 2005 wurde von Beck et al. [BECK et al. 2005] ein hybrides Ray Tracing Framework vorgestellt, welches darauf abzielte, interaktive Bildwiederholraten für nicht triviale Szenen zu erreichen. In diesem Framework wird die GPU ihren Stärken entsprechend für die Berechnung der primären Visibilität mittels Rasterisierung und für Shadow Mapping und einfaches Phong Shading eingesetzt. Ray Tracing wird für Reflexionen und Brechungen benutzt. Um den Synchronisierungsaufwand gering zu halten, wurden ein Offset von einem Bild verwendet, dass heißt die GPU rasterisiert Bild n, während die CPU die Reflexionen etc. für Bild $n-1$ berechnet. Szenen, die größtenteils diffus sind, konnten so mit einer recht hohen Bildwiederholrate berechnet werden. Dies ist allerdings nicht weiter verwunderlich, da es sich in diesem Fall nahezu um reine Rastergrafik handelt. Für viele reflektierende oder brechende Materialien stieg der Anteil des Ray Tracing stark an und im gleichen Zuge nahm die Bildwiederholrate stark ab.

In diesem Kontext ist die Arbeit von Guthe et al. [GUTHE et al. 2004] erwähnenswert, obwohl es sich bei der Bildsynthese um reine Rasterisierung handelt. Mittels eines geschickten *out-of-core* Ansatzes gelingt es Guthe, komplexe NURBS Datensätze zur Laufzeit in hoher Qualität zu triangulieren und mittels üblicher Rasterisierungstechnik darzustellen. Jedoch werden für dieses Verfahren lange Vorverarbeitungszeiten benötigt, die für Modelle mit einigen zehntausend Flächen bereits mehr als zehn Minuten betragen. Darüber hinaus sind durch den vollständigen Verzicht auf Ray Tracing beliebige Reflexionen nicht simulierbar. Doch ist die perfekte Qualität der Reflexionen durch eine natürliche C_2 Stetigkeit gerade ein besonderer Vorteil bei der Verwendung von NURBS-Flächen, der bei diesem Ansatz nicht ausgenutzt wird.

Wie aus diesem Abschnitt heraus deutlich wird, hat bisher, nach aktuellem Kenntnisstand, niemand sich mit einer direkten Unterstützung von NURBS-Flächen im Kontext des *hybriden* Ray Tracing beschäftigt. Der in dem folgenden Abschnitt vorgestellte Ansatz zeigt, dass dies in bestimmten Anwendungsfällen aber durchaus möglich und sinnvoll sein kann.

8.2 Ansatz

In diesem Abschnitt wird der hybride Ansatz vorgestellt, der im Rahmen dieser Arbeit entwickelt wurde. Während ein hybrider CPU/GPU-Ansatz nicht neu ist, ist es die Kombination mit dem direkten NURBS-Ray Tracing dagegen schon. Im Vergleich zum üblichen dreiecksbasierendem Ray Tracing kann im Kontext der NURBS-Flächen der sehr viel teurere Schnittpunkttest gewinnbringend ausgenutzt werden. Denn Verfahren, die darauf abzielen, die Anzahl der Schnittteste gegen Dreiecke zu reduzieren, müssen sehr viele eliminieren, damit sich der zusätzliche Aufwand amortisieren kann. Der Mehraufwand, den eine Beschleunigungsdatenstruktur einführt, wird beispielsweise dadurch ausgeglichen, dass die Anzahl der Schnittteste auf einen Bruchteil der eigentlich nötigen reduziert wird. Dahingegen sind beispielsweise Techniken, welche Strahlen sortieren, um die Kohärenz zu erhöhen, meist nicht lohnenswert, da der Aufwand den Nutzen schnell übersteigt. Dies liegt daran, dass ein einzelner Schnitttest gegen ein Dreieck sehr simpel zu berechnen. NURBS-Flächen bieten mehr Potential für Optimierungsstrategien, da der Schnitttest sehr rechenintensiv ist.

Im Folgenden wird ein hybrides Verfahren zur Reduzierung der benötigten NURBS-Schnittteste in zwei unterschiedlichen Varianten vorgestellt: *ID-Processing* und *u/v-Processing*. Die erste Variante ist von der Grundidee her ähnlich zu [BECK et al. 2005] bezüglich der Schnittpunktbestimmung. Der zweite Ansatz ist spezifisch auf die Gegebenheiten der NURBS-Flächen zugeschnitten und kann somit zusätzlich auch die benötigten Iterationen bis zur Konvergenz reduzieren.

Für den von beiden Varianten benötigten Rasterisierungsschritt ist es erforderlich, die Repräsentation der Szene auch im Speicher der Grafikkarte vorzuhalten. Von daher wird zunächst nach dem Laden der Szene oder nach dem Hinzufügen neuer Geometrie eine triangulierte Repräsentation auf die GPU transferiert. Da NURBS als solche nicht von der Grafikhardware verarbeitet werden können, findet zunächst eine automatische Triangulierung statt. Die eigentlichen NURBS-Flächen bleiben im Hauptspeicher erhalten, da diese immer noch für einen späteren exakten Schnitttest benötigt werden. Da für die hier vorgestellten Hybrid-Verfahren keine besonders hohen Anforderungen an die Qualität der Triangulation gestellt werden (vgl. Abschnitt 8.3), reicht eine grobe, dafür aber schnelle Triangulierung vollkommen aus. Sollte während eines entsprechenden Vorverarbeitungsschrittes genügend Zeit vorhanden sein, so kann selbstverständlich auch ein beliebig komplexer Triangulierungsalgorithmus verwenden werden. Es gilt zu beachten, dass die auf diese Weise erzeugten Dreiecke lediglich zur Beschleunigung des Schnitttestes dienen und zu keinem Zeitpunkt dargestellt werden.

Abbildung 8.1: *Ausgabe der Rasterisierung: Der* color buffer *zeigt die 32-Bit langen Adressen als Farbwerte an.*

Während der Triangulierung werden für jeden erzeugten Eckpunkt zusätzlich die entsprechenden u/v-Parameter der NURBS-Fläche als Texturkoordiante abgespeichert, da diese später ggf. noch benötigt werden.

Die Bildgenerierung erfolgt nun in zwei Schritten:

1. Bildgenerierung der Dreiecksrepräsentation durch die Grafikhardware. Die Ergebnisse werden in zwei Buffer geschrieben, dem normalen *color-buffer*, sowie einem *auxiliary buffer*, welcher die interpolierten u/v-Parameterwerte der Eckpunkte speichert.
2. Nach dem Transfer der beiden Buffer in den Hauptspeicher fährt die CPU mit dem normalen Ray Tracing des gesamten Bildes unter Verwendung der Informationen eines oder beider Buffer fort, je nach gewähltem Verfahren.

Der *color buffer*, welcher üblicherweise einfach nur die Farbwerte des generierten Bildes speichert, erfüllt hier eine andere Funktion. An Stelle einer Materialfarbe werden die Dreiecke die aus den NURBS generiert wurden, mit der Farbe versehen, die dem Wert ihrer Adresse entsprechen. In der Annahme von 32-Bit langen Adresszeigern kann eine Speicheradresse genau auf eine für Grafikkarten übliche RGBA-Farbe abgebildet werden. Das so entstehende Bild ist beispielhaft in Abbildung 8.1 gezeigt. Zu beachten ist dabei, dass der Inhalt dieses Buffers lediglich für die weitere Berechnung verwendet, nicht aber angezeigt wird. Nach diesem Vorgang ist somit für jeden Pixel die Speicheradresse des getroffenen Dreiecks bekannt. Die Speicherung der 32-Bit langen Adressen in RGBA Farbwerten ist ebenfalls mit einer 64-Bit Architektur realisierbar. Solange 2^{32} Indizes ausreichen, um sämtliche Geometrie der Szene zu referenzieren, kann eine Basisadresse verwendet werden, auf die jeweils ein Offset addiert wird, während dieser

Abbildung 8.2: *Ausgabe der Rasterisierung: Der* auxiliary buffer *zeigt die interpolierten u/v-Koordinaten. Werte in parametrischer u-Richtung sind in rot angegeben, v-Werte in Grün im Bereich* $[0,1]$.

Offset an Stelle der eigentlichen Adresse in den *color buffer* eingetragen wird. Soll eine noch größere Szene dargestellt werden, muss die Adresse auf zwei 32-Bit Farbwerte aufgespalten und über zwei Buffer verteilt werden. Da letzteres allerdings auf Kosten der Ausführungsgeschwindigkeit geht, sollte die Szene im optimalen Fall weniger als 2^{32} Primitive enthalten. Diese Beschränkung ist unproblematisch, da die daraus unterstützte Anzahl von etwa 4 Milliarden Dreiecken ganz andere Probleme aufwerfen würde.

Nachdem nun der *color buffer* mit den Adressendaten und ggf. der *auxiliary buffer* mit den interpolierten u/v-Koordinaten gefüllt wurden, kann mit dem Ray Tracing-Prozess begonnen werden. Dazu werden, wie erwähnt, der *color buffer* und ggf. der *auxiliary buffer* in den Hauptspeicher zurück gelesen. Dort werden die Informationen benutzt, um den Schnitttest zu beschleunigen, je nach dem gewähltem Verfahren:

ID-Processing Für jedes Pixel ist durch den *color buffer* das getroffene Dreieck bekannt. Jedes dieser aus den NURBS-Flächen erzeugten Dreiecke speichert die Adresse der erzeugenden NURBS-Fläche, so ist ein eindeutiger Rückbezug möglich. Dies wiederum bedeutet, dass für jeden Pixel die Fläche, gegen die geschnitten werden muss, bekannt ist. So kann für jeden einzelnen zu verfolgenden Primärstrahl die Traversierung der kompletten Beschleunigungsdatenstruktur umgangen werden. Als Startwert für das Newton-Verfahren kann der Mittelwert der gespeicherten u/v-Parameterwerte der Dreiecksvertizes verwendet werden.

u/v-Processing Die Bildsynthese mittels u/v-Processing ist im Grunde dem *ID-Processing* ähnlich. Zusätzlich wird allerdings noch der *auxiliary buffer* gelesen, welcher die interpolierten Texturkoordinaten, also entsprechend die interpolierten u/v-Parameterpaare, enthält. Da diese Pixelweise zu dem *color buffer* und somit zu den jeweils zu schneidenden NURBS-Flächen korrespondieren, können diese Informationen als sehr gute Startwerte für das Newton-Verfahren genutzt werden.

8.3 Vorverarbeitung

Wie bereits erwähnt wurde, müssen vor der Bildgenerierung alle NURBS-Flächen der Szene trianguliert werden, damit diese von der Grafikhardware bearbeitet werden können. Wie bei einer herkömmlichen Triangulierung bedeutet eine feinere Auflösung einen höheren Speicherverbrauch und eine daraus resultierende höhere Genauigkeit. Eine zu grobe Triangulierung verbraucht zwar weniger Speicher, kann aber auch zu visuellen Artefakten führen. Da die Dreiecksrepräsentation nicht zur Darstellung, sondern nur zur Beschleunigung verwendet wird, ist das hier vorgestellte Verfahren etwas robuster gegenüber visuellen Artefakten. Dies bedeutet, dass eine vergleichsweise grobe Triangulierung bereits ausreichend ist, um den Schnitttest zu beschleunigen. Dennoch kann eine zu grobe Triangulierung auch hier zu Fehlern führen, da ggf. die Startwerte für das Newton-Verfahren zu ungenau werden. Darüber hinaus werden Silhouetten dadurch eventuell unzureichend erfasst (Dieses Problem wird in Abschnitt 8.4.3 behandelt).

Weiterhin werden vor der Bildsynthese alle Starrkörper durch OpenGL-Displaylisten beschrieben, welche die Eckpunkte der triangulierten Dreiecke sowie Farbwerte (d.h. Adressen) und Textur-Koordinaten (d.h. u/v Parameter) umfassen. Diese müssen lediglich aktualisiert werden, wenn die Geometrie selbst modifiziert wird. Die Farbwerte, die an die GPU übertragen werden, variieren je nach gewähltem Ansatz: Für *ID Processing* werden die Adressen der triangulierten Dreiecke, entsprechend Abbildung 8.1 als RGBA Farbwert verwendet. Für das $u/v-Processing$ werden die Adressen der NURBS-Flächen direkt gespeichert.

8.4 Laufzeit-Komponenten

In diesem Abschnitt werden die nötigen Schritte während der Bildgenerierung im Detail vorgestellt. Während der Schnitttest gegen die Geometrie prinzipiell unverändert bleibt, so unterscheiden sich die vorhergehenden Berechnungen teilweise deutlich.

8.4.1 Rasterisierung und Rücktransfer

Mit Hilfe der Rasterisierung der Szene durch die Grafikhardware können zwei Vorteile erreicht werden: Zum einen wird die Traversierung der Beschleunigungsdatenstruktur für Primärstrahlen umgangen und zum anderen wird pro Pixel maximal genau ein Schnitttest benötigt. Auf diese Weise kann eine große Anzahl an Schnitttesten gespart werden, wie in Abschnitt 8.5 dargelegt wird. So wird der Vorteil eines hybriden Ray Tracing-Ansatzes basierend auf NURBS-Daten gegenüber den herkömmlichen auf Dreiecken basierenden Ansätzen deutlich: Die Anzahl der vermiedenen Schnittteste unterscheidet sich bei beiden Verfahren nicht, aber jeder nicht ausgeführte Schnitttest gegen eine NURBS-Fläche ist auf Grund der viel höheren Kosten deutlich mehr wert.

Die Bildsynthese durch die Grafikhardware wird ohne große Abweichungen vom Standard-Verfahren durchgeführt. Für das *ID-Processing* kann sogar die normale *fixed function pipeline* verwendet werden, so dass keine besonders moderne Hardware benötigt wird. Falls die Fähigkeit vorhanden ist, wird die *Multiple Render Targets*-Erweiterung benutzt, die es ermöglicht, gleichzeitig in mehr als nur einen Buffer zu schreiben. So wird, wann immer dies möglich ist, in den *color buffer* und den bereits erwähnen *auxiliary buffer* geschrieben. Da dies Geschwindigkeit nicht merkbar beeinflusst, wird der *auxiliary buffer* geschrieben, auch wenn dieser nicht verwendet werden sollte (dieser wird nur für $u/v - Processing$ benötigt). Ebenso werden die Textur-Koordinaten unabhängig davon übergeben.

Die Informationen über die aktuelle Projektion sowie über die Kamera werden von AUGENBLICK an OpenGL übergeben, so dass diese exakt übereinstimmen, da eine genaue Überlagerung der Bilder zwingend erforderlich ist.

Nachdem alle zuvor erstellten Displaylisten durch die GPU bearbeitet wurden, ist ein Bild wie in Abbildung 8.1 oder zusätzlich entsprechend Abbildung 8.2 entstanden. Diese werden, wie erwähnt, nicht angezeigt, sondern lediglich in den Hauptspeicher transferiert. Damit der CPU-basierende Ray Tracer darauf optimal arbeiten kann, werden die Inhalte der Buffer direkt SIMD-freundlich in korrekt ausgerichtete Speicherbereiche kopiert.

8.4.2 Strahl-Fläche Schnittpunktberechnung

Nachdem der bzw. die Buffer in den Hauptspeicher transferiert wurden, kann die Erzeugung des Bildes durch das Ray Tracing beginnen. In Übereinstimmung mit der üblichen Funktionsweise von AUGENBLICK wird das Bild kachelweise unter Verwendung von mehreren Threads berechnet. Statt für jeden Pixel (bzw. vier Pixeln für SIMD) einen Primärstrahl durch die Szenenhierarchie zu verfolgen, finden nun die Daten des *color buffers* Verwendung. Wie in Abschnitt 8.4.1 erläutert, speichert der *color buffer* die Adressen von Dreiecken oder NURBS-Flächen in Abhängigkeit des gewählten Verfahrens.

Diese werden in Viererblöcken gelesen, so dass vier Adressen in einem SIMD-Vektor gehalten werden. Falls vorhanden, werden aus dem *auxiliary buffer* zusätzlich noch Informationen ausgelesen: Hier speichern die ersten 64-Bit den optimalen Startwert u/v für das Newton-Verfahren. Die anderen 64-Bit des SIMD-Vektors werden nicht benutzt. Die Ausrichtung der SIMD-Daten an durch 16 Byte teilbare Adressen macht das erforderlich. Ein etwaiger Aufwand zur Ausrichtung der Daten zur Laufzeit scheint hier weniger vorteilhaft, als eine geringe Menge an Speicher ungenutzt zu lassen. Der nächste Schritt ist nun abhängig von dem gewählten Verfahen.

ID-Processing Bisher wurden für das hybride Verfahren nur Dreiecke berücksichtigt, die durch die Triangulation von NURBS-Flächen erzeugt werden. Natürlich ist es auch möglich, die Szene mit normalen Dreiecken zu erweitern. Wichtig ist dabei, diese beiden Dreieckstypen nicht gleich zu behandeln, da die aus der Triangulation hervorgegangenen Dreiecke selbst nicht geschnitten werden, sondern nur virtuelle Geometrie darstellen. Dank polymorpher Funktionen wird ein Aufruf der `intersect` Methode tatsächlich einen Schnittpunkt gegen die NURBS-Fläche einleiten, aus dem das Dreieck erzeugt wurde. Zu diesem Zweck speichert ein jedes Dreieck dieser Art, wie erwähnt, die Adresse der erzeugenden Fläche sowie die entsprechenden u/v-Parameterwerte für jeden Eckpunkt.

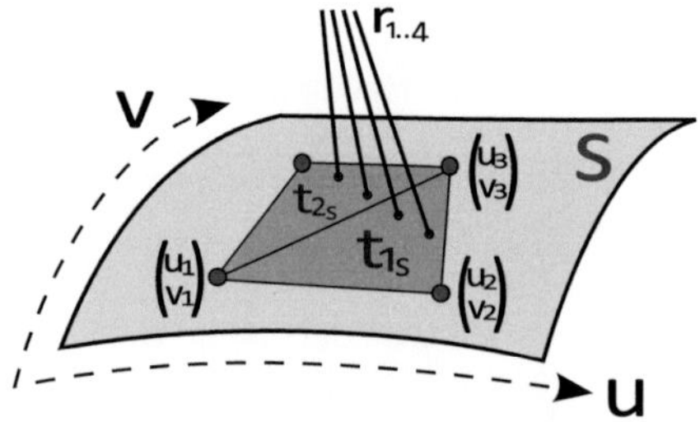

Abbildung 8.3: *Die Dreiecke t_{is} wurden durch die Triangulierung der Fläche S erzeugt. u/v Koordinaten werden für jeden Eckpunkt abgespeichert. Ein Strahlpaket $r_{1..4}$ trifft beide Dreiecke, wobei die anschließend ausgeführten Schnittteste sich auf dieselbe Fläche beziehen, also parallel ausgeführt werden können.*

Wird nun der *color buffer* verarbeitet, so wird für jede ausgelesene Adresse ein Schnitttest eingeleitet. Handelt es sich bei dem referenzierten Dreieck um ein gewöhnliches, so wird auch ein gewöhnlicher Schnitttest gegen dieses Dreieck durchgeführt. Wird allerdings eines der virtuellen Dreiecke getroffen, so wird aus den Eckpunkt-Koordinaten ein Startwert für das Newton Verfahren errechnet und für die entsprechende NURBS-Fläche dann der Schnittpunkttest ausgeführt (siehe Abbildung 8.3). Die SIMD-Einheit kann effektiv ausgenutzt werden, falls die referenzierten Adressen identisch sind, so dass solche Tests parallel ausgeführt werden können. Dies ist häufig der Fall, solange die Triangulation nicht zu fein durchgeführt wurde bzw. die verwendeten NURBS-Flächen nicht zu klein in ihrer räumlichen Ausdehnung sind.

***u/v*-Processing** Der *color buffer* kann in diesem Fall unmittelbar verwendet werden, da, wie bereits erwähnt, die Adressen der NURBS-Flächen direkt gespeichert werden. Für jedes Pixel des *color buffers* wird allerdings zusätzlich das zugehörige Parameterwertepaar aus dem *auxiliary buffer* ausgelesen, da dieser die bereits korrekt interpolierten Startwerte für das Newton-Verfahren enthält. Durch einen solchen Startwert, der üblicherweise näher an dem tatsächlichen Schnittpunkt liegt, reduziert sich gegebenenfalls die Anzahl der nötigen Iteration, was in letzter Konsequenz die erforderliche Zeit für einen Schnitttest reduziert. Leider zeigen die Ergebnisse in 8.5, dass der Aufwand für den zusätzlichen Datentransfer des *auxiliary buffer* die gewonnene Zeit mehr als aufbraucht.

Schnitttest durchführen Nachdem mit Hilfe des entsprechenden Verfahrens die zu schneidenden Geometrien festgestellt wurden und die Startwerte bestimmt wurden, kann der eigentliche Schnitttest durchgeführt werden. Dieser unterscheidet sich letztlich nicht von dem zuvor vorgestellten, gewöhnlichen Verfahren - es wird für normale Dreiecke nach wie vor der Algorithmus von Möller et al. [MÖLLER und TRUMBORE 1997] eingesetzt, während für die NURBS-Flächen der in 5.4 beschriebene Schnitttest durchgeführt wird.

8.4.3 Fehlerbehandlung

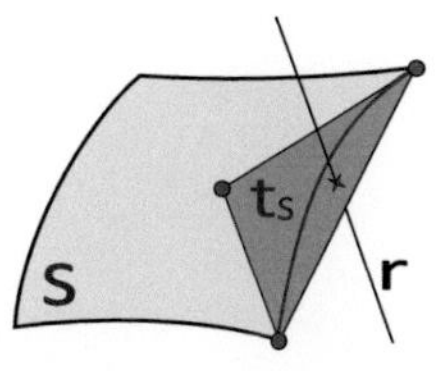

Abbildung 8.4: *Fehler durch Approximation: Ein Primärstrahl trifft das Dreieck t_s, allerdings nicht die erzeugende NURBS-Fläche S.*

Natürlich kann durch die Diskretisierung, d.h. durch die Annäherung der NURBS-Fläche durch lineare Teilsegmente, ein Fehler entstehen. Dieser kann je nach Art mehr oder weniger schwierig bzw. aufwändig zu beheben oder auch zu vermeiden sein. Eine grobe Triangulierung innerhalb einer Fläche ist eher weniger gravierend, da lediglich die Startwerte durch die Interpolation zwischen den Eckpunkten der Dreiecke etwas ungenauer werden. Hingegen ist eine unzureichende Triangulierung an den Silhouetten auffälliger, da dort schnell Fehler auftreten können, wie in Abbildung 8.4 dargestellt. Ein Strahl, der die ursprüngliche Fläche nicht treffen würde, wird von dem Dreieck geschnitten, welches durch eine grobe Triangulierung eine größere Fläche im Raum abdeckt. Entsprechend Abschnitt 8.4.2 würde so der Schnitttest gegen die falsche Fläche gestartet werden. Das Newton-Verfahren wird allerdings in einer Divergenz resultieren, so dass kein falscher Treffer registriert wird. Problematisch ist dies erst, wenn sich an dieser Stelle in größerer Entfernung zur Kamera eine andere Fläche oder auch ein normales Dreieck befände. Auf Grund des verwendeten *z-Buffers* der Hardware liefert der *color buffer* nur die Information über die vorderste Geometrie; somit kann die dahinter liegende nicht berücksichtigt werden. Dieses Problem wird dadurch gelöst, dass immer genau dann, wenn der *color buffer* einen Schnittpunkttest veranlasst (also eine Adresse an einem Pixel eingetragen ist) und das Newton-Verfahren eine Divergenz anzeigt, an dieser Stelle eine normale Strahlverfolgung (inklusive der Hierarchietraversierung) durchgeführt wird. So führen diese Art von Fehlern zu keinen sichtbaren Artefakten, sondern lediglich zu einer geringfügigen Verringerung der Geschwindigkeit, da nur eine geringe Anzahl an Pixeln überhaupt betroffen ist.

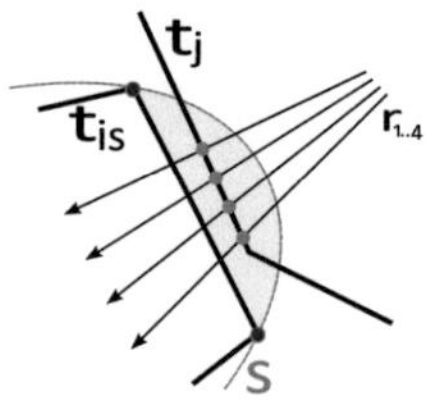

Abbildung 8.5: *Die Strahlen r treffen das Dreiecke t_j, obwohl die Fläche S getroffen werden sollte. Durch unzureichende Tessellierung können die Dreiecke t_i aus der aktuellen Strahlrichtung nicht erreicht werden.*

Ein weiteres Problem kann bei Geometrien auftreten, die zum einen räumlich sehr nah beieinander liegen und zum anderen zu grob tesselliert wurden. Abbildung 8.5 verdeutlicht den Sachverhalt. Dieses Artefakt ist visuell sichtbar und kann nicht einfach abgefangen werden. Im Rahmen dieser Arbeit wurde auf eine explizite Lösung verzichtet, da dieser Fehler nur bei sehr groben Tessellierungen auftritt. Es wäre aber durchaus denkbar, im Vorfeld zu testen, ob sich andere Geometrie in der nähren Umgebung von einer Fläche befindet, um im positiven Fall die Tessellierung an dieser Stelle zu verfeinern. Eine Prüfung zur Laufzeit hingegen scheint nicht sinnvoll, da der Aufwand schnell die Kosten für eine vollständige konventionelle Verfolgung übersteigen würde.

8.5 Ergebnisse

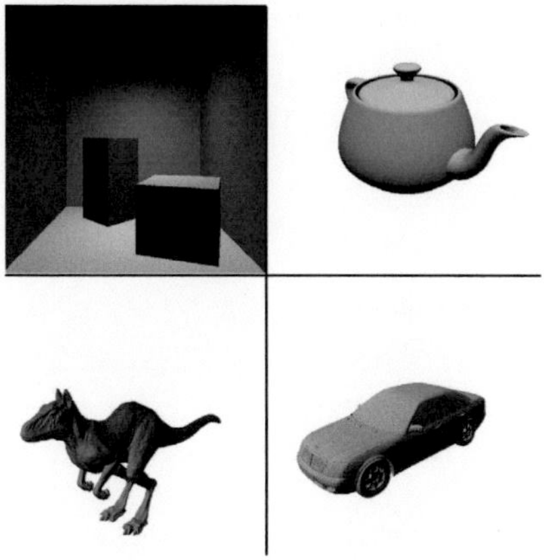

Abbildung 8.6: *Die Testszenen von links nach rechts und oben nach unten: Cornell Box, Teapot, Killeroo und Mercedes. Die Bilder wurden unter Verwendung des Hybrid-Ray Tracing-Ansatzes berechnet.*

Die in diesem Abschnitt vorgestellten Ergebnisse basieren auf Version 4 von AUGENBLICK, da bis zur Fertigstellung dieser Arbeit die hybride Bildsynthese noch nicht in Version 5 integriert wurde. Da die Leistungsfähigkeit der neuen Version generell höher ist, würde auch das hybride Ray Tracing davon profitieren. Für die Implementierung der Shader wurde GLSL als Shader-Hochsprache verwendet. OpenGL wurde hier der Vorzug gegenüber DirectX gegeben, um die Plattformunabhängigkeit zu erhalten.

Tabelle 8.1 zeigt exemplarisch die erzielten Ergebnisse für einige Testszenen, welche auch in Abbildung 8.6 dargestellt sind.

Einzelner Thread Der Vergleich der Standard-Variante mit dem hybriden Ray Tracing mit jeweils einem Thread ist besonders interessant. Hier kann sich das hybride Ray Tracing in jedem Fall mit Bezug auf die erzielte Leistung abheben. Ein Geschwindigkeitszuwachs von bis zu beinahe Faktor zwei kann in diesem Fall erzielt werden. Es zeichnet sich ab, dass je komplexer die Szene ist, desto effizienter das hybride Ray Tracing im Vergleich zur Standard-Variante ausfällt. Dies lässt sich damit begründen, dass die Kosten für den Rücktransfer der Daten aus dem GPU- in den Hauptspeicher recht hoch sind und somit für einfache Szenen, wie der Cornell-Box, sich der Mehraufwand nur

Statistiken	Easy	Cornell	Teapot	Killeroo	Mercedes
NURBS-Flächen	1	18	32	90	1212
Dreiecke	112	576	16 792	170 712	1 389 582
Abdeckung des Fensters	27%	100%	21%	14%	18%
Bounding Volumes	81	445	13 018	131 006	1 012 680
Anzahl Schnitttests (Standard)	33 800	92 239	64 186	89 121	165 551
Anzahl Schnitttests (Hybrid)	27 317	69 006	28 342	32 750	48 972
Bilder/Sekunde					
Standard, 1 thread	7.2	3.1	5.2	3.3	2.1
Standard, 8 threads	45.2	22.2	34.2	22.4	15.1
Hybrid, 1 thread	7.9	4.0	8.0	5.9	4.1
Hybrid, 8 threads, *ID*-Processing	42.9	25.5	41.7	30.8	14.3
Hybrid, 8 threads, *u/v*-Processing	27.5	19.5	25.5	22.1	12.0
					Version: 4.6 r2636

Tabelle 8.1: *Tabelle der Berechnungszeiten. Die Tests wurden auf System MP1 durchgeführt.*

noch wenig lohnt. Hingegen spielt bei komplexen Szenen, wo die Bildfrequenz deutlich niedriger ist, dieser Mehraufwand eine weniger gewichtige Rolle; die Reduzierung der Anzahl der Schnitttests kommen eher zur Geltung. Begrenzt wird dies aber wiederum durch zu komplexe Szenen, da in diesem Fall die Kosten der Rasterisierung zu stark anwachsen.

Multiple Threads Ebenfalls interessant ist der Vergleich von mehreren Threads. Hier zeigt sich, dass der Vorteil des hybriden Ray Tracing sinkt oder sogar im Fall der einfachen Szenen sich in das Gegenteil verkehrt. Während für die Killeroo-Szene noch eine Beschleunigung um bis zu 37% festgestellt werden kann, so sinkt die Geschwindigkeit um etwa 5% sowohl für die Mercedes- als auch die Cornell-Szene. Im letzten Fall wird dies durch die hohe Anzahl an Speichertransfers zum Hauptspeicher verursacht (mehr als 40 mal pro Sekunde). Für das Mercedes-Modells kann dies dagegen damit begründet werden, dass der Rasterisierungsaufwand zu hoch wird. Zwar besteht die Szene nur aus 1.3 Millionen Dreiecken, doch bei 15.1 Bildern/Sekunde entspricht dies annähernd 20 Millionen Dreiecken. Auch dies ist keine besonders große Menge im Verhältnis zu den Leistungen aktueller Grafikkarten, doch reduzieren auch hier die Datentransfers von und zur Grafikkarte die Leistungsfähigkeit bereits beträchtlich, so dass diese „geringen" Mengen an Dreiecken sich in der Bildwiederholrate bemerkbar machen.

ID- gegen u/v-Processing Wie der Vergleich von *ID* gegen u/v-processing deutlich zeigt, ist die Verwendung eines zusätzlichen Buffers für die Startwertermittlung auf einen ersten Blick nicht sinnvoll. Die Geschwindigkeit sinkt am deutlichsten bei simplen

Szenen bis auf ca. 65% und am wenigsten bei komplexen Szenen auf etwa 85%. Dieser Verlust ist allein durch den zusätzlichen Transfer eines weiteren Buffers begründet, da wie Tabelle 8.1 zeigt, die Anzahl der durchgeführten Schritte des Newton-Verfahrens deutlich durch bessere Startwerte reduziert werden kann. Der Transfer des *auxiliary buffers* ist sehr viel aufwändiger da es sich im Gegensatz zum *color buffer* um eine Fließkomma-Textur handelt. Zwar könnte hier auch eine Textur verwendet werden, die nur 16-Bit breite *floating point*-Werte speichert, da wie in Abschnitt 8.4.2 erläutert, nur die Hälfte der Textur tatsächlich gefüllt ist. Dennoch würde dies eine erneute Ausrichtung der Daten zur Laufzeit erfordern, da so die Ausrichtung an den durch 16 Byte teilbaren Adressen nicht mehr gewährleistet ist. Dennoch könnte sich dieser Mehraufwand ggf. lohnen um die Transferzeiten des *auxiliary buffers* zu halbieren. Auf eine Umsetzung im Rahmen dieser Arbeit wurde verzichtet, da mit Hinblick auf die Ergebnisse in Tabelle 8.1 es unwahrscheinlich erscheint eine ausreichende Verbesserung damit erzielen zu können.

Abbildung 8.7: *Die benötigte Zeit pro Strahlpaket aufgetragen im Graukanal, d.h. je dunkler je länger hat die Berechnung des Pixels benötigt. Links: Standard NURBS-Ray Tracing. Rechts: Hybrid-Ray Tracing. Zu beachten ist, dass die Zeit zur Bildgenerierung für den hybriden Fall nahezu konstant ist.*

Reduktion der Anzahl der Schnittteste Zuvor wurde argumentiert, dass durch Verwendung des *z-Buffers* es möglich wird für jeden Pixel nur einen einzigen Schnitttest, mit Ausnahme der Problemfälle durchführen zu müssen, welche in 8.4.3 beschrieben wurden. Abbildung 8.7 bestätigt diese Behauptung. Die Zeit, die pro Strahlpaket zur Berechnung benötigt wird, schwankt im üblichen Ansatz stark, je nachdem welche Stelle des Objektes getroffen wurde und ggf. wie viele Schnittteste durchgeführt werden müssen. Durch die Verwendung des *z-Buffers* reicht zumeist ein einziger Test aus. Lediglich an Kanten zwischen Flächen kann es durch die Überlappung der entsprechenden *Bounding Boxen* vorkommen, so dass zwei Tests für ein Strahlpaket durchgeführt werden müssen.

8.6 Zusammenfassung und Ausblick

Es wurde ein hybrides Ray Tracing-Verfahren vorgestellt, das bekannte Techniken nutzt um erstmalig das Ray Tracing von NURBS-Flächen zu beschleunigen. Es konnte gezeigt werden, dass insbesondere für Szenen mittlerer Komplexität eine Beschleunigung um mindesten 30% erreicht werden kann. Besonders vorteilhaft ist der Einsatz dieses Verfahrens bei relativ schwachen Prozessoren in Kombination mit vergleichsweise leistungsfähigen Grafikkarten. Weiterhin konnte gezeigt werden, dass die Interpolation von u/v-Parameterwerten zwar eine verbesserte Konvergenz des Newton-Verfahrens zur Folge hat, aber sich insgesamt derzeit nicht rentiert, da der zusätzliche Transfer eines weiteren Buffers sich nicht amortisiert. Es kann festgestellt werden, dass für beide Varianten des Verfahrens der Transfer aus dem Grafikkarten- in den Hauptspeicher die aufwändigste Operation ist. Hier bleibt zu hoffen, dass die Hardware in der Zukunft so weit verbessert wird, dass dieser Nachteil reduziert wird oder gar ganz entfällt.

Eine weitere Optimierungsmöglichkeit könnte darin bestehen, die Texturen zu komprimieren, um die Kosten für den Transfer zu reduzieren. Dies könnte insbesondere für große Bildauflösungen, beispielsweise volles High-Definition mit $1920 \cdot 1080$ Pixeln, gewinnbringend sein. Dabei gilt allerdings zu beachten, dass der *color buffer* nicht verlustbehaftet komprimiert werden darf, da sonst falsche Adressen ermittelt werden. Für den *auxiliary buffer* gilt diese Einschränkung hingegen nicht. In diesem Kontext wäre weiterhin zu untersuchen, wie sich unterschiedliche Bildschirmauflösungen generell auf die Leistung auswirken. Zum einen nehmen zwar die Kosten für den Transfer zu, zum anderen aber nimmt durch das Ray Tracing die Bildwiederholrate ab. Somit müssen insgesamt weniger häufig Daten zwischen der GPU und dem Hauptspeicher ausgetauscht werden und der Mehraufwand für den Rasterisierungsschritt kann sich eher amortisieren.

Der Rücktransfer könnte auch umgangen werden, wenn der vollständige Ray Tracing-Prozess auf der Grafikhardware berechnet würde. Die Daten müssten so nicht wieder im Hauptspeicher transferiert werden, sondern könnten direkt zur Anzeige gebracht werden. In Verbindung mit dem in Abschnitt 4.5.5 vorgestellten Ray Tracing-Modul ist es eine interessante Frage, ob sich der komplexere NURBS-Schnitttest effizient auf die Grafikhardware portieren lässt.

Teil III

Globale Beleuchtung

9 Grundlagen der globalen Beleuchtung

I think it is safe to say that no one understands Quantum Mechanics.

(Richard Feynmann)

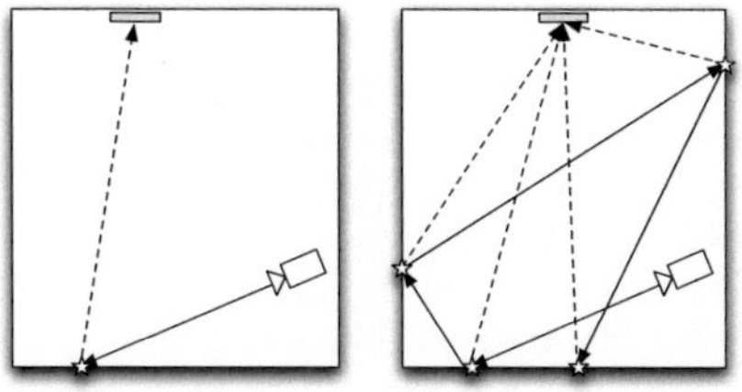

Abbildung 9.1: *Links: Klassisches, lokales Ray Tracing. Rechts: Globale Beleuchtung (hier durch Path Tracing - vgl. Abschnitt 9.2.2) - es werden mehrere diffuse Reflexionen berücksichtigt. Die gestrichelten Linien stellen einen Schattenfühler dar.*

Im Kontext der Bildsynthese bezeichnet der Begriff *globale Beleuchtung* die (annähernd) vollständige Simulation von der Ausbreitung des Lichts für eine gegebene 3D-Szene. Im Gegensatz zum klassischen Ray Tracing wird dabei nicht nur *eine einzige* Reflexion auf diffusen Oberflächen berücksichtigt, sondern prinzipiell *beliebig viele*, wie in Abbildung 9.1 exemplarisch gezeigt wird.

In diesem Kapitel werden die Grundlagen für die Algorithmen der globalen Beleuchtungssimulation erläutert. Nach einer einführenden Motivation für die Notwendigkeit (Abschnitt 9.1) werden in Abschnitt 9.2 verschiedene existierende Algorithmen vorgestellt. In Abschnitt 9.3 werden die Halton-Sequenzen, die insbesondere für die dynamische globale Beleuchtung wichtig sind, vorgestellt. Abschließend wird in Abschnitt 9.4 eine Zusammenfassung gegeben.

9.1 Motivation

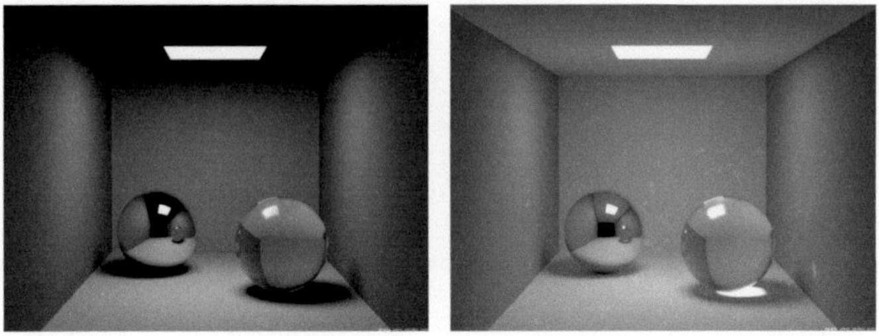

Abbildung 9.2: *Links: Direkte Beleuchtung nach klassischem Ray Tracing. Rechts: Globale Beleuchtung durch Path Tracing. Entnommen aus [*JENSEN *2001].*

Klassisches *Whitted*-Ray Tracing kann, wie zuvor erwähnt, nur die Lichtpfade $LD^?S^*E$ berücksichtigen. Für eine realistische Beleuchtung ist dies nicht ausreichend, da Licht in der realen Welt auch mehr als eine diffuse Reflexion zurücklegen kann, bevor es auf ein Empfängersystem trifft. Wünschenswert wäre es also, auch Pfade der Form $L(D|S)^*E$ berechnen zu können. Abbildung 9.2 stellt die direkte Beleuchtung, wie sie beim klassischem Ray Tracing berechnet wird, sowie die globale Beleuchtung in einen direkten Vergleich miteinander. Durch die indirekte Beleuchtung ist die Decke nicht länger schwarz, die Wände strahlen in ihrer Farbe wieder in den Raum ab (so genanntes *color bleeding*) und unter der Glaskugel bildet sich eine Kaustik.

Während für Produktvisualisierungen die Qualität der globalen Beleuchtungssimulation oftmals eher eine ästhetische Bedeutung hat, so ist für andere Anwendungen eine physikalisch korrekte Lösung unerlässlich. Sollen beispielsweise an einem digitalen Prototypen so genannte *Design Review* Entscheidungen getroffen werden, dürfen sich die Fehler in der Simulation nur in einem extrem kleinen Rahmen bewegen. Ohne die diffuse Interreflexionen von Licht bei einer Simulation zu berücksichtigen, sind solche Anforderungen nicht annähernd zu erreichen, da in der Realität praktisch keine Szenarien existieren, bei denen das direkte Licht die alleinige Beleuchtung darstellt. Die Fähigkeit zur Simulation der globalen Beleuchtung, also des indirekten Lichts, ist in den letzen Jahren zu einem gewohnten Leistungsmerkmal von nahezu allen Bildsynthese-Systemen geworden. Üblicherweise beanspruchen solche Simulationen allerdings einen erheblichen Rechenaufwand, so dass die Berechnungszeiten alleine für das indirekte Licht schnell in einen mehrminütigen Bereich fallen.

Die Fragestellung die sich an dieser Stelle ergibt, ist dabei natürlich nicht, ob und wie es möglich ist, die globale Beleuchtung zu berechnen. Die Frage ist, *ob es mit heute verfügbarer Hardware bereits möglich ist, die Vorteile des Echtzeit Ray Tracing zu nutzen, um die Berechnung der globalen Beleuchtung derart zu beschleunigen, dass die Darstellungsgeschwindigkeit zumindest interaktiv bleibt, ohne die Qualität maßgeblich zu beeinträchtigen.*

9.2 Algorithmen der globalen Beleuchtung

In diesem Abschnitt werden kurz die bekanntesten und wichtigsten Algorithmen zur Berechnung der globalen Beleuchtung vorgestellt. Beginnend mit dem Monte Carlo Ray Tracing in Abschnitt 9.2.1, werden in Abschnitt 9.2.2 die Path Tracing Erweiterung und in Abschnitt 9.2.3 das Photon Mapping erläutert, während abschließend in Abschnitt 9.2.4 das Radiosity-Verfahren der Vollständigkeit halber vorgestellt wird.

9.2.1 Monte Carlo Ray Tracing

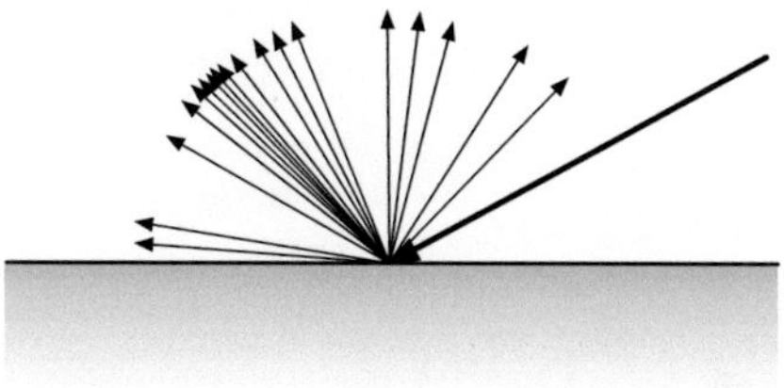

Abbildung 9.3: *Diffuse Reflexion eines auftreffenden Strahls (dick) nach der Monte Carlo-Methode: Es werden N Strahlen zufällig, nach Maßgabe der jeweiligen BRDF (Abschnitt 2.2.3), weiterverfolgt. Je nach Rekursionstiefe geschieht selbiges wiederum mit jedem Strahl, der auf diese Art und Weise reflektiert wurde.*

Offensichtlich ist die Berücksichtigung nur einer einzelnen diffusen Reflexion weder ausreichend, noch ist dies physikalisch annähernd plausibel. Bei einer näheren Betrachtung der Rendering Equation (Gleichung 2.12) wird offensichtlich, dass zu jedem infinitesimalen Flächenelement dA_e die Beleuchtungsstärke des gesamten vorderen Halbraums bestimmt werden muss. Im Sinne des Ray Tracing würde das bedeuten, dass für jeden Schnittpunkt eines primären Strahls mit der Szene, über den gesamten vorderen Halbraum integriert werden müsste. Da dieses Integral im allgemeinen Fall analytisch nicht gelöst werden kann, wird es an dieser Stelle oftmals nur zufällig abgetastet. Die Schwierigkeit liegt mitunter in der Wahl einer guten Dichte, mit der dieses Integral abgetastet werden soll. Würde allein jeder Schnittpunkt mit tausend weiteren Strahlen abgetastet werden, so entsteht daraus ein enormer Rechenaufwand, gerade unter Berücksichtigung der Tatsache, dass dieses Verfahren auch auf die derart bestimmten sekundären Schnittpunkte weiter rekursiv angewendet werden muss.

Die Monte Carlo Methode In der Mathematik ist unter dem Namen „Monte Carlo Integration" (siehe Gleichung 9.1) [METROPOLIS und ULAM 1949] ein Verfahren bekannt, das durch (Quasi-)Zufallszahlen ein bestimmtes Integral annähert.

$$\int_a^b f(x)dx \approx \frac{1}{N}\sum_{i=1}^{N}\frac{f(x_i)}{p(x_i)} \tag{9.1}$$

Dabei bezeichnet $f(x)$ die Funktion, über die das bestimmte Integral von a bis b zu bestimmen ist. N gibt die Anzahl der Stichproben an, x_i ist eine Zufallszahl aus dem Intervall $[a, b]$ und $p(x)$ eine Dichtefunktion. Die Wahl von $p(x)$ ist prinzipiell beliebig, solange die Eigenschaften einer Dichtefunktion erfüllt sind. Die Wahl wirkt sich dabei nur auf die Konvergenzgeschwindigkeit aus. Zuweilen ist die Gleichung auch ohne die explizite Angabe einer Dichte zu finden. In dem Fall wird diese allerdings als konstant mit dem Wert $\frac{1}{b-a}$ angenommen, d.h. die Stichproben werden gleich gewichtet.

Die Varianz der Monte Carlo Integration ist gegeben durch $\sigma \approx \sqrt{N}^{-1}$, d.h. eine Halbierung des Fehlers erfordert eine Vervierfachung der Anzahl der Stichproben.

Ray Tracing unter Verwendung der Monte Carlo Integration Die Monte Carlo Integration kann verwendet werden, um an einem bestimmten Punkt die Beleuchtungsstärke E_i abzuschätzen, indem eine gewisse Anzahl an Stichproben den vorderen Halbraum an dieser Stelle abtastet. Problematisch ist dabei allein die große Anzahl der zu verwendenden Strahlen, da eine nicht ausreichende Menge an Stichproben unweigerlich zu einer starken Varianz der Lösung führt, die sich in Form von Rauschen im Bild bemerkbar macht. Erstmalig wurde diese Idee bereits 1983 umgesetzt [TREGENZA 1983].

Wie gravierend der Aufwand in der Berechnung einer solchen Lösung tatsächlich ist, soll folgendes Beispiel veranschaulichen: Angenommen wird eine vollständig geschlossene Umgebung (beispielsweise das Innere eines Würfels), die bei einer Bildauflösung von 512^2 Pixeln visualisiert wird. Klassisches Ray Tracing erfordert in diesem Falle die Berechnung von 262 144 (Primär-)Strahlen. In der Annahme, dass drei diffuse Reflexionen ausreichend genau seien (d.h. zwei diffuse Interreflexionen), ebenso wie eintausend Stichproben pro Integration, benötigt das Ray Tracing des Bilds mittels Monte Carlo Integration demnach $512^2 * 1000^2 = 262\,144\,000\,000$ Strahlen. Zwar ist dieses Beispiel äußerst synthetisch, aber durchaus nicht unrealistisch. In einer realen Szene wäre die Anzahl der Strahlen allein für das klassische Ray Tracing durch die Verwendung einer höheren Bildauflösung, spiegelnden und refraktierenden Materialen, weichen Schatten und ähnlichem schon sehr viel höher. Der Mehraufwandsfaktor von etwa einer Million bleibt dabei bestehen. In Abhängigkeit der Szene oder Qualitätsanforderungen mögen sich eintausend Stichproben auch durchaus als zu wenig erweisen. Zwar kann mit einer beliebigen Erhöhung der Parameter für die Abtastdichte eine beliebig realistische Lösung erzwungen werden, doch unglücklicherweise erfordert, wie erwähnt, eine Halbierung des Fehlers eine Vervierfachung der Strahlen. Somit lässt sich viel zu leicht ein Szenario erzeugen, welches Tage oder gar Monate für eine direkte Berechnung benötigen würde.

Samplingstrategien Monte Carlo basierende Ansätze können in ihrer Varianz reduziert werden, indem Samples intelligent gewählt werden. Eine dieser Möglichkeiten ist das *Importance Sampling*. Bei dieser Sampling-Strategie wird, wie bereits in Abbildung 9.3 angedeutet, eine größere Anzahl von Strahlen in eine Richtung versendet, die eine größere Wahrscheinlichkeit aufweist (entsprechend einen hohen Wert an der Dichte $p(x)$ hat). Konkret bedeutet dies, dass die Dichte $p(x)$ in Gleichung 9.1 entsprechend genau so gewählt wird, dass $f(x)$ möglichst gut approximiert wird. Im Fall des Samplings einer Richtung auf einer Oberfläche ist es demnach vorteilhaft, $p(x)$ so zu wählen, dass die Funktion der BRDF bzw. der entsprechenden Annäherung der BRDF entspricht. Da der Reflexionsgrad, welcher sich aus der BRDF ergibt, im Intervall $[0, 1[$ liegt und das Integral über $p(x)$ genau eins betragen muss, ist in den meisten Fällen eine Skalierung der BRDF erforderlich. Wird hingegen eine Lichtquelle abgetastet, so ist offensichtlich die Dichte entsprechend der LVK des Strahlers zu wählen.

Darüber hinaus müssen im Laufe der Strahlverfolgung Lichtquellen getroffen werden, damit die resultierenden Bilder nicht schwarz bleiben. Gerade die idealisierten Punktlichtquellen stellen dabei ein Problem dar, da es nicht möglich ist, diese zu treffen. Eine Lösung für dieses Problem und gleichzeitig eine deutliche Verbesserung für alle flächigen Lichtquellen ist das so genannte *Stratified Sampling*. Dabei wird bei jeder diffusen Reflexion die Richtung, aus der das direkte Licht eingestrahlt wird, extra abgetastet. Dies hat allerdings zur Konsequenz, dass der zufällig generierte Strahl nicht genau in dieses Stratum geschickt werden darf, da die Lichtquelle ansonsten doppelt abgetastet werden würde. Gelöst wird dieses Problem über *Rejection Sampling*. Ein erzeugter Strahl wird dahingehend überprüft, ob er in mindestens ein Lichtquellen-Stratum fällt. Ist dies der Fall, wird der Strahl verworfen und ein Neuer wird generiert.

Zusammenfassung und Bewertung Durch den enormen Aufwand wird rasch deutlich, dass sich auf Monte Carlo basierendes Ray Tracing in der hier vorgestellten Form in den allermeisten Fällen nicht effektiv einsetzen lässt. Der folgende Abschnitt 9.2.2 beschreibt das Path Tracing, eine Erweiterung, die auf der Idee des Monte Carlo Ray Tracing basiert, dabei aber die Anzahl der zu berechnenden Strahlen erheblich reduziert und somit sehr viel schneller Bilder gleicher Qualität und Korrektheit liefern kann.

9.2.2 Path Tracing

Der Path Tracing-Algorithmus ist eine Erweiterung des zuvor erläuterten Monte Carlo-Ray Tracing. Es ist in der Mächtigkeit mit diesem gleichzusetzen, arbeitet allerdings wesentlich effizienter, da Lichtpfade, die viel Informationen zum Endergebnis beitragen, mit einer höheren Wahrscheinlichkeit verfolgt werden als Strahlen, die nur einen geringen Beitrag liefern.

Der Path Tracing Algorithmus Path Tracing folgt der gleichen Grundidee wie das Monte Carlo-Ray Tracing mit zwei grundlegenden Änderungen. Anstelle eines einziges Strahls wird durch jedes Element der Bildebene eine große Anzahl von Strahlen versendet (zumeist mehr als hundert oder tausend). Überall dort, wo sonst mehrere Strahlen rekursiv weiterverfolgt würden, wird entsprechend der Wahrscheinlichkeit des Ereignisses lediglich ein einziger Strahl weiterverfolgt. Im einfachsten Fall eines perfekt diffusen Strahlers wird der Strahl zufällig in den vorderen Halbraum reflektiert. Für einen Strahl, der auf Glas trifft, wird normalerweise ein reflektierter sowie ein refraktierter Strahl verfolgt. Beim Path Tracing hingegen wird nur eine der beiden Möglichkeiten gewählt. Für die Auswahl des Strahles aus den verschiedenen Varianten kommt das so genannte russische Roulette [ARVO und KIRK 1990, KIRK und ARVO 1991, SHIRLEY 1990a] zum Einsatz. Die grundlegende Idee ist dabei recht simpel: Ist ein Material beispielsweise zu 20% absorbierend, zu 40% spekular reflektierend und zu 40% diffus reflektierend, so ermittelt eine Zufallszahl $\xi \in [0, 1]$, welcher Fall weiterverfolgt wird. Für $\xi \in [0, 0.2[$ wird der Strahl absorbiert und nicht weiterverfolgt, für $\xi \in [0.2, 0.6[$ wird er spekular reflektiert und letztlich für $\xi \in [0.6, 1.0]$ diffus reflektiert.

Als Konsequenz wird ein Bild zunächst sehr stark verrauscht sein (vgl. Abbildung 9.4), falls nur ein einzelner Primärstrahl verwendet wird. Da aber eine große Anzahl von Primärstrahlen benutzt wird, reduziert sich diese Varianz. So werden im obigen Beispiel bei 100 Strahlen im Mittel 20 absorbiert, 40 spekular und 40 diffus reflektiert Natürlich kommen üblicherweise während der Strahlverfolgung ebenfalls intelligente Sampling-Strategien zur Anwendung, wie *Stratified-* und *Importance*-Sampling. Obwohl die Anzahl der zu verfolgenden Strahlen immer noch sehr viel größer ist als bei klassischem Ray Tracing, ist die Anzahl im Vergleich zum direkten Monte Carlo Ansatz deutlich reduziert. Für das in Abschnitt 9.2.1 angeführte Beispiel werden so nicht mehr 262 Milliarden, sondern in etwa nur noch weniger als 525 Millionen Strahlen benötigt[1]. Ein weiterer Vorteil ist, dass schon sehr schnell erste Ergebnisse angezeigt werden können. So ist ein einzelner Strahl durch jeden Pixel schnell berechnet. Auch wenn das Ergebnisbild in diesem Falle sehr stark verrauscht sein wird, so liefert es doch einen visuellen Hinweis auf das Endergebnis. Eine interaktive Vorschau kann dann laufend aktualisiert und progressiv verbessert werden.

[1] In der Annahme von zwei diffusen Interreflexionen pro Strahl bei 512×512 Pixeln und 1000 Strahlen pro Pixel.

Abbildung 9.4: *Das Ergebnisbild unter der Verwendung von Path Tracing mit nur einem einzelnen Primärstrahl. Die Varianz kann nur durch eine sehr viel größere Anzahl von Strahlen reduziert werden.*

Zusammenfassung und Bewertung Trotz der deutlichen Verbesserung bleibt Path Tracing auf absehbare Zeit für eine globale Beleuchtungssimulation in Echtzeit und für nicht triviale Szenen immer noch ungeeignet. Dennoch wird es gerne zur Berechnung von Referenzlösungen verwendet, gegen die sich andere approximierende (und vermeintlich schnellere) Verfahren messen können. Ebenfalls nicht unüblich ist die Kombination mit Photon Mapping (nächster Abschnitt).

Path Tracing gehört, wie erläutert, zur Klasse der auf Monte Carlo basierenden Verfahren, sollte aber begrifflich nicht mit dem klassischen Monte Carlo-Ansatz aus Abschnitt 9.2.1 verwechselt werden.

AUGENBLICK v5 unterstützt Path Tracing (vgl. Abbildung 9.5) in einer einfachen Umsetzung, hauptsächlich zur Erzeugung von Referenzlösungen. Durch das performante Basissystem können dennoch einfache Szenen in interaktiver Geschwindigkeit global beleuchtet werden.

9.2.3 Photon Mapping

Ein weiterer Ansatz zur Lösung der globalen Beleuchtung ist das so genannte *Photon Mapping* bzw. *Photon Tracing*. Zusätzlich zu den Strahlen, die von der Kamera versendet werden, versenden Lichtquellen ebenfalls Strahlen in die Szene. Diese „Photonenstrahlen“ machen so den Lichtweg für manche Phänomene, wie z.B. Kaustiken△, leichter

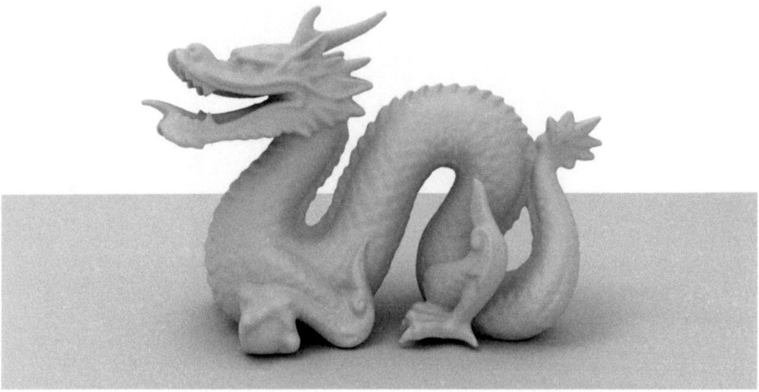

Abbildung 9.5: *Im Rahmen der Arbeit [*OSKA *2008] wurde ein Path Tracing Plugin für* AUGENBLICK *entwickelt, welches anschließend in das Basissystem integriert und optimiert wurde. Die abgebildete konvergierte Lösung kann innerhalb weniger Sekunden berechnet werden.*

kontrollierbar und können schneller zu einem Ergebnis führen. Diese grundlegende Idee wurde erstmals von Arvo [ARVO 1986] aufgegriffen und später von Heckbert [HECKBERT 1990] weiterentwickelt. Von Pattanaik und Mudur wurde ein System [PATTANAIK und MUDUR 1995] vorgestellt, welches das Licht erstmals in seiner Form als Photon behandelt.

Ein jüngeres Verfahren, welches auf oben genannten Arbeiten aufbaut und zuletzt in nahezu allen Ray Tracing-Systemen integriert wurde, ist das von Jensen entwickelte Photon Mapping-Verfahren [JENSEN 1995, JENSEN 1996]. Eine ausführliche Behandlung des Themas findet sich beispielsweise in [JENSEN 2001, PHARR und HUMPHREYS 2004]. An dieser Stelle sei das Verfahren insoweit erklärt, wie es nötig sein wird, um dem Inhalt dieses Kapitels verfolgen zu können.

Photon Map Jensen hat eine neue Datenstruktur eingeführt, die so genannte *Photon Map*. Im Wesentlichen wird dabei in einem *kd-tree* eine gewisse Anzahl an Photonen gespeichert, welche zuvor durch *Photon Tracing* von den Lichtquellen versendet wurden. Diese Photonen werden mit ihrer jeweiligen Position, dem transportierten Lichtstrom $\Delta\phi_p$ und der Einfallsrichtung gespeichert. Zusätzlich wird ein *flag* benutzt, welches die Trennebene des *kd-tree* angibt. Da der Lichtstrom und die Einfallsrichtung komprimiert abgespeichert werden, benötigt ein Photon nur 28 Byte zur Speicherung. Der Aufbau des *kd-tree* erfolgt erst, nachdem alle Photonen in der Szene verteilt wurden, da es nicht möglich ist, einen *kd-tree* sukzessive aufzubauen. Die auf diese Weise organisierten Photonen finden in einem späteren Schritt Verwendung, um die reflektierte Leuchtdichte L_r bzw. Anteile davon bestimmen zu können.

Eine wichtige Eigenschaft der *Photon Map* ist deren Unabhängigkeit von der Szenengeometrie. Da lediglich die absolute Position gespeichert wird, gibt es keinen Bezug zur Geometrie, beispielsweise in Form eines Zeigers oder Index. Neben einigen Vorteilen (z.B. entfällt die Notwendigkeit von der Kenntnis der geometrischen Nachbarschaftsbeziehungen) entstehen dadurch auch Nachteile. Beispielsweise werden an nicht planaren Geometrien oft zu viele Photonen eingesammelt, oder Photonen an besonders dünnen Wänden „scheinen durch". Dies hängt damit zusammen, dass bei der späteren Rekonstruktion der Beleuchtungsstärke an einem Punkt nicht entschieden werden kann ob ein Photon zu einer relevanten Fläche gehört oder nicht, da kein Bezug mehr zur betroffenen Geometrie vorhanden ist.

Aufspaltung des Lichts Prinzipiell geht es bei jedem Verfahren der globalen Beleuchtungssimulation um die Lösung der Rendering Equation (vgl. Gleichung 2.12). Der grundlegende Ansatz des Photon Mappings ist zunächst eine Aufspaltung dieser Gleichung in eine Summe aus vier einzelnen Teilen (entnommen aus [JENSEN 2001]):

$$L_r(x,\vec{\omega}_o) = \int_\Omega f_r(x,\vec{\omega}_i,\vec{\omega}_o)L_i(x,\vec{\omega}_i)(\vec{\omega}_i\cdot\vec{n})d\vec{\omega}_i \tag{9.2}$$

$$= \int_\Omega f_r(x,\vec{\omega}_i,\vec{\omega}_o)L_{i,l}(x,\vec{\omega}_i)(\vec{\omega}_i\cdot\vec{n})d\vec{\omega}_i + \tag{9.3}$$

$$\int_\Omega f_{r,s}(x,\vec{\omega}_i,\vec{\omega}_o)(L_{i,c}(x,\vec{\omega}_i)+L_{i,d}(x,\vec{\omega}_i))(\vec{\omega}_i\cdot\vec{n})d\vec{\omega}_i + \tag{9.4}$$

$$\int_\Omega f_{r,d}(x,\vec{\omega}_i,\vec{\omega}_o)L_{i,c}(x,\vec{\omega}_i)(\vec{\omega}_i\cdot\vec{n})d\vec{\omega}_i + \tag{9.5}$$

$$\int_\Omega f_{r,d}(x,\vec{\omega}_i,\vec{\omega}_o)L_{i,d}(x,\vec{\omega}_i)(\vec{\omega}_i\cdot\vec{n})d\vec{\omega}_i \tag{9.6}$$

Die so erzeugten Teilintegrale können nun auf unterschiedliche Art und Weise gelöst werden, je nachdem welche Methode für den jeweiligen Teil optimal ist. Dabei wird die allgemeine Rendering Equation zerlegt in die Teile des direkten Lichts (9.3), spekular reflektierten Lichts (9.4), Kaustiken(9.5) und mehrfach diffus reflektierten Lichts (9.6). So ist es beispielsweise empfehlenswert, Gleichung 9.3 - also das direkte Licht - über einen üblichen Ray Tracing Ansatz zu lösen, da hier ein direktes Auslesen der *Photon Map* selbst bei einer sehr großen Anzahl an Photonen zu ungenau wäre. Hingegen bietet die *Photon Map* eine sehr gute Lösung für Kaustiken (siehe Gleichung 9.5).

Der Algorithmus Bei der ursprünglichen Version des Photon Mapping Algorithmus handelt es sich um ein Zwei-Schritt-Verfahren. In einem ersten Durchlauf wird eine Anzahl N Photonen von den Lichtquellen mittels Ray Tracing versendet. Dabei trägt jedes Photon einen Lichtstrom von $\frac{1}{N}\phi_l$, wobei ϕ_l dem Lichtstrom der Lichtquelle entspricht. Für den häufigen Fall, dass in einer Szene mehr als nur eine Lichtquelle existiert, wird ein durchschnittlicher Wert für ϕ gewählt. Dementsprechend versenden die einzelnen Lichtquellen mehr oder weniger Photonen, relativ zu ihrem individuellem zu versendeten Lichtstrom. Dies ist nicht zwingend erforderlich, da auch jede Lichtquelle Photonen mit einem eigenen anteiligen Lichtstrom versenden kann. Um die Varianz der späteren Lösung aber möglichst gering zu halten, ist es von Vorteil, wenn alle Photonen der gesamten Szenen den gleichen Lichtstrom tragen.

Die LVK eines Strahlers bestimmt dabei die initiale Richtung, in der die Photonen verfolgt werden. Bei einer Punktlichtquelle handelt es sich dabei lediglich um eine völlig zufällige Richtung. Nicht selten werden bei der Simulation aber echte Strahler verwendet, für die eine gemessene LVK vorliegt. In diesem Fall werden mehr Photonen in Bereiche versendet, die über entsprechende Einträge mit hohen Werten in der LVK-Tabelle verfügen. Aus den gleichen Gründen wie bei der Zuweisung des Lichtstroms wird dabei vermieden, diesen für unterschiedliche Richtungen entsprechend der LVK zu skalieren.

Nach einem dem Path-Tracing ähnlichen Verfahren werden die Photonen mit ggf. mehreren Interreflexionen in der Szene weiterverfolgt. In Abhängigkeit des Materials, das an der getroffenen Position vorliegt, wird das Photon weiterverfolgt oder absorbiert. Ähnlich wie beim Path-Tracing wird anhand des russischen Roulettes entschieden, ob ein Photon absorbiert, spekular oder diffus reflektiert oder transmittiert wird. Die genauen Rahmenbedingungen für die jeweiligen Fälle werden genau so wie beim Path Tracing durch die BRDF oder die entsprechende Approximation des Modells, definiert. Photonen werden jedes Mal dann der Photon Map als Datum $p(x, \vec{\omega}_p, \Delta\phi_p)$ hinzugefügt, wenn diese diffus reflektiert oder absorbiert werden. Dabei bezeichnet x die Position im Raum, $\vec{\omega}_p$ die Einfallsrichtung und $\Delta\phi_p$ den transportierten Lichtstrom. Um die Varianz dieses probabilistischen Ansatzes möglichst gering zu halten, muss die Anzahl der Photonen ausreichend groß sein - oftmals bedeutet dies deutlich mehr als eine Million. Nachdem über alle gespeicherten Samples die *Photon Map* (ein *kd-tree* über alle Photonen) aufgebaut wurde, ist diese bereit, für die Rekonstruktion der Leuchtdichte an beliebigen Punkten im Raum verwendet zu werden. Dies wird in dem zweiten Schritt des Algorithmus notwendig, in dem das Bild mittels Ray Tracing, häufig auch Path Tracing, berechnet wird. Der Unterschied liegt darin, dass nun die Informationen der *Photon Map* zur Beleuchtung beitragen. Es wird das direkte Licht nach wie vor mittels Ray Tracing berechnet, da dies deutlich genauer ist als die Informationen der *Photon Map*. Für indirektes Licht kann nun aber auf die *Photon Map* zurückgegriffen werden, um dieses abzuschätzen. Dafür werden an der entsprechenden Stelle des Raums in einer nahen Umgebung des betrachteten Schnittpunktes Photonen eingesammelt und deren Lichtstrom, mit der BRDF an der Stelle gewichtet, addiert. Die so gebildete Summe wird durch die Fläche geteilt, welche die Photonen der Umgebung aufgespannt haben, um so einen Schätzwert für die tatsächliche Leuchtdichte an der Stelle zu erhalten. Demnach ist die Rekonstruktion der reflektierten Leuchtdichte L_r , der so genannte *radiance estimate*, am Ort x in Richtung $\vec{\omega}_o$ gegeben durch

$$L_r(x,\vec{\omega}_o) \approx \frac{1}{\pi r^2} \sum_{p=1}^{N_r} f_r(x,\vec{\omega}_p,\vec{\omega}_o) \Delta\phi_p(x,\vec{\omega}_p), \tag{9.7}$$

wobei f_r die BRDF bezeichnet. An dieser Stelle wird klar, warum in der *Photon Map* die einfallende Richtung $\vec{\omega}_p$ gespeichert wird; diese wird bei der Auswertung der BRDF für jedes einzelne Photon benötigt. Auf diese Weise kann die Leuchtdichte an jeder beliebigen Oberfläche im Raum approximiert werden. Die Qualität der Annäherung hängt dabei in allererster Linie von der Anzahl der Photonen sowie den Parametern der Rekonstruktion r und N_r ab.

Final Gathering Eine Technik die oft im Zusammenhang mit *Photon Mapping* benutzt wird ist das so genannte *Final Gathering*. Dabei wird für einen bestimmten Punkt im Raum die Beleuchtungsstärke dadurch ermittelt, dass die entsprechende Hemisphäre durch eine Anzahl von zufälligen Stichproben abgetastet wird. Im Kontext des *Photon Mappings* bedeutet dies, dass an einem Punkt, an dem die Beleuchtungsstärke ermittelt werden soll, die *Photon Map* nicht direkt ausgelesen wird, sondern zufällig erzeugte Strahlen (üblicherweise nach Maßgabe der BRDF) ihrerseits den *radiance estimate* ermitteln. Ein solches Verfahren reduziert die Varianz im Anteil des indirekten Lichts deutlich. Aufgrund des erhöhten Bedarfs an Sekundärstrahlen wird die Berechnungsgeschwindigkeit natürlich ebenfalls deutlich beeinträchtigt.

Die Art und Weise, wie *Photon Maps* eingesetzt werden, kann allerdings stark variieren. Ausser zu Testzwecken werden diese nie für das direkte Licht eingesetzt, obwohl technisch nichts dagegen spricht. Eine Verwendung für das indirekte Licht ist häufig, aber durchaus unterschiedlich. Jensen selbst schlägt vor, die *Photon Maps* nur im Zusammenhang mit *Final Gathering* zu verwenden und auch nur dann, wenn die Lösung an dieser Stelle approximativer Natur sein soll, d.h. einen geringen Beitrag zur letztendlichen Lösung liefert. Je nach Szenen und Anzahl der verwendeten Photonen kann aber auch das indirekte Licht direkt über die *Photon Map* berechnet werden. Zu dem mittels Ray Tracing berechneten direkten Licht kann der Wert der *Photon Map* an dieser Stelle hinzugerechnet werden. Dies erfordert vergleichsweise mehr Photonen, um die Varianz weiter zu reduzieren, damit visuelle Artefakte möglichst unterdrückt werden. In dieser Arbeit wurde, wenn nicht anders vermerkt, diese Variante gewählt. In jedem Fall werden *Photon Maps* stets verwendet, um Kaustiken zu simulieren, da sie für dieses Phänomen prädestiniert sind. Häufig kommen dafür sogar eigene Maps, *Caustic Maps*, zur Verwendung, um gezielt in Regionen mit spekularen Materialien besonders viele Photonen zu versenden.

Bewertung und Zusammenfassung Das Photon Mapping-Verfahren lässt sich relativ einfach in bestehende Ray Tracing-Systeme integrieren, da die beiden essentiellen Bestandteile, die Strahl- bzw. Photonenverfolgung sowie ein effizienter *kd-tree* sind. Mit Hilfe des *Photon Mapping*-Verfahrens kann die globale Beleuchtung realistisch berechnet werden. Darüber hinaus eignet sich dieser Ansatz besonders gut, um Kaustiken effizient berechnen zu können, womit viele andere Verfahren große Schwierigkeiten haben. Unglücklicherweise sind die Parameter (Anzahl der zu versendenden Photonen N, Suchradius r, Anzahl zu suchender Photonen N_r, Wahl des Rekonstruktionsfilters) stark szenenabhängig und lassen sich oft in ihrer Gesamtheit nicht intuitiv wählen. Darüber hinaus wird oftmals eine größere Menge an Speicher benötigt, um die zahlreichen Samples speichern zu können. Ein einzelnes Photon benötigt bei komprimierten Einfallsrichtungen und Lichtstrom zwar nur 28 Byte doch benötigen reale Szenen oft deutlich mehr als eine Million Photonen - dies entspricht ca. 26 MB pro eine Million Photonen. Während diese Größe gegenwärtig alleine noch nicht besonders bedenklich erscheint, ergeben sich daraus allerdings Probleme für spektrale Ray Tracing-Verfahren. Der Speicherverbrauch eines einzelnen Photons beträgt in diesem Fall ein Vielfaches der sonst üblichen drei Farbkanäle. Schließlich ist die Berechnung des direkten Lichts durch *Photon Mapping* in hoher Qualität nicht möglich, von daher kann das Verfahren immer nur als Ergänzung bereits bestehender Beleuchtungssysteme eingesetzt werden.

Das Photon Mapping-Verfahren wurde in AUGENBLICK v4 integriert; dabei wurden eigene Ansätze verfolgt, um weitere Fortschritte mit der gleichzeitigen Verwendung von Freiform-Flächen (siehe Kapitel 10) sowie mit dynamischen Szenen (siehe Kapitel 11) zu erzielen.

9.2.4 Radiosity

Der Radiosity Algorithmus [NISHITA und NAKAMAE 1983, GORAL et al. 1984] ist ebenfalls in der Lage, unter bestimmten Voraussetzungen die globale Beleuchtung einer Szene realistisch zu simulieren. Allerdings müssen dabei einige tiefgreifende Annahmen gemacht werden: Die Szene wird dabei als vollständig ideal diffus angenommen, was bei dem Path/Monte Carlo Ray Tracing sowie dem *Photon Mapping* nicht der Fall ist. Weiterhin muss sich die Geometrie in finite Elemente unterteilen lassen. Durch die Beschränkung auf ausschließlich diffuse Reflexion können zahlreiche Effekte wie Spiegelungen und ähnliches nicht berücksichtigt werden. Somit sind nur Pfade der Kategorie LD^*E simulierbar. Die Erzwingung finiter Elemente verhindert die Verwendung von Volumina und führt Approximationsfehler ein, wenn beispielsweise Freiform-Flächen durch stückweise lineare Flächen angenähert werden müssen.

Das Radiosity-Gleichungssystem stellt eine stark vereinfachte Version der Rendering Equation (Gleichung 2.12) dar:

- Durch die Annahme ausschließlich diffuser Flächen (perfekter Lambert-Strahler) reduziert sich die BRDF $f_r(dA_e, d\omega_i, d\omega_o)$ auf einen einfachen Skalarwert ρ.
- Durch die Annahme finiter Elemente kann das Integral über den vorderen Halbraum durch eine Summe ersetzt werden.

Somit reduziert sich die Rendering Equation auf folgende elegante Darstellung:

$$B_e = E_e + \rho_e \sum_{s=1}^{n} B_s F_{es} \tag{9.8}$$

Dabei bezeichnet B_e die Radiosity (spezifische Lichtausstrahlung) einer Empfängerfläche e, welche sich ergibt aus der Eigenemission E_e zuzüglich der Summe der empfangenen Strahlung aller anderen n Flächen der Szene, multipliziert mit dem Reflexionsgrad ρ_e der Empfängerfläche e. Dabei ist $\rho \in [0,1[$. Weiterhin bezeichnet F_{es} den so genannten Formfaktor zwischen der Senderfläche B_s und der Empfängerfläche B_e. Dieser beschreibt, welcher Anteil der Strahlung, die von B_s ausgestrahlt wird, bei B_e empfangen wird. Dieser Formfaktor liegt von daher naturgemäß im Intervall $[0,1[$.

Eine naive Umsetzung der Gleichung 9.8 ist offensichtlich nicht sehr effizient, da die Aufwandsklasse $O(n^2)$ ist, wobei n die Anzahl der finiten Elemente ist. Von daher wird die naive Lösung, die so genannte *Full-Matrix-Methode*, nur noch zu Lehrzwecken verwendet, findet aber sonst praktisch keine Anwendung mehr. Eine Reihe von Verbesserungen, wie *Progressive Refinement* [COHEN et al. 1988], *Hierarchisches Radiosity* [COHEN et al. 1986, HANRAHAN und SALZMAN 1990] und *Hierarchisches Radiosity mit Clustering* [SMITS et al. 1994], haben dem Radiosity-Ansatz zu großer Popularität in der Vergangenheit verholfen. Dennoch bleibt die Komplexität im Allgemeinen recht hoch bei $O(N \log N)$ [COHEN und WALLACE 1993], wobei N die Anzahl der Szenenelemente ist.

Der Radiosity-Algorithmus wird im Rahmen dieser Arbeit auf Grund seiner Einschränkungen nicht weiter untersucht. Gute weiterführende Literatur zum Thema findet sich beispielsweise in [MÜLLER 1996] oder in [SILLION und PUECH 1994].

9.3 Halton-Sequenzen

Die Erzeugung von Quasi-Monte-Carlo Sequenzen (QMC) hat in den letzen Jahren insbesondere im Bereich der globalen Beleuchtung stark an Bedeutung gewonnen. Basierend auf der *Radical Inverse Function* [HALTON 1964, HEINRICH und KELLER 1994] können deterministische Zufallszahlen ohne systematischen Fehler erzeugt werden. Darüber hinaus ist eine weitere besondere Eigenschaft, der so genannten Halton-Sequenzen, dass diese unter besonderen Umständen Zufallszahlen generieren können, deren absoluter Abstand zueinander sehr gering ist. Dies kann für die globale Beleuchtung insofern sinnvoll eingesetzt werden, als das so Zufallszahlen generiert werden können, die reproduzierbar sind. Diese Eigenschaft wird unter anderem in Kapitel 11 für die globale Beleuchtung dynamischer Szenen verwendet.

Für eine gegebene Basis b lässt sich eine beliebige natürliche Zahl i deterministisch in eine Zahl $\Phi_b(i) \in]0,1[$ überführen. Dafür wird zunächst die Zahl i in der Basis b notiert. Anschließend wird die Reihenfolge der Ziffern invertiert und das Ergebnis als Nachkommastellen von 0 verwendet. Letztlich wird die so entstandene Zahl in die ursprüngliche Basis rücktransformiert. Für $b = 2$ und $i = 369$ ergibt dies:

$$\Phi_2(369) = 0.100011101_2 = 0.720703125_{10}$$

wobei $369_{10} = 101110001_2$ ist. Formal notiert lautet die *Radical Inverse Function*

$$\Phi_b(i) = \sum_{j=0}^{\infty} a_j(i) b^{-j-i} \Leftrightarrow i = \sum_{j=0}^{\infty} a_j(i) b^j$$

wobei $a_j(i)$ die j-te Ziffer von i bezeichnet.

Eine Reihe von aufeinanderfolgenden Ziffern i, die üblicherweise dabei als *Indizes* bezeichnet werden, ergibt dabei eine Halton-Sequenz. Im Kontext der Photonenverfolgung wird eine Reihe von unterschiedlichen Zufallszahlen benötigt, z.B. für die Bestimmung der Richtung eines zufälligen Vektors über die Kugelkoordinaten. Dafür werden multidimensionale Halton-Sequenzen verwendet, wobei für jede Dimension eine andere Basis zum Einsatz kommt, wie beispielsweise:

$$X_i = (\Phi_2(i), \Phi_3(i))$$

Als Basen werden ausschließlich Primzahlen verwendet, was prinzipiell nicht unbedingt erforderlich ist, aber Vorteile für die Periodizität hat. Wird zu dem Index i beispielsweise eine Zahl addiert, die das $m \cdot l$-fache, mit $m, l \in \mathbb{N}$, einer Potenz k der Basis b beträgt, so können sich nur Ziffern in der b-adischen Darstellung ändern, für die $j \geq k$ mit $a_j(i)$ gilt. Wird also beispielsweise ein Vielfaches von 100 zu einer Zahl addiert, welche in der Basis 10 dargestellt ist, können sich nur die Ziffern ab der zweiten Stelle ändern, wenn angenommen wird, dass von rechts nach links, beginnend bei Null gezählt wird. Darüber hinaus hat eine Ziffer in der Basis b maximal den Wert $b - 1$. Aus den beiden Feststellungen ergibt sich somit die Ungleichung für die maximale Differenz zweier Funktionswerte der Halton-Sequenz bei gleichzeitiger entsprechender Wahl der Indizes:

$$|\Phi_b(i) - \Phi_b(i + m \cdot l \cdot b^k)| < \sum_{j=k}^{\infty} (b-1) \cdot b^{-j-i}$$

Die rechte Seite ist dabei eine unendliche geometrische Reihe und führt zu:

$$|\Phi_b(i) - \Phi_b(i + m \cdot N_G)| < \frac{1}{b^k} \Leftrightarrow N_G = l \cdot b^k$$

Dies bedeutet, dass für die maximale Differenz letztlich die Basis und Potenz direkt verantwortlich sind. Bei einer höheren Basis und insbesondere bei einer höheren Potenz nimmt die Differenz ab. Zu beachten ist allerdings, dass diese Aussage nur für zwei Indizes gilt, die den oben definierten Abstand im Indexraum aufweisen. Bei multidimensionalen Sequenzen ist darüber hinaus zu beachten, dass das Vielfache entsprechend dem Produkt aller Basen gewählt werden muss. So kann der Abstand N_G beispielsweise gewählt werden als

$$N_G = b_1^{k_1} \cdot b_2^{k_2} \cdot \ldots \cdot b_3^{k_3}.$$

Dabei werden die resultierenden Funktionswerte für größere Werte von k_i näher beieinander liegen.

Tabelle 9.1 zeigt beispielhaft einige Quasi-Zufallszahlen, welche für die Basen zwei und drei für einige Indizes beispielhaft erzeugt werden. Der Kürze halber wurden die Zahlen auf maximal vier Nachkommastellen gerundet.

Index i	1	2	3	4	5	6
$\Phi_2(i)$	0.5	0.25	0.75	0.125	0.625	0.375
$\Phi_3(i)$	0.3333	0.6667	0.1111	0.4444	0.7778	0.2222

Tabelle 9.1: *Beispielhafte Quasi-Zufallszahlen der Basen zwei und drei.*

Die auf diese Weise generierten Zufallszahlen decken dabei das Interval $]0,1[$ ab, wobei die erzeugten Zahlen bei höheren Indizes weniger leicht nachvollziehbare Werte annehmen. Aus diesem Grund werden oft auch die ersten Indizes nicht verwendet. Bisher wiesen die Quasi-Zufallszahlen keine Ähnlichkeit zueinander auf da der Abstand im Index-Raum nicht den erwähnten Anforderungen entsprach. Wird beispielsweise der Abstand mit 420 gewählt, ist eine gewisse Kohärenz bei der Basis drei, fünf und sieben sowie eine leicht erhöhte Kohärenz aufgrund der Quadratur bei der Basis zwei zu erwarten, da $420 = 2^2 \cdot 3 \cdot 5 \cdot 7$ ist. Tabelle 9.2 zeigt exemplarisch einige erzeugte Zahlen.

Wird nun der Abstand mit $432 = 2^4 \cdot 3^3$ gewählt, so wird erwartungsgemäß die Kohärenz der Basen zwei und drei deutlich zunehmen, während die der höheren Basen verloren geht. Tabelle 9.3 bestätigt die Vermutung.

Während die Basen zwei und drei eine sehr hohe Kohärenz aufweisen, verteilen sich die Quasi-Zufallszahlen bei den anderen Basen nahezu im vollständigen Spektrum zwischen null und eins.

Abbildung 9.6 stellt weiterhin die erzeugten Zufallszahlen für einen üblichen System-Zufallsgenerator sowie die mittels der Halton-Sequenz erzeugten Quasi-Zufallszahlen

Index i	420	840	1260	1680	2100	2520
$\Phi_2(i)$	0.1465	0.0732	0.2153	0.0366	0.1721	0.1077
$\Phi_3(i)$	0.2689	0.1280	0.0896	0.2561	0.2177	0.0427
$\Phi_5(i)$	0.1728	0.1459	0.0806	0.0614	0.0346	0.1612
$\Phi_7(i)$	0.0850	0.0300	0.1150	0.0600	0.1249	0.0671
$\Phi_{11}(i)$	0.2252	0.4508	0.5860	0.8032	0.9385	0.1721

Tabelle 9.2: *Beispielhafte Quasi-Zufallszahlen der Basen zwei, drei, fünf, sieben und elf für Indizes mit dem Abstand 420 als Produkt aus $2^2 \cdot 3 \cdot 5 \cdot 7$. Alle Basen mit Ausnahme der Basis elf weisen eine gewisse Kohärenz auf.*

Index i	432	864	1296	1728	2160	2592
$\Phi_2(i)$	0.0527	0.0263	0.0337	0.0132	0.0549	0.0168
$\Phi_3(i)$	0.0219	0.0293	0.0073	0.0146	0.0366	0.0096
$\Phi_5(i)$	0.4608	0.9139	0.3686	0.6374	0.0922	0.5453
$\Phi_7(i)$	0.8197	0.5198	0.2199	0.8796	0.5798	0.4170
$\Phi_{11}(i)$	0.3246	0.5590	0.8835	0.1180	0.4426	0.6770

Tabelle 9.3: *Beispielhafte Quasi-Zufallszahlen der Basen zwei, drei, fünf, sieben und elf für Indizes mit dem Abstand 432 als Produkt aus $2^4 \cdot 3^3$. Hier weisen bereits die Basen ab fünf keine Kohärenz mehr auf. Im Gegensatz dazu ist die Kohärenz der Basen zwei und drei umso stärker ausgeprägt.*

für zwei Dimensionen gegenüber. Die sehr viel gleichmäßigere Verteilung der Quasi-Zufallszahlen ist dabei sofort ersichtlich.

9.4 Zusammenfassung

Von den in diesem Abschnitt vorgestellten Verfahren der globalen Beleuchtungssimulation eignet sich das klassische auf Monte Carlo basierende Ray Tracing für eine Simulation mit hoher Performanz am wenigsten, da der Aufwand offensichtlich exorbitant ist. Auch die Weiterentwicklung hin zum Path Tracing-Verfahren eignet sich nur bedingt, d.h. nur für sehr einfache Szenen zur schnellen globalen Beleuchtung. Dennoch wurde dieses Verfahren berücksichtigt und in AUGENBLICK auf Grund des in Abschnitt 9.2.2 erwähnten Referenzlösungs-Charakter implementiert.

Der Radiosity-Ansatz wird im Rahmen dieser Arbeit auf Grund seiner Beschränkung auf diffuse Oberflächen und die notwendige Unterteilung in kleinere Flächen ebenfalls nicht weiter verfolgt. Insbesondere letzteres ist ein Arbeitsschritt, der ausschließlich für das Radiosity benötigt wird und eher kontraproduktiv ist. Darüber hinaus profi-

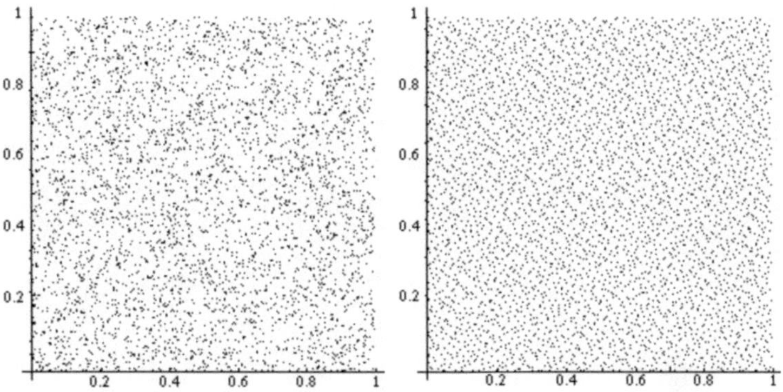

Abbildung 9.6: *Die Verteilung von 4096 Zufallszahlen für je zwei Dimensionen mit einem üblichen Zufallsgenerator (links) und mittels der Halton-Sequenz (rechts) der Basen zwei und drei.*

tiert das Radiosity-Verfahren nur in einem geringen Maß (Schattenfühler) von dem hochoptimierten Ray Tracing, daher fallen die Synergie-Effekte sehr gering aus.

Letztlich bleibt das *Photon Mapping*-Verfahren als erfolgversprechender Kandidat. Die Grundvorraussetzungen sind gut, da das Photon Tracing starken Gebrauch des zu Grunde liegenden Ray Tracing macht und fast alle denkbaren Effekte simulierbar sind. Darüber hinaus ist das Verfahren gut über mehrere Threads parallelisierbar, was ein wichtiges Kriterium für eine maximale Ausnutzung der Hardware ist. Allerdings ist die Berechnung der Verteilung der Photonen in der Szene recht rechenintensiv, genauso wie die häufige Bestimmung des Lichtstroms an einem Punkt im Raum. An diesen Stellen besteht Bedarf, bestehende Ansätze zu verbessern und zu beschleunigen, um insgesamt hohe Bildwiederholraten erreichen zu können.

Zusätzlich sind die Halton-Sequenzen ein nötiges Werkzeug, immer wenn deterministische Zufallszahlen erforderlich sind. Insbesondere aber werden die Halton-Sequenzen für die dynamische globale Beleuchtung benötigt. Durch die Erzwingung von Kohärenz können Photonen in zusammenhängenden Gruppen versendet werden, so dass es ermöglicht wird selektiv Gruppen zu aktualisieren, falls die Dynamik die aktuelle Lösung invalidiert.

10 Interaktive globale Beleuchtung in statischen Szenen

> Ich stehe Statistiken etwas skeptisch gegenüber. Denn laut Statistik haben ein Millionär und ein armer Kerl jeder eine halbe Million.
>
> *(Franklin Delano Roosevelt)*

Abbildung 10.1: *Das Ergebnis der Bildsynthese mittels* Photon Textures *zusammen mit* Final Gathering *unter Berücksichtigung von Reflexionen, Refraktionen und Schatten sowie direkter Unterstützung von NURBS-Flächen ist dargestellt. Derartige Simulationen sind noch nicht interaktiv, aber im Bereich von einigen Sekunden möglich.*

In diesem Kapitel werden die Verfahren der globalen Beleuchtungssimulation beschrieben, die im Rahmen dieser Arbeit umgesetzt wurden. Dabei ist zu beachten, dass zum Zeitpunkt der Veröffentlichung dieser Arbeit die Algorithmen noch nicht oder nur prototypisch in AUGENBLICK v5 integriert wurden und die Ergebnisse daher auf der Vorgängerversion v4 beruhen. Eine deutliche Verbesserung der erzielten Ergebnisse mit Hinblick auf die Geschwindigkeit ist bei einer Umsetzung im Rahmen von AUGENBLICK v5 zu erwarten.

Nach einer Zusammenfassung der bisherigen Arbeiten in Abschnitt 10.1 wird in Abschnitt 10.2 die konkrete Umsetzung des Photon Mappings (Abschnitt 9.2.3 hat das grundlegende Verfahren bereits erläutert) in AUGENBLICK v4 vorgestellt. Im darauf folgenden Abschnitt 10.3 werden die *Photon Textures*, eine spezifisch auf Freiform-Flächen abzielende Modifikation, vorgestellt, welche die Bildwiederholraten unter bestimmten Bedingungen deutlich verbessern kann.

Die Ergebnisse dieser Arbeit wurden in [ABERT et al. 2007] und [STANGE 2007] veröffentlicht.

10.1 Bisherige Arbeiten

Die Simulation der globalen Beleuchtung mit interaktiver Geschwindigkeit ist in den letzten zwei Dekaden ein Ziel von vielen verschiedenen Ansätzen gewesen. Die Ansätze können grob in zwei Kategorien unterteilt werden. Dies sind zum einen auf Finite-Elemente basierende und zum anderen auf Ray Tracing basierende Algorithmen. Letztere wurden zunächst weit weniger berücksichtigt, da die Technik zu langsam war, um selbst Szenen ohne globale Beleuchtung ausreichend schnell zu berechnen. Mit dem Aufkommen von Echtzeit Ray Tracing-Systemen wurden auch zunehmend Lösungen auf Basis der Ray Tracing-Technik verfolgt.

Das klassische Radiosity-Verfahren leidet unter dem Problem, dass Szenen größerer Komplexität die Berechnungszeit dramatisch erhöhten, da oftmals unwichtige Informationen, berechnet wurden. Smits et al. haben 1994 ein Verfahren [SMITS et al. 1994] vorgestellt, welches Radiosity um Clustering-Eigenschaften erweitert hat, was in der Konsequenz die Berechnungsgeschwindigkeit um mehrere Größenordnungen reduziert hat. Dennoch war die Berechnungsdauer noch weit von interaktiven Bildwiederholraten entfernt. Auch heute noch stellt es sich als sehr schwierig dar, interaktive Berechnungszeiten mit Radiosity-Methoden für nicht triviale Szenen zu erreichen. Daher werden solche Lösungsansätze oftmals nur für Szenen verwendet, welche vorberechnet werden können (beispielsweise die statische Geometrie eines Computerspiels). Darüber hinaus ist die vollständige Beschränkung auf diffuse Interreflexion eine gravierende Einschränkung.

Drei Jahre später wurde von Keller das *Instant Radiosity*-Verfahren [KELLER 1997] vorgestellt, das ohne die beim Radiosity benötigte Verfeinerung des Dreiecksnetzes auskommt und wesentlich höhere Bildwiederholraten erreicht. Möglich wurde dies durch die Verwendung der Grafikhardware im Zusammenhang mit einer hohen Anzahl von Lichtquellen. Jede dieser Lichtquellen wurde über eine Photonen-Verfolgung mit Hilfe von Halton-Sequenzen in der Szene verteilt. Anschließend wurde für jede der üblicherweise 64 oder 128 Lichtquellen die Szene berechnet und die Ergebnisse akkumuliert. Auf diese Weise konnte die Simulation der globalen Beleuchtung für jedes Bild komplett neu berechnet werden, bei einer Berechnungszeit von wenigen Sekunden für

Szenen mittelmäßiger Komplexität. Allerdings liegt auch hier eine Beschränkung auf ausschließlich diffuse Interreflexionen vor, während die benötigte Zeit zur Synthese sogar mit heutiger Grafikhardware für komplexe Szenen recht hoch ist. Selbst bei 128 Lichtquellen sind immer noch Fehler in den resultierenden Bildern, insbesondere in den Schatten, zu erkennen.

Wird eine allgemeine Lösung verfolgt, welche nicht nur auf diffuse Reflexionen beschränkt ist, bietet sich letztlich nur ein auf Ray Tracing basierender Ansatz an. Der *Render Cache* [WALTER et al. 1999] und später der *Shading Cache* [TOLE et al. 2002] sind zwei Ansätze, die auf dem bidirektionalen Path Tracing basieren. Durch geschicktes Caching von Samples der indirekten Beleuchtung wird versucht, den enormen Rechenaufwand zu reduzieren. Dabei kommen ein oder mehrere asynchron laufende Prozesse zum Einsatz, welche mit klassischem Path Tracing Samples des indirekten Lichts berechnen. Diese Samples werden nicht nur für das aktuelle Bild verwendet, sondern auch für folgende. Erst nach einer gewissen Zeit werden die zunehmend veralteten Samples durch neue ersetzt. Die Rate, mit der neue Samples generiert werden können, richtet sich nach der verfügbaren Hardware und dem Grad der gewünschten Interaktivität. Somit existiert eine einfache Kontrolle über den Kompromiss zwischen Qualität und Rechenzeit. Insbesondere der *Render Cache* benötigt dennoch recht viel Rechenleistung (deutlich mehr als eine Sekunde/Bild für simple Szenen) und ist darüber hinaus sehr anfällig für visuelle Artefakte durch veraltete Samples. Der *Shading Cache* stellt eine deutliche Verbesserung dar, sowohl mit Hinblick auf die Bildqualität als auch auf die Berechnungsgeschwindigkeit. Im Gegensatz zu dem *Render Cache* werden hier die Samples an den Eckpunkten des Dreieck-Meshes gespeichert, so dass die Grafikhardware für die Darstellung verwendet werden kann. Die Aktualisierung der Beleuchtungsinformationen an den Eckpunkten geschieht über eine *lazy evaluation*. Für Szenen mittlerer Komplexität kann die Darstellung binnen weniger Sekunden aktualisiert werden.

Die zuvor erwähnte Idee des *Instant Radiosity* wurde von Wald aufgegriffen und im Kontext des Ray Tracing verwendet [WALD et al. 2002b]. Interaktive Bildwiederholraten konnten allerdings nur unter Verwendung eines Rechner-Clusters mit 32 Prozessoren erreicht werden, wobei die Aktualisierung der globalen Beleuchtung einige wenige Sekunden für einfache Szenen in Anspruch nimmt. Allerdings wird die globale Beleuchtung vollständig neu berechnet und eignet sich daher auch für dynamische Szenen. Zusätzlich werden Kaustik-Photonen in Richtung spekularer Flächen versendet um so die Beschränkung auf diffuse Reflexionen aufzuheben.

Wald hat ein weiteres Verfahren [WALD 2005a] vorgeschlagen, welches diskretisierte *Radiance Maps* benutzt, um eine Qualität zu erreichen, die mit einer *offline*-Berechnung vergleichbar ist. Allerdings wird dafür ein erheblicher Aufwand in einem Präprozess betrieben und für die Darstellung komplexer Szenen wird auch hier ein Rechner-Cluster benötigt. So konnte 2005 ein Modell einer Mercedes C-Klasse in sehr hoher Qualität mit 5-10 Bildern pro Sekunde bei einer Auflösung von 640×480 auf 20 PCs berechnet werden. In dieser Arbeit sollen jedoch Lösungsmöglichkeiten verfolgt werden, die ohne den Einsatz eines Rechner-Clusters oder eines Supercomputers auskommen. Aus diesem Grund kommen die beiden Ansätze von Wald für eine Umsetzung nicht in Frage.

Eine weitere Klasse von Lösungsmöglichkeiten bietet der *Precomputed Radiance Transfer* [KAUTZ et al. 2002, SLOAN et al. 2002, NG et al. 2004]. Dabei wird die Beleuchtung in eine *Spherical Harmonics*-Basis [RAMAMOORTHI und HANRAHAN 2001a, RAMAMOORTHI und HANRAHAN 2001b] transformiert, so dass zur Laufzeit pro Eckpunkt nur ein Skalarprodukt berechnet werden muss. Mittels der Grafikhardware ist zwar eine Echtzeit-Darstellung möglich, doch wird ein aufwändiger Präprozess benötigt. Darüber hinaus liegt auch hier eine Beschränkung auf diffuse Reflexionseigenschaften vor.

10.2 Photon Mapping in Augenblick

Im Rahmen von AUGENBLICK v4 ist das klassische Photon Mapping Verfahren, wie in Abschnitt 9.2.3 beschrieben, implementiert worden. Dabei wurde neben der physikalischen Korrektheit der Lösung ein besonderer Schwerpunkt auf eine performante Umsetzung des Verfahrens gelegt. Die leistungsstarke Realisierung ist konform zu den Zielen von AUGENBLICK sowohl mit Hinblick auf die Photonenverfolgung (Vorverarbeitung) als auch auf den *radiance estimate* (*online*) umgesetzt. Dieser Abschnitt zeigt die konkrete Integration in AUGENBLICK v4 auf (Abschnitt 10.2.1), während anschließend eine bessere Integration in v5 skizziert wird (Abschnitt 10.2.2), welche zum Zeitpunkt der Publikation dieser Arbeit noch nicht stattgefunden hat. Abschließend wird in Abschnitt 10.2.3 auf einige Besonderheiten von SIMD im Bezug auf das Photon Mapping-Verfahren eingegangen.

10.2.1 Integration in Augenblick v4

Die Erweiterung eines bestehenden Ray Tracing-Systems um das Photon Mapping-Verfahren ist auf Grund der ähnlichen Voraussetzungen in der Regel nicht problematisch. AUGENBLICK v4 bildet dabei keine Ausnahme. Da sich die Verfolgung und Speicherung von Photonen ideal als ein Präprozess umsetzen lässt, werden vor der Bildsynthese zunächst alle Photonen in der Szene verteilt und entsprechend in einer *Photon Map* abgelegt. Die Anzahl der zu versendenden Photonen ist ein Benutzerparameter und steuert hauptsächlich den Kompromiss zwischen Qualität und Geschwindigkeit. Abbildung 10.2 zeigt die grafische Benutzungsoberfläche mit den verschiedenen Einstellungsmöglichkeiten[1]. Die Balancierung des entstandenen *kd-tree* schließt den Präprozess ab. In Abhängigkeit zu der Anzahl der Photonen und der Komplexität kann dieser Vorgang

[1] Basierend auf Version 4.5

schnell die Interaktivität verhindern. Durch die Auslagerung in einen Präprozess kann dieser Umstand, je nach Einsatzzweck, vertretbar sein. Im Rahmen von dynamischen Szenen ist allerdings eine Neuberechnung zwingend notwendig und die Behandlung als Präprozess daher nicht mehr möglich. Kapitel 11 beschäftigt sich mit dieser Problemstellung. Im Folgenden wird zunächst von statischen Szenen ausgegangen.

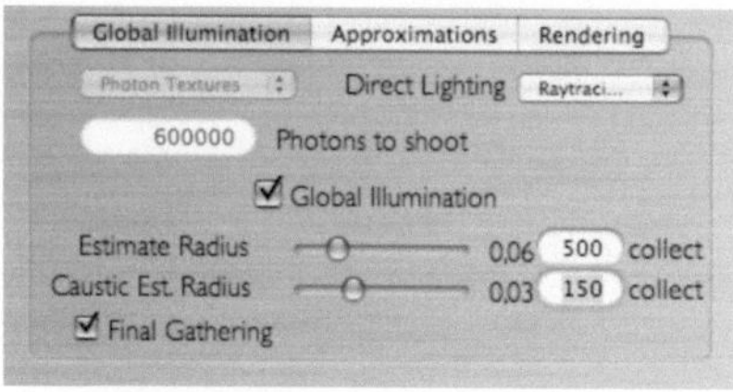

Abbildung 10.2: *Die GUI-Komponente zur Einstellung aller relevanten Photon Mapping Parameter.*

Die Bildgenerierung durch das Ray Tracing-Verfahren in AUGENBLICK muss für das Photon Mapping leicht modifiziert werden. Ohne die Verwendung von *Final Gathering* wird dabei in der *Photon Map* das direkte Licht nicht gespeichert. Dies ermöglicht das Auslesen der *Photon Map* bei jedem Schnittpunkt mit der Szene. Demnach ergibt sich die reflektierte Leuchtdichte an einem Punkt in der Szene aus dem direkten Licht, ermittelt durch klassisches Ray Tracing, zuzüglich des *radiance estimate* an dieser Stelle. Zwar ist dies weniger exakt als das ursprüngliche Vorgehen von Jensen [JENSEN 1995], aber *Final Gathering*-Methoden erfordern die Verfolgung von deutlich mehr Strahlen, was wiederum die Ausführungsgeschwindigkeit stark reduziert. Die Verwendung von *Final Gathering* ist dennoch vorgesehen, um beispielsweise hochwertige Referenzbilder zu simulieren. Wird *Final Gathering* verwendet unterscheidet sich die Bildsynthese geringfügig. Das direkte Licht wird in der *Photon Map* abgespeichert und die Ermittlung der reflektierten Leuchtdichte bezieht den *radiance estimate* an der Trefferposition nicht mit ein. Statt dessen werden nur die Samples durch das *Final Gathering* berücksichtigt. Diese Vorgehensweise liefert Ergebnisse mit geringerer Varianz aber höherer Laufzeit.

Zusammenfassend kann AUGENBLICK v4 durch zwei zusätzliche Schritte um klassisches Photon Mapping erweitert werden:

- Hinzufügen eines Präprozesses zur Versendung und Speicherung der Photonen, sowie einer Balancierung des entstehenden *kd-tree*.
- Ergänzung der *Shading*-Methode durch Hinzufügen des indirekten Lichts aus der *Photon Map* (*radiance estimate*).

Abbildung 10.3 zeigt schematisch die Ergänzung der Architektur von AUGENBLICK v4.

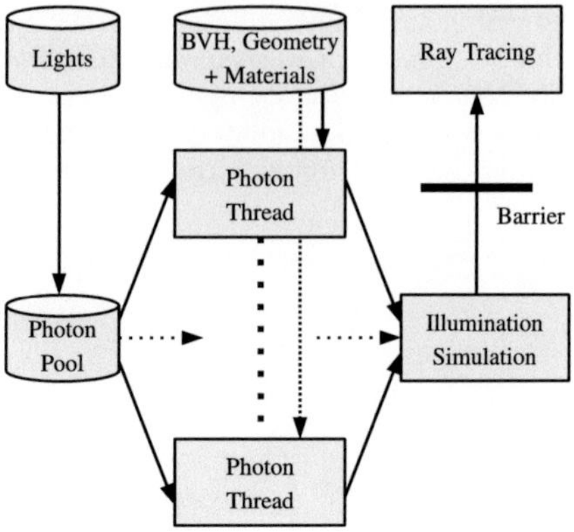

Abbildung 10.3: *Die Photonenverfolgung lehnt sich an das ursprüngliche Design der Architektur von* dream *v2 an (vgl. Abbildung 3.2).*

10.2.2 Integration in Augenblick v5

Für eine zukünftige Integration des Photon Mapping-Verfahrens können die Vorteile der *Coruscant*-Architektur ausgenutzt werden (vgl. Kapitel 4), um diese besonders effizient umsetzen zu können[2]. So kann beispielsweise der entstehende Mehraufwand dadurch reduziert werden, dass explizit konfigurierte *Execution Chains* störende Statusabfragen im Code ersetzen. So führt in v4 die Abfrage, ob Photon Mapping derzeit aktiviert ist oder nicht, zu dem folgenden Konstrukt in der Shading Methode:

```
if (doPhotonMapping)
    color += photonMapping(ray, hit, mask);
```

Durch die Coruscant Architektur kann der Präprozess als ein neuer *Execution State* eingeführt werden, während der übliche *Shading State* durch einen neuen *Photon Mapping Shading State* ausgewechselt werden kann. Letzterer unterscheidet sich nur durch die Berücksichtigung des indirekten Lichts von dem Standard *Shading State*. Abbildung 10.4 zeigt die *Execution Chain* für Ray Tracing mit der Photon Mapping-Erweiterung.

Zwar erscheinen diese Modifikationen marginal, doch eine solche saubere Integration ist in ihrer Gesamtheit von unschätzbarem Wert, um die Codebasis sauber und vor allem erweiterbar zu halten.

[2] Tatsächlich wird seit Ende 2008 unter anderem das Photon Mapping Verfahren im Rahmen einer weiteren Dissertation in AUGENBLICK v5 integriert.

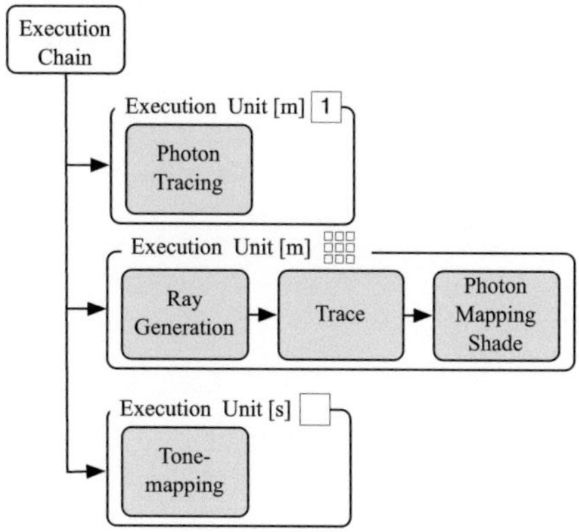

Abbildung 10.4: *Die* Execution Chain *für Ray Tracing mit Photon Mapping. Die Bedeutung der einzelnen Komponenten ist in Abschnitt 4.1.1 erläutert. Die „1" in der ersten* Execution Unit *bezeichnet eine* One Shot-*Unit. Diese entfernt sich nach erfolgreicher Ausführung von selbst aus der Kette, somit wird die Photonenverfolgung nur einmalig ausgeführt wird.*

10.2.3 Photon Mapping mit Hilfe von SIMD

Die Verwendung von SIMD im Zusammenhang mit Photon Mapping wurde bereits untersucht [LANGS 2005, BÄRZ 2007], ohne dass dabei bisher besonders große oder nur mäßige [BENTHIN et al. 2003, WALD et al. 2003c] Erfolge erzielt wurden. Aus diesem Grund verzichten viele Ray Tracing-Systeme gänzlich auf die Verwendung von SIMD in diesem Kontext. Das grundlegende Problem dabei ist, dass die Datenparallelität nur dann effizient ausgenutzt werden kann, wenn die vorliegenden Daten dies auch semantisch zulassen. Konkret für das Ray Tracing erfordert dies somit kohärente Strahlen. Unglücklicherweise sind schon beim klassischen Ray Tracing Sekundärstrahlen oftmals problematisch, da durch Reflexion und Refraktion die Kohärenz schnell verloren geht. Bei der Photonen-Verfolgung ist dieses Problem noch gravierender, da die Richtung von diffus reflektierten Photonen zufällig gewählt wird. Da bereits die Richtungen von Primärphotonen auf der Lichtquelle üblicherweise zufällig gewählt werden, weisen schon diese keine Kohärenz auf. Somit erscheint eine Verwendung von SIMD in diesem Zusammenhang wenig erfolgversprechend. Weiterhin wurde auch die Traversierung des *kd-tree* für den *radiance estimate* bereits auf eine SIMD-Tauglichkeit hin mit wenig überzeugenden Ergebnissen untersucht oder mit massiven Kompromissen und mäßigen Gewinnen [SINGH und FALOUTSOS 2007]. Eine Verwendung lohnt sich, wenn überhaupt, nur bei räumlich sehr dicht verteilten Photonen, wie dies bei

Kaustiken auftritt. In allen anderen Fällen wird der Kontrollfluss der Traversierung zu schnell aufgespalten, so dass der Mehraufwand der SIMD-Implementierung die Geschwindigkeitsvorteile mehr als neutralisiert.

Während der *radiance estimate* schwierig mit SIMD zu parallelisieren bleibt, lässt sich zumindest die Photonen-Verfolgung dennoch durch SIMD-Instruktionen verbessern. Zum einen können zumindest Primärpartikel mit guter Kohärenz einfach erzeugt werden, wenn an Stelle eines zufälligen ein entsprechendes Sampling gewählt wird. Zum anderen können Kohärenzen bis zu einem gewissen Grad durch die Verwendung von Halton-Sequenzen erzwungen werden (vgl. Abschnitt 9.3).

Verbessertes Sampling von Primärphotonen

Die zufällige Wahl einer Richtung, entsprechend der Lichtstärkeverteilungskurve, liegt nahe, ist aber ineffizient für eine Verwendung von SIMD-Instruktionen. Allerdings kann hier der Vorteil ausgenutzt werden, dass üblicherweise jede Lichtquelle eine recht große Anzahl an Photonen versendet. Im Normalfall wird die Lichtstärkeverteilung einer Lichtquelle nur in gewissen Schritten abgetastet, wobei die Abtastung selten genauer als ein Grad ist, sowohl in θ als auch in Richtung von ϕ. Daraus ergibt sich eine Diskretisierung der Hemisphäre in eine feste Anzahl von Kalotten gleicher Größe. Basierend darauf kann nun die Anzahl an Photonen, die eine bestimmte Kalotte passiert, bestimmt werden. In Abhängigkeit von der Samplingdichte weisen die Photonen innerhalb einer Kalotte eine mehr oder weniger starke Kohärenz auf. So können für eine Kalotte jeweils die Primärphotonen ermittelt werden, welche diese passieren. Innerhalb einer Kalotte wird die genaue Richtung wieder zufällig gewählt. Etwaige Überträge zwischen benachbarten Kalotten können ausgetauscht oder bei einer genügend großen Anzahl auch einfach ignoriert bzw. kaufmännisch gerundet werden.

Auch wenn diese Verbesserung die Berechnungsdauer für Primärphotonen optimiert, so trifft dies jedoch nicht auf reflektierte Photonen, gleich welcher Art, zu. Für die Verfolgung einer großen Anzahl von Photonen in nicht trivialen Szenen liefert diese Methode daher nur einen kleinen Beitrag.

Sampling mittels Halton-Sequenzen

Die Halton-Sequenzen erzeugen bei korrekter Anwendung nicht nur kohärente Photonen, vielmehr sind die so ermittelten Zufallszahlen darüber hinaus auch deterministisch (siehe Abschnitt 9.3). Während die deterministischen Eigenschaften der Halten-Sequenzen erst für dynamische Szenen eine relevante Rolle spielen (siehe Kapitel 11), kann die Fähigkeit zur Erzeugung kohärenter Photonenpakete bereits für statische Szenen sinnvoll eingesetzt werden.

Die Funktionsweise wird in Abschnitt 11.3 im Zusammenhang mit Photon Mapping dynamischer Szenen erläutert und an dieser Stelle nicht weiter behandelt, da die Vorgehensweise inhaltlich identisch ist. Die einzigen Unterschiede liegen darin, dass für statische Szenen nach dem Präprozess keine Photonen neu versendet werden, da dies nicht nötig ist. Weiterhin müssen die Pfade die Photonen durch die Szene zurücklegen, nicht gespeichert werden, da auch diese Information für statische Szenen irrelevant ist.

10.3 Photon Textures

Auf Basis der Erfahrungen, die mit den *Photon Maps* gesammelt wurden, hat sich gezeigt, dass insbesondere der Aufbau, inklusive der Balancierung, einen beträchtlichen Teil der Rechenzeit in Anspruch nimmt und einen Flaschenhals darstellt. Das selbe gilt ebenfalls für den *radiance estimate* der, je nach Szene, weit über die Hälfte der Laufzeit der Bildsynthese benötigt. Um die Darstellungsgeschwindigkeit auf einem möglichst hohen Niveau zu halten, wurden die Ideen von Heckbert [HECKBERT 1990] adaptiert und weiterentwickelt, um Photonen in einer Textur anstelle in einem *kd-tree* zu speichern. Insbesondere im Hinblick auf die Verwendung von NURBS-Flächen bietet dies einige vielversprechende Vorteile. Es kann beispielsweise in den meisten Fällen pro Fläche eine einzige Textur verwendet werden, was bei Dreiecken in diesem Rahmen nicht effizient realisierbar ist. Eine Tessellierung der jeweiligen Flächen kann vermieden werden, da der Zugriff auf die Textur über die Parameter der Fläche umgesetzt wird. Die größten Vorteile der so genannten *Photon Textures* ergeben sich allerdings in einem deutlich einfacheren Aufbau im Vergleich zum *kd-tree* sowie einem gravierend vereinfachten *radiance estimate*.

10.3.1 Ansatz

Während die Speicherung der Photonen in einer eigenen Datenstruktur wie dem *kd-tree* einen relativ hohen Mehraufwand mit sich führt, bieten Texturen die Möglichkeit, effizient und schnell Photonen zu speichern und auszulesen. Der Kompromiss besteht dabei in einer Diskretisierung, d.h. der Einführung eines Fehlers im indirekten Licht. Bei Szenen, die nicht überwiegend indirekt beleuchtet werden, bleibt dieser Fehler gering, insbesondere da üblicherweise die Änderungen im indirekten Licht niederfrequent sind und sich daher gut interpolieren lassen. Die *Photon Textures* stellen somit eine Alternative zu den üblichen *kd-tree* dar, vorwiegend für Szenen auf Basis von NURBS-Flächen und für Szenen mit einer moderaten Gewichtung des indirekten Lichts, d.h. einem geringen Anteil an Flächen, die ausschließlich indirekt beleuchtet werden.

Anstelle eines einzelnen *kd-tree* für die gesamte Szene wird stattdessen pro NURBS-Fläche eine Textur der Auflösung $n \times m$ angelegt. Während der Photonenverfolgung wird für jedes Photon, das normalerweise dem *kd-tree* hinzugefügt wird, ein entsprechendes Texel der zur getroffenen Fläche gehörenden Textur um den transportierten Lichtstrom $\Delta\phi_p$ erhöht. In Abhängigkeit von der gewählten Auflösung wird damit durch ein einzelnes Photon ein mehr oder weniger großer Bereich beeinflusst. Der *radiance estimate* reduziert sich damit zunächst auf das Auslesen an den entsprechenden Parameterwerten u/v des Treffers auf einer Fläche. Die einzelnen Schritte werden im Folgenden genauer erläutert.

Wahl der Texturauflösung

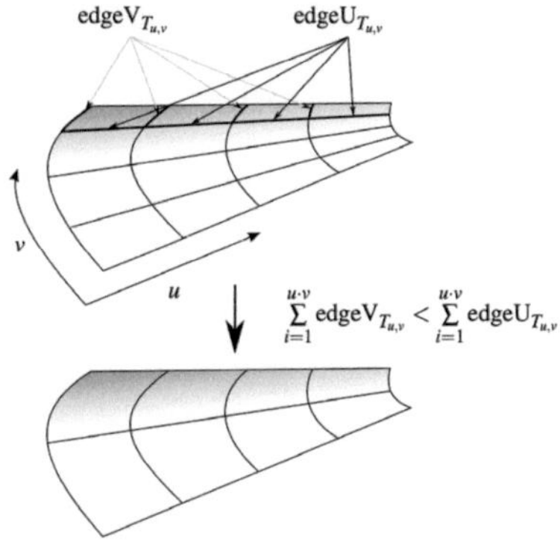

Abbildung 10.5: *Vereinfachung der Textur, um möglichst quadratische Texel zu erzeugen. Die parametrische Richtung mit der geringeren Summe an Kantenlängen (im kartesischen Raum) in dieser Richtung kann in der Auflösung reduziert werden.*

Die Wahl der Auflösung einer Textur hat direkte Auswirkungen auf den Speicherverbrauch und die Bildqualität, wobei eine Beeinflussung der Geschwindigkeit praktisch nicht stattfindet. Weiterhin muss die Auflösung einer jeden Textur separat gewählt werden, da Flächen mit einer sehr geringen räumlichen Ausdehnung mit einer niedrigeren Auflösung auskommen als Flächen, die eine größere Ausdehnung haben. Der Grad der Krümmung beeinflusst ebenfalls eine optimale Wahl der Auflösung. Hier kommen nahezu ebene Flächen ebenfalls mit einer geringeren Auflösung gut aus. Erfahrungswerte haben gezeigt, dass eine vergleichsweise geringe Auflösung von 32×32 ein guter Ausgangspunkt für die meisten Flächen ist. Nach einer Abschätzung der eingenommenen Fläche eines Texels (über eine Dreiecksapproximation) kann entschieden werden, ob die Fläche vergleichsweise klein oder groß ist, und dementsprechend die Texturauflösung ein- oder mehrmal halbiert bzw. verdoppelt wird. Weiterhin kommt das *Normalenkriterium* aus Abschnitt 5.4.2 auch hier zum Einsatz, um die Auflösung bei stark gekrümmten Flächen weiter zu erhöhen. Letztlich wird über die Gleichung

$$\sum_{i=1}^{u \cdot v} edgeV_{T_{u,v}} < \sum_{i=1}^{u \cdot v} edgeU_{T_{u,v}}$$

entsprechend Abbildung 10.5 versucht, die Größe der Texel annäherungsweise quadratisch zu gestalten. Dies ist empfehlenswert, damit dünne längliche Texel vermieden werden, denn diese erzeugen oft visuell sichtbare Artefakte.

Speicherung auftreffender Photonen

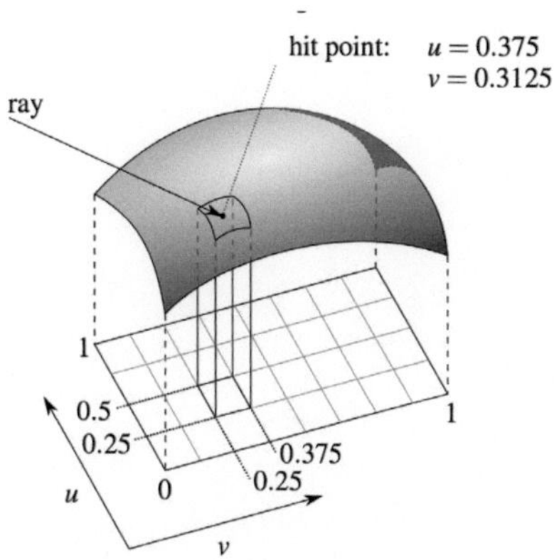

Abbildung 10.6: *Eine quadratische Region im parametrischen Raum wird mit einer Region auf der NURBS-Fläche im kartesischen Raum assoziiert. Jedes Photon, das die Fläche in dieser Region trifft, verursacht entsprechend eine Inkrementierung um den Wert des transportierten Lichtstroms $\Delta\phi_p$ an der Stelle der Textur.*

Bei der Photonenverfolgung ergeben sich keinerlei Unterschiede, ausgenommen bei der Speicherung. Für das klassische Verfahren werden Photonentreffer zunächst in einem Array gespeichert, um nach der abgeschlossenen Verfolgung aller Photonen daraus einen balancierten *kd-tree* aufzubauen. Stattdessen werden bei Verwendung der *Photon Textures* die u- und v-Parameter der Treffer auf der Fläche verwendet, um das entsprechende Texel der Textur zu bestimmen. Dieses wird um den Lichtstrom $\Delta\phi_p$ des Photons inkrementiert (siehe Abbildung 10.6). Im Gegensatz zum klassischen Ansatz können dabei die Einfallsrichtungen nicht gespeichert werden, womit sich die Verwendung der *Photon Textures* zunächst auf diffuse Reflexionen beschränkt. Allerdings ist der Speicherverbrauch konstant und skaliert nicht mit der Anzahl der Photonen, die versendet werden. Dies ist besonders vorteilhaft, wenn mehrere Millionen Photonen versendet werden oder der transportierte Lichtstrom nicht in RGB, sondern in einer größeren Anzahl an spektralen Samples transportiert wird[3].

Falls weitere Photonen zu einem späteren Zeitpunkt versendet werden ist es bei einer *kd-tree*-Repräsentation notwendig, den Baum (zumindest teilweise) neu aufzubauen, was hingegen bei den *Photon Textures* nicht der Fall ist. Aus diesem Grund bieten sich diese in idealer Weise für progressive Lösungsansätze an, also beispielsweise ein Verfahren, bei dem pro Bild eine gewisse Anzahl an Photonen verfolgt wird. Dies ermöglicht es, die Interaktivität der Darstellung zu erhalten, während sich die Qualität der globalen Beleuchtungslösung progressiv pro Bild verbessert.

Radiance Estimate

Abbildung 10.7: *Ohne Filterung und Interpolation wird die Struktur der Textur deutlich. Eine höhere Auflösung kann das Problem reduzieren, ist aber in komplexeren Szenen nicht praktikabel. Der Effekt wurde hier verstärkt dargestellt, da auch das direkte Licht über die Texturen dargestellt wird.*

[3] Spektrale Bildsynthese mit einer extrem hohen Präzision von beispielsweise 5nm Schritten (entspricht 80 Samples im sichtbaren Bereich) ist in der Tat suboptimal für das klassische Photon Mapping. Nach der Darstellung von Jensen verbraucht ein *RGB-Photon* genau 28 Byte. Ein solches *Spektral-Photon* hingegen würde 336 Byte benötigen. Die Speicherung von nur einer Million Photonen würde somit ca. 320 MB anstelle von ca. 26 MB benötigen.

Der *radiance estimate* (vgl. Gleichung 9.7) benötigt bereits für relativ wenige Photonen einen beachtlichen Anteil der Rechenzeit[4], da die Suche der k nächsten Nachbarn im *kd-tree* vergleichsweise rechenaufwändig ist und sehr oft ausgeführt werden muss. Bei den *Photon Textures* reduziert sich die Rekonstruktion des Lichtstroms zunächst auf ein Auslesen der Textur an den entsprechenden u- und v-Parametern des Treffers der Fläche, folglich gilt

$$L_r(dA_x, d\vec{\omega}_o) = f_r(dA_x, d\vec{\omega}_i, d\vec{\omega}_o)\frac{\Phi_t}{dA_t}$$

Dabei bezeichnet Φ_t den gespeicherten Lichtstrom und A_t die Fläche des entsprechenden Texels. Allerdings führt dies offensichtlich zu einer sehr starken Diskretisierung, wie Abbildung 10.7 exemplarisch zeigt. Im Wesentlichen handelt es sich hierbei um ähnliche Probleme, wie bei einer Textur-Unterabtastung. Da in der Regel vergleichsweise nur niederfrequente Änderungen im indirekten Licht auftreten, kann an dieser Stelle ein Glättungsfilter Verwendung finden, um die Darstellungsqualität deutlich zu verbessern. Zusätzlich führt eine bilineare Interpolation der nächsten Nachbarpixel zu einer weiteren Verbesserung.

Vorteile und Beschränkungen

Zusammenfassend bieten die *Photon Textures* eine Reihe von interessanten Vorteilen:

- Es besteht kein Bedarf, eine komplexe Datenstruktur wie einen *kd-tree* aufzubauen.
- Weitere Photonen können jederzeit versendet und den Texturen durch eine einfache Addition hinzugefügt werden. Von daher eigenen sich die *Photon Textures* hervorragend für eine progressive Bildsynthese.
- Der Speicherverbrauch ist konstant und ermöglicht somit, eine extrem hohe Anzahl an Photonen über die Zeit hinweg zu versenden.
- Der *radiance estimate* wird zu einem einfachen Texturzugriff reduziert.

Dem gegenüber stehen die zuvor erwähnten Nachteile:

- Es wird ein Diskretisierungsfehler eingeführt, der bis zu einem gewissen Grad durch bilineare Filterung und eine Glättung der Textur reduziert werden kann.
- Eine optimale Anwendung ist bisher nur auf NURBS-Flächen gegeben. Eine Verwendung mit Dreiecken ist prinzipiell ebenfalls möglich, würde aber den Mehraufwand mit sich führen, einen Texturatlas oder eine ähnliche Struktur zu erstellen, um zu vermeiden, dass jedem einzelnen Dreieck eine Textur zugewiesen wird.

[4] Für die Cornell Box-Szene sind dies beispielsweise 55% der gesamten Rechenzeit bei 330 000 Photonen (Suchradius 0.05, Photonen einsammeln: 500), bzw. sogar 88% bei zwei Millionen Photonen. Für die komplexere Bungalow Szene sind dies respektive 41% bzw. 70% (Suchradius 0.02, Photonen einsammeln: 100).

- Über die *Photon Textures* können nur diffuse Interreflexionen berücksichtigt werden. Spekulare Reflexionen müssen entweder ignoriert oder über klassische *Photon Maps* behandelt werden.

Wie zuvor argumentiert, ist eine Beschränkung auf lediglich diffuse Reflexionen nicht mehr zeitgemäß. Aus diesem Grund werden in den folgenden Beispielen zusätzlich Kaustik-Maps nach dem klassischen Verfahren verwendet, um spekulare Reflexionen, insbesondere Kaustiken behandeln zu können. Zwar werden dadurch wieder die benannten Nachteile der *kd-tree* Repräsentation eingeführt, doch stellt dies einen akzeptablen Kompromiss dar. Die Kaustik-Photonen werden zumeist räumlich sehr kohärent auftreten, so dass die negativen Effekte bei der Traversierung des Baumes sich überwiegend auf kleine räumliche Bereiche beschränken. Zusätzlich ist es möglich, die spekularen Photonen während der Navigation zu ignorieren, um eine höhere Bildwiederholrate zu gewährleisten. Sobald die Navigation endet, kann in einem weiteren Schritt die spekulare *Photon-Map* wieder berücksichtigt werden. Die Auswirkungen auf die visuelle Qualität halten sich dabei in Grenzen, da der Anteil der spekularen Beleuchtung am Gesamteindruck vergleichsweise gering ist.

10.3.2 Offene Probleme

Wie bereits erläutert, sind die Texturen auf eine Glättung sowie eine bilineare Filterung angewiesen, um den eingeführten Diskretisierungsfehler nach Möglichkeit zu beschränken. Dennoch führt auch diese Anwendung ein neues Problem mit sich. Dies wird an den Übergängen von einer Textur zu einer anderen sichtbar. Da die Nachbarschaftsinformationen nicht bekannt und auf Grund der räumlich stark unterschiedlichen Ausdehnung der Pixel im kartesischen Raum auch nicht ohne Weiteres zu ermitteln sind, können die Glättung und Interpolation nicht über die Grenzen einer Textur hinaus ausgeführt werden. Abbildung 10.8 zeigt das Problem, bei einer Textur, die auf eine Kugel abgebildet wird und an der sichtbaren Kante an sich selbst grenzt. Das Problem wurde in der Abbildung verstärkt visualisiert, da die Simulation des direkten Lichts ebenfalls durch die Textur dargestellt wird.

Weiterhin ist die Wahl der Texturauflösung zwar über die zuvor erwähnten Heuristiken weitergehend automatisiert, dies garantiert aber nicht zwangsläufig die beste Wahl. Bisher ist dieses noch mit einigem manuellen Testen für eine Szene verbunden; hier wäre ein allgemeingültiges Kriterium nicht nur hilfreich, sondern könnte auch die *Photon Textures* in einem weiteren Feld verwendbar machen.

Natürlich ist die Ausnutzung von mehreren Rechenkernen auch im Kontext der Photonenverfolgung zwangsläufig notwendig, um eine hohe Geschwindigkeit zu erzielen. Unglücklicherweise kann bei den *Photon Textures* der unwahrscheinliche Fall eintreten, dass zwei Threads dasselbe Texel modifizieren wollen. Dies würde prinzipiell die Verwendung von Semaphoren bei jedem Schreibzugriff erfordern. Dies ist aber mit

Abbildung 10.8: *Das Problem an den Kanten, verursacht durch Filterung und Interpolation, wird deutlich sichtbar, sowohl auf der Kugel als auch an Boden und Wänden (diese wurden zur Verdeutlichung in 2 × 2 Kacheln unterteilt). Der Fehler wird hier absichtlich verstärkt visualisiert, da das direkte Licht ebenfalls über Texturen dargestellt wird. Dennoch sind Artefakte dieser Art insbesondere bei Regionen zu sehen, die ausschließlich oder überwiegend indirekt beleuchtet werden.*

einem zu großen Mehraufwand verbunden. Von daher wird, solange der verfügbare Arbeitsspeicher dies zulässt, pro Thread eine eigene Textur für jede Fläche angelegt. Erst nach der Verfolgung aller Photonen werden diese Texturen zusammengeführt. Hier wäre es wünschenswert eine effizientere Lösung zu finden, die weder die Rechenzeit noch den Speicher derart stark belastet. Beispielsweise kann ein dedizierter Schreib-Thread Trefferinformationen sammeln und in die entsprechenden Texturen eintragen, während die verbleibenden Threads lediglich die Photonen verfolgen, ohne diese direkt in die Textur zu schreiben.

10.3.3 Ergebnisse

Alle vorgestellten Ergebnisse dieses Abschnitts wurden auf dem System PMQ gemessen. Weiterhin basieren alle Ergebnisse auf der älteren AUGENBLICK Version 4. Zu beachten ist, das soweit möglich, alle Prozesse parallelisiert wurden, mit Ausnahme der Balancierung des *kd-tree*. Dies ist zwar möglich, wobei eine gute Skalierung sehr schwierig zu erreichen ist. Alle Algorithmen wurden angemessen optimiert, wenn auch eine Umsetzung im Rahmen von v5 weiteres Optimierungspotential bieten würde.

Die verwendete Testszene ist eine Cornell-Box mit einer Kantenlänge von $2m$. Die Lichtquelle ist ein Dreieck mit einer Fläche von $800cm^2$ und einem Lichtstrom von $730lm$. In der Box befinden sich je nach Testszene unterschiedliche Objekte, wie zwei kleinere Boxen, das Killeroo oder das Modell einer Mercedes S-Klasse.

Vergleich: Photon Mapping und Photon Textures

Tabelle 10.1 zeigt die erzielten Bildwiederholraten unter der Verwendung von Photon Mapping (PM) und *Photon Textures* (PT) bei den genannten Szenen. Die entsprechend berechneten Bilder sind in Abbildung 10.11 zu sehen.

Verfahren	PM Killeroo	PT Killeroo	PM Cornell
NURBS-Flächen	106	106	16
Versendete Photonen	2 000 000	2 000 000	2 000 000
Gespeicherte globale Photonen	1 134 066	n.v.	1 342 476
Gespeicherte Kaustik-Photonen	171 374	172 457	0
Speicher für Photonen	34.85 MB	5.0 MB	35.85 MB
Zeit für die Photonenverfolgung	5.01s	5.1s	7.18s
Zeit für die Balancierung	15.07s	3s	17.2s
Bilder pro Sekunde	0.39	1.64	0.39

Verfahren	PT Cornell	PM Mercedes	PT Mercedes
NURBS-Flächen	16	1 217	1 217
Versendete Photonen	2 000 000	2 000 000	2 000 000
Gespeicherte globale Photonen	n.v.	1 252 252	n.v.
Gespeicherte Kaustik-Photonen	0	0	0
Speicher für Photonen	0.4 MB	33.43 MB	4.75 MB
Zeit für die Photonenverfolgung	6.22s	7.7s	8.8s
Zeit für die Balancierung	n.v.	12.1s	n.v.
Bilder pro Sekunde	5.14	0.38	3.8
			Version: 4.6 r2563

Tabelle 10.1: *Ergebnisse für verschiedene Testszenen, die in Abbildung 10.11 gezeigt sind. Der Unterschied im Speicherverbrauch sowie die höhere Bildwiederholrate der* Photon Textures *(PT) gegenüber dem Photon Mapping (PM) wird dabei deutlich. Für eine bessere Vergleichbarkeit wurden auch bei den* Photon Textures *alle Photonen in einem Durchlauf versandt, anstatt progressiv über mehrere Bilder verteilt zu werden. Gemessen auf System PMQ.*

Abbildung 10.9 zeigt das Verhalten der jeweiligen Verfahren, wenn die Anzahl der Photonen konsekutiv erhöht wird. Wie deutlich zu sehen ist, nimmt dabei die Bildwiederholrate bei klassichem Photon Mapping sehr schnell ab, während die der *Photon*

Textures nur relativ langsam abnimmt. Wird eine *precomputed irradiance*[5] Erweiterung des Photon Mappings verwendet, sinkt die Framrate zwar ähnlich langsam, dabei steigen aber die Präprozesszeiten rasant an, wie ebenfalls in Abbildung 10.9 zu sehen ist.

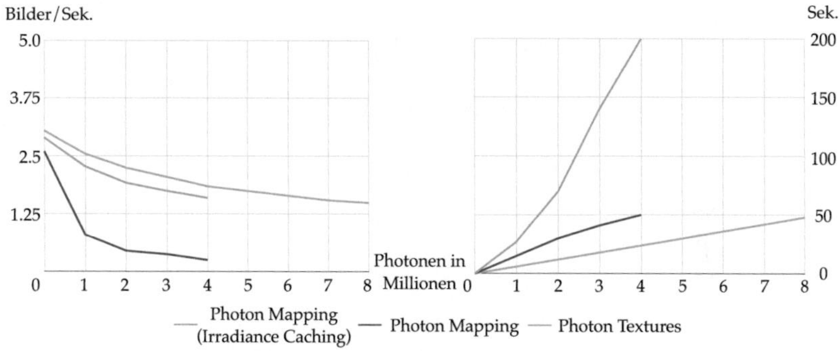

Abbildung 10.9: *Links: Abnahme der Bildwiederholrate bei steigender Anzahl der Photonen. Rechts: Zunahme der Vorverarbeitungszeit bei steigender Anzahl an Photonen. Die Bildwiederholrate bei Verwendung der* Photon Textures *bleibt aus dem Grund nicht konstant, da Kaustik-Photonen auch in einer herkömmlichen* Photon-Map *gespeichert werden.*

Final Gathering

Eine weitere interessante Verwendbarkeit der *Photon Textures* hat sich für das *Final Gathering* gezeigt. Zwar empfiehlt sich diese Technik nicht für einen interaktiven Einsatz da eine enorme Menge an Strahlen verfolgt werden muss, aber zur Generierung von Referenzbildern ist es sehr gut geeignet. Tests haben gezeigt, dass sehr niedrig aufgelöste *Photon Textures* ohne jegliche Filterung oder Interpolation im Zusammenhang mit *Final Gathering* gewinnbringend verwendet werden können. Dabei werden sehr viel schneller Ergebnisse erreicht, die kaum von einer klassischen Photon Mapping-Lösung mit *Final Gathering* zu unterscheiden sind. Dabei wird eine Beschleunigung von Faktor fünf oder mehr erreicht. Abbildung 10.10 zeigt beide Techniken im Vergleich nachdem fünf *Final Gather* Strahlen versendet wurden.

[5] Dies ist eine Optimierung des klassischen Photon Mapping, bei dem in einem Vorverarbeitungsschritt für jedes einzelne Photon ein *radiance estimate* durchgeführt wird und somit bei der Beleuchtung nur ein Photon an Stelle der k nächsten gefunden werden muss. [CHRISTENSEN 1999]

Abbildung 10.10: *Links: Photon Mapping mit fünf* Final Gather-*Strahlen. Rechts:* Photon Textures *mit ebenfalls fünf* Final Gather-*Strahlen. Ein visueller Unterschied ist kaum auszumachen, doch der Unterschied in der benötigten Berechnungszeit ist deutlich: 0.98s für die* Photon Textures *gegenüber 6.5s beim klassischen Photon Mapping. Dieses Verhältnis gilt auch für eine konvergierte Lösung.*

10.4 Zusammenfassung und Ausblick

In diesem Kapitel wurden die Integration von Photon Mapping in AUGENBLICK sowie *Photon Textures* als mögliche Alternative zur Speicherung der Photonen vorgestellt. Unter bestimmten Voraussetzungen können diese eine vergleichbare Bildqualität bei einer deutlich höheren Bildwiederholrate und drastisch reduzierten Vorverarbeitungszeiten liefern. Die genannten Vorteile beschränken sich allerdings auf diffuse Interreflexionen, während für spekulare Reflexionen eine üblichen Kaustik-Map zusätzlich verwendet werden muss. Auf der einen Seite liegen die größten Vorteile der *Photon Textures* bei der progressiven Bildsynthese. Dies ist besonders vorteilhaft, wenn möglichst schnell ein Feedback der globalen Beleuchtungssimulation erwartet wird und dabei etwaige Diskretisierungsfehler in Kauf genommen werden können. Auf der anderen Seite können die *Photon Textures* auch bei der *offline*-Bildgenerierung im Zusammenhang mit *Final Gathering* die Berechnungszeiten deutlich verkürzen, ohne die Bildqualität maßgeblich zu beeinflussen.

Weitere Arbeiten sind bei der Bestimmung der individuellen Texturauflösung ebenso notwendig wie bei der Behebung der Fehler an den Kanten zwischen aneinander angrenzenden Flächen. Diese beiden Probleme sind hauptsächlich für die visuellen Artefakte verantwortlich. Um eine allgemeine Alternative gegenüber dem *kd-tree* zu sein, müssen darüber hinaus auch spekulare Reflexionen berücksichtigt werden. Dies allerdings setzt voraus, das die Einfallsrichtungen aller Photonen abgespeichert wird. Dies ist nach dem derzeitigen Konzept nicht ohne Weiteres möglich. Gegebenenfalls ist es hilfreich, eine dominierende Richtung aus allen einfallenden Richtungen zu bestimmen und diese Richtung für spekulare Reflexionen zu verwenden. So kann der Speicherverbrauch auf eine zweite Textur, welche die gemittelten Richtungen speichert, pro Fläche begrenzt werden. Jede Richtung einzeln in einer Textur zu hinterlegen ist nicht möglich, da sonst n Texturen für eine Fläche benötigt werden, wobei n der maximalen Anzahl von Photonen entspricht, die ein bestimmtes Texel getroffen haben. Hochfrequente Kaustiken dürften damit dennoch nicht simulierbar sein, solange an dieser Stelle nicht eine Textur mit einem extrem hohen Auflösung verwendet wird.

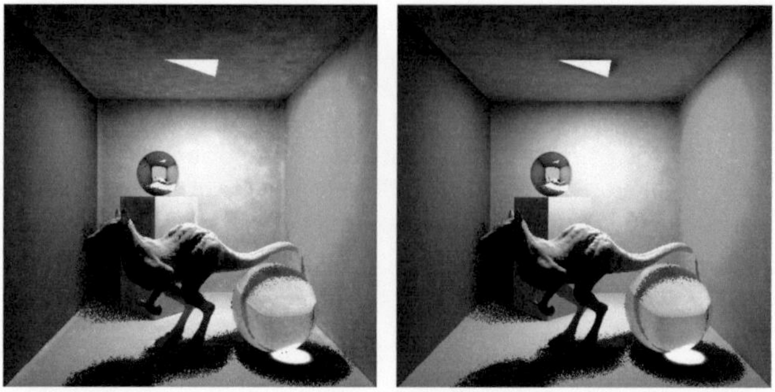

(a)

(b)

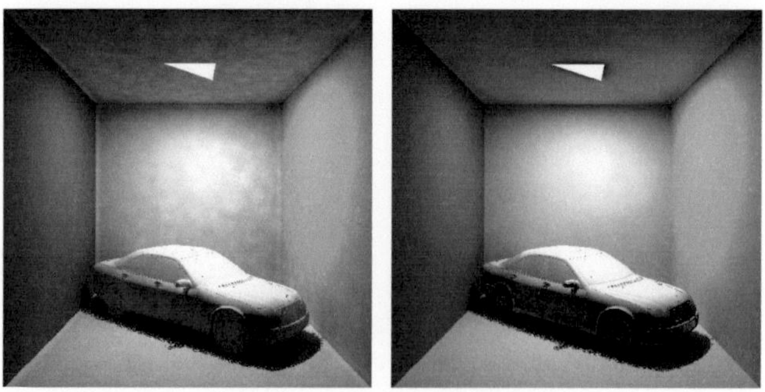

(c)

Abbildung 10.11: *Die Ergebnisbilder der entsprechenden Testszenen: Killeroo, Cornell Box und Mercedes S-Class. Links sind jeweils die Ergebnisse, welche mit dem klassischen Photon Mapping erzielt wurden, und rechts die Ergebnisse der* Photon Textures *dargestellt. Die Berechnungszeiten und weitere Information finden sich in der zugehörigen Tabelle 10.1.*

11 Interaktive Globale Beleuchtung in dynamischen Szenen

People everywhere love Windows.

(Bill Gates)

Abbildung 11.1: *Das Killeroo, zwei Kugeln und eine Box werden innerhalb der Cornell Box verschoben. Pro Bild werden ca. 17% der Photonen aktualisiert. Die Bildwiederholrate ist interaktiv bei einem visuell kaum wahrnehmbaren Fehler.*

Im vorherigen Kapitel wurde gezeigt, dass die globale Beleuchtung bereits in interaktiver Geschwindigkeit möglich ist, wenn auch noch Einschränkungen in der optischen Qualität, der visuellen Korrektheit oder der Szenengröße gemacht werden müssen. In der Annahme einer weiter steigenden Rechenleistung einzelner Computer und neuer algorithmischer Verbesserungen wird die globale Beleuchtung in Echtzeit in vielen Anwendungsfällen mit großer Wahrscheinlichkeit in den nächsten Jahren kein vordergründiges Problem mehr darstellen. Somit ist die Frage bereits an dieser Stelle angemessen, wie sich eine zukünftige Entwicklung darüber hinaus darstellt. Der nächste logische Schritt wäre die Anwendung der bereits vorgestellten Verfahren auf dynamische Szenen, da bisher stets statische Szenen angenommen wurden. Der Wunsch nach der Berücksichtigung einer dynamischen Umgebung liegt nahe, da dies das übliche Szenario für viele Applikationen ist. Nur wenige Anwendungen, beispielsweise Architekturvisualisierungen, können sich gut mit statischen Szenen arrangieren. Viele

Echtzeitvisualisierungen und insbesondere Spiele führen eine mehr oder weniger große Anzahl an dynamischen Objekten mit sich. Daher soll in diesem Kapitel der Frage nachgegangen werden, *inwieweit sich die globale Beleuchtung für dynamische Szenen im Zusammenhang mit dem Ray Tracing Algorithmus unter der besonderen Berücksichtigung einer möglichst hohen Berechnungsgeschwindigkeit eignen*. Dabei ist zu beachten, dass keine endgültige Lösung an dieser Stelle angestrebt werden kann, da die Voraussetzungen dafür noch nicht ausreichend geschaffen sind. So sind beispielsweise dynamische Szenen in Echtzeit mittels Ray Tracing selbst ohne die Verwendung einer globalen Beleuchtungssimulation immer noch eine große Herausforderung und aktuell Gegenstand der Forschung. Dies ist bisher insbesondere für nicht triviale Szenen der Fall. Weiterhin haben die Ergebnisse des vorherigen Kapitels gezeigt, dass es im Allgemeinen nicht möglich sein wird, die globale Beleuchtungssimulation für jedes Bild vollständig neu zu berechnen. Aus diesem Grund wird es zumindest in der absehbaren Zukunft unabdingbar sein, intelligente Verfahren zur Aktualisierung von Teilen der Lösung zu verwenden.

Die in diesem Kapitel vorgestellten Ergebnisse wurden in einer eigenen Publikation veröffentlicht [BÄRZ et al. 2008]. Darüber hinaus finden sich weitere Ergebnisse in [BÄRZ 2007].

11.1 Bisherige Arbeiten

Interaktive, dynamische und globale Beleuchtung fußt auf zwei Komponenten: zum Einen auf einer besonders schnellen globalen Beleuchtungssimulation und zum Anderen auf einem effizienten Aktualisierungsverfahren der bereits ermittelten Lösung. Der erste Teil wurde bereits in Kapitel 10 behandelt, somit wird in diesem Abschnitt der Fokus auf bisherige Arbeiten im Kontext der globalen Beleuchtung *dynamischer* Szenen gelegt. Offensichtlich profitiert die Behandlung von dynamischen Szenen auch von Fortschritten bei der effizienten und performanten globalen Beleuchtung unabhängig von jeder Dynamik. Im Idealfall wäre die vollständige globale Beleuchtung derart performant (oder die Hardware in der Zukunft so leistungsstark), dass für jedes Bild eine vollständige Simulation durchgeführt werden könnte. Unglücklicherweise ist der Stand der Technik davon noch weit entfernt.

In Abschnitt 11.1.1 werden Lösungsansätze präsentiert, welche auf dem Radiosity-Verfahren beruhen, während Abschnitt 11.1.2 Photon Mapping basierende Verfahren zusammenfasst. Darüber hinaus sind die Arbeiten von Walter et al. sowie von Tole et al. zu erwähnen. Diese basieren auf einem bidirektionalen Path Tracer und lassen sich daher nicht direkt in eine der beiden Gruppen einordnen. Diese Arbeiten über den *Render Cache* [WALTER et al. 1999] und den *Shading Cache* [TOLE et al. 2002] wurden bereits in Abschnitt 10.1 erläutert.

11.1.1 Auf Radiosity basierende Lösungen

Da das Radiosity-Verfahren (vgl. Abschnitt 9.2.4) die erste effiziente und erfolgreiche Technik zur globalen Beleuchtungssimulation war, liegt es nahe, dass die ersten Forschungsarbeiten zur interaktiven Bildsynthese dynamischer Szenen auf diesem Verfahren basieren.

Bereits 1986 haben Baum et al. einen Algorithmus vorgeschlagen, der darauf abzielt, dynamische Szenen schneller als bisher möglich zu simulieren. Der so genannte *Back Buffer* [BAUM et al. 1986] eignet sich allerdings lediglich, um die Simulation von Animationen mit vordefinierten Pfaden zu beschleunigen. Da für jedes einzelne Patch ein Hemi-Cube angelegt werden muss, ist dieses Verfahren bei heute üblichen Szenengrößen mit mehren hunderttausend oder Millionen von Patches völlig ungeeignet. Darüber hinaus ist die Beschränkung auf vordefinierte Animationen ein weiteres Ausschlusskriterium.

Auch der Ansatz von Bartel über die Verwendung von Informationslisten [BARTEL 1993] kann nicht auf heute übliche Szenen angewendet werden, da es sich dabei um eine Erweiterung der Full Matrix Methode handelt[1]. Neben den ursprünglichen Publikationen findet sich eine detaillierte Abhandlung des *Back-Buffer-* und des *Informationslisten-*Verfahrens in [MÜLLER 1996].

Von Chen wurde der *Incremental Radiosity* Algorithmus [CHEN 1990] als Weiterentwicklung des zu Grunde liegenden *Progressive Refinement* vorgeschlagen. Dabei wurde die Simulation weitestgehend von der Anzeige getrennt und der Vorteil des *Progressive Refinement* ausgenutzt, dass ein Bild nach jeder Relaxation dargestellt werden kann. Änderungen an der Geometrie werden somit sofort angezeigt, die Auswirkung auf die Beleuchtung wird über die Zeit nach und nach aktualisiert. Besonders vorteilhaft war eine nahtlose und besonders einfache Integration in bestehende *Progressive Refinement* Systeme.

Relativ zeitnah wurde von George et al. der *Radiosity Redistribution* Algorithmus [GEORGE et al. 1990] vorgestellt, welcher im Kern dem *Incremental Radiosity* recht ähnlich ist. Ein grundlegender Unterschied ist hierbei die strikte Trennung zwischen *Propagation*, dem klassischen Strahlungsaustausch und der *Redistribution*, die Neuverteilung von Radiosity auf Grund der Änderungen an der Szene.

Basierend auf den Ergebnissen von George und Chen haben Müller und Schöffel ein *Radiosity-Repropagation*-Verfahren [MÜLLER und SCHÖFFEL 1994] vorgeschlagen, das im Gegensatz zu den beiden vorher genannten nicht die existierende Radiosity Lösung fortführt, sondern neu berechnet. Da eine vollständige Neuberechnung sehr aufwändig ist, setzen Müller und Schöffel auf eine *Schatten-Formfaktor-Liste*. Diese Listen spei-

[1] Der Speicherbedarf beträgt die Klasse $O(n^2)$, wobei n der Anzahl der Polygone entspricht. Im Falle eines einzelnen abzuspeichernden Formfaktors pro Fläche bei einer Szene mit einer halben Millionen Dreiecke bedeutet dies einen Speicherbedarf von mehr als 900 GB. Dies berücksichtigt nur die Formfaktor Matrix des originalen Verfahrens ohne die Erweiterungen zur Behandlung der Dynamik.

chern eine Reihe von Informationen (wie die Okkluder-IDs, Formfaktoren, versendete Radiosity), die während einer initialen vollständigen Radiosity-Simulation anfallen. Wird die Szene nun modifiziert, kann zumeist die Liste ausgelesen und für die Simulation verwendet werden, so dass beispielsweise die Formfaktorberechnung entfällt. Lediglich für die modifizierte Geometrie bzw. Reflexionseigenschaften muss die Simulation neu berechnet werden. Durch diese Technik konnten Müller und Schöffel die benötigte Rechenzeit für eine Aktualisierung verkürzen, je nach Szene um mehrere Größenordnungen, verglichen mit einer vollständigen Neuberechnung. Eine effiziente Anwendbarkeit auf moderne Rechnerarchitekturen ist allerdings nicht mehr zwangsläufig gegeben, da heute die Berechnung von relativ kurzen Termen, wie z.B. einem Formfaktor, häufig schneller sein kann als das Lesen eines Wertes aus dem Speicher, wenn dieser einen *Cache Miss* verursacht.

Das *Progressive Refinement* Verfahren stösst auch ohne die genannte Erweiterung bei moderaten Szenen schnell an die Leistungsgrenzen, so dass interaktive Bildwiederholraten nicht mehr möglich sind. Drettakis et al. präsentierten mit der *Line-Space Hierarchy* [DRETTAKIS und SILLION 1997] eine Lösung, welche auf dem wesentlich effizienteren hierarchischen Radiosity aufbaut. Dabei werden die *Links* (vgl. Hierarchisches Radiosity [COHEN et al. 1986, HANRAHAN und SALZMAN 1990]) in *Shafts* zusammengefasst. Wenn nun durch eine Änderung der Szene solche *Shafts* berührt werden (z.B. eine Box wird in *Shafts* hinein- oder auch hinaus bewegt), kann der Algorithmus dadurch effizient ermitteln, welche *Links* betroffen sind, und deren Aktualisierung veranlassen. In den meisten Fällen muss so nur ein kleiner Teil der Szene berücksichtigt werden.

11.1.2 Auf Photon Mapping basierende Verfahren

Selective Photon Tracing Die grundlegende Pionierarbeit von interaktiven Aktualisierungen der globalen Beleuchtungssimulation im Bezug auf Photon Mapping basierende Ansätze stammt von Dmitriev et al. [DMITRIEV et al. 2002]. Durch die Verwendung von Quasi-Monte Carlo Sampling war Dmitriev in der Lage, die Bahnen von Photonen eindeutig zu steuern und zu rekonstruieren, ohne damit einen systematischen Fehler einzuführen. Mit Hilfe der multidimensionalen Halton-Sequenzen (siehe Abschnitt 9.3) und damit einhergehender Nutzung der Periodizität können Photonengruppen geschaffen werden, die eine gewisse räumliche Kohärenz aufweisen. Die Anzahl der Photonen für eine Szene wird dabei auf eine Zahl festgelegt, welche sich über die Zeit nicht mehr ändert. Diese Gesamtmenge der Photonen wird in N_G gleich große Gruppen unterteilt. Jede dieser Gruppen verfügt über eine kleine Anzahl an *Pilot*photonen und eine größere Anzahl an *Corrective*-Photonen. Durch oben erwähnte Halton-Sequenzen wird für die Photonen dieser Gruppen gewährleistet, dass sie einen ähnlichen Pfad durch die Szenen nehmen. So können nach einer Modifikation der Szenengeometrie durch die Pilotphotonen ungültige Gruppen ermittelt werden. Bei Bedarf werden die betroffenen Gruppen neu verschossen. Auf diese Weise ist es möglich, nur einen, je nach Szene, geringen Anteil aus der Gesamtmenge der Photonen neu verfolgen zu müssen. Ist die Menge der ungültigen, also neu zu verschießenden Photonen zu groß, kann pro Bild eine gewisse Anzahl von Gruppen neu versendet werden, abhängig von der verfügbaren Hardware. Zusätzlich ergibt sich dabei eine Priorisierung durch die Anzahl der Pilotphotonen, welche eine ungültige Gruppe melden. So sollte beispielsweise eine Gruppe mit vielen Photonen deren Pfade veraltet sind, früher aktualisiert werden, als eine mit wenigen. Weiterhin wurden die Techniken des *Density Estimation Particle Tracing* Frameworks [VOLEVICH et al. 2000] angewandt (was auf der Arbeit von Heckbert basiert [HECKBERT 1990]), so dass der Lichtstrom nicht bei den Photonen selbst gespeichert wird, sondern direkt an den Eckpunkten der Meshes. Dies hat den Vorteil, dass keine Datenstruktur wie der *kd-tree* nötig ist, um die Photonen zu organisieren. Daher entfällt eine teure Balancierung sowie Traversierung. Zusätzlich sind damit optimale Bedingungen geschaffen, um eine Wiedergabe mittels der Grafikhardware zu realisieren. Die direkte Beleuchtung und die harten Schatten werden in diesem Falle ebenfalls von der Grafikhardware berechnet. Allerdings führt diese Optimierung zu der Notwendigkeit einer hohen Tessellierung der Szene und zu nicht optimal akkuraten Ergebnissen. Insbesondere von Nachteil ist, dass nur diffuse Interreflexionen von Dmitriev berücksichtigt wurden.

Realtime Caustics Using Distributed Photon Mapping Eine ähnliche Idee [GÜNTHER et al. 2004] verfolgen Günther et al. Dabei werden Pilotphotonen verwendet, um Pfade ausfindig zu machen, welche in Kaustiken resultieren. Auch hier werden die periodischen Eigenschaften der Halton-Sequenzen ausgenutzt, um gezielt die Anzahl der Kaustik-Photonen zu erhöhen und somit eine bessere Qualität des Phänomens erreichen zu können, ohne dabei den gesamtem Raum mit einer großen Menge an Photonen zu fluten. Unter der Verwendung von höherdimensionalen Halton-Sequenzen wird es sogar möglich, die Qualität von indirekten Kaustiken gezielt zu erhöhen, etwa die Kaustik, die entsteht, wenn Licht gebrochen wird, das diffus von einer anderen Geometrie reflektiert wird.

Selektive Photonen Emission Der ursprüngliche Ansatz von Dmitriev leidet unter den oben erwähnten Einschränkungen: Eine stark tessellierte Szene wird vorausgesetzt, kein *final gathering* verwendet und nur diffuse Interreflexionen bei der Verfolgung der Photonen berücksichtigt. Diese Probleme wurden von Larsen und Christensen [LARSEN und CHRISTENSEN 2004] behandelt.

Larsen und Christensen heben die Unterteilung in Korrektur- und Pilotphotonen auf und verwenden statt dessen jeweils ein einzelnes Photon pro Gruppe als Pilot. Auf einer pro Bild-Basis wird nach einer *Round Robin*-Weise das nächste Pilotphoton ausgewählt. Zusätzlich wird zu jedem einzelnen Photon der komplette Pfad abgespeichert, den es durch die Szene genommen hat. Wird bei einem Pilot eine Abweichung in seinem Pfad festgestellt, wird die Gruppe neu versendet. Auch auf den Oberflächen werden die

Photonen gespeichert, die dort einmal auftreffen. So können die zu invalidierenden Gruppen bei einer Änderung der Geometrie effizient ausgemacht werden. Larson und Christensen konnte weiterhin zeigen, dass der Speicherverbrauch für die zusätzliche Datenstruktur, dank des russischen Roulettes und der daraus resultierenden kurzen Photonenpfade moderat bleibt.

Selective Photon Tracing in Participating Media Eine weitere Arbeit [JIMÉNEZ et al. 2005], welche auf dem *Selective Photon Tracing* Algorithmus basiert, stammt von Jiménez et al. Dabei werden in Analogie zum Ansatz von Günther Pilotphotonen verwendet, speziell um Regionen mit dynamischen „participating media" in der Szene ausfindig zu machen. Um den Aktualisierungsvorgang zu beschleunigen, speichert er dabei die Treffer eines jeden Photons ab. Für diese Arbeit spielt der Ansatz allerdings keine Rolle, da eine Abgrenzung zu „participating media" vorgenommen wurde.

11.1.3 Zusammenfassung und Bewertung

Die vorgestellten Radiosity-Algorithmen werden im Rahmen dieser Arbeit, auf Grund der inhärenten Nachteile dieses Algorithmus, wie bereits in Abschnitt 9.2.4 erläutert, nicht weiter verfolgt. Insbesondere die Beschränkung auf diffuse Oberflächen ist der heutigen Zeit nicht mehr angemessen und würde somit in jedem Fall neben einer hoch optimierten Radiosity-Lösung noch ein weiteres Verfahren zur Simulation von nicht diffusen Reflexionen benötigen. Zusätzlich ist auch die Notwendigkeit einer Tessellierung nicht wünschenswert, da viele der in Kapitel 5 erarbeiteten Vorteile im Zusammenhang mit NURBS-Flächen nicht genutzt werden könnten.

Dahingegen stellen auf Photon-Mapping basierende Verfahren prinzipiell einen geeigneten Kandidaten für die globale Beleuchtung dynamischer Szenen dar, wie bereits in Abschnitt 9.4 argumentiert wurde. Der *Selective Photon Tracing* Algorithmus [DMITRIEV et al. 2002] verspricht von den vorgestellten Ansätzen zur Verwendung und Weiterentwicklung in AUGENBLICK am besten geeignet zu sein. Die bestehende Photon Mapping Lösung für statische Szenen aus Kapitel 10 kann entsprechend erweitert werden, wie im Folgenden dieses Kapitels dargestellt. Dennoch muss, um den in Abschnitt 9.1 gestellten Anforderungen zu genügen, auf die Speicherung der Photonen direkt bei den Meshes verzichtet werden. Zusätzlich sollen auch nicht-diffuse Interreflexionen berücksichtigt werden. Der im Rahmen dieser Arbeit vorgestellte Ansatz basiert daher sowohl auf den Ideen von Dmitriev et al. als auch auf denen von Larson und Christensen. Die Herausforderung besteht darin, eine hohe Bildwiederholrate zu gewährleisten, obwohl eine Datenstruktur für die Photonen aufgebaut bzw. aktualisiert und ausgelesen werden muss.

11.2 Ansatz

In diesem Abschnitt wird der Ansatz vorgestellt, mit dem dynamische Szenen einer globalen Beleuchtungssimulation unterzogen werden können, unter Beibehaltung einer möglichst hohen Bildwiederholrate. Dazu ist in erster Linie eine schnelle globale Beleuchtungssimulation für statische Szenen erforderlich, wie dies im vorherigen Kapitel 10 vorgestellt wurde. Darüber hinaus ist zu erwarten, dass pro Bild oftmals zumindest Teile der errechneten Lösung auf Grund der Dynamik einer Szene neu berechnet werden müssen. Da, wie erläutert, bisher die vollständige Neuberechnung auf einer pro Bild Basis im Allgemeinen nicht ausreichend schnell ist, wird es erforderlich sein, die Teile neu zu berechnen, welche ungültig geworden sind. Leider wird auf Grund der diffusen Interreflexionen allein die Modifikation eines sehr kleinen Teils einer Szene genügen, um prinzipiell einen großen Teil der Szene zu invalidieren. Glücklicherweise aber sind die visuellen Änderungen für das menschliche Auge nicht immer sichtbar, weswegen sich zu berechnende Aktualisierungen in einer Szene hervorragend priorisieren lassen. Das Maß dafür stellt dabei das menschliche Wahrnehmungsvermögen dar.

Für eine performante Berechnung ist auch in diesem Kontext eine Parallelisierung unerlässlich. Da Photonen nicht untereinander interagieren[2], ist die Realisierung mittels mehren Threads trivial und wird stets angewandt. Die Parallelisierung auf Instruktionsebene mittels SIMD gestaltet sich schwieriger und wurde bisher von den meisten Forschern gemieden. Wie zuvor erläutert wurde, erfordert die effiziente Ausnutzung der SIMD-Einheit kohärente Strahlen bzw. Photonen-Pakete. Allerdings verhalten sich Photonen, ähnlich wie beim Path Tracing, in der Regel höchst inkohärent, da beispielsweise bei jeder diffusen Reflexion eine mehr oder weniger zufällige Richtung der Hemisphäre gewählt wird. An dieser Stelle greift allerdings der Vorteil der Halton-Sequenzen, welche es ermöglichen, Photonen-Pakete zu erzeugen, welche bis zu einem gewissen Maß kohärent bleiben, ohne dabei einen systematischen Fehler einzuführen.

Jeweils vier Photonen werden in SIMD-freundlichen *PhotonPackets* gespeichert. Diese werden in einem *PhotonPool* abgelegt, welcher alle Photonen global verwaltet. Um den zusätzlichen Aufwand der Thread-Synchronisation möglichst gering zu halten, werden *PhotonPackets* in *PhotonBundles* zusammengefasst. Die Threads erhalten von dem Pool jeweils ein solches Bundle, um dieses dann durch die Szene zu verfolgen. Bevor das eigentlich Ray Tracing der Sehstrahlen beginnt, werden alle *PhotonThreads* an einer Barriere synchronisiert. Die einzelnen erwähnten Komponenten sind in Abschnitt 11.3 erläutert, soweit dies zum Verständnis dieser Arbeit nötig ist.

Die Photonen werden mittels Quasi-Zufallszahlen, welche durch Halton-Sequenzen erzeugt werden, verfolgt. Im Unterschied zu Kapitel 10 werden allerdings klar definierte Indizes verwendet, um die Pfade der Photonen durch die Szene deterministisch zu

[2] Genau genommen, können auch Photonen sich gegenseitig beeinflussen, z.B. durch eine Kollision. Derartige Effekte treten allerdings so selten auf, dass sie für die visuelle Wahrnehmung des Menschen keine Rolle spielen.

gestalten. Dies bedeutet, dass der vollständige Weg eines bestimmten Photons durch die Halton Sequenzen reproduzierbar wird. Durch Pilotphotonen können nun Gruppen von Photonen bestimmt werden, deren Positionen durch eine Modifikation der Szene wohlmöglich ungültig geworden sind, was wiederum in der Konsequenz zu einer Neuverteilung der Photonen dieser Gruppe führt. Die einzelnen Schritte, die dazu nötig sind, werden in den folgenden Abschnitten im Detail erläutert.

11.3 Photonen-Pool

In Anlehnung an *Selective Photon Tracing* wird auch in dem hier vorgestellten Ansatz ein fester Pool von N Photonen während der gesamten Laufzeit verwendet. Die Photonen einer jeden Lichtquelle werden mit einem eindeutigen Index i durchnummeriert. Dabei fungiert dieser Index i als Argument für die multidimensionale Halton-Sequenz. Der letztendliche Pfad eines Photons durch die Szene ergibt sich somit aus dem Index i und den verwendeten Basen. Die initiale Richtung (repräsentiert durch die Kugelkoordinaten θ und ϕ) wird dabei durch die Basen zwei und drei bestimmt, während die Basen fünf und sieben für die Berechnung der Position auf der Lichtquelle Verwendung finden. Weitere Basen können für Interreflexionen benutzt werden. Durch die Verwendung der deterministischen Zufallszahlen wird der Pfad des Photons durch die Szene ebenfalls deterministisch und somit reproduzierbar.

11.3.1 Struktur des Photonen-Pools

Die folgende Tabelle zeigt die Organisation des Pools mit anschließender Erläuterung der wichtigsten Begriffe.

Pool Der Pool umfasst alle N Photonen und gliedert sich dabei in N_B Bundles.

Lights Die Szene wird von N_L Lichtquellen beleuchtet, wobei jede Lichtquelle einen eigenen eindeutigen Index *LightId* führt. Jede Lichtquelle verwendet den gleichen Indexraum über eine gleiche Anzahl von N_G Gruppen. Damit ergibt sich die Gesamtanzahl an Bundles durch $N_B = N_L \cdot N_G$.

Bundle Ein einzelnes Bundle speichert nach Tabelle 11.1 eine eindeutige *BundleId* ab, mit der es innerhalb des Pools identifiziert werden kann. Zusätzlich führt jedes Bundle eine *LightId*, mit Hilfe derer die zugehörige Lichtquelle und somit der Lichtstrom pro Photon bestimmt werden kann. Die *GroupId* letztlich dient der Generierung der N_P *PacketIds*, d.h. jedes Bundle speichert eine Gruppe an Photonen.

Group Eine Gruppe besteht aus N_P *Packets*, von denen jedes wiederum vier Photonen speichert. Die Gesamtheit aller Gruppen einer Lichtquelle muss den Indexraum

BundleId	*LightId*	*GroupId*	*PacketIds*			
0	0	N_G	N_G	$2N_G$	$\cdots$	$N_P N_G$
1		1	1	N_G+1	$\cdots$	$(N_P-1)N_G+1$
$\vdots$		$\vdots$	$\vdots$	$\vdots$	$\ddots$	$\vdots$
N_G-1		N_G-1	N_G-1	$2N_G-1$	$\cdots$	$N_P N_G-1$
N_G	1	N_G	N_G	$2N_G$	$\cdots$	$N_P N_G$
N_G+1		1	1	N_G+1	$\cdots$	$(N_P-1)N_G+1$
$\vdots$		$\vdots$	$\vdots$	$\vdots$	$\ddots$	$\vdots$
$2N_G-1$		N_G-1	NG_1	$2N_G-1$	$\cdots$	$N_P N_G-1$
$\vdots$	$\vdots$	$\vdots$	$\vdots$	$\vdots$	$\ddots$	$\vdots$
$(N_L-1)N_G$	N_L-1	N_G	N_G	$2N_G$	$\cdots$	$N_P N_G$
$(N_L-1)N_G+1$		1	1	N_G+1	$\cdots$	$(N_P-1)N_G+1$
$\vdots$		$\vdots$	$\vdots$	$\vdots$	$\ddots$	$\vdots$
N_B-1		N_G-1	N_G-1	$2N_G-1$	$\cdots$	$N_P N_G-1$

Tabelle 11.1: *Struktur des* Photon Pools. *Jede Zeile beschreibt ein Bundle.*

fortlaufend durchnummerieren, da sonst ein systematischer Fehler eingeführt wird. Alle *PacketIDs* lassen sich aus der *GroupId* generieren, welche zusammen, bei dem Bundle abgelegt ist. Die erste *PacketId* ist identisch mit der *GroupId*, alle nachfolgenden Pakete haben einen Abstand von N_G im Indexraum (vgl. Abschnitt 11.3.2). Die Wahl eben dieses Abstandes ermöglicht die Erzeugung kohärenter Gruppen.

Packet Ein Paket speichert jeweils vier Photonen zusammen, um eine effiziente Verwendung im Zusammenhang mit SIMD-Instruktionen zu gewährleisten. Auch die Zusammensetzung der Pakete hat Auswirkungen auf die Ausführungsgeschwindigkeit der globalen Beleuchtungssimulation.

11.3.2 Struktur der Photonenpakete

Auf Grund der Wichtigkeit der Photonenpakete wird in diesem Abschnitt näher auf diese eingegangen. Wie aus Tabelle 11.1 deutlich wird, sind jeder Lichtquelle N_G Gruppen mit jeweils N_P Photonenpaketen, also $N_P \cdot 4$ Photonen zugeordnet. Die Kohärenz innerhalb einer Gruppe ist prinzipiell umso größer, je deutlicher der Abstand zwischen zwei Elementen im Indexraum ist, vorausgesetzt, es ist ein Vielfaches der Basis. Im Rahmen dieser Arbeit beträgt der Abstand zwischen zwei benachbarten Photonen einer Gruppe stets N_P (vgl. Tabelle 11.2). Daher sind die Photonen innerhalb einer Gruppe nicht fortlaufend nummeriert. Um einen systematischen Fehler zu vermeiden, müssen alle Gruppen einer Lichtquelle berücksichtigt werden, da sie in ihrer Gesamtheit wieder eine fortlaufende Nummerierung ergeben.

	Indexraum			
PacketId	*Element*$_1$	*Element*$_2$	*Element*$_3$	*Element*$_4$
1	1	$N_G \cdot N_P + 1$	$2 \cdot N_G \cdot N_P + 1$	$3 \cdot N_G \cdot N_P + 1$
2	2	$N_G \cdot N_P + 2$	$2 \cdot N_G \cdot N_P + 2$	$3 \cdot N_G \cdot N_P + 2$
$\vdots$	$\vdots$	$\vdots$	$\vdots$	$\vdots$
$N_G \cdot N_P$	$N_G \cdot N_P$	$2 \cdot N_G \cdot N_P$	$3 \cdot N_G \cdot N_P$	$4 \cdot N_G \cdot N_P$

Tabelle 11.2: *Struktur der Photonenpakete*

Wie erwähnt ist die Wahl des Abstandes zwischen zwei Photonen von großer Bedeutung für die Kohärenz. Der Grad der Ähnlichkeit der durch die Halton-Sequenz erzeugten Zufallszahlen nimmt mit der Potenz der Basis zu. Wenn zwei Zufallszahlen einen Abstand von beispielsweise 3^6 haben, ist der Betrag der höchsten Differenz zweier solcher Zufallszahlen maximal $\frac{1}{3^6}$. Wird eine Kohärenz über mehre Dimensionen gewünscht, so muss der Abstand ein Produkt der Potenzen der Basen sein. Somit muss der Abstand N_G entsprechend gewählt werden, so dass zum einen eine gute Kohärenz erzielt wird, zum anderen aber die Anzahl der Photonen einer Gruppe überschaubar bleibt.

(a) $N_G = 420$ (b) $N_G = 432$

Abbildung 11.2: *Veranschaulichung der unterschiedlichen Kohärenz von SIMD-Paketen bei den Gruppengrößen 420 als Produkt von $2^2, 3, 5$ und 7, bzw. 432 als Produkt von 2^4 und 3^3.*

Es hat sich gezeigt, dass die Anzahl N_G der Gruppen mit 420 als Produkt von $2^2, 3, 5$ und 7 eine gute Wahl für die meisten Anwendungsfälle darstellt. Zusammen mit $N_P = 288$ $(2^5 \cdot 3^2)$ konnte eine gute Kohärenz über die ersten vier Dimensionen erzielt werden. In Abbildung 11.2 wird die Kohärenz der Photonenpakete graphisch illustriert.

Dabei ist in Abbildung 11.2a deutlich zu sehen, dass die Primärpartikel (rot gefärbt) durchaus sehr nah beieinander liegen. Nach einer zweiten Oberflächeninteraktion (grün) ist immer noch eine gewisse räumliche Nähe zu erkennen, während ab der dritten Interaktion (blau) die Kohärenz kaum noch gegeben ist. Dagegen ist bei Abbildung 11.2b die Kohärenz der Primärpartikel so enorm, dass sie fast auf einen Punkt abgebildet werden (in der Tat überschneiden sich die roten Punkte vierfach, so dass sie wie einer erscheinen). Allerdings ist die weitere Kohärenz bereits ab der nächsten Rekursionstiefe nicht mehr gegeben.

(a) $N_G = 420$ (b) $N_G = 432$

Abbildung 11.3: *Veranschaulichung der unterschiedlichen Kohärenz einer einzelnen Gruppe bei einer Gruppengröße von 420 als Produkt von $2^2, 3, 5$ und 7, bzw. 432 als Produkt von 2^4 und 3^3.*

Die Kohärenz lässt sich gleichermaßen für ganze Gruppen zeigen. In Abbildung 11.3 wurde unter derselben farblichen Markierung eine vollständige Gruppe visualisiert. Die Parameter für N_G und N_P wurden entsprechend dem vorherigen Beispiel gewählt. Erwartungskonform kann beobachtet werden, dass die Kohärenz in Abbildung 11.3a über zwei diffuse Reflexionen gut erhalten bleibt, während bei der dritten Reflexion der Zusammenhalt nicht mehr besteht. In Abbildung 11.3b wurde eine extrem hohe Kohärenz für die Primärphotonen auf Kosten der Kohärenz nach der ersten diffusen Reflexion erkauft: Die rot markierten Photonen liegen extrem dicht beieinander, aber schon die grünen weisen keinen Zusammenhalt mehr auf.

11.3.3 Generierung der Photonen

Die Generierung der Photonen unterscheidet sich nicht besonders von einem üblichen Verfahren, wie z.b. dem in [JENSEN 2001] vorgestellten, üblichen Verfahren. Einige Differenzen ergeben sich allerdings aus der Verwendung der Halton-Sequenzen. Zunächst ist die Generierung einer Zufallszahl mittels der Halton-Sequenz um einiges rechenintensiver als übliche Zufallszahlen durch beispielsweise den `rand()` Befehl. Da die Anzahl der benötigten Zufallswerte schnell mehrere Millionen beträgt, werden bei diesem Ansatz die Photonen mit ihrer Position auf deren Lichtquellen und ihrer primären Richtung vorberechnet und, solange möglich, stets wieder verwendet. Im Falle einer Transformation einer Lichtquelle oder einer Änderung der Lichtstärkeverteilungskurve müssen die entsprechenden Photonenpositionen bzw. -richtungen neu berechnet werden.

Das Sampling der Position sowie der Richtung ist dabei identisch mit dem bisherigen Verfahren mit der Ausnahme, dass nun Zufallszahlen der Halton-Sequenzen verwendet werden. Dafür muss zum einen ein eindeutiger Index bekannt sein, welcher in den Photonenpaketen bereits hinterlegt ist (siehe Tabelle 11.2). Zum anderen muss eine Basis festgelegt werden. Die Wahl dieser Basis, im Zusammenhang mit dem Indexabstand zweier Photonen, hat weitreichende Konsequenzen für die Kohärenz des zu generierenden Photons. Beispielsweise reicht für die Generierung der Positionen auf einer Lichtquelle eine weniger starke Kohärenz als für die Richtungen aus. Von daher haben sich die Basen 5 und 7 für die Generierung der Position sowie die Basen 2 und 3 für die Richtung als sinnvoll erwiesen. Demnach wird für ein Photonenpaket die Position mit folgenden Zufallszahlen bestimmt:

$$qrn_1 = (\Phi_5(P_{Id}), \Phi_5(N_G N_P + P_{Id}), \Phi_5(2N_G N_P + P_{Id}), \Phi_5(3N_G N_P + P_{Id}))$$
$$qrn_2 = (\Phi_7(P_{Id}), \Phi_7(N_G N_P + P_{Id}), \Phi_7(2N_G N_P + P_{Id}), \Phi_7(3N_G N_P + P_{Id}))$$

Analog ergibt sich für die Richtungen:

$$\xi_1 = (\Phi_2(P_{Id}), \Phi_2(N_G N_P + P_{Id}), \Phi_2(2N_G N_P + P_{Id}), \Phi_2(3N_G N_P + P_{Id}))$$
$$\xi_2 = (\Phi_3(P_{Id}), \Phi_3(N_G N_P + P_{Id}), \Phi_3(2N_G N_P + P_{Id}), \Phi_3(3N_G N_P + P_{Id}))$$

Dabei entsprechen die Argumente den zuvor berechneten Indizes aus Tabelle 11.2. Der Index des ersten Photons stimmt dabei mit der *PacketId* überein. Der Abstand zum jeweils nächsten Photons beträgt demnach $N_G \cdot N_P$. Die vier erzeugten Tupel repräsentieren dabei die Zufallswerte ξ aus der Gleichung zur Erzeugung einer zufälligen Richtung der Hemisphäre in Kugelkoordinaten:

$$\vec{\omega} = (\theta, \phi) = (\cos^{-1}(\sqrt{\xi_1}), 2\pi\xi_2)$$

11.3.4 Beispiel

Es zeigt sich, dass die Werte $N_G = 420$ und $N_P = 288$ für viele Szenarien sinnvoll sind. Dies bedeutet, dass zwei benachbarte Photonen in einem Paket einen Abstand von jeweils 120 960 im Indexraum haben. Wie erwähnt, werden zunächst vor der Bildsynthese alle Positionen und Richtungen aller Photonen vorberechnet. Dies bedeutet, dass über alle Gruppen aus Tabelle 11.1 von 1 bis N_G, also 420, und somit für jede Gruppe wiederum über alle Pakete zu iterieren ist.

Für die Gruppe mit der Id 117 beispielsweise müssen Photonenpakete mit den folgenden Ids berechnet werden:

$$117, 537, 957, ..., 120\,217, 120\,657.$$

Weiterhin haben die Photonen innerhalb des Pakets mit der Id 957 so dann die folgenden vier Ids:

$$957, 121\,917, 242\,877, 363\,837.$$

Wird nun dieses Paket herangezogen, um die Richtungen zu bestimmen, so ergeben die Indizes der Reihe nach mit den Basen 2 und 3 die folgenden Quasi-Monte Carlo Zufallszahlenpaare: (0.7412/0.1815), (0.7353/0.1575), (0.7390/0.1647), (0.7371/0.1735).

11.4 Photonen-Speicherung

Die Photonen werden wie auch bei dem üblichen Photon Mapping-Verfahren gespeichert, so dass sich in erster Konsequenz keine direkten Unterschiede ergeben. Allerdings resultieren aus einer möglichst effizienten Implementierung andere Prioritäten. So sind bei dem Photon-Mapping für statische Szenen die eigentliche Verfolgung der Photonen und auch der Aufbau des *kd-tree* der Vorverarbeitung zugeordnet. Von daher ist eine hohe Performanz an dieser Stelle zwar durchaus erwünscht, aber nicht unbedingt zwingend erforderlich. Anders verhält sich dies natürlich beim dynamischen Photon Mapping. Eventuelle Vorteile, die durch die Verwendung von Halton-Sequenzen bei der Verfolgung von Photonen erreicht werden, können leicht wieder durch eine unzureichende Geschwindigkeit beim *kd-tree* Aufbau zunichte gemacht werden. Die Konstruktion des *kd-tree* ist zunächst einmal für jedes Bild erforderlich, sobald mindestens eine Gruppe der Photonen aktualisiert werden muss (siehe Abschnitt 11.5). Nicht zuletzt aus diesem Grund wird der in dieser Arbeit vorgestellte dynamische Photon Mapping-Algorithmus ebenfalls auf die Photon-Textures [ABERT et al. 2007] (vergleiche Kapitel 10) angewendet. Darüber hinaus werden klassische Photon Maps verwendet, sowohl im Stil von Jensen [JENSEN 2001] wie auch von Pharr und Humphreys [PHARR und HUMPHREYS 2004].

Photonen werden in allen Fällen, wie üblich, bei Treffern auf diffusen Oberflächen gespeichert. Die so genannten Kaustik-Photonen werden dabei stets in einer Kaustik-Photon-Map hinterlegt, da selbst hohe Auflösungen der *Photon Textures* dafür nicht geeignet sind. Alle anderen Photonen werden je nach Wahl entweder in einer globalen Photon Map abgelegt oder in einer *Photon Texture*. An dieser Stelle ergeben sich keine Unterschiede zu den Ansätzen, wie sie in statischen Szenen realisiert werden. Das gilt auch für die Konstruktion des *kd-tree*, sowie der Rekonstruktion der reflektierten Leuchtdichte.

11.5 Selektive Aktualisierung der globalen Beleuchtung

Die globale Beleuchtungssimulation einer Szene muss unter verschiedenen Umständen aktualisiert werden. In Abhängigkeit des Typs der Modifikation an der Szene hat dies unterschiedliche Anforderungen an den Aktualiserungs-Schritt. Im Folgenden sind alle berücksichtigen Möglichkeiten kurz erläutert:

Kamera Die Modifikation der Kameraposition oder anderer Parameter berührt die Lichtsimulation nicht. Einige wenige Algorithmen [VEACH und GUIBAS 1997] berücksichtigen explizit Pfade zur Kamera, jedoch spielt dies im Kontext von AUGENBLICK keine Rolle.

Geometrie Die Modifikation der zu Grunde liegenden Geometrie ist ein üblicher Anwendungsfall. Geometrie kann hinzugefügt, transformiert oder gelöscht werden. In jedem dieser Fälle ist es nötig, die Beschleunigungsdatenstruktur neu zu bestimmen, sowie die Pfade ungültiger Photonen auszumachen und deren Gruppen neu zu verfolgen.

Lichtquellen Mögliche Änderungen an den Lichtquellen beziehen sich auf deren Position, Orientierung sowie deren LVK. Wird lediglich der Lichtstrom einer Lichtquelle modifiziert, müssen keine Photonen neu verschossen werden, da es genügt, den Lichtstrom der betroffenen Photonen neu zu skalieren. Dies beinhaltet auch die Extremfälle des Ein- bzw. Ausschaltens. Alle anderen Änderungen invalidieren die gesamten Photonen, die von dieser Quelle ausgehen, und erfordert dementsprechend eine Neuverfolgung.

Materialien Die Modifikation kann einfach unterstützt werden, wenn sich dadurch die Pfade, die durch das russische Roulette ermittelt wurden, in ihrer Verteilung nicht ändern. In diesem Fall können vorhandene Lichtströme der Photonen neu skaliert werden. Ändern sich jedoch die Wahrscheinlichkeiten für das russische Roulette, müssen alle Photonen und somit Gruppen neu verschossen werden, die mit diesem Material interagieren.

Die folgenden Abschnitte erläutern die genaue Funktionsweise der selektiven Aktualisierung der globalen Beleuchtungssimulation.

11.5.1 Pilotphotonen

Eine wichtige Rolle bei der Bestimmung von ungültigen Gruppen spielen die Pilotphotonen, wie sie auch in [GÜNTHER et al. 2004] vorgestellt wurden. Dabei wird eine gewisse Anzahl von Photonen pro Gruppe als Piloten behandelt. Als eine sinnvolle Menge hat sich dabei etwa 6 bis 10 Photonen pro Gruppe erwiesen. Mehr Piloten bedeuten einen größeren Rechenaufwand, aber eine genauere Identifizierung von invalidierten Gruppen.

Für jedes Pilotphoton wird für jeden Treffer auf einer Oberfläche eine Prüfsumme abgelegt. Diese Prüfsumme kann beispielsweise aus der Summe der baryzentrischen Koordinaten des Schnittpunktes bzw. der entsprechenden Parameterwerten bei B-Spline-Flächen bestimmt werden. Sollte für ein Photon mindestens eine der gespeicherten Prüfsummen nicht mit der aktuellen Prüfsumme während der Neuverfolgung übereinstimmen, wird dies als eine für diese Gruppe relevante Modifikation der Szene gewertet. Dabei sollte eine Abweichung zu Beginn der Verfolgung (bei Rekursionstiefe 0 oder 1) stärker berücksichtigt werden, da Fehler dort stärker visuell wahrnehmbar sind als nach mehreren diffusen Interreflexionen.

11.5.2 Photonenpfade

Für bestimmte Aktualisierungen ist es vorteilhaft, den gesamten Pfad aller Photonen zu speichern. Je nach Anzahl der zu verfolgenden Photonen mit einer gewissen maximalen Rekursionstiefe kann dies zu einem stark erhöhten Speicherverbrauch führen. Im Gegenzug bietet die Verwendung der Photonenpfadinformationen aber eine sehr hohe Beschleunigung der Bildwiederholrate, wenn beispielsweise der Lichtstrom einer Lichtquelle modifiziert wird. Insbesondere lässt sich dadurch das Ein- bzw. Ausschalten von Lichtquellen hervorragend simulieren.

Für eine Photonenpfadtabelle wird pro Photon für jede Oberflächeninteraktion gespeichert, welche Fläche getroffen wurde, welches Photon involviert ist (ein Index in das Array aller Photonen) und welcher Wert an dieser Stelle für das russische Roulette ermittelt wurde. Wird nun beispielsweise eine Lichtquelle ausgeschaltet, also deren Lichtstrom auf Null gesetzt, so bleiben die Pfade aller Photonen identisch, aber der transportierte Lichtstrom muss entsprechend auf Null skaliert werden. Mittels der Photonenpfadtabelle können nun für alle Photonen dieser Lichtquelle die Pfade rekonstruiert werden, die diese durch die Szene genommen haben. Anhand der jeweils abgelegten Indizes können die Lichtströme der im *kd-tree* oder Photon-Texture gespeicherten Photonen aktualisiert werden. So kommt eine derartige Szenenmodifikation vollständig ohne eine erneutes Verfolgen von Photonen aus. Tabelle 11.3 zeigt den Aufbau der Photonenpfadtabelle.

Tiefe	PacketId_1	PacketId_2	...	$\text{PacketId}_{N_B N_P}$
0	bounce_0	bounce_0	...	bounce_0
1	bounce_1	bounce_1	...	bounce_1
2	NULL	bounce_2	...	bounce_2
⋮	⋮	⋮	...	⋮
max	NULL	bounce_{max}	...	NULL

Tabelle 11.3: *Aufbau der Photonenpfadtabelle*

11.5.3 Bestimmung von invalidierten Gruppen durch Pilotphotonen

Wann immer die Szenengeometrie modifiziert wird, gilt es im Folgenden, die Teilmenge der Photonen ausfindig zu machen, welche nicht mehr korrekt sind und daher aktualisiert werden müssen. Ein einfaches Beispiel ist ein neuer Okkluder, der eine Lichtquelle verdeckt. Somit kommt eine gewissen Anzahl an Photonen auf der neuen Fläche zum Liegen, welche wiederum die indirekte Beleuchtung ändert. Auf der zuvor beleuchteten Fläche muss hingegen ein Schatten (oder Halbschatten) entstehen.

Wie bereits erläutert, werden nach jeder Szenenmodifikation, die sich auf die Photonen auswirken könnte, jeweils die Pilotphotonen der einzelnen Gruppen verfolgt, um so Änderungen der Szene auszumachen. Da für nicht triviale Szenen die Rechenleistung in fast allen Fällen nicht ausreichend ist, um möglicherweise alle invalidierten Gruppen zu aktualisieren, bietet sich die Verwendung einer Prioritätsschlange an. Dabei wird für jede Gruppe die Anzahl der ungültigen Pilotphotonen gezählt, also die Pilotphotonen, deren Pfad durch die Szene nicht mehr mit dem zuvor gespeicherten übereinstimmt. Die Anzahl der invalidierten Pilotphotonen wird ebenfalls über die Zeit mitgeführt, so dass sich mehrere geringfügige Modifikationen akkumulieren können. In Abhängigkeit der Leistungsfähigkeit des Rechners und der gewünschten Antwortzeit können pro Bild eine geringere oder größere Anzahl an Gruppen neu verfolgt werden. Nach jeder Aktualisierung einer Gruppe wird entsprechend deren Priorität zur Aktualisierung wieder auf 0 reduziert. Über einen intuitiven Benutzerparameter lässt sich die Anzahl der neu zu verfolgenden Gruppen einstellen, womit ein Kompromiss zwischen Geschwindigkeit und Qualität einfach geschlossen werden kann. Abbildung 11.4 veranschaulicht das Prinzip.

11.5.4 Bestimmung von invalidierten Gruppen durch Trefferlisten

Zusätzlich zu den Pilotphotonen können einige Szenenmodifikationen unmittelbar die Priorität der entsprechenden Gruppen erhöhen. Der einfachste Fall ist die Translation

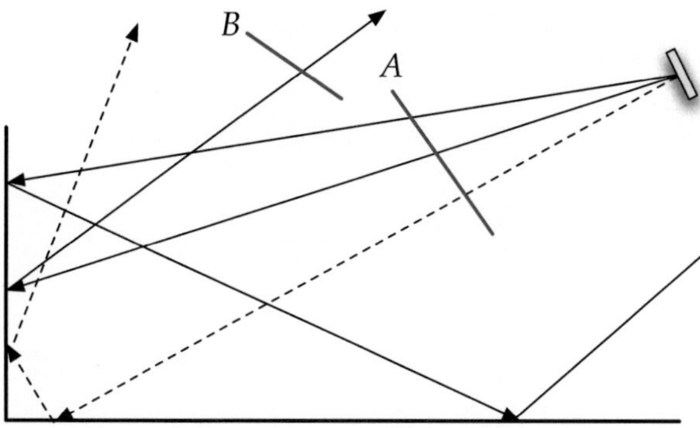

Abbildung 11.4: *Beispielhafte Pfade eines Pilotphotonen (gestrichelt) und zweier üblicher Photonen. Durch Hinzufügen der Geometrie bei A werden alle Pfade ungültig, die Änderung durch den Piloten erkannt sowie die Priorität zur Aktualisierung entsprechend erhöht. Wird Geometrie B an Stelle von A hinzugefügt, wird die Modifikation nicht erkannt, obwohl ein Pfad ungültig geworden ist.*

einer Lichtquelle. Dabei erhalten alle dieser Lichtquelle zugeordneten Gruppen die höchste Priorität, da letztlich alle Photonen dieses Strahlers neu versendet werden müssen. Aber auch die Transformation oder Entfernung von Geometrie führen im Zusammenhang mit Trefferlisten zur sofortigen Erhöhung der Priorität der entsprechenden Gruppen.

Für jedes Objekt (ggf. jedes Objekt, was dynamisch modifizierbar sein soll/kann) wird eine Liste, die Trefferliste, angelegt, die speichert mit welcher Gruppe wie viele Treffer registriert wurden. Der zusätzliche Speicherverbrauch ist dabei relativ moderat mit $N_B \cdot N_O \cdot sizeof(unsigned\ int)$, wobei N_O der Anzahl der Objekte entspricht. Im Gegenzug ist es möglich, bei der Transformation eines beliebigen Objektes sofort die betroffenen Gruppen ausfindig zu machen und deren Priorität entsprechend der Anzahl der Treffer zu erhöhen. Da somit die meisten Geometriemodifikationen berücksichtigt werden, können die Pilotphotonen ausschließlich für die Erkundung der neuen Position der Geometrie eingesetzt werden. Da bei geringfügigen Verschiebungen die Gruppen für die alte und neue Position sich oftmals stark überlappen, genügt zumeist eine recht geringe Anzahl von sechs oder sogar weniger Pilotphotonen.

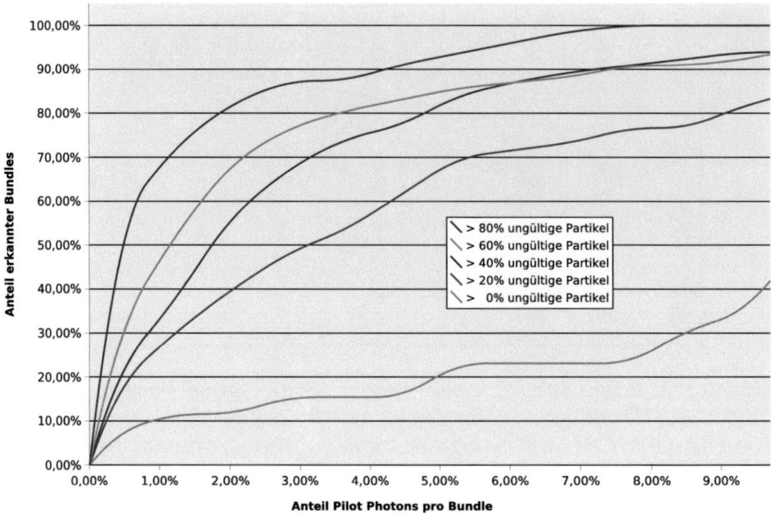

Abbildung 11.5: *Die Präzision der Erkennung ungültiger Bundles in Abhängigkeit des Anteils von Pilotphotonen.*

11.6 Ergebnisse

In diesem Abschnitt werden die Ergebnisse präsentiert, die mit dem selektiven Photon Tracing zur globalen Beleuchtung von dynamischen Szenen erreicht wurden. Zunächst gibt Abschnitt 11.6.1 einen allgemeinen Überblick über die erreichte Präzision der Ermittlung ungültig gewordener Bundles. Daraufhin werden in Abschnitt 11.6.2 die Ergebnisse vorgestellt, die bei Geometrie-Modifikationen erreicht wurden, während in Abschnitt 11.6.3 Bezug auf die Modifikation der Lichtquellen genommen wird.

11.6.1 Präzision

Von einer besonders wichtigen Bedeutung ist die Präzision, mit der Modifikationen an der Szene erkannt werden. Durch den Ansatz des *Selective Photon Tracing* werden natürlich potentiell visuelle Artefakte eingeführt, da nicht garantiert werden kann, dass alle Photonen aktualisiert werden, für die dies nötig wäre. Dieser Abschnitt gibt Aufschluss darüber, welche Präzision unter welchen Randbedingungen in etwa erreicht werden kann.

In einem ersten Test wurde dabei ein möglichst ungünstiger Fall untersucht. Eine sehr geringfügige Transformation ist sehr viel schwieriger zu entdecken als eine entsprechend größere. In der *Cornell Spheres* Szene wurde so die vordere Glaskugel um ein Zwanzigstel der Szenenausdehnung verschoben. In Abbildung 11.5 wird aufgezeigt, bei welchem prozentualen Anteil an Pilotphotonen wieviele ungültig gewordene Bundles korrekt erkannt wurden. Erwartungskonform bedeuten mehr Pilotphotonen eine höhere Erkennungsgenauigkeit. Natürlich sind Bundles mit einem höheren Anteil an ungültigen Photonen leichter zu erkennen als die mit nur wenigen.

11.6.2 Änderungen der Geometrie

Einer der wichtigsten Aspekte dynamischer Szenen ist die Transformation von Geometrie. Beispielhaft sind zwei Szenen bei unterschiedlichen Randbedingungen angeführt, um sowohl die Stärken als auch die Grenzen der selektiven Aktualisierung zu zeigen.

Photon Mapping mit selektiver Neuberechnung

Im Folgenden werden die Ergebnisse präsentiert, welche mit der *CornellSpheres* Szene im Kontext des klassischen Photon Mapping mit selektiver Aktualisierung erzielt wurden. Dabei wird über eine Animation von 36 Bildern, die Positionen der beiden Kugeln miteinander getauscht. Es werden 1260 Bundles mit 144 Photonenpaketen verwendet, d.h. insgesamt eine Menge von 725 760 Photonen. Pro Bundle kommen acht Pilotphotonen zum Einsatz. Neben diesen kommen in diesem Test ebenfalls Trefferlisten zum Einsatz, während Kaustiken über übliche Kaustik-Maps behandelt werden.

	Referenz	100%	75%	50%	25%
Pilotverfolgung		120 ms	120 ms	119 ms	120 ms
Photonenverfolgung	2140 ms	2247 ms	1610 ms	1349 ms	1038 ms
Balancierung	21 ms	22 ms	22 ms	22 ms	21 ms
Ray Tracing	936 ms	946 ms	945 ms	941 ms	942 ms
Summe	3099 ms	3336 ms	2697 ms	2431 ms	2122 ms
					System PC *Version: 4.6*

Tabelle 11.4: *Die erzielten Durchschnittswerte einer Animation aus 36 Bildern unter den Randbedigungen wie in Abschnitt 11.6.2 beschrieben.*

Tabelle 11.4 zeigt die erzielten Ergebnisse unter den gegebenen Rahmenbedingungen. Es werden die verschiedenen Ergebnisse für eine unterschiedlich große Anzahl an Bundles, welche pro Bild aktualisiert werden, präsentiert. Dabei zeichnet sich erwartungskonform ab, dass die Aktualisierung von allen Bundles pro Bild etwas mehr Zeit

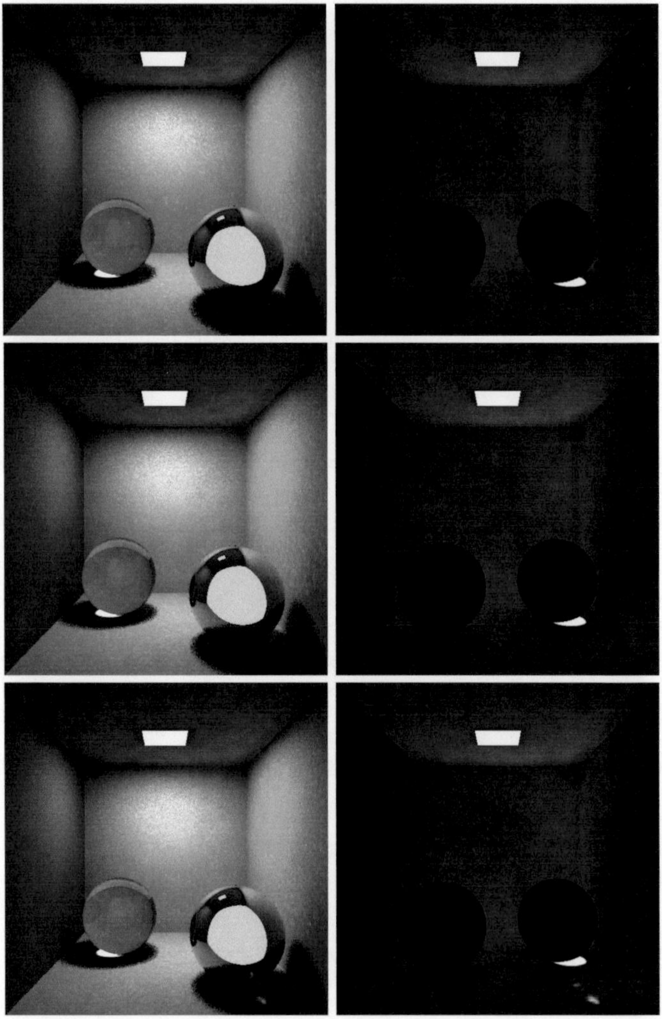

Abbildung 11.6: *Qualitätsbeobachtung der Animation von 36 Bildern der Cornell Sphere Szene. Links: 12. Bild der Animation. Rechts (nur indirektes Licht): 36. Bild der Animation. Die oberste Reihe zeigt dabei eine Referenzlösung, während in der zweiten Reihe die Aktualisierung der Bundles pro Bild bei 50% und in der dritten Reihe bei nur 25% liegt.*

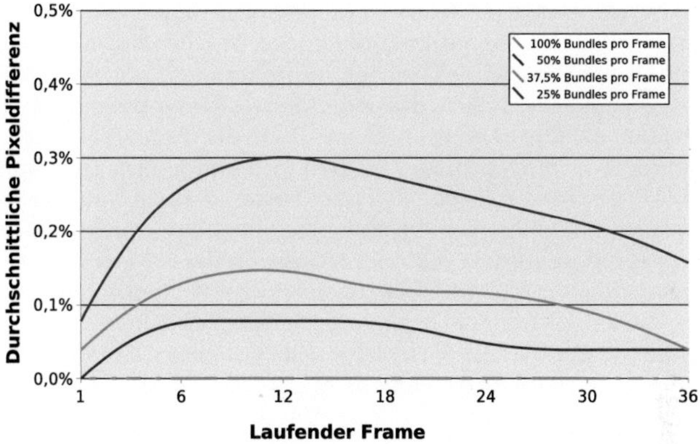

Abbildung 11.7: *Der relative Pixelfehler im Vergleich zur einer Referenzlösung über die gesamte Animation.*

in Anspruch nimmt als die Referenzlösung (klassisches Photon Mapping), da mehr Daten während der Verfolgung gespeichert werden müssen. Werden dagegen maximal 25% aller Bundles pro Bild aktualisiert, ist die Gesamtgeschwindigkeit gegenüber der Referenzlösung bereits um fast 50% schneller, während ein visueller Unterschied mit dem bloßen Auge kaum zu erkennen ist. Zusätzlich ist die Cornell Box trotz ihrer Simplizität ein äusserst ungünstiges Szenario für die dynamische globale Beleuchtung, da auf Grund der geringen Szenenausmaße bereits eine geringe Geometriemodifikation eine große Anzahl der Gruppen invalidiert. Eine komplexere Szene ist dafür besser geeignet. Zwar sind dort die absoluten Berechnungszeiten auf Grund der höheren Komplexität der Szene größer, aber der relative Gewinn der dynamischen, globalen Beleuchtung kommt dabei sehr viel stärker zum Tragen.

Der Parameter, welcher festlegt, wieviele Bundles pro Bild aktualisiert werden sollen, stellt eine wichtige Wahl dar. Es wird damit der Kompromiss zwischen Geschwindigkeit und Qualität definiert. Eine zu niedrige Anzahl führt zwangsläufig dazu, dass beispielsweise (indirekte) Schatteneffekte und insbesondere Kaustiken den verursachenden Objekten „hinterher ziehen“, da die Veränderungen erst über einige Bilder hinweg abgearbeitet werden können. Allerdings kann dieser Effekt bei einer hohen Bildwiederholrate auch bis zu einem gewissen Grad vernachlässigt werden, da die Aktualisierung dann nur einen Bruchteil einer Sekunde dauern mag.

Abbildung 11.7 zeigt den relativen Pixelfehler an, welcher im Laufe der Animation zu messen ist. Der Fehler wurde dabei im indirekten Licht gemessen, als Differenz der tatsächlichen Pixelfarbwerte zur Referenzlösung. Erwartungskonform ist zu beobachten, dass eine größere Anzahl von zu aktualisierenden Bundles eine messbare Reduktion des durchschnittlichen Pixelfehlers bedingt. In Abbildung 11.6 werden einige Beispiele gezeigt. Dabei ist deutlich zu sehen, dass eine Aktualisierung von nur 25% aller Bundles visuelle Artefakte erzeugt, welche auch am Ende der Animation noch nicht völlig eliminiert wurden. Dahingegen sind in diesem Szenario 50% durchaus genügend. Ein visueller Unterschied zu einer Referenzlösung ist nicht mit dem bloßen Auge erkennbar. Interessant ist hierbei ebenfalls, dass bei einer Aktualisierung von 100% aller invalidierten Bundles pro Bild der relative Fehler konstant bei 0% liegt. Was zunächst offensichtlich erscheint, beinhaltet dennoch einen positiven Rückschluss: Die Verwendung von lediglich acht Pilotphotonen je Bundle reicht in dieser Szene aus um alle Änderungen an der Geometrie zuverlässig zu erkennen. Zur Verdeutlichung: Eine Aktualisierungsrate von 100% bedeutet nicht etwa, dass alle vorhanden Bundles neu versendet werden, sondern lediglich alle als ungültig markierten Bundles.

Photon Textures mit selektiver Neuberechnung

Im Folgenden dient die CornellBox als Testszene. Dabei wurde über neun Bilder die kleinere der beiden Boxen von der Kamera aus gesehen nach hinten verschoben. Dabei wurden 241 920 Photonen verwendet, welche sich auf 420 Bundles mit je 144 Photonenpaketen aufteilen. Pro Bundle kommen vier Pilotphotonen zum Einsatz. Zusätzlich werden in diesem Test auch die Primärphotonen gespeichert, um die Auswirkung des direkten Lichts bei der Aktualisierung beobachten zu können. Als Datenstruktur zur Speicherung der Photonen kommen die *Photon Textures* zum Einsatz. Da in dieser Szene keine Objekte mit spekularen Reflexionseigenschaften auftreten, kann auf eine zusätzlich Kaustik-Map verzichtet werden.

Hinsichtlich der Komplexität ist die Szene prinzipiell mit der Cornell Spheres Szene vergleichbar. Dennoch wird unter gleichen Bedingungen ein höherer Pixelfehler erwartet, da Fehler im direkten Licht schwerer wiegen als Fehler im indirekten Licht. Messungen, wie im vorherigen Abschnitt zeigen, dass der durchschnittliche Pixelfehler über die Animation hinweg tatsächlich höher liegt: Bei einer Aktualisierungsrate von 100% liegt der Fehler ebenfalls bei 0%, somit zeigt sich, dass auch hier eine sehr geringe Anzahl an Pilotphotonen bereits ausreicht alle ungültigen Bundles zu erkennen. Für 50% liegt der Fehler bei 0.08% während er bei 25% deutlich höher bei 0.63% liegt. Letzteres ist bereits mehr als doppelt so viel als der maximale Fehler im vorherigen Abschnitt. Abbildung 11.8 verdeutlicht die daraus resultierenden Artefakte visuell.

Für die Messung der Leistungswerte wurde eine Aktualisierungsrate von 50% verwendet. Zusätzlich wurde eine Dreiecksapproximation (eine *on-the-fly* Erzeugung von Dreiecken in der Umgebung des vermeidlichen Schnittpunktes) benutzt um schnellere Schnitttests bei der Photonenverfolgung zu erzielen. Die Tabelle 11.5 zeigt die Ergebnisse auch für eine Referenzlösung. Dabei werden stets die Durchschnittswerte

Abbildung 11.8: *Cornell Boxen Szene mit Photon Textures. Aktualisierungsrate von 25% auf der linken Seite gegenüber einer Referenzlösung auf der rechten Seite. Zu beachten ist der fehlerhafte alte Schatten im unteren Bereich des linken Bildes.*

	Referenz	Selektiv 50%
Pilotverfolgung		1.9 ms
Photonenverfolgung	83 ms	102 ms
Ray Tracing	86 ms	85 ms
Summe	170 ms	189 ms
		System PC *Version: 4.6*

Tabelle 11.5: *Die Durschnittswerte der Animation über neun Bilder für die Referenzlösung und eine selektive Aktualisierung von 50% der invalidierten Bundles.*

der Animation über neun Bilder angegeben. Nun werden die Grenzen des selektiven Verfahrens deutlich. Die vollständige Verfolgung aller Photonen im Kontext der *Photon Textures* ist derart schnell, dass der Mehraufwand für die selektive Neuverteilung die Vorteile überwiegt. Es gilt allerdings zu beachten, dass es sich bei der Cornell Box Szene um eine äußerst simple Szene handelt. In komplexeren Szenen kann erwartet werden, dass sich die selektive Aktualisierung in nahezu allen Fällen deutlich durchsetzen wird.

11.6.3 Änderungen der Lichtquellen

In diesem Abschnitt werden die Ergebnisse im Zusammenhang mit der Modifikation von Lichtquellen vorgestellt. Prinzipiell kann eine Lichtquelle auf zwei unterschiedliche Arten verändert werden: Zum einen die Änderung der Position und zum anderen die Modifizierung der spektralen Eigenschaften. Die folgenden beiden Unterabschnitte zeigen die jeweiligen Ergebnisse auf.

Änderung der Lichtquellenposition

Auf Änderungen einer Lichtquellenposition einzugehen, ist prinzipiell der Modifikation der Geometrie recht ähnlich. Wird die Position (entsprechend auch die Ausrichtung) einer beliebigen Lichtquelle verändert, so werden dabei alle Bundles, welche dieser Lichtquelle zugeordnet sind, invalidiert und warten dementsprechend auf ihre erneute Versendung. Folglich zeigt sich der Vorteil der selektiven Aktualisierung besonders in Szenen, die über mehr als nur eine Lichtquelle verfügen. Besonders Szenen mit einer großen Anzahl an Lichtquellen profitieren von der selektiven Aktualisierung, da ggf. nur ein sehr geringer Prozentsatz neu berechnet werden muss. Alle relevanten Messergebnisse bewegen sich innerhalb der Erwartungen und bieten keine Überraschungen. Genaue Zahlen sind in [BÄRZ 2007] zu finden.

Änderung der spektralen Eigenschaften

Die Speicherung der Pfadinformationen, wie in Abschnitt 11.5.4 vorgestellt, ermöglicht es unter anderem, (teilweise) spektrale Änderungen an den Lichtquellen besonders effizient umzusetzen. Wird hingegen die Lichtstärkeverteilungskurve modifiziert, müssen alle zugehörigen Photonen neu versendet werden. Im Folgenden beispielhaften Szenario wird die *Cornell Spheres* Szene mit vier quadratischen Lichtquellen ausgestattet, welche zu Beginn alle ausgeschaltet sind. Diese werden in einer kurzen Bilderfolge eine nach der anderen eingeschaltet. Anschließend werden die Farben der Lichtquellen geändert, d.h die spektrale Verteilung (damit ist *nicht* etwa die LVK gemeint). Die Pfade der etwas weniger als eine Millionen Photonen werden zu Beginn in einem Vorverarbeitungsschritt berechnet, welcher in diesem Falle 9.65s dauert (System PC). Tabelle 11.6 gibt die durchschnittlichen Zeiten für das Einschalten wie auch für die Veränderung der spektralen Verteilung an. Beide werden einer Referenzlösung gegenübergestellt. Als Referenz dient dabei die Neuverteilung.

Wie aus den Ergebnissen ersichtlich wird, sind das Einschalten einer Lichtquelle als auch die Änderung der Spektralverteilung deutlich schneller als eine entsprechende Neuverteilung. Dies hat insbesondere Gewicht, da gerade dies Interaktionen mit einer Szene sind, die sehr häufig ausgeführt werden. So kann beispielsweise im *Virtual Prototyping* die Innenraumbeleuchtung sehr schnell simuliert werden, auch wenn ein Benutzer viele verschiedene Lichtquellen (Zahlreiche leuchtende Anzeigen auf dem Amaturenbrett, Innenraumbeleuchtung etc.) ein- bzw. ausschaltet. Weiterhin kann in einer Architektursimulation in kürzester Zeit die Raumausleuchtung unter verschieden farbigen Strahlern getestet werden. In beiden Fällen reduziert sich die Rechenzeit nahezu auf das Ray Tracing allein, womit eine Beschleunigung, je nach Szene, um deutlich mehr als einige Faktoren möglich ist. Zusätzlich entsteht dabei kein messbarer Fehler, da die Lösung optisch identisch mit der Referenzlösung ist. In Abbildung 11.9 werden die entsprechenden Ergebnisbilder gezeigt.

Einschalten	Aktualisierung	Referenz
Aktualisierung der Lichtströme	64 ms	2263 ms
Ray Tracing	1878 ms	1673 ms
Summe	1942 ms	3936 ms
Änderung der spektralen Verteilung	Aktualisierung	Referenz
Aktualisierung der Lichtströme	59 ms	9021 ms
Ray Tracing	1866 ms	1754 ms
Summe	1925 ms	10 775 ms
		System PC *Version: 4.6*

Tabelle 11.6: *Die erzielten Durchschnittswerte im sukzessiven Einschalten bzw. Ändern der Spektralverteilung von Lichtquellen in der Cornell Spheres Szene*

11.7 Zusammenfassung und Ausblick

In diesem Kapitel wurde die interaktive globale Beleuchtung in dynamischen Szenen behandelt. Da auf Grund der immer noch rasanten Zunahme der Geschwindigkeit von Rechensystemen das einfache Echtzeit Ray Tracing immer einfacher und besser umsetzbar wird, rückt der Forschungsschwerpunkt sowie auch das Interesse der Anwender immer mehr in Richtung einer Erweiterung um globale Beleuchtung unter Beibehaltung von hohen Bildwiederholraten. Der nächste logische Schritt ist dabei eine Erweiterung um dynamische Szenen, d.h. dass die Szenen dabei auch selbst modifiziert und nicht nur betrachtet werden können.

Mit dem vorgestellten Verfahren, das eine Weiterentwicklung des *Selective Photon Tracings* [DMITRIEV et al. 2002] darstellt, konnte gezeigt werden, dass interaktive Bildwiederholraten in relativ einfachen Szenen schon heute auf einem einzelnen Rechner möglich sind. Weitere Optimierungen an den wichtigsten Algorithmen der Photonenverfolgung, aber auch der Darstellung (Ray Tracing, *radiance estimate* etc.) zusammen mit der zu erwartenden Leistungssteigerung der Hardware lassen begründet hoffen, dass innerhalb der nächsten Jahre die hier vorgestellten Techniken auch mit deutlich komplexeren Szenen interaktive Bildwiederholraten liefern können. Tatsächlich wird erwartet, dass gerade die selektive Aktualisierung sehr gut mit komplexeren Szenen skalieren sollte, da insbesondere in den simplen CornellBox Szenen der ungünstige Fall eintritt, dass zumeist auf Grund der geringen räumlichen Ausdehnung durch eine kleine Modifikation die meisten Gruppen aktualisiert werden müssen.

Darüber hinaus konnten die in Kapitel 10 vorgestellten *Photon Textures* ihre Eignung für dynamische Szenen durch eine schnelle Aktualisierung nachweisen. Mit Blick auf die Ergebnisse aus Abschnitt 11.6 zeigt sich, dass in vielen Fällen tatsächlich die eigentliche Bildgenerierung der Szene selbst zum Flaschenhals wird und nicht die Simulation der globalen Beleuchtung. Dennoch müssen die zuvor erkannten Probleme

Abbildung 11.9: *Links: Nach dem Einschalten aller vier Lichtquellen. Rechts: Nach der spektralen Änderung. In beiden Fällen konnte die Aktualisierung der zu Grunde liegenden Datenstrukturen (*Photon Textures *und Kaustik Map) in nur ca. 60 ms durchgeführt werden.*

der *PhotonTextures* behoben werden, um eine allgemeine vorteilhafte Verwendung im Kontext dynamischer Szenen gewährleisten zu können.

Zusammenfassend ist festzustellen, dass die selektive Aktualisierung in nahezu allen Fällen einen deutlichen Geschwindigkeitsvorteil gegenüber einer konventionellen Neuberechnung liefert. Ausgenommen davon sind nur triviale Szenen mit vielen Vereinfachungen, bei denen der Mehraufwand nicht amortisiert werden kann. Auch der zusätzliche Speicherverbrauch ist moderat und sollte keine grundlegenden Probleme hervorrufen. In den meisten Fällen bedeutet dies nur einige wenige zusätzliche Prozent zu der bereits benötigten Menge für Szene, Beschleunigungsstruktur, Photon Map etc.

Auf Grund der vielversprechenden Ergebnisse und unter Berücksichtigung der Tatsache, dass ein Thema mit einer solchen Bedeutung und enormen Umfang keineswegs abgeschlossen ist, bieten sich zahlreiche Felder für die weiterführende Forschung an.

Bisher wurden nur relativ einfache Materialien verwendet, die durch fest definierte Eigenschaften, wie diffuses und spekulares Reflexionsverhalten, gegeben waren. Damit lassen sich zwar eine große Menge an Materialien simulieren, jedoch nicht in einer zufriedenstellenden Qualität für viele Anwendungen. Insbesondere für eine Simulation, die besonders hohen Wert auf eine physikalische Korrektheit legt, ist es nötig die Materialien in Form ihrer BRDF zu behandeln. Die Frage, die sich hierbei stellt ist, inwieweit die vorgestellten Techniken verwendbar bleiben und wie groß der Einfluss dabei auf die Ausführungsgeschwindigkeit ist.

Im Rahmen dieses Kapitels wurden vergleichsweise einfache Testszenen verwendet, da es sich hierbei mehr um eine generelle Untersuchung der Machbarkeit handelt. In einem nächsten Schritt wäre nun zu untersuchen, wie die hier vorgestellten Verfahren mit komplexen Szenen skalieren. Wünschenswert wäre hier in Analogie zum Ray Tracing ebenfalls eine logarithmische Abnahme der Leistungsfähigkeit mit steigender Komplexität der Szene. Obwohl dies prinzipiell zu erwarten ist, müsste dies experimentell bestätigt werden. In diesem Zusammenhang wäre es auch möglich, nach neuen Ansätzen zu suchen, die sich speziell für äußerst große Szenen vorteilhaft auswirken. Für derartige Szenen ist ein größerer Anteil an Mehraufwand vertretbar, da sich dieser besser amortisieren kann als dies bei simplen Szenen der Fall ist.

Für die Transformation von Szenenelementen in komplexen Szenen ist die Aktualisierung der Beschleunigungsdatenstruktur von großer Bedeutung. Zwar sind die in Abschnitt 4.7.4 präsentierten Ergebnisse zum Neuaufbau der Hierarchie vergleichsweise schnell, doch werden für eine Echtzeit-Simulation komplexer dynamischer Szenen noch kürzere Aufbauzeiten benötigt. Fortschritte in diesem Bereich führen somit direkt zu Verbesserungen der selektiven Aktualisierung bei transformierten Objekten.

Zuletzt verspricht die Lösung der in Abschnitt 10.3.2 genannten Probleme der *Photon Textures* maßgebliche Vorteile auch für die interaktive globale Simulation. Könnten diese in einem allgemeinen Kontext eingesetzt werden, so würde davon auch die interaktive Simulation der globalen Beleuchtung davon deutlich profitieren: Die Verfolgung der Photonen wird beschleunigt, durch eine effizientere Speicherung und einen deutlich schnelleren *radiance estimate*.

12 Zusammenfassung und Ausblick

Alles wird gut.

(Stefan Müller - immer wenn wichtige Deadlines bedrohliche Schatten werfen)

In diesem letzten Kapitel wird zunächst in Abschnitt 12.1 eine Zusammenfassung gegeben, gefolgt von einem Ausblick in Abschnitt 12.2.

12.1 Zusammenfassung

Teil I Im Rahmen dieser Arbeit wurden verschiedene Aspekte des Echtzeit Ray Tracing-Verfahrens erweitert und verbessert. Es konnte gezeigt werden, dass sich entgegen der üblichen Meinung Effizienz, Flexibilität und Benutzbarkeit nicht zwangsläufig gegenseitig ausschließen. Durch den Einsatz einer sogfältig geplanten und umgesetzten Ray Tracing-Architektur konnte auch durch Messergebnisse belegt werden, dass eine hohe Leistungsfähigkeit erreicht werden kann, mitunter sogar durch den behutsamen Einsatz von virtuellen Funktionsschnittstellen. Weiterhin konnte gezeigt werden, dass durch die Verwendung von SIMD-Klassen die Lesbarkeit und damit die Benutzbarkeit gefördert werden, dabei aber die Leistungsfähigkeit nachweisbar nicht beeinflusst wird. Die Flexibilität der Architektur konnte in einigen dedizierten Anwendungsbeispielen sowie in den folgenden Teilen der Arbeit weiterhin demonstriert werden.

Teil II Aufbauend auf diesen Ergebnissen wurde gezeigt, dass die direkte Verwendung von NURBS-Flächen im Kontext des Ray Tracing auch ohne jegliche, sonst übliche, Tessellierung möglich ist. Darüber hinaus bietet die direkte Verwendung auch eine Reihe von Vorteilen. So konnte beispielsweise gezeigt werden, dass NURBS-Flächen insbesondere für die Berechnung von Reflexionen, bedingt durch die C_2 Stetigkeit, optimal geeignet sind. Dabei unterliegt die Leistungsfähigkeit der auf NURBS basierenden Szenen zwar dem üblichen Dreiecks Ray Tracing, der Unterschied liegt aber in einem vertretbaren Rahmen. So sind Dreiecks-basierende Szenen in einer vergleichbar hohen Qualität oft nicht schneller als Faktor zwei, bei allen damit einhergehenden Nachteilen der Dreiecks-Repräsentation.

Teil III Im letzten Teil dieser Arbeit wurden Verfahren und Methoden entwickelt, um basierend auf den Ergebnissen der ersten beiden Teile die globale Beleuchtung in einer möglichst effizienten Art und Weise zu berechnen. Dabei wurden in einem ersten Schritt zunächst statische Szenen berücksichtigt, wobei dort Photon Mapping sowie, insbesondere für NURBS-Szenen, *Photon Textures* verwendet wurden, um die globale Beleuchtung möglichst effizient simulieren zu können. Gerade bei den *Photon Textures* konnte durch progressive Bildsynthese gezeigt werden, dass interaktive Bildwiederholraten auch heute schon auf einem einzelnen Rechner möglich sind. In einem zweiten Schritt wurden dynamische Szenen berücksichtigt. Unter Zuhilfenahme von Quasi-Zufallszahlen, erzeugt durch Halton Sequenzen, ist es möglich, einzelne ungültig gewordene Teile der Beleuchtungssimulation neu zu berechnen. Dadurch, dass bei einer Dynamik in der Szene die vollständige Neuberechnung der globalen Beleuchtungslösung vermieden wurde, konnte eine interaktive Bildwiederholrate für nicht triviale Szenen beibehalten werden.

12.2 Ausblick

Das oberste Ziel ist es ein System zu entwickeln, welches photorealistische Grafik in Echtzeit liefert und darüber hinaus leicht und intuitiv zu bedienen ist. Auf Grund der enormen Anforderungen kann ein solches Ziel mit heutiger Hardware noch nicht ohne Einschränkungen erreicht werden. Zwar hilft dabei die stetige Leistungssteigerung der Hardware, doch ist Warten allein keine befriedigende Lösung. Es ist daher offensichtlich, dass weitere Forschung und Entwicklung nötig sein wird um diesem Ziel auch in der Zukunft näher zu kommen.

AUGENBLICKbietet eine solide Grundlage für eine Vielzahl von weiteren Entwicklungen im Bereich des Echtzeit Ray Tracing-Verfahrens. Um die Leistungsfähigkeit dieser Architektur auch für die Zukunft weiterhin zu erhalten, müssen die Fortschritte im Bereich der Hardwareentwickung genau beobachtet werden. Die angekündigte *Larrabee*-Architektur bietet ein großes Potential und eine Anpassung auf diese Plattform sollte keine größeren Schwierigkeiten hervorrufen. Anders verhält sich dies mit der Grafikhardware. Obwohl bekannte Nachteile in der Programmierbarkeit die Entwicklung und Erweiterung erschweren, so kann das Potential nicht vernachlässigt werden. Zwar liegt immer noch ein großer Teil der Leistung brach, doch selbst nur geringe Anteile der Rechenleistung genügen mittlerweile schon um hohe Bildwiederholraten zu erreichen. Problematisch dabei ist, dass Code zumeist für beide Plattformen, also CPU und GPU, entwickelt werden muss. Hier wäre es von großem Mehrweit eine Vereinheitlichung zu finden, wie dies *OpenCL* verspricht. Zum jetzigen Zeitpunkt kann noch nicht beurteilt werden, ob dieses Versprechen eingehalten werden kann.

Da AUGENBLICK eine Bibliothek ist und keine in sich eigenständige Software, lässt diese sich einfach in bestehende Softwareprojekte einbinden. Es ist denkbar AUGEN-

BLICK als ein Render-Plugin beispielsweise in 3D-Modellierungspakete (Maya, 3ds max etc.) zu integrieren und so diese Programme um Echtzeit Ray Tracing-Funktionen zu erweitern. Dies könnte für die Echtzeit-Vorschau wie auch für die eigentliche Bildgenerierung interessant sein. Durch die Vorschau können Designer besser die Effekte von Schatten und Reflexionen beurteilen ohne den sehr viel langsameren internen Renderer dafür verwenden zu müssen. Darüber hinaus kann Echtzeit Ray Tracing in der *offline*-Produktion die Kosten stark senken, wenn die Bildsynthese um mehrere Faktoren dadurch beschleunigt wird. Weiterhin wäre es durchaus interessant zu untersuchen in welchen anderen Anwendungsgebieten außerhalb der Bildsynthese sich AUGENBLICK einsetzten ließe. Beispielsweise kann die Kollisionserkennung zwischen Objekten ggf. durch das Echtzeit Ray Tracing massiv beschleunigt werden.

Die SIMD-Klassenbibliothek könnte darüber hinaus noch allgemeiner eingesetzt werden. Prinzipiell können alle Algorithmen davon profitieren, die in irgendeiner Form parallel auf Daten arbeiten. Zahlreiche Anwendungsfälle lassen sich in der Bildverarbeitung und verwandten Gebieten finden bei denen die SIMD-Einheiten noch keine große Beachtung gefunden haben. Mit Hilfe der Klassenbibliothek kann die Verwendung deutlich erleichtert, bzw. erst ermöglicht werden.

Die automatische Konvertierung von Dreiecksnetzen in NURBS-Flächen ist ebenso ein interessantes Thema. Oftmals liegen Modelle nicht in Form von NURBS vor, sondern nur als ein aus NURBS (oder anderen Freiform-Flächen) trianguliertes Modell. Da viele Programme NURBS nicht nativ unterstützen ist diese Vorgehensweise verständlich. Dennoch bietet die direkte Darstellung von NURBS eine Reihe von Vorteilen, so dass es sinnvoll sein könnte, aus solchen Dreiecksnetzen, die eine kontinuierliche Fläche beschreiben, die ursprüngliche NURBS Fläche wieder zurückzurechnen. Ein solches Verfahren wäre natürlich verlustbehaftet, könnte aber dennoch bessere Ergebnisse als die Approximation durch die Dreiecke erzielen.

Der gegensätzliche Weg, die Tessellierung, also die Konvertierung von NURBS in Dreiecks-Meshes, ist eine vielfach angewandte Technik. Auch diese kann von der performanten NURBS-Evaluation profitieren. Hier wäre es interessant zu untersuchen, ob bei einer Umsetzung der im Rahmen dieser Arbeit vorgestellten Evaluation die benötigte Zeit zur Tessellierung komplexer Modelle deutlich reduziert werden kann. Dies dürfte in erster Linie davon abhängen zu welchem Anteil die Evaluation in einem solchen Algorithmus enthalten ist.

Im Bereich der globalen Beleuchtung gibt es nach wie vor eine Reihe von offenen Problemen. Im Rahmen dieser Arbeit wurden vergleichsweise simple Szenen untersucht. Hier wäre es wünschenswert die vorgestellten Algorithmen auch mit sehr viel komplexeren Szenen und insbesondere auch Materialien zu testen. Eine Verwendung von akkuraten BRDF-Modellen ist zunehmend wichtiger und muss daher auch bei der korrekten Simulation der globalen Beleuchtung zukünftig mehr Beachtung finden.

Die *Photon Textures* haben sich als performante Lösung zur globalen Beleuchtung von NURBS-basierende Szenen herausgestellt, wenn diese hauptsächlich diffus sind. Im Kontext dieser Erweiterung wäre es wünschenswert die bestehenden Beschränkungen aufheben zu können, damit diese universeller eingesetzt werden können. Die Beschränkung auf diffuse Szenen ist nicht mehr akzeptabel und so müssen Möglichkeiten gefunden werden die *Photon Textures* auch auf spekulare Materialien zu erweitern. Darüber hinaus wäre eine Anwendung auf Dreiecks-Szenen ebenfalls sinnvoll. Zu diesem Zweck muss beispielsweise ein Textur-Atlas angelegt werden, damit eine möglichst große Anzahl an Dreiecken eine Textur gemeinsam nutzen kann.

Als stets problematisch bei komplexen Szenen erweist sich die Menge des benötigten Speichers. Unter Berücksichtigung von zusätzlichen Datenstrukturen, die für die globale Beleuchtung benötigt werden, reicht die heute übliche Menge von 2 GB schnell nicht mehr aus. Auch wenn einzelne Rechner heute schon bis zu 32 GB unterstützen, ist dies für Multi-Millionen Modelle ebenfalls ungenügend. Aus diesem Grund sind *out-of-core* Techniken nach wie vor wichtig. Gerade im Bereich des Echtzeit Ray Tracing, stellt dies den Entwickler vor besonders große Probleme, da die Dauer des Datentransfers von der Festplatte in den Hauptspeicher extrem lang ist. Alternativ dazu bietet sich die Untersuchung von Kompressionstechnologien an. Es liegt nahe, dass dabei eine effiziente Kodierung und Dekodierung im Vordergrund stehen um die Leistungsfähigkeit des Ray Tracing-Verfahrens möglichst wenig einzuschränken.

Im Gesamtbild zeigt sich somit, dass im Bereich des Echtzeit Ray Tracing noch eine Reihe von offenen Fragen bestehen, trotz der zahlreichen Fortschritte der letzten Jahre und dieser Arbeit. Insbesondere eine photorealistische Bildsynthese, wie sie heute schon durch stundenlange Berechnungszeiten möglich ist, erfordert ein immenses Maß an weiterer Forschung um dies in den kommenden Jahren in Echtzeit zu ermöglichen. Ein Fundament wurde gelegt.

It's easier to resist at the beginning than at the end - Leonardo Da Vinci

A Glossar

Axis-Aligned Bounding Box (AABB)

Eine *Axis aligned bounding box*, auch AABB, ist ein einfacher Quader, welcher als Begrenzungsvolumen eine oder mehrere Geometrien umfasst. Die sechs Seiten des Quaders sind dabei parallel zu den XY, YZ und XZ Ebenen des kanonischen Koordinatensystems. Dadurch lassen sich viele Operationen wie beispielsweise Vereinigungen zweier Boxen oder aber auch der Schnitt gegen einen Strahl sehr effizient berechnen.

branch prediction

Die *branch prediction* (Sprungvorhersage) ist eine Einheit im Prozessor, die versucht Sprünge im Programmcode (z.B. bei `if`- oder `switch`-Anweisungen) vorherzusagen. Während diese Einheiten die Effizienz eines Prozessor deutlich erhöhen können, verbrauchen sie auch eine beträchtliche Fläche auf dem Chip. Derzeit sind solche Einheiten in allen Standard-CPUs verbaut, nicht aber in spezialisierteren Kernen, wie dem Cell oder *Larrabee*.

Code Bloating

Code Bloating wird der Effekt genannt, wenn der tatsächlich implementierte Code durch den Compiler zu einem Vielfachen in der Menge *aufgebläht* wird. Dies passiert vorwiegend durch die Verwendung von Templates und inline Methoden. Darüber hinaus können auch Optimierungseinstellungen des Compilers die Menge des erzeugten Code stark vermehren. Massives Loop-Unrolling$^{\triangle}$ vervielfacht den Code entsprechend der Anzahl der Abwicklungen. Besonders akut wird der Effekt, wenn die oben beschriebenen Fälle simultan eintreten.

Die negative Auswirkung ist eine große Datei, sei es eine Applikation oder Bibliothek. Dies wiederum resultiert zumeist in schlechtem Caching des Codes und somit zu einer langsameren Ausführungsgeschwindigkeit als beispielsweise kompakter Code.

Garbage Collection

Programme, die in einigen der modernen Programmiersprachen wie z.B. Java und Objective-C 2.0 geschrieben sind, verfügen über einen *Garbage Collector*. Dieser löscht nicht mehr benötigte Objekte aus dem Speicher, wobei die Laufzeitumgebung selbst analysiert wird, und entscheidet, welche Objekte nicht mehr gebraucht werden. Dabei handelt es sich zumeist um Objekte, die von keiner Stelle in der Software mehr referenziert werden und somit *unerreichbar* geworden sind. Während ein *Garbage Collector* ungemein bequem sein kann, so fordert er doch seinen Preis. Üblicherweise hat der Entwickler kaum oder gar keine Kontrolle, wann und wie die *Garbage Collection* einsetzt. Bei Programmen, die viel Speicher allokiert haben, kann dies die Laufzeit durchaus deutlich beeinträchtigen. Systeme, die gewisse Antwortzeiten garantieren müssen (z.B. medizinische- oder Waffensysteme), können auf Grund dieser Tatsache solche Sprachen nicht verwenden.

FLOPS

FLOPS ist die Abkürzung von *floating point operations per second* und bezeichnet die Anzahl an Fließkomma-Operationen die pro Sekunde durchgeführt werden. Oft wird diese Angabe im Zusammenhang einer theoretischen Maximalleistung oder einer tatsächlich gemessenen Leistung verwendet. Die Präfixe „M“, „G“ und „P“ bezeichnen dabei Mega-, Giga- bzw. Peta-Operationen.

Kaustik

Eine Kaustik entstehet durch Licht, das zumindest einmal spekular reflektiert wurde, direkt bevor es auf eine diffuse Oberfläche trifft. Ein Glas durch das Sonnenlicht fällt, erzeugt beispielsweise Kaustiken auf der Tischoberfläche (vgl. Abbildung A.1).

Local Store

Alle Threads in AUGENBLICK machen von einem lokalen Speicher gebrauch. Dieser Speicher kann über die statische Methode `AB::Thread::localStore()` an beliebiger Stelle aufgerufen werden. In Abhängigkeit vom aufrufenden Thread wird ein anderer Speicherbereich zurückgeliefert. Dieser Mechanismus ist äußerst hilfreich um in performanzkritischen Regionen effizient und dynamisch Speicher zur Verfügung zu stellen.

Abbildung A.1: *Eine Kaustik, die durch spekular gebrochenes Licht auf der Tischoberfläche erzeugt wird. Entnommen aus [*JENSEN *2001].*

Loop Unrolling

Loop Unrolling ist eine Compiler Option, welche automatisiert Schleifen entrollt. Aus einer Schleife, die von 0 bis 100 läuft, kann beispielsweise eine Schleife erzeugt werden, welche nur von 0 bis 10 läuft, dafür aber zehn der ursprünglichen Anweisungen in einem Durchlauf ausführt. Dies funktioniert nur, wenn die einzelnen Durchläufe unabhängig voneinander sind. Gerade auf der x86 Architektur kann dies auf Grund der geringen Anzahl von verfügbaren Registern nicht nur zu einer erwünschten Beschleunigung führen sondern auch tatsächlich zu einer Verlangsamung der Ausführungsgeschwindigkeit. Ebenfalls kann massives Loop Unrolling zu Code Bloating$^{\triangle}$ führen.

Newton Verfahren

Das Newton Verfahren ist ein Algorithmus, um die Nullstellen einer Funktion $f(x)$ auf numerische Weise zu finden. Durch Ableiten der Funktion lassen sich so ebenfalls Extremwerte finden. Damit das Verfahren anwendbar ist, muss die Funktion $f : [a,b] \rightarrow \mathbb{R}$ stetig differenzierbar sein. Sei x_0 eine Schätzung der gesuchten Lösung, so kann die Gleichung $f(x) = 0$ durch das Newton Verfahren gelöst werden:

$$x_{n+1} = x_n - \frac{f(x_n)}{f'(x_n)} \tag{A.1}$$

Eine Konvergenz ist nicht garantiert. Die Wahrscheinlichkeit einer Konvergenz ist umso höher, je näher die Schätzung an der tatsächlichen Lösung liegt. Die Konvergenzgeschwindigkeit ist quadratisch, solange $f'(x) \neq 0$ gilt.

Das Newton Verfahren kann für mehrdimensionale Räume erweitert werden. Abschnitt 5.4 geht näher auf den zweidimensionalen Fall ein, welcher für das Ray Tracing von NURBS Flächen benötigt wird.
Hinweis: Oftmals wird das Newton Verfahren mit der Newton Iteration gleichgesetzt. Dabei bezeichnet letzteres ein iteratives Verfahren zur Lösung von Quadratwurzeln. Die Newton Iteration ist einfach nur ein Newton-Verfahren über die Funktion $f(x) = x^2 - n$. Die Lösung enspricht somit $\sqrt{n}$

pthread keys

Die *pthread*-Bibliothek stellt Schlüssel zur Verfügung, die für einzelne Threads angelegt werden und Threadabhängig jeweils einen unterschiedlichen Wert speichern können. Dies ermöglicht es über dieselbe Variable unterschiedliche Werte per Thread abzulegen. Diese Schlüssel werden beispielsweise für den *local store* in AUGENBLICK verwendet.

B Standardtestszenen

Die gebräuchlichsten Testszenen, die in dieser Arbeit an vielen verschieden Stellen referenziert werden, sind an dieser Stelle zusammengefasst. Im Verlauf dieser Arbeit werden diese Testszenen mit genau diesen Angaben verwendet. Abweichungen von diesen Standardwerten sind an den entsprechenden Stellen stets vermerkt. Für alle hier aufgeführten Szenen gilt, dass sie in einer Auflösung von 512^2 Pixeln berechnet werden und die Kamera einen horizontalen Öffnungswinkel von 52.958° hat.

Teapot

Geometrie	32 Freiformflächen (alle Grad 3, 4×4 Kontrollpunkte)
Kamera	Position $(5, 5, 5)$, Look-At $(0, 0, 0)$
Koordinatensystem	XZY
Ausdehnung	$(-3.0, 0.0, -2.0) / (3.434, 3.15, 2.0)$
Quelle	Universität des Saarlandes, AG Computergrafik

Easy

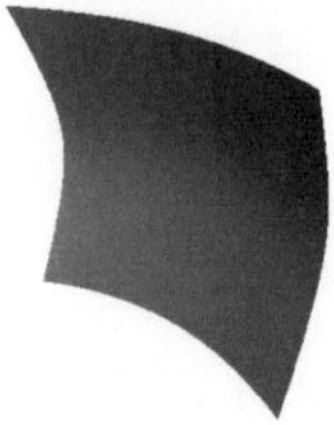

Geometrie	1 Freiformfläche (Grad 3)
Kamera	Position $(-30, 30, -34.37)$, Look-At $(0, 0, 4.375)$
Koordinatensystem	XZY
Ausdehnung	$(-15.0, -15, 0.0)\,/\,(15.0, 15.0, 0.0)$
Quelle	[ROGERS 2001]

Killeroo

Geometrie	89 Freiformflächen (alle Grad 3)
Kamera	Position $(-71.74, 132.91, -232.97)$, Look-At $(0, -49.21 - 47.59)$
Koordinatensystem	XZY
Ausdehnung	$(-35.87, -140.28, -246.35)\,/\,(35.87, 41.84, 151.17)$
Quelle	headus.com.au [HEADUS 2008]

Head

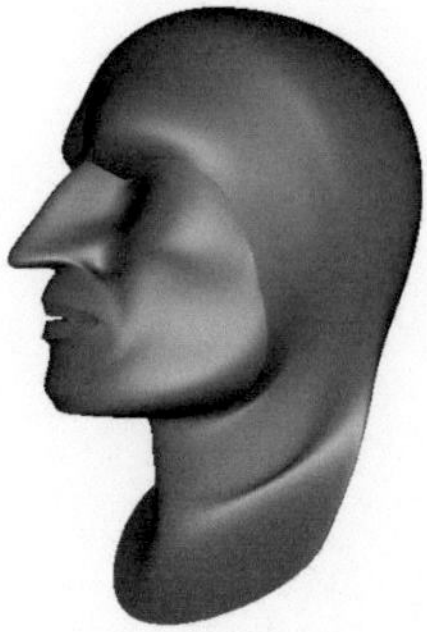

Geometrie	915 Freiformflächen (alle Grad 3, 4×4 Kontrollpunkte)
Kamera	Position $(-175, 20, -175)$, Look-At $(0, 15, -60)$
Koordinatensystem	XZY
Ausdehnung	$(380.40, -374.99, -33.20) / (813.15, 386.96, 488.58)$
Quelle	Universität des Saarlandes, AG Computergrafik

Bunny

Geometrie	69 451 Dreiecke
Kamera	Position $(-172.53, 264.48, 67.51)$, Look-At $(-16.84, 110.15, -1.53)$
Koordinatensystem	XYZ
Ausdehnung	$(-94.68, 32.98, -61.87) / (61.00, 187.32, 58.79)$
Quelle	Stanfort 3D Scanning Repository

Porsche

Geometrie	591 123 Dreiecke
Kamera	Position (−651.722, 342.731, −562.032),
	Look-At (2.00452, −82.7625, −28.9857)
Koordinatensystem	XYZ
Ausdehnung	(−324.85, −295.50, −793.94) / (328.86, 129.98, 735.96)
Quelle	unbekannt

Dragon

Geometrie	871 414 Dreiecke
Kamera	Position (−210.76, 269.41, 110.05),
	Look-At (−5.87, 124.95, −4.59561)
Koordinatensystem	XYZ
Ausdehnung	(−108.32, 52.72, −50.41) / (96.56, 197.18, 41.22)
Quelle	Stanfort 3D Scanning Repository

Buddha

Geometrie	1 087 716 Dreiecke
Kamera	Position $(-86.76, 346.791, 106.204)$, Look-At $(-5.43, 148.76, -6.69)$
Koordinatensystem	XYZ
Ausdehnung	$(-46.10, 49.75, -47.39) / (35.22, 247.77, 34.01)$
Quelle	Stanfort 3D Scanning Repository

Audi R8

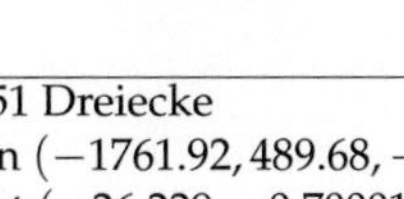

Geometrie	2 640 251 Dreiecke
Kamera	Position $(-1761.92, 489.68, -491.78)$, Look-At $(-26.229, -0.700012, 0)$
Koordinatensystem	XYZ
Ausdehnung	$(-894.06, -245.89, -399.20) / (841.60, 244.49, 399.20)$
Quelle	Turbosquid

C Testsysteme

In diesem Abschnitt werden die im Rahmen dieser Arbeit verwendeten Testsysteme vorgestellt. Da es mitunter für die jeweils an der entsprechenden Stelle ausgewiesene Bildwiederholrate sehr wichtig ist, welches System verwendet wurde, wird hier etwas detaillierter auf die Konfiguration der Rechner eingegangen, als dies sonst üblich wäre. Um zu gewährleisten, dass der eigentliche Text lesbar bleibt, wurden den verwendeten Systemen hier eindeutige Bezeichner zugewiesen, welche in dieser Arbeit an der entsprechende Stelle verwendet werden, um nicht immer wieder die Konfiguration notieren zu müssen.

Quad PowerMac

Komponente	Wert
Schlüssel	PMQ
Offizieller Name	Apple Power Macintosh G5 (1.1)
Prozessor (Anzahl)	PowerPC 970MP 2,5 GHz Dual Core (2)
Level 1 Cache	32 KB Daten, 64 KB Anweisungen
Level 2 Cache	1 MB pro Kern (4 MB ingesamt)
Bus Geschwindigkeit	1.25 GHz
Arbeitsspeicher	2.5 GB PC4200 DDR2, 533 MHz
Grafikkarte	NVIDIA GeForce 6600, 256 MB

Dual PowerMac

Komponente	Wert
Schlüssel	PMD
Offizieller Name	Apple Power Macintosh G5 (7.2)
Prozessor (Anzahl)	PowerPC 970 2.0 GHz (1)
Level 1 Cache	32 KB Daten, 64 KB Anweisungen
Level 2 Cache	512 KB pro Kern (1 MB ingesamt)
Bus Geschwindigkeit	1.0 GHz
Arbeitsspeicher	1.5 GB PC3200 DDR, 200 MHz
Grafikkarte	NVIDIA GeForce 6800 GT DDL, 256 MB

Mac Pro 1. Generation

Komponente	Wert
Schlüssel	MP1
Offizieller Name	Apple Mac Pro (2.1)
Prozessor (Anzahl)	Quad-Core Intel Xeon 3.0 GHz (2)
Level 1 Cache	32 KB Daten, 32 KB Anweisungen
Level 2 Cache	2 MB pro Kern (16 MB ingesamt)
Bus Geschwindigkeit	1.33 GHz
Arbeitsspeicher	2.0 GB DDR2 FB-DIMM, 667 MHz
Grafikkarte	ATI X1900, 512 MB

Mac Pro 2. Generation

Komponente	Wert
Schlüssel	MP2
Offizieller Name	Apple Mac Pro (3.1)
Prozessor (Anzahl)	Quad-Core Intel Xeon 2.8 GHz (2)
Level 1 Cache	32 KB Daten, 32 KB Anweisungen
Level 2 Cache	3 MB pro Kern (24 MB ingesamt)
Bus Geschwindigkeit	1.6 GHz
Arbeitsspeicher	2.0 GB DDR2 FB-DIMM, 800 MHz
Grafikkarte	NVIDIA GeForce 8800 GT, 512 MB

Mac Book Air

Komponente	Wert
Schlüssel	MBA
Offizieller Name	MacBook Air (1.1)
Prozessor (Anzahl)	Intel Core 2 Duo 1.6 GHz (1), 45nm
Level 1 Cache	32 KB Daten, 32 KB Anweisungen
Level 2 Cache	2 MB pro Kern (4 MB ingesamt)
Bus Geschwindigkeit	800 MHz
Arbeitsspeicher	2.0 GB DDR2 SDRAM, 667 MHz (aufgelötet)
Grafikkarte	Intel GMA X3100, 144 MB (shared)

PC Core 2

Komponente	Wert
Schlüssel	PC
Prozessor (Anzahl)	Intel Core 2 Duo 2.16 GHz (1), 65nm
Level 1 Cache	32 KB Daten, 32 KB Anweisungen
Level 2 Cache	2 MB pro Kern (4 MB ingesamt)
Bus Geschwindigkeit	667 MHz
Arbeitsspeicher	2.0 GB DDR2 SDRAM, 667 MHz

Literaturverzeichnis

[ABERT 2005] Abert, O. (2005). *Interactive Ray Tracing of NURBS Surfaces by Using SIMD Instructions and the GPU in Parallel.* Diplomarbeit, Universität Koblenz-Landau, Deutschland. 123, 168, 169

[ABERT 2008a] Abert, O. (2008a). *[Poster] Augenblick: A user-friendly and exentsible Realtime Ray Tracing Architecture.* IEEE Symposium on Interactive Ray Tracing 2008, S. 177. 60

[ABERT 2008b] Abert, O. (2008b). *The Augenblick SDK.* 65

[ABERT et al. 2008] Abert, O., Bröcker, M., und Spring, R. (2008). *Accelerating Rendering of NURBS Surfaces by Using Hybrid Ray Tracing.* In: *WSCG'2008 Conference Proceedings.* 126, 191

[ABERT et al. 2006] Abert, O., Geimer, M., und Müller, S. (2006). *Direct and Fast Ray Tracing of NURBS Surfaces.* IEEE Symposium on Interactive Ray Tracing 2006, S. 161–168. 123, 167, 185

[ABERT et al. 2007] Abert, O., Stange, M., und Müller, S. (2007). *[Poster] Global Illumination for Non-Tesselated Trimmed NURBS Scenes.* IEEE Symposium on Interactive Ray Tracing 2007. 226, 257

[AGNER FOG 2008] Agner Fog (2008). *Optimizing software in C++.* `http://www.agner.org/optimize/optimizing_cpp.pdf`. 67, 70

[AKENINE-MÖLLER und HAINES 2001] Akenine-Möller, T. und Haines, E. (2001). *Real-Time Rendering*: AK Peters. 18

[ALEFELD und HERZBERGER 1974] Alefeld, G. und Herzberger, J. (1974). *Einführung in die Intervallrechnung*: B.I.-Wissenschaftsverlag. 145

[AMANATIDES und WOO 1987] Amanatides, J. und Woo, A. (1987). *A Fast Voxel Traversal Algorithm for Ray Tracing.* In: *Eurographics '87*, S. 3–10. Amsterdam, North-Holland: Elsevier Science Publishers. 51

[AMD CORPORATION 2000] AMD Corporation (2000). *3DNow! Technology Manual.* `http://www.amd.com/us-en/assets/content_type/white_papers_and_tech_docs/21928.pdf`. 74

[ANTON 1995] Anton, H. (1995). *Lineare Algebra*: Spektrum Akademischer Verlag GmbH Heidelberg. 12

[APPEL 1968] Appel, A. (1968). *Some Techniques for Shading Machine Renderings of Solids.* In: *AFIPS 1968 Spring Joint Computer Conference Proceedings*, Bd. 32, S. 37–45. 2, 20

[APPLE INC. 2008a] Apple Inc. (2008a). *Cocoa Guide.* `http://developer.apple.com/documentation/Cocoa/index.html`. 29

[APPLE INC. 2008b] Apple Inc. (2008b). *The Objective-C 2.0 Programming Language.* `http://developer.apple.com/documentation/Cocoa/Conceptual/ObjectiveC/ObjC.pdf`.

[APPLE INC. 2008c] Apple Inc. (2008c). *vDSP Library.* `http://developer.apple.com/hardwaredrivers/ve/vector_libraries.html`. 85

[ARENBERG 1988] Arenberg, J. (1988). *Ray-Triangle Intersection with Barycentric Coordinates.* `http://www.acm.org/tog/resources/RTNews`. 121

[ARVO und KIRK 1990] Arvo, J. und Kirk, D. (1990). *Particle Transport and Image Synthesis.* In: *Computer Graphics*, Bd. 24, S. 63–66. 212

[ARVO 1986] Arvo, J. R. (1986). *Backward Ray Tracing.* In: *ACM SIGGRAPH '86 Course Notes - Developments in Ray Tracing*, Bd. 12. 214

[ASMUS 2008] Asmus, R. (2008). *Raytracing unter Berücksichtigung der Quantenelektrodynamik.* Diplomarbeit, Universität Koblenz-Landau, Deutschland. 11

[BARTEL 1993] Bartel, S. (1993). *Eine neue Idee für die Radiosity-Berechnung dynamischer Szenen.* Technischer Bericht CS-02-93. 247

[BARTH und STÜRZLINGER 1993] Barth, W. und Stürzlinger, W. (1993). *Efficient Ray Tracing for Bézier and B-Spline Surfaces.* Computers & Graphics, 17(4), 423–430. 128

[BAUM et al. 1986] Baum, D., Wallace, J., Cohen, M., und Greenberg, D. (1986). *The Back-Buffer Algorithm: An Extension of the Radiosity-Method to Dynamic Environments.* The Visual Computer, 2(5), 298–306. 247

[BECK et al. 2005] Beck, S., Bernstein, A.-C., Danch, D., und Fröhlich, B. (2005). *CPU-GPU Hybrid Real Time Ray Tracing Framework.* 126, 192, 193

[BENTHIN et al. 2006a] Benthin, C., Wald, I., Scherbaum, M., und Friedrich, H. (2006a). *Ray Tracing on the Cell Processor.* S. 15–23. 38

[BENTHIN 2006] Benthin, C. (2006). *Realtime Ray Tracing on Current CPU Architectures.* Doktorarbeit, Saarland University, Saarbrücken, Deutschland. 67, 146

[BENTHIN et al. 2007] Benthin, C., Boulos, S., Lacewell, J. D., und Wald, I. (2007). *Packet-based Ray Tracing of Catmull-Clark Subdivision Surfaces.* Technischer Bericht UUSCI-2007-011. 124

[BENTHIN et al. 2003] Benthin, C., Wald, I., und Slusallek, P. (2003). *A Scalable Approach to Interactive Global Illumination.* Computer Graphics Forum, 22(3), 621–630. (Proceedings of Eurographics). 231

[BENTHIN et al. 2004] Benthin, C., Wald, I., und Slusallek, P. (2004). *Interactive Ray Tracing of Free-Form Surfaces.* Proceedings of ACM AFRIGRAPH, S. 99–106. 123, 125, 184, 185, 188

[BENTHIN et al. 2006b] Benthin, C., Wald, I., und Slusallek, P. (2006b). *Techniques for Interactive Ray Tracing of Bézier Surfaces.* Journal of Graphic Tools, 11(2), 1–16. 181

[BÉZIER 1968] Bézier, P. E. (1968). *How Renault uses numerical control for car body design and tooling.* Society of Automotive Engineers Congress. 130

[BÉZIER 1970] Bézier, P. E. (1970). *Emploi des Machines à Commande Numerique.* Paris: Masson et Cie. 130

[BÉZIER 1971] Bézier, P. E. (1971). *Example of an Existing System in the Motor Industry : The Unisurf System.* Proceedings of the Royal Society of London, 321(1545), 207–218. 130

[BIGLER et al. 2006] Bigler, J., Stephens, A., und Parker, S. G. (2006). *Design for Parallel Interactive Ray Tracing Systems.* IEEE Symposium on Interactive Ray Tracing 2006, S. 187–196. 42

[BIKKER 2007] Bikker, J. (2007). *Real-time Ray Tracing through the Eyes of a Game Developer.* IEEE Symposium on Interactive Ray Tracing 2007, S. 1–9. 2, 43

[BIRI et al. 2006] Biri, V., Arques, D., und Michelin, S. (2006). *Real Time Rendering of Atmospheric Scattering and Volumetric Shadows.* Journal of WSCG, S. 65–72. 11

[BLÜMLE 1979] Blümle, G. (1979). *Paretos Gesetz.* Wissenschaftliches Studium (WiSt), 1, 17. 49

[DE BOOR 1972] de Boor, C. (1972). *Package for Calculating with B-Splines.* Journal of Approximation Theory, 6(1), 50–62. 131

[BORCHARDT 2007] Borchardt, M. (2007). *Umsetzung eines realistischen Kameramodells für Echtzeit-Raytracing.* Diplomarbeit, Universität Koblenz-Landau, Deutschland. 29

[BOUKNIGHT 1970] Bouknight, W. J. (1970). *A procedure for generation of three-dimensional half-toned computer graphics presentations.* Commun. ACM, 13(9), 527–536. 2

[BRONSTEIN et al. 2000] Bronstein, I., Semendjajew, K., Musiol, G., und Mühlig, H. (2000). *Taschenbuch der Mathematik*: Harri Deutsch.

[BRÜGGEMANN 2008] Brüggemann, K. (2008). *NUBRS Raytracing auf dem Cell-Prozessor.* Diplomarbeit, Universität Koblenz-Landau, Deutschland. 151

[BÄRZ 2007] Bärz, J. (2007). *Photon Mapping dynamischer Szenen.* Diplomarbeit, Universität Koblenz-Landau, Deutschland. 231, 246, 268

[BÄRZ et al. 2008] Bärz, J., Abert, O., und Müller, S. (2008). *Interactive Particle Tracing in Dynamic Scenes consisting of NURBS Surfaces.* IEEE Symposium on Interactive Ray Tracing 2008, S. 139–146. 246

[ÉTIENNE BÉZOUT 1779] Étienne Bézout (1779). *Théorie générale des équations algébriques.* 126

[CAMPAGNA et al. 1996] Campagna, S., Slusallek, P., und Seidel, H.-P. (1996). *Ray Tracing of Parametric Spline Surfaces: Bézier Clipping, Chebyshev Boxing, and Bounding Volume Hierarchy - a Critical Comparison with New Results.* Technischer Bericht 129

[CAMPAGNA et al. 1997] Campagna, S., Slusallek, P., und Seidel, H.-P. (1997). *Ray Tracing of Spline Surfaces.* 13(6), 265–282. 128

[CARR et al. 2006] Carr, N. A., Hoberock, J., Crane, K., und Hart, J. C. (2006). *Fast GPU ray tracing of dynamic meshes using geometry images.* In: *GI '06: Proceedings of Graphics Interface 2006*, S. 203–209, Toronto, Ont., Canada, Canada: Canadian Information Processing Society. 36

[CATMULL 1974] Catmull, E. (1974). *A Subdivision Algorithm for Computer Display of Curved Surfaces.* Ph.D. Thesis, University of Utah. 2

[CATMULL und CLARK 1998] Catmull, E. und Clark, J. (1998). *Recursively generated B-spline surfaces on arbitrary topological meshes.* S. 183–188. 124

[CHEN 1990] Chen, S. E. (1990). *Incremental Radiosity: An Extension of Progressive Radiosity to an Interactive Image Synthesis System.* In: *SIGGRAPH '90: Proceedings of the 17th annual conference on Computer graphics and interactive techniques*, S. 135–144, New York, NY, USA: ACM. 247

[CHRISTENSEN 1999] Christensen, P. H. (1999). *Faster Photon Map Global Illumination.* journal of graphics tools, 4(3), 1–10. 241

[CHRISTENSEN und BATALI 2004] Christensen, P. H. und Batali, D. (2004). *An Irradiance Atlas for Global Illumination in Complex Production Scenes.* Proceedings of the Eurographics Symposium on Rendering, S. 133–141.

[COHEN et al. 1980] Cohen, E., Lyche, T., und Riesenfeld, R. (1980). *Discrete B-Splines and subdivision techniques in computer aided design and computer graphics.* Computational Graphics and Image Processing, 14, 87–111. 127, 142

[COHEN et al. 1988] Cohen, M. F., Chen, S. E., Wallace, J. R., und Greenberg, D. P. (1988). *A progressive refinement approach to fast radiosity image generation.* SIGGRAPH Comput. Graph., 22(4), 75–84. 219

[COHEN et al. 1986] Cohen, M. F., Greenberg, D. P., Immel, D., und Brock, P. (1986). *An Efficient Radiosity Approach for Realistic Image Synthesis.* IEEE Computer Graphics and Applications, 6(3), 26–35. 219, 248

[COHEN und WALLACE 1993] Cohen, M. F. und Wallace, J. R. (1993). *Radiosity and Realistic Image Synthesis*: CA: Academic Press. 219

[COOK 1986] Cook, R. L. (1986). *Stochastic Sampling in Computer Graphics.* ACM Trans. Graph., 5(1), 51–72. 29

[COOK et al. 1987] Cook, R. L., Carpenter, L., und Catmull, E. (1987). *The Reyes image rendering architecture.* SIGGRAPH Comput. Graph., 21(4), 95–102. 41

[COX 1971] Cox, M. G. (1971). *The Numerical Evaluation of B-Splines.* Journal of Applied Mathematics, 10(2), 134–149. 131

[CRYTEK GMBH 2008] Crytek GmbH (2008). *Crysis.* `http://www.crytek.com/`. 24

[DANA et al. 1999] Dana, K. J., van Ginneken, B., Nayar, S. K., und Koenderink, J. J. (1999). *Reflectance and texture of real-world surfaces.* ACM Trans. Graph., 18(1), 1–34. 17

[DAVID A. WHEELER 2008] David A. Wheeler (2008). *SLOCCount.* `http://www.dwheeler.com/sloccount/`. 95

[DIETRICH et al. 2007] Dietrich, A., Stephens, A., und Wald, I. (2007). *Exploring a Boeing 777: Ray Tracing Large-Scale CAD Data.* IEEE Computer Graphics and Applications, 27(6), 36–46. 22

[DIETRICH et al. 2003] Dietrich, A., Wald, I., Benthin, C., und Slusallek, P. (2003). *The OpenRT Application Programming Interface - Towards a Common API for Interactive Ray Tracing.* In: *Proceedings of the 2003 OpenSG Symposium.* Available at http://www.openrt.de. 42

[DMITRIEV et al. 2002] Dmitriev, K., Brabec, S., Myszkowski, K., und Seidel, H.-P. (2002). *Interactive Global Illumination using Selective Photon Tracing.* In: *Proceedings of the 13th Eurographics Workshop on Rendering*, S. 25–36: Eurographics Association. 248, 250, 269

[DOO 1978] Doo, D. (1978). *A subdivision algorithm for smoothing down irregularly shaped polyhedrons.* In: *Proceedings on Interactive Techniques in Computer Aided Design*, S. 157–165. 124

[DOO und SABIN 1998] Doo, D. und Sabin, M. (1998). *Behaviour of recursive division surfaces near extraordinary points.* S. 177–181. 124

[DRETTAKIS und SILLION 1997] Drettakis, G. und Sillion, F. X. (1997). *Interactive Update of Global Illumination Using a Line-Space Hierarchy.* Computer Graphics, 31(Annual Conference Series), 57–64. 248

[DRIEMEYER und HERKEN 2002] Driemeyer, T. und Herken, R. (2002). *Programming mental ray*: Springer-Verlag. 41

[DYN et al. 1990] Dyn, N., Levine, D., und Gregory, J. A. (1990). *A butterfly subdivision scheme for surface interpolation with tension control.* ACM Trans. Graph., 9(2), 160–169. 124

[EFREMOV 2004] Efremov, A. (2004). *Efficient Ray Tracing of Trimmed NURBS Surfaces.* Diplomarbeit, Saarland University, Saarbrücken, Deutschland. 123, 184

[EFREMOV et al. 2005] Efremov, A., Havran, V., und Seidel, H.-P. (2005). *Robust and numerically stable Bézier clipping method for ray tracing NURBS surfaces.* In: *SCCG '05: Proceedings of the 21st spring conference on Computer graphics*, S. 127–135, New York, NY, USA: ACM. 184

[EINSTEIN 1905] Einstein, A. (1905). *Über einen die Erzeugung und Verwandlung des Lichts betreffenden heuristischen Gesichtspunkt*. Annalen der Physik, 17, 132–148. 10

[ENGEL et al. 2006] Engel, K., Hadwiger, M., Kniss, J. M., Rezk-Salama, C., und Weiskopf, D. (2006). *Real-Time Volume Graphics*: A K Peters. 11

[FAUX und PRATT 1979] Faux, I. D. und Pratt, M. J. (1979). *Computational Geometry for Design and Manufacture*: Ellis Harwood. 128

[FEYNMAN 1985] Feynman, R. (1985). *QED: The Strange Theory of Light and Matter*: Princeton University Press. 10

[FEYNMAN 1999] Feynman, R. (1999). *Feynman Vorlesungen über Physik, Bd. 3, Quantenmechanik*: Oldenbourg. 10

[FLYNN 1972] Flynn, M. (1972). *Some Computer Organizations and Their Effectiveness*. In: *IEEE Trasactions on Computers*, S. 948–960. 72

[FOLEY et al. 1997] Foley, van Dam, Feiner, und Hughes (1997). *Computer Graphics - Principles and Practice, 2nd edition*: Addison Wesley. 67

[FOLEY und SUGERMAN 2005] Foley, T. und Sugerman, J. (2005). *KD-Tree Acceleration Structures for a GPU Raytracer*. In: *HWWS '05: Proceedings of the ACM SIGGRAPH/EUROGRAPHICS conference on Graphics hardware*, S. 15–22, New York, NY, USA: ACM. 35, 192

[FOLEY et al. 2006] Foley, T., Sugerman, J., Yoshinoka, S., und Hanrahan, P. (2006). *[Poster] Ray Tracing on a Cell Processor with Software Caching*. 38

[FOURNIER und BUCHANAN 1994] Fournier, A. und Buchanan, J. (1994). *Chebyshev Polynomials for Boxing and Intersections of Parametric Curves and Surfaces*. In: *Eurographics '94*. 129

[FREEMAN et al. 2004] Freeman, E., Sierra, K., und Bates, B. (2004). *Head First Design Patterns*: O'Reilly. 46

[FRIEDL 2007] Friedl, J. (2007). *Reguläre Ausdrücke*: O'Reilly. 19

[FRIEDRICH et al. 2006] Friedrich, H., Günther, J., Dietrich, A., Scherbaum, M., Seidel, H.-P., und Slusallek, P. (2006). *Exploring the Use of Ray Tracing for Future Games*. In: *sandbox '06: Proceedings of the 2006 ACM SIGGRAPH symposium on Videogames*, S. 41–50, New York, NY, USA: ACM Press. 2

[FUJIMOTO et al. 1988] Fujimoto, A., Tanaka, T., und Iwata, K. (1988). *ARTS: accelerated ray-tracing system*. S. 148–159. 50

[GEIMER 2000] Geimer, M. (2000). *Dream - Ein verteiltes Raytracing-System mit Optimierungen*. Diplomarbeit, Universität Koblenz-Landau, Deutschland. 25

[GEIMER 2005] Geimer, M. (2005). *Interaktives Ray Tracing*. Doktorarbeit, Universität Koblenz-Landau, Deutschland. 2, 26, 43, 44, 78, 86

[GEIMER und ABERT 2005] Geimer, M. und Abert, O. (2005). *Interactive Ray Tracing of Trimmed Bicubic Bézier Surfaces without Triangulation*. In: *WSCG'2005 Full Papers Conference Proceedings*, S. 71–78. 123, 125, 183, 185, 188, 189

[GEORGE et al. 1990] George, D. W., Sillion, F. X., und Greenberg, D. P. (1990). *Radiosity Redistribution for Dynamic Environments*. IEEE Comput. Graph. Appl., 10(4), 26–34. 247

[GEORGIEV und SLUSALLEK 2008] Georgiev, I. und Slusallek, P. (2008). *RTfact: Generic Concepts for Flexible and High Performance Ray Tracing*. IEEE Symposium on Interactive Ray Tracing 2008, S. 115–122. 43

[GIROD et al. 2004] Girod, B., Magnor, M. A., und Seidel, H.-P. (Hrsg.) (2004). *Proceedings of the Vision, Modeling, and Visualization Conference 2004 (VMV 2004), Stanford, California, USA, November 16-18, 2004*: Aka GmbH. 298

[GLASSNER 1988] Glassner, A. S. (1988). *Space subdivision for fast ray tracing*. S. 160–167. 51

[GLASSNER 1989] Glassner, A. (1989). *An Introduction to Ray Tracing*: Morgan Kaufmann. 20

[GLASSNER 1995] Glassner, A. (1995). *Principles of Digital Image Synthesis*: Morgan Kaufmann. 18

[GOLDSMITH und SALMON 1987] Goldsmith, J. und Salmon, J. (1987). *Automatic Creation of Object Hierarchies for Ray Tracing*. 7(5), 14–20. 52, 55

[GORAL et al. 1984] Goral, C. M., Torrance, K. E., Greenberg, D. P., und Battaile, B. (1984). *Modeling the interaction of light between diffuse surfaces*. SIGGRAPH Comput. Graph., 18(3), 213–222. 218

[GOSH et al. 2007] Gosh, A., Achutha, S., Heidrich, W., und O'Toole, M. (2007). *A BRDF Acquisition with Basis Illumination*. In: *IEEE 11th International Conference on Computer Vision*, S. 1–8. 21

[GOSLING et al. 2005] Gosling, J., Joy, B., Steele, G., und Bracha, G. (2005). *The Java™Language Specification, 3rd Edition*: Prentice Hall PTR.

[GROSSMAN und DALLY 1998] Grossman, J. und Dally, W. (1998). *Point Sample Rendering*. In: *Proceedings Eurographcs Rendering Workshop*, S. 181–192. 121

[GÜNTHER et al. 2006] Günther, J., Friedrich, H., Wald, I., Seidel, H.-P., und Slusallek, P. (2006). *Ray Tracing Animated Scenes using Motion Decomposition*. Computer Graphics Forum, 25(3), 517–525. (Proceedings of Eurographics). 112

[GÜNTHER et al. 2004] Günther, J., Wald, I., und Slusallek, P. (2004). *Realtime Caustics using Distributed Photon Mapping*. In: Keller, A. und Jensen, H. W. (Hrsg.): *Rendering Techniques*, S. 111–121: Eurographics Association. Proceedings of the 15th Eurographics Symposium on Rendering Techniques, Norköping, Sweden, June 21-23, 2004. 249, 259

[GUTHE et al. 2004] Guthe, M., Balázs, Á., und Klein, R. (2004). *Real-time out-of-core trimmed NURBS rendering and editing*. In: [GIROD et al. 2004], S. 323–330. 122, 192

[HALTON 1964] Halton, J. H. (1964). *Algorithm 247: Radical-inverse quasi-random point sequence*. Commun. ACM, 7(12), 701–702. 219

[HANRAHAN und SALZMAN 1990] Hanrahan, P. und Salzman, D. (1990). *A Rapid Hierarchical Radiosity Algorithm for Unoccluded Environments*. Photorealism in Computer Graphics, 25(4), 151–171. 219, 248

[HAVRAN 2000] Havran, V. (2000). *Heuristic Ray Shooting Algorithms*. Ph.D. Thesis, Department of Computer Science and Engineering, Faculty of Electrical Engineering, Czech Technical University in Prague. 52, 53

[HEADUS 2008] headus (2008). *Killeroo-Model*. `http://www.headus.com/au/samples/killeroo/index.html`. 282

[HECKBERT 1990] Heckbert, P. S. (1990). *Adaptive radiosity textures for bidirectional ray tracing*. SIGGRAPH Comput. Graph., 24(4), 145–154. 19, 214, 233, 249

[HEINRICH und KELLER 1994] Heinrich, S. und Keller, A. (1994). *Quasi-Monte Carlo Methods in Computer Graphics Part II: The Radiance Equation*. Technischer Bericht 243/94. 219

[HEISENBERG 1927] Heisenberg, W. (1927). *Anschaulicher Inhalt der quantenmechanischen Kinematik*. Zeitschrift für Physik. 10

[HORN et al. 2007] Horn, D. R., Sugerman, J., Houston, M., und Hanrahan, P. (2007). *Interactive k-d tree GPU raytracing*. In: *I3D '07: Proceedings of the 2007 symposium on Interactive 3D graphics and games*, S. 167–174, New York, NY, USA: ACM. 36, 192

[HUNT et al. 2006] Hunt, W., Mark, W. R., und Stoll, G. (2006). *Fast kd-tree Construction with an Adaptive Error-Bounded Heuristic*. IEEE Symposium on Interactive Ray Tracing 2006. 112

[IEEE 2008] IEEE (2008). *IEEE 754: Standard for Binary Floating-Point Arithmetic*. `http://grouper.ieee.org/groups/754/`. 163, 168

[INTEL CORPORATION 2008] Intel Corporation (2008). *Math Kernel Library*. `http://www.intel.com/software/products/mkl`. 85

[IZE et al. 2008] Ize, T., Wald, I., und Parker, S. G. (2008). *Ray tracing with the BSP tree*. 52

[JENSEN 1995] Jensen, H. W. (1995). *Importance Driven Path Tracing Using the Photon Map*. In: Hanrahan, P. M. und Purgathofer, W. (Hrsg.): *Rendering Techniques '95 (Proceedings of the Sixth Eurographics Workshop on Rendering)*, S. 326–335, New York, NY: Springer-Verlag. 214, 229

[JENSEN 1996] Jensen, H. W. (1996). *Global Illumination using Photon Maps*. In: *Proceedings of the eurographics workshop on Rendering techniques '96*, S. 21–30, London, UK: Springer-Verlag. 2, 214

[JENSEN 2001] Jensen, H. W. (2001). *Realisitc Image Synthesis Using Photon Mapping*: AK Peters. 208, 214, 215, 256, 257, 279

[JENSEN und CHRISTENSEN 1998] Jensen, H. W. und Christensen, P. H. (1998). *Efficient Simulation of Light Transport in Scenes with Participating Media using Photon Maps*. Proceedings of SIGGRAPH, S. 311–320.

[JIMÉNEZ et al. 2005] Jiménez, J.-R., Myszkowski, K., und Pueyo, X. (2005). *Interactive Global Illumination in Dynamic Participating Media Using Selective Photon Tracing*. In: *SCCG '05: Proceedings of the 21st spring conference on Computer graphics*, S. 211–218, New York, NY, USA: ACM Press. 250

[JOHN CARMACK 2008] John Carmack (2008). *John Carmack in id Tech 6, Ray Tracing, Consoles, Physics and more*. `http://www.pcper.com/article.php?aid=532`, besucht im September 2008. 2

[KAJIYA 1982] Kajiya, J. T. (1982). *Ray tracing parametric patches*. In: *SIGGRAPH '82: Proceedings of the 9th annual conference on Computer graphics and interactive techniques*, S. 245–254, New York, NY, USA: ACM. 126, 140

[KAJIYA 1986] Kajiya, J. T. (1986). *The rendering equation*. SIGGRAPH Comput. Graph., 20(4), 143–150. 2, 18

[KAPLAN 1985] Kaplan, M. R. (1985). *Space tracing: A constant time ray tracer*. S. 149–158. 52

[KAUTZ et al. 2002] Kautz, J., Sloan, P., und Snyder, J. (2002). *Fast, arbitrary BRDF shading for low-frequency lighting using spherical harmonics*. In: *Proceedings of the 13th Eurographics workshop on Rendering*, S. 291–296. 228

[KAY und KAJIYA 1986] Kay, T. L. und Kajiya, J. T. (1986). *Ray tracing complex scenes*. In: *SIGGRAPH '86: Proceedings of the 13th annual conference on Computer graphics and interactive techniques*, S. 269–278, New York, NY, USA: ACM. 55

[KELLER 1997] Keller, A. (1997). *Instant Radiosity*. Computer Graphics, 31(Annual Conference Series), 49–56. 226

[KENSLER und SHIRLEY 2006] Kensler, A. und Shirley, P. (2006). *Optimizing Ray-Triangle Intersection via Automated Search*. IEEE Symposium on Interactive Ray Tracing 2006. 121

[KIRK und ARVO 1988] Kirk, D. und Arvo, J. (1988). *The Ray Tracing Kernel*. In: *Proc. of Ausgraph '88*, S. 75–82, Melbourne, Australia. 40

[KIRK und ARVO 1991] Kirk, D. und Arvo, J. (1991). *Unbiased sampling techniques for image synthesis*. In: *SIGGRAPH '91: Proceedings of the 18th annual conference on Computer graphics and interactive techniques*, S. 153–156, New York, NY, USA: ACM. 212

[KLEE 2008] Klee, T. (2008). *Multi-Level-Raytracing auf Basis einer BIH und unter Verwendung der Augenblick v5-Library*, Studienarbeit, Universität Koblenz-Landau, Deutschland. 98

[KLEIN 1995] Klein, R. (1995). *Netzgenerierung implizieter und parametrisierter Kurven und Flächen in einem objektorientierten System.* PhD thesis, University of Tübingen. 142

[KNUTH 1997] Knuth, D. E. (1997). *The Art of Computer Programming, Volume 1: Fundamental Algorithms, Third Edition*: Addison Wesley. 70

[KOBBELT 1996] Kobbelt, L. (1996). *Interpolatory Subdivision on Open Quadrilateral Nets with Arbitrary Topology.* In: *Computer Graphics Forum*, S. 409–420. 124

[KOBBELT 2000] Kobbelt, L. (2000). *$\sqrt{3}$-subdivision.* In: *SIGGRAPH '00: Proceedings of the 27th annual conference on Computer graphics and interactive techniques*, S. 103–112, New York, NY, USA: ACM Press/Addison-Wesley Publishing Co. 124

[KOBBELT et al. 1998] Kobbelt, L. P., Daubert, K., und Seidel, H.-P. (1998). *Ray Tracing of Subdivision Surfaces.* In: *Rendering Techniques '98 (Proceedings of the Eurographics Workshop)*, S. 69–80, New York: Springer-Verlag. 124

[KRAWCZYK 1969] Krawczyk, R. (1969). *Newton-Algorithmen zur Bestimmung von Nullstellen mit Fehlerschranken.* Computing, 4(3), 187–201. 127, 144, 145

[KRAWCZYK 1970] Krawczyk, R. (1970). *Einschiebung von Nullstellen mit Hilfe einer Intervallarithmetik.* Computing, 5(3), 356–370. 144

[KRUGER und WESTERMANN 2003] Kruger, J. und Westermann, R. (2003). *Acceleration Techniques for GPU-based Volume Rendering.* In: *VIS '03: Proceedings of the 14th IEEE Visualization 2003 (VIS'03)*, S. 38, Washington, DC, USA: IEEE Computer Society. 11

[KUMAR et al. 2001] Kumar, G., Srinivasan, P., Shastry, K., und Prakash, B. (2001). *Geometry based triangulation of multiple trimmed NURBS surfaces.* In: *Computer Aided Design*, Bd. 33. 126

[LAMPARTER et al. 1996] Lamparter, B., Müller, H., und Winckler, J. (1996). *The Ray-z-Buffer—An Approach for Ray Tracing Arbitrarily Large Scenes.* Technischer Bericht report00021. 192

[LANGS 2005] Langs, A. (2005). *Photon Mapping unter Verwendung eines SIMD Ray Tracers.* 231

[LARSEN und CHRISTENSEN 2004] Larsen, B. D. und Christensen, N. J. (2004). *Simulating Photon Mapping for Real-time Applications.* In: Keller, A. und Jensen, H. W. (Hrsg.): *Rendering Techniques*, S. 123–132: Eurographics Association. Proceedings of the 15th Eurographics Symposium on Rendering Techniques, Norköping, Sweden, June 21-23, 2004. 249

[LEWIS 1923] Lewis, G. N. (1923). *Nature Vol. 118.* 10

[LISCHINSKI und GONCZAROWSKI 1990] Lischinski, D. und Gonczarowski, J. (1990). *Improved Techniques for Ray Tracing Parametric Surfaces.* The Visual Computer, 6, 134–152. 129

[LOOP 1987] Loop, C. (1987). *Smooth Subdivision Surfaces Based on Triangles.* Diplomarbeit, University of Utah, United States of America. 124

[LORENZ 2009] Lorenz, G. (2009). *Effizientes Raytracing von Subdivision Surfaces*. Diplomarbeit, Universität Koblenz-Landau, Deutschland. 125

[LÖW 2006] Löw, J. (2006). *Ray Tracing Bézier Surfaces on GPU*. Diplomarbeit, Linköping Universitet, Schweden. 185

[MACDONALD und BOOTH 1990] MacDonald, D. J. und Booth, K. S. (1990). *Heuristics for ray tracing using space subdivision*. Vis. Comput., 6(3), 153–166. 52

[MAHOVSKY 2002] Mahovsky, J. (2002). *A simple ray-triangle Pluecker optimization*. `http://www.acm.org/tog/resources/RTNews/html/rtnv15n1.html#art10`. 121

[MARTIN et al. 2000] Martin, W., Cohen, E., Fish, R., und Shirley, P. (2000). *Practical Ray Tracing of Trimmed NURBS Surfaces*. Journal of Graphics Tools: JGT, 5(1), 27–52. 128, 140, 146, 148, 151, 181

[MAXWELL 1865] Maxwell, J. C. (1865). *A Dynamical Theory of the Electromagnetic Field*. Royal Society Transactions, 155, 459–512. 8

[MAXWELL 1873] Maxwell, J. C. (1873). *A Treatise on Electricity & Magnetism*: Dover Publications. 8

[MECH 2001] Mech, R. (2001). *Harware-Accelerated Real-Time Rendering of Gaseous Phenomena*. Journal of Graphics Tools, S. 1–16. 11

[MENZEL 2005] Menzel, J. R. (2005). *Visualisierung relativistischer Effekte*, Studienarbeit, Universität Koblenz-Landau, Deutschland. 11

[MESCHEDE 2004] Meschede, D. (2004). *Gerthsen Physik*: Springer Verlag. 8

[MESETH 2006] Meseth, J. (2006). *Towards Predictive Rendering in Virtual Reality*. Ph.D. Thesis, Mathematisch-Naturwissenschaftliche Fakultät der Rheinischen Friedrich-Wilhelms-Universität Bonn. 17

[METROPOLIS und ULAM 1949] Metropolis, N. und Ulam, S. (1949). *The Monte Carlo Method*. In: *Journal of the American Statistical Association*, Bd. 44, S. 335–341. 210

[MINOR et al. 2006] Minor, B., Nutter, M., und Madruga, J. (2006). *iRT: An Interactive Ray Tracer for the CELL Processor*. IBM Corporation. 38

[MÖLLER und TRUMBORE 1997] Möller, T. und Trumbore, B. (1997). *Fast, minimum storage ray-triangle intersection*. J. Graph. Tools, 2(1), 21–28. 121

[MOORE 1966] Moore, R. E. (1966). *Interval Analysis*: Prentice-Hall. 145

[MUUSS 1995] Muuss, M. J. (1995). *Towards Real-Time Ray-Tracing of Combinatorial Solid Geometric Models*. In: *Proceedings of BRL-CAD Symposium '95*. 34

[MUUSS und LORENZO 1995] Muuss, M. J. und Lorenzo, M. (1995). *High-Resolution Interactive Multispectral Missile Sensor Information for ATR and DIS*. In: *Proceedings of BRL-CAD Symposium '95*. 34

[MYER und SUTHERLAND 1968] Myer, T. und Sutherland, I. (1968). *On the Design of Display Processors*. Communications of the ACM, 11(6). 103

[MÖLLER und TRUMBORE 1997] Möller, T. und Trumbore, B. (1997). *Fast, minimum storage ray/triangle intersection.* In: *Journal of graphic tools*, S. 21–28. 199

[MÜLLER et al. 2004] Müller, G., Meseth, J., Sattler, M., Sarlette, R., und Klein, R. (2004). *EUROGRAPHICS 2004 STAR - State of The Art Report Acquisition, Synthesis and Rendering of Bidirectional Texture Functions.* 17, 21

[MÜLLER 1996] Müller, S. (1996). *Simulation von Kunst- und Tageslicht mit dem Radiosity-Verfahren.* Doktorarbeit, Technische Hochschule Darmstadt, Deutschland. 219, 247

[MÜLLER und SCHÖFFEL 1994] Müller, S. und Schöffel, F. (1994). *Fast Radiosity Repropagation for Interactive Virtual Environments Using a Shadow-Form-Factor-List.* In: *Fifth Eurographics Workshop on Rendering*, S. 325–342, Darmstadt, Deutschland. 247

[NEIL TREVETT 2008] Neil Trevett (2008). *OpenCL Heterogeneous Parallel Programming.* `http://www.khronos.org/developers/library/2008_siggraph_bof_opengl/OpenCL%20and%20OpenGL%20SIGGRAPH%20BOF%20Aug08.pdf`. 100

[NEWTON 1672] Newton, S. I. (1672). *New Theory about Light and Colour.* 9

[NEXT LIMIT TECHNOLOGIES] Next Limit Technologies. *Maxwell Renderer - The Light Simulator.* `http://www.maxwellrender.com/`. 22

[NG et al. 2004] Ng, R., Ramamoorthi, R., und Hanrahan, P. (2004). *Triple product wavelet integrals for all-frequency relighting.* ACM Trans. Graph., 23(3), 477–487. 228

[NICKOLLS et al. 2008] Nickolls, J., Buck, I., Garland, M., und Skadron, K. (2008). *Scalable parallel programming with CUDA.* Queue, 6(2), 40–53. 37

[NICODEMUS et al. 1977] Nicodemus, F. E., Richmond, J. C., Hsia, J. J., Ginsberg, I. W., und Limperis, T. (1977). *Geometric Considerations and Nomenclature for Reflectance.* National Bureau of Standards.

[NISHITA und NAKAMAE 1983] Nishita, T. und Nakamae, E. (1983). *Half-Tone Representation of 3D Objects Illuminated by Area Sources or Polyhedron Sources.* In: *IEEE Computer Society International Computer Software and Applications Conference*, S. 237–241. 218

[NISHITA et al. 1990] Nishita, T., Sederberg, T. W., und Kakimoto, M. (1990). *Ray Tracing Trimmed Rational Surface Patches.* Computer Graphics (Proceedings of SIGGRAPH 90), 24(4), 337–345. 127, 184

[NVIDIA CORP. 2007] NVidia Corp. (2007). *NVIDIA CUDA Compute Unified Device Architecture Programming Guide.* 37, 99

[OSKA 2008] Oska, B. (2008). *Path Tracing aus Basis von* AUGENBLICK *v5*, Studienarbeit, Universität Koblenz-Landau, Deutschland. 214

[PABST et al. 2006] Pabst, H.-F., Springer, J., Schollmeyer, A., Lenhardt, R., Lessing, C., und Fröhlich, B. (2006). *Ray Casting of Trimmed NURBS Surfaces on the GPU.* IEEE Symposium on Interactive Ray Tracing 2006, S. 151–160. 123

[PAIK 1999] Paik, S. (1999). *Z-buffer and Raytracing.* Ray Tracing News Guide. 192

[PARKER et al. 1999] Parker, S., Martin, W., Sloan, P.-P. J., Shirley, P., Smits, B., und Hansen, C. (1999). *Interactive ray tracing*. In: *Symposium on Interactive 3D Graphics*, S. 119–126. 34

[PATTANAIK und MUDUR 1995] Pattanaik, S. N. und Mudur, S. P. (1995). *Adjoint equations and random walks for illumination computation*. ACM Trans. Graph., 14(1), 77–102. 214

[PERSISTENCE OF VISION PTY. LTD. 2004] Persistence of Vision Pty. Ltd. (2004). *Persistence of Vision Raytracer*. `http://www.povray.org`. 41

[PESIC 2005] Pesic, P. (2005). *Abels Beweis*: Springer. 123

[PETERS und REIF 1997] Peters, J. und Reif, U. (1997). *The simplest subdivision scheme for smoothing polyhedra*. ACM Trans. Graph., 16(4), 420–431. 124

[PHAM et al. 2005] Pham, D., Asano, S., Bolliger, M., Day, M. N., Hofstee, H. P., Johns, C., Kahle, J., Kameyama, A., Keaty, J., Masubuchi, Y., Riley, M., Shippy, D., Stasiak, D., Suzuoki, M., Wang, M., Warnock, J., Weitzel, S., Wendel, D., Yamazaki, T., und Yazawa, K. (2005). *The design and implementation of a first-generation CELL processor*. S. 184–592 Vol. 1. 37

[PHARR und HUMPHREYS 2004] Pharr, M. und Humphreys, G. (2004). *Physically Based Rendering*: Morgan Kaufmann. 18, 41, 59, 214, 257

[PHONG 1973] Phong, B. T. (1973). *Illumination for Computer Generated Pictures*. Ph.D. Thesis, Department of Computer Science, University of Utah. 16

[PHONG 1975] Phong, B. T. (1975). *Illumination for Computer Generated Pictures*. Communications of the ACM, 18(6), 311–317. 16

[PIEGL und TILLER 1997] Piegl, L. und Tiller, W. (1997). *The NURBS Book*: Springer-Verlag. 129

[PIEGL und TILLER 1998] Piegl, L. und Tiller, W. (1998). *Geometry-based triangulation of trimmed NURBS surfaces*. In: *Computer Aided Design*, Bd. 30, S. 11–18. 126

[PIXAR ANIMATION STUDIOS 2004] Pixar Animation Studios (2004). *Pixar Homepage, How we do it*. `http://www.pixar.com/howwedoit/index.html#`. 42

[POPOV et al. 2007] Popov, S., Günther, J., Seidel, H.-P., und Slusallek, P. (2007). *Stackless KD-Tree Traversal for High Performance GPU Ray Tracing*. Computer Graphics Forum, 26(3), 415–424. (Proceedings of Eurographics). 36

[PURCELL 2004] Purcell, T. (2004). *Ray Tracing on a Stream Processor*. Doktorarbeit, Stanford University, United States of America. 35

[PURCELL et al. 2002] Purcell, T. J., Buck, I., Mark, W. R., und Hanrahan, P. (2002). *Ray Tracing on Programmable Graphics Hardware*. ACM Transactions on Graphics, 21(3), 703–712. ISSN 0730-0301 (Proceedings of ACM SIGGRAPH 2002). 35, 185, 192

[RABE 2008] Rabe, H. (2008). *Ray Tracing mit CUDA*. Diplomarbeit, Universität Koblenz-Landau, Deutschland. 99, 101

[RAMAMOORTHI und HANRAHAN 2001a] Ramamoorthi, R. und Hanrahan, P. (2001a). *An Efficient Representation for Irradiance Environment Maps*. In: *In ACM SIGGRAPH Conference Proceedings*, S. 497–500. 228

[RAMAMOORTHI und HANRAHAN 2001b] Ramamoorthi, R. und Hanrahan, P. (2001b). *On the Relationship between Radiance and Irradiance: Determining the Illumination from Images of a Convex Lambertian Object*. 228

[REINHARD et al. 1998] Reinhard, E., Chalmers, A., und Jansen, F. (1998). *Overview of Parallel Photorealistic Graphics*. In: *Eurographics*. 34

[REINHARD und JANSEN 1997] Reinhard, E. und Jansen, F. (1997). *Rendering Large Scenes using Parallel Ray Tracing*. Parallel Computing, 23(7). 34

[RESHETOV et al. 2005] Reshetov, A., Soupikov, A., und Hurley, J. (2005). *Multi-level ray tracing algorithm*. In: *SIGGRAPH '05: ACM SIGGRAPH 2005 Papers*, S. 1176–1185, New York, NY, USA: ACM. 97, 98

[ROBERT et al. 2007] Robert, P. C., Schoepke, S., und Bieri, H. (2007). *Hybrid Ray Tracing - Ray Tracing Using GPU-Accelerated Image-Space Methods*. 126

[ROGERS 2001] Rogers, D. F. (2001). *An Introduction to NURBS*: Morgan Kaufmann. 129, 169, 282

[RUBIN und WHITTED 1980] Rubin, S. M. und Whitted, T. (1980). *A 3-dimensional representation for fast rendering of complex scenes*. In: *SIGGRAPH '80: Proceedings of the 7th annual conference on Computer graphics and interactive techniques*, S. 110–116, New York, NY, USA: ACM. 55

[RUDER 2004] Ruder, H. (2004). *Was Einstein noch nicht sehen konnte - Visualisierung relativistischer Effekte*. 11

[RUSINKIEWICZ und LEVOY 2000] Rusinkiewicz, S. und Levoy, M. (2000). *QSplat: a multiresolution point rendering system for large meshes*. In: *SIGGRAPH '00: Proceedings of the 27th annual conference on Computer graphics and interactive techniques*, S. 343–352, New York, NY, USA: ACM Press/Addison-Wesley Publishing Co. 121

[SAINZ und PAJAROLA 2004] Sainz, M. und Pajarola, R. (2004). *Point-based rendering techniques*. Computers & Graphics. 121

[SCHLICK 1993] Schlick, C. (1993). *A customizable reflectance model for everyday rendering*. In: *In Fourth Eurographics Workshop on Rendering*, S. 73–83. 16

[SCHMITTLER et al. 2002] Schmittler, J., Wald, I., und Slusallek, P. (2002). *SaarCOR – A Hardware Architecture for Realtime Ray-Tracing*. In: *Proceedings of EUROGRAPHICS Workshop on Graphics Hardware*. 35

[SCHMITTLER et al. 2004a] Schmittler, J., Woop, S., Wagner, D., Paul, W. J., und Slusallek, P. (2004a). *Realtime Ray Tracing of Dynamic Scenes on an FPGA Chip*. In: *HWWS '04: Proceedings of the ACM SIGGRAPH/EUROGRAPHICS conference on Graphics hardware*, S. 95–106, New York, NY, USA: ACM. 38

[SCHMITTLER et al. 2004b] Schmittler, J., Pohl, D., Dahmen, T., Vogelsang, C., und Slusallek, P. (2004b). *Ray Tracing For Current And Future Games.* In: *34. Jahrestag der Gesellschaft für Informatik.* 43

[SCHOENBERG 1946] Schoenberg, I. J. (1946). *Contributions To The Problem Of Approximation Of Equidistant Data By Analytic Functions.* Q. Appl. Math., 4, 45–99; 112–141. 131

[SCHRÖDER 1870] Schröder, E. (1870). *Über unendlich viele Algorithmen zur Auflösung der Gleichungen.* Mathematische Annalen, 2, 317–365. 123

[SEDERBERG und PARRY 1986] Sederberg, T. W. und Parry, S. R. (1986). *Comparison of three curve intersection algorithms.* Comput. Aided Des., 18(1), 58–64. 184

[SEDGEWICK 1992] Sedgewick, R. (1992). *Algorithms in C++*: Addison-Wesley. 54

[SEILER et al. 2008] Seiler, L., Carmean, D., Sprangle, E., Forsyth, T., Abrash, M., Dubey, P., Junkins, S., Lake, A., Sugerman, J., Cavin, R., Espasa, R., Grochowski, E., Juan, T., und Hanrahan, P. (2008). *Larrabee: a many-core x86 architecture for visual computing.* ACM Trans. Graph., 27(3), 1–15. 38, 75

[SHEVTSOV et al. 2007] Shevtsov, M., Soupikov, A., und Kapustin, A. (2007). *Ray-Triangle Intersection Algorithm for Modern CPU Architectures.* In: *Proccedings of GraphiCon 2007.* 121

[SHIRLEY 1990a] Shirley, P. (1990a). *A Ray Tracing Method for Illumination Calculation in Diffuse Specular Scenes.* In: *Proceedings of Graphics Interface*, S. 205–212. 212

[SHIRLEY 1990b] Shirley, P. (1990b). *Physically Based Lightning Calculations for Computer Graphics.* Ph.D. Thesis, University of Illinois.

[SHIRLEY 2000] Shirley, P. (2000). *Realistic Ray Tracing*: A K Peters. 20

[SHU und BOULANGER 2000] Shu, C. und Boulanger, P. (2000). *Triangulating Trimmed NURBS Surfaces.* In: *Curve and Surface Design*, S. 1–8. 126

[SILLION und PUECH 1994] Sillion, F. X. und Puech, C. (1994). *Radiosity and Global Illumination*: Morgan Kaufmann Publishers. 219

[SINGH und FALOUTSOS 2007] Singh, S. und Faloutsos, P. (2007). *SIMD Packet Techniques for Photon Mapping.* IEEE Symposium on Interactive Ray Tracing 2007. 231

[SLOAN et al. 2002] Sloan, P.-P., Kautz, J., und Snyder, J. (2002). *Precomputed radiance transfer for real-time rendering in dynamic, low-frequency lighting environments.* In: *SIGGRAPH '02: Proceedings of the 29th annual conference on Computer graphics and interactive techniques*, S. 527–536, New York, NY, USA: ACM. 228

[SLUSALLEK 1995] Slusallek, P. (1995). *Vision - An Architecture for Physically-Based Rendering.* Doktorarbeit, Universität Erlangen, Deutschland. 40

[SLUSALLEK und SEIDEL 1995] Slusallek, P. und Seidel, H.-P. (1995). *Vision — An Architecture for Global Illumination Calculations.* 1(1), 77–96. 40, 41

[SMITS 1998] Smits, B. (1998). *Efficiency issues for ray tracing*. J. Graph. Tools, 3(2), 1–14. 55

[SMITS et al. 1994] Smits, B., Arvo, J., und Greenberg, D. (1994). *A Clustering Algorithm for Radiosity in Complex Environments*. Computer Graphics, 28(Annual Conference Series), 435–442. 219, 226

[SNEED 1987] Sneed, H. (1987). *Software-Management*: Müller GmbH. 48

[STANGE 2007] Stange, M. (2007). *Globale Beleuchtung von NURBS*. Diplomarbeit, Universität Koblenz-Landau, Deutschland. 226

[STOLL et al. 2006] Stoll, C., Gumhold, S., und Seidel, H.-P. (2006). *Incremental Raycasting of Piecewise Quadratic Surfaces on the GPU*. In: *IEEE Symposium on Interactive Raytracing*, S. 141–150. 129

[STRANG 2003] Strang, G. (2003). *Lineare Algebra*: Springer-Lehrbuch. 12

[STÜRZLINGER 1998] Stürzlinger, W. (1998). *Ray-Tracing Triangular Trimmed Free-Form Surfaces*. IEEE Transactions on Visualization and Computer Graphics, 4(3), 202–214. 128

[SUNG et al. 1998] Sung, K., Craighead, J., Wang, C., Bakshi, S., Pearce, A., und Woo, A. (1998). *Design and Implementation of the Maya Renderer*. In: *PG '98: Proceedings of the 6th Pacific Conference on Computer Graphics and Applications*, S. 150, Washington, DC, USA: IEEE Computer Society. 41

[SUNG und SHIRLEY 1992] Sung, K. und Shirley, P. (1992). *Ray tracing with the BSP tree*. S. 271–274. 52

[SWEENEY und BARTELS 1986] Sweeney, M. und Bartels, R. (1986). *Ray Tracing Free-Form B-Spline Surfaces*. IEEE Computer Graphics and Applications, 6(2), 41–49. 127, 142

[THRANE und SIMONSEN 2005] Thrane, N. und Simonsen, L. O. (2005). *A Comparison of Acceleration Structures for GPU Assisted Ray Tracing*. Diplomarbeit, University of Aarhus, Denmark. 36

[TIPLER und MOSCA 2004] Tipler, P. A. und Mosca, G. (2004). *Physik für Wissenschaftler und Ingenieure*: Spektrum Akademischer Verlag. 8

[TOLE et al. 2002] Tole, P., Pellacini, F., Walter, B., und Greenberg, D. P. (2002). *Interactive global illumination in dynamic scenes*. In: *SIGGRAPH '02: Proceedings of the 29th annual conference on Computer graphics and interactive techniques*, S. 537–546, New York, NY, USA: ACM. 227, 246

[TOP 500 SUPERCOMPUTER 2008] Top 500 Supercomputer (2008). *Top500 List - June 2008*. `http://www.top500.org/list/2008/06/100`. 153

[TOTH 1985] Toth, D. L. (1985). *On Ray Tracing Parametric Surfaces*. Computer Graphics (Proceedings of SIGGRAPH 85), 19(3), 171–179. 127, 146

[TREGENZA 1983] Tregenza, P. (1983). *The Monte Carlo Method in Lighting Calculations*. In: *Lighting Research and Technology*, Bd. 15, S. 163–170. 210

[TROLLTECH ASA 2008] Trolltech ASA (2008). *Trolltech QT Product Homepage*. `http://trolltech.com/products/qt/`. 29

[TRUMBORE et al. 1993] Trumbore, B., Lytle, W., und Greenberg, D. (1993). *A testbed for image synthesis*. In: *Developing Large-Scale Graphics Software Toolkits, SIGGRAPH '93 Course Notes*, S. 4–19. 40

[VEACH und GUIBAS 1997] Veach, E. und Guibas, L. J. (1997). *Metropolis Light Transport*. In: *SIGGRAPH '97: Proceedings of the 24th annual conference on Computer graphics and interactive techniques*, S. 65–76. 258

[VELTENS 2007] Veltens, J. (2007). *Anti-Aliasing mittels adaptivem Supersampling*, Studienarbeit, Universität Koblenz-Landau, Deutschland. 29

[VOLEVICH et al. 2000] Volevich, V., Myszkowski, K., Khodulev, A., und Kopylov, E. A. (2000). *Using the Visual Differences Predictor to Improve Performance of Progressive Global Illumination Computations*. ACM Trans. Graph., 19(2), 122–161. 249

[WALD 2004] Wald, I. (2004). *Realtime Ray Tracing and Interactive Global Illumination*. PhD thesis, Saarland University. 121

[WALD 2005a] Wald, I. (2005a). *High-Quality Global Illumination Walkthroughs using Discretized Incident Radiance Maps*. Technischer Bericht UUSCI-2005-010. 227

[WALD 2005b] Wald, I. (2005b). *Realtime Ray Tracing and Interactive Global Illumination*. Doktorarbeit, Saarland University, Saarbrücken, Deutschland. 35

[WALD 2007] Wald, I. (2007). *On fast Construction of SAH based Bounding Volume Hierarchies*. In: *Proceedings of the 2007 Eurographics/IEEE Symposium on Interactive Ray Tracing*. 53, 56, 112, 113, 114

[WALD et al. 2003a] Wald, I., Benthin, C., Dietrich, A., und Slusallek, P. (2003a). *Interactive Distributed Ray Tracing on Commodity PC Clusters – State of the Art and Practical Applications*. Lecture Notes on Computer Science, 2790, 499–508. (Proceedings of EuroPar 2003). 35

[WALD et al. 2002a] Wald, I., Benthin, C., und Slusallek, P. (2002a). *OpenRT – A Flexible and Scalable Rendering Engine for Interactive 3D Graphics*. submitted for publication, meanwhile available as a Technical Report, TR-2002-01, Saarland University. 2, 35, 73, 184

[WALD et al. 2003b] Wald, I., Benthin, C., und Slusallek, P. (2003b). *Distributed Interactive Ray Tracing of Dynamic Scenes*. In: *Proceedings of the IEEE Symposium on Parallel and Large-Data Visualization and Graphics (PVG)*. 35, 112

[WALD et al. 2001] Wald, I., Benthin, C., Wagner, M., und Slusallek, P. (2001). *Interactive Rendering with Coherent Ray Tracing*. In: Chalmers, A. und Rhyne, T.-M. (Hrsg.): *Computer Graphics Forum (Proceedings of EUROGRAPHICS 2001*, Bd. 20, S. 153–164: Blackwell Publishers, Oxford. 35

[WALD et al. 2006] Wald, I., Dietrich, A., Benthin, C., Efremov, A., Dahmen, T., Günther, J., Havran, V., Seidel, H.-P., und Slusallek, P. (2006). *Applying Ray Tracing for Virtual Reality and Industrial Design*. In: *Proceedings of the 2006 IEEE Symposium on Interactive Ray Tracing*, S. 177–185. 35

[WALD und HAVRAN 2006] Wald, I. und Havran, V. (2006). *On building fast kd-trees for ray tracing, and on doing that in O(N log N)*. In: *Proceedings of the 2006 IEEE Symposium on Interactive Ray Tracing*, S. 61–69. 112

[WALD et al. 2002b] Wald, I., Kollig, T., Benthin, C., Keller, A., und Slusallek, P. (2002b). *Interactive Global Illumination using Fast Ray Tracing*. In: *Proceedings of the 13th EUROGRAPHICS Workshop on Rendering*. Saarland University, Kaiserslautern University. 227

[WALD et al. 2007] Wald, I., Mark, W. R., Günther, J., Boulos, S., Ize, T., Hunt, W., Parker, S. G., und Shirley, P. (2007). *State of the Art in Ray Tracing Animated Scenes*. 21

[WALD et al. 2003c] Wald, I., Purcell, T. J., Schmittler, J., Benthin, C., und Slusallek, P. (2003c). *Realtime Ray Tracing and its use for Interactive Global Illumination*. In: *Eurographics State of the Art Reports*. 231

[WALTER et al. 1999] Walter, B., Drettakis, G., und Parker, S. (1999). *Interactive Rendering using the Render Cache*. In: Lischinski, D. und Larson, G. (Hrsg.): *Rendering techniques '99 (Proceedings of the 10th Eurographics Workshop on Rendering)*, Bd. 10, S. 235–246, New York, NY: Springer-Verlag/Wien. 227, 246

[WANG et al. 2001] Wang, S.-W., Shih, Z.-C., und Chang, R.-C. (2001). *An Efficient and Stable Ray Tracing Algorithm for Parametric Surfaces*. Journal of Information Science and Engineering, 18(4), 541–561. 128

[WHITTED 1980] Whitted, T. (1980). *An Improved Illumination Model for Shaded Display*. Communications of the ACM, 23(6), 343–349. 2, 20

[WILLIAMS 1983] Williams, L. (1983). *Pyramidal Parametrics*. SIGGRAPH Comput. Graph., 17(3), 1–11. 36

[WOOP et al. 2005] Woop, S., Schmittler, J., und Slusallek, P. (2005). *RPU: A Programmable Ray Processing Unit for Realtime Ray Tracing*. In: *Proceedings of ACM SIGGRAPH 2005*. 38

[WYMAN und RAMSEY 2008] Wyman, C. und Ramsey, S. (2008). *Interactive Volumetric Shadows in Participating Media with Single-Scattering*. IEEE Symposium on Interactive Ray Tracing 2008, S. 87–92. 11

[WÄCHTER und KELLER 2006] Wächter, C. und Keller, A. (2006). *Instant Ray Tracing: The Bounding Interval Hierarchy*. In: *Eurographics Symposium on Rendering*. 57, 58, 112

[YANG 1987] Yang, C. G. (1987). *On speeding up ray tracing of B-spline surfaces*. Comput. Aided Des., 19(3), 122–130. 129

EINZELSCHRIFTEN

Paraskevas Tsotsonos
Hedgefonds – Systematische Risiken und Portable Alphas
Lohmar – Köln 2009 • 100 S. • € 38,- (D) • ISBN 978-3-89936-833-8

Timm J. H. Kreßmann
Interdisziplinärer projektorientierter Wirtschaftsinformatik-unterricht – Theorie und Praxis
Lohmar – Köln 2009 • 120 S. • € 39,- (D) • ISBN 978-3-89936-835-2

Herbert Strunz
Management in the Armed Forces
Lohmar – Köln 2009 • 184 S. • € 48,- (D) • ISBN 978-3-89936-836-9

Marius E. Mann
Anwaltliche Verschwiegenheit und Corporate Governance
Lohmar – Köln 2009 • 376 S. • € 65,- (D) • ISBN 978-3-89936-838-3

Tobias Helbig und Andreas Mockenhaupt
Innovationsmanagement im technischen Vertrieb
Lohmar – Köln 2009 • 148 S. • € 43,- (D) • ISBN 978-3-89936-841-3

Jochem Müller und Ulrich W. M. Sauter
Intuitives Controlling – Ein neuer Ansatz der Unternehmenssteuerung
Lohmar – Köln 2009 • 124 S. • € 29,- (D) • Hardcover • ISBN 978-3-89936-842-0

Zhanping Cheng
Value-Based Management of Supplier Relationships and Supply Contracts – Quantitative Modeling, Valuation and Portfolio Optimization Based on Financial Investment Theories
Lohmar – Köln 2009 • 200 S. • € 49,- (D) • ISBN 978-3-89936-845-1

Hüseyin Kaya
Mantelkauf und fiskalische (Über-)Reaktion
Lohmar – Köln 2009 • 172 S. • € 47,- (D) • ISBN 978-3-89936-846-8

Oliver Abert
AUGENBLICK – Ein effizientes Framework für Echtzeit Ray Tracing
Lohmar – Köln 2009 • 332 S. • € 63,- (D) • ISBN 978-3-89936-847-5

JOSEF EUL VERLAG